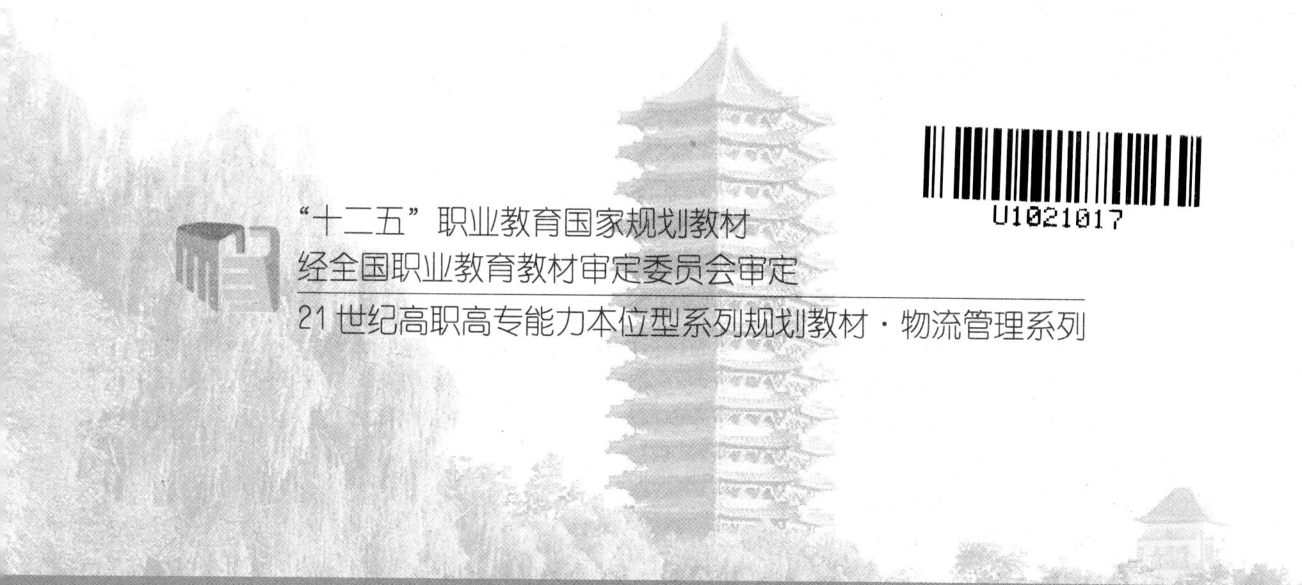

“十二五”职业教育国家规划教材
经全国职业教育教材审定委员会审定
21世纪高职高专能力本位型系列规划教材·物流管理系列

仓储与配送管理实务

（第2版）

主　编　李陶然
副主编　石云鹏　褚　阳
参　编　郭东阳　李晓琴
　　　　李春田

北京大学出版社
PEKING UNIVERSITY PRESS

内容简介

本书系统地讲述了仓储与配送管理的相关理论、实务和方法，内容分为三篇：导读、仓储与配送运作、仓储与配送运营管理。在导读篇中，主要讲述仓储与配送的基本知识、战略的选择、组织构建、选址和设备选择的方法；在运作篇中，将仓储与配送分成仓储运作任务和配送运作任务，其中要完成仓储运作任务所从事的行动有入库作业、补货与拣货作业、在库保管作业、盘点作业、出库作业，要完成配送任务所从事的行动有配送计划制订作业、配送线路优化作业、车辆调度与送货作业；在管理篇中，主要阐述仓储与配送的五项管理内容，即服务管理、客户开发与商务管理、库存控制与成本管理、安全管理、绩效管理。

本书在内容结构上，以导读篇为基础，以运作篇为关键，以管理篇为支撑，形成一个紧密的结构体系。

本书可作为高职高专工商管理、物流管理等相关专业的教材，也可作为各类工商企业经营管理人员的学习用书和参考资料。

图书在版编目(CIP)数据

仓储与配送管理实务/李陶然主编．—2版．—北京：北京大学出版社，2014.9

(21世纪高职高专能力本位型系列规划教材·物流管理系列)

ISBN 978-7-301-24597-2

Ⅰ.①仓…　Ⅱ.①李…　Ⅲ.①仓库管理—高等职业教育—教材②物资配送—物资管理—高等职业教育—教材　Ⅳ.①F253

中国版本图书馆CIP数据核字(2014)第176380号

书　　　名：仓储与配送管理实务(第2版)

著作责任者：李陶然　主编

责 任 编 辑：蔡华兵

标 准 书 号：ISBN 978-7-301-24597-2/F·4006

出 版 发 行：北京大学出版社

地　　　址：北京市海淀区成府路205号　100871

网　　　址：http://www.pup.cn　　新浪官方微博：@北京大学出版社

电 子 信 箱：pup_6@163.com

电　　　话：邮购部62752015　发行部62750672　编辑部62750667　出版部62754962

印　刷　者：北京鑫海金澳胶印有限公司

经　销　者：新华书店

787毫米×1092毫米　16开本　18.25印张　426千字

2012年3月第1版

2014年9月第2版　2018年11月第4次印刷(总第5次印刷)

定　　　价：37.00元

前　言

在全球经济一体化的今天，随着市场经济的发展，企业通过物流运作去赢得市场的做法日趋全球化。在现代物流业中，仓储与配送是整个物流系统运作的重要组成部分，通过仓储与配送合理、科学的运作，能够有效地降低企业成本、为客户创造价值。仓储与配送的发展水平和状况对于现代物流的发展有着深远的影响，其在社会经济发展中所发挥的作用也越来越大。

关于本书

在一般的仓储与配送管理方面的教材中，仓储管理与配送管理是分开介绍的，因为它们在仓储与库存控制方面的内容有重复。但是，在现代物流运作中，仓储和配送作业之间的联系非常紧密，所以把这两部分内容合在一起既能避免重复，又能使物流作业运作更系统。此外，本书在构思时就立足于弥补一般教材内容不够全面和没有体现基于专业岗位技能要求的行动导向、操作性较差等缺陷。本书编写的宗旨在于为工商管理、物流管理及相关专业的高职高专学生和从事物流经营管理实践的经理人员提供一本介绍和反映现代物流仓储和配送管理知识和运作管理实务及其发展的专业书籍，希望能够为我国企业提高素质和竞争力提供借鉴。

本书最显著的特点是：知识内容全面，结构体系新颖，突出行动导向，校企合作编写，编写体例规范。

第一，知识内容全面。本书将主体内容分为三部分，第一部分是导读，第二部分是仓储与配送运作，第三部分是仓储与配送运营管理，基本涵盖了现代物流仓储与配送知识的方方面面。

第二，结构体系新颖。本书从仓储与配送基本知识的介绍入手，详细阐述了在进行仓储与配送运作之前必须要熟悉的知识。在运作部分将仓储运作任务和配送运作任务分开，每个运作任务内容包括多项行动，并按照运作的先后顺序将行动分解。管理部分保证仓储与配送作业能够有序地按计划安排，高质量、高服务水平、低成本地进行运作，在内容上几乎囊括了仓储与配送的所有运作管理内容。

第三，突出行动导向。本书的编写突出仓储与配送运作过程中基于行动导向理念的应用，强调对学习者专业技能的培养，内容的组织安排完全符合高职高专教育和物流师专业技能培养的要求。

第四，由校企合作编写。为了使本书既能体现管理实务的特色，又与企业实践密切结合，本书在编写策划阶段和编写过程中与河南省政府、南阳防爆电机集团公司、南阳路德筑路机械有限公司、河南内乡牧原食品股份有限公司、南阳民爆器材有限公司等事企业单位的专家一起研讨，其中，省政府石云鹏同志还参与了编写。在以上参与教材研讨的企业实践中，既有仓储运作业务，又有配送运作业务，还有仓储与配送运作业务；既有普通货物的仓储与配送，又有特殊货物的仓储与配送。

第五，编写体例规范。本书每部分内容前面设有学习目标、学习任务、任务实施和案例，后面设有应用案例、复习题和实训项目，充分体现实务的特性，便于读者学习。

本书配套资源

本书的教学资源可在共享型专业教学资源库（http://218.28.91.108/suite/solver/classView.do?classKey=1183851）参阅，本书的电子课件、习题答案等可在北京大学出版社第六事业部网站（http://www.pup6.cn）上下载。

推荐阅读书目

1.《仓储管理实务(第2版)》（"十二五"国家规划立项项目），李怀湘主编，2014年由北京大学出版社出版。

2.《仓储与配送管理(第2版)》（畅销教材），吉亮主编，2014年由北京大学出版社出版。

3.《仓储与配送管理实训教程(第2版)》（"十二五"国家规划立项项目），杨叶勇主编，2014年由北京大学出版社出版。

4.《新编仓储与配送实务》（精品教材），傅丽萍主编，2014年由北京大学出版社出版。

本书编写队伍

参加本书编写的人员都是来自高职院校的一线教学的优秀教师。本书由李陶然担任主编，由石云鹏、褚阳担任副主编，参编人员有郭东阳、李晓琴、李春田。具体编写分工为：李陶然编写导读一、导读二和任务二的行动三；石云鹏编写管理五；褚阳编写导读三、任务一的行动一和任务一的行动二；郭东阳编写任务一的行动三、任务一的行动四和任务二的行动二；李春田编写任务一的行动五、任务二的行动一和管理四；李晓琴编写管理一、管理二和管理三。全书由李陶然负责进行最后修改定稿。

为了使本书的内容结构具有系统性，编者兼收并蓄，引用了不少文献资料的观点，主要参考文献列于书后，借此机会向这些文献作者表示诚挚的谢意！另外，在本书修订的过程中，出版社编辑和各位编者均付出了辛勤的劳动，值本书付梓之际，对他们一并表示由衷的感谢！

由于时间仓促和编者水平有限，加之仓储与配送管理理论和技术仍在不断发展、充实和完善中，所以本书难免会有不足之处，真心希望广大专家、学者和读者不吝赐教，以使本书能够与时俱进。您的宝贵意见请反馈到电子信箱 sywat716@126.com。

编　者

2014年2月

目　　录

第一篇　导　　读

本篇主要阐述仓储与配送的基本知识与概念，是全书的基础。仓储与配送是物流的最基本活动，也是最重要的功能性活动之一，广泛地存在于制造业、物流业和商贸业。

本篇介绍了仓储与配送的基本概念与发展前景，阐述了仓储与配送的战略与组织，讨论了仓储的布置与设备的选用，指出了物料的储存规则，意在为仓储与配送的运作打好基础。

导读一

仓储与配送概述

CANGCHU YU PEISONG GAISHU

【学习目标】

了解仓储与配送的基本概念和分类，掌握仓储与配送的作用，熟悉仓储管理的概念、仓储与配送的发展趋势和发展前景。

【学习任务】

通过本导读知识的学习，学生要了解仓储与配送的相关概念及作用，熟知仓储管理的任务及仓储管理员的职责与配送服务的要求，认知仓储管理与配送管理的内容与要求，了解仓储与配送的发展趋势，掌握仓储与配送的分类方法，为以后的操作技能的培养打好基础。

【任务实施】

(1) 制定学习目标。

(2) 选择完成任务的路径和方法。

(3) 搜集和整理学习资料。

(4) 通过案例分析与讨论分析和对比学习资料，巩固和掌握所学的知识。

本导读的工作任务主要是了解仓储与配送的基本概念及相关知识，首先要确定完成任务的路径与方法，分析和整理相关学习资料，并进行分析和对比，通过案例分析和小组讨论掌握和巩固所学的知识。

【导读案例】

当前的供应链体系中，不管是半导体晶圆厂、元器件供应商、分销商，还是加工服务提供商、制造商，都不愿自己备货，富昌电子有限公司(简称富昌）是个例外。作为全球领先的分销商，富昌是一家非上市的私有控股公司，由于无需向股东报告，所以可以对客户的备货要求灵活处理，从而达到双赢的效果。富昌供应链的优势就是通过帮助客户备货体现的。

富昌的库存管理主要有三大特点。第一，富昌的生意模式以低库存周转率(3～4 转/年)为基础，可以让客户提升自己的库存周转率。相对于供应链的其他各方对备货退避三舍的态度，富昌很愿意为客户备货，敢把产品存放入架。因为即便是客户需求取消，富昌凭借其全球庞大的客户群及销售体系可以即刻把现货出售掉，从而降低库存风险。第二，私有控股公司的模式决定了富昌可以不用为应对财务报告的压力而减少库存。富昌始终把库存当成有策略的资产，在客户急需时，可以及时给予支持。第三，富昌拥有世界最大的元器件现货仓库。除了针对客户的需求事先备现货，富昌在现货可售库存方面一直以来投入大量资金，超过一半的库存属于可售现货库存，其余则是针对客户事先预备的。而同行通常可供销售的库存量不足15%，产品受到现有订单的制约。

当然，富昌也会对现货库存可能造成的风险做出综合评估，也一直在为公司降低存货成本，但富昌更重视满足客户的需求，提高客户可得到产品的可能性。无论元器件的市场行情处于风平浪静的稳定状态，还是处于风起云涌的跌宕起伏中，富昌始终关注影响市场走向的各种因素，并通过富有经验的管理团队制定的有效的供应链管理策略应对潜在的市场风险。当市场面临金融危机、缺货风潮以及遭遇不可抗拒的自然灾害时，富昌强大的供应链管理体系优势得以显现，帮助客户顺利度过各种市场危机。

除了备货之外，富昌采用先进的配送体系，分销网点覆盖全球 42 个国家的 170 个地区，并拥有对所有分支机构 100%的所有权和运营权。富昌的内部运作机制在全球都是一样的，拥有一套全球通用的运作系统，不论客户到哪个新地区发展，都可以享受同样的服务。对于中国市场，富昌打算在几年后设立一家新的配送中心。富昌一贯的做法是在各地区设立一个仓储物流中心，因此，规划在中国设立两个仓储物流中心的做法是前所未有的。很多国际加工厂与制造商都聚集在中国，近几年在中国崛起的中小型加工厂与制造商不胜枚举，为了提升对客户的服务素质，加大对中小型客户的支持，富昌理所当然要往这方面大力发展。

（资料来源：根据 http：//old. www. chinawuliu. com. cn/cflp/newss/content1/201106/765 _ 35008. html. 资料整理）

一、仓储与配送的概念

1. 仓储的概念

“仓”也叫做仓库，是存放物品的建筑物或场地，可以是房屋建筑、大型容器、洞穴或其他特定的场地，具有存放和保护物品的功能；“储”表示收存以备后用，具有收存、保管、交付使用的意思。“仓储”则是指利用仓库存放、储存未使用物品的行为。简而言之，仓储就是在特定的场所储存物品的行为。

仓储是伴随着社会生产的产品剩余和产品流通的需要而产生的。在原始社会，已经出现了存放多余猎物和食物的场所；进入工业社会后，随着产品品种和生产效率的发展与提升，产生具有现代意义的仓库，并随着产品生产的发展而发展；进入 21 世纪后，经济活动和人们的生活中的不均衡和不同步现象普遍存在，致使许多产品都需要经过一定时间的存储，才进入消费领域，仓储成为物流系统的重要环节，在产品的生产和流通过程中起着非常重要作用。

此外，仓储还应用到政治、军事、防止灾害等方面，进行一定的物资储备。

2. 配送的概念

“配送”一词来源于英文的“delivery”，其意为运送、输送和交货。日本工业标准将配送定义为把货物从物流基地送到收货者手里的活动。《中华人民共和国国家标准物流术语》(GB/T 18354—2006，后文简称《物流术语》)中对配送的定义为“在经济合理区域范围内，根据用户要求对物品进行拣选、加工、包装、分割、组配等作业，并按时送达指定地点的物流活动”。由此可以看出，配送是商流与物流的结合体，是拣选、包装、加工、组配、送货等各种物流活动的有机组合。配送靠近用户，可以称为“二次运输”或“末端运输”，但与运输相比也有不同的地方，两者异同点见表1-1。

表1-1 运输与配送的比较

内　容	运　输	配　送
运输性质	干线运输	支线运输、区域内运输、末端运输
运输的货物	少品种、大批量	多品种、小批量
运输工具	大型货车、火车、船舶、管道	小型货车或简单工具
管理重点	效率、效益优先	服务与成本优先
附属活动	装卸、包装	装卸、保管、包装、分拣、流通加工、订单处理等

3. 配送中心的概念

《物流术语》对配送中心是这样定义的：“接受并处理末端用户的订货信息，对上游运来的多品种货物进行分拣，根据用户订货要求进行拣选、加工和储备等作业，并进行送货的设施和机构。”

《物流手册》对配送中心的定义是：“配送中心是从供应者手中接受多种大量货物，进行倒装、分类、保管、流通加工和情报处理等作业，然后按照众多需要者的订货要求备齐货物，以令人满意的服务水平进行配送的设施。”

日本《市场用语词典》对配送中心的解释是：“配送中心是一种物流结点，它不以储藏仓库的这种单一的形式出现，而是发挥配送职能的流通仓库，也叫做基地、据点或流通中心。配送中心的目的是降低运输成本，减少销售机会的损失，为此建立设施、设备并开展经营、管理工作。”

我国物流专家王之泰在其专著《现代物流学》中对配送中心的提法是：“配送中心是从事货物配备(集货、加工、分货、拣选、配货)和组织对用户的送货，以高水平实现销售或供应的现代流通设施。”

以上是一些权威性的著作中对配送中心的定义性的提法，反映了在“效率优先”的市场经济环境中，人们主要追求的是由配送中心带来的效率，而不过分拘泥于形式，这应该说是一种有益的现象。但是，它们仅把配送中心界定为一种具有备货、送货功能的“物流据点”“场所”“设施”，突出强调了“点”的作用，却忽视了“桥梁”和“辐射”作用。配送中心应是沟通货物和客户的桥梁和纽带，具有强大的辐射功能。

综合分析，配送中心应是指以组织或从事货物配送(集货、包装、加工、配货和送货)为主要职能的现代流通型经济实体。它是以盈利为目的，通过构建厂商和客户之间紧密、高效的枢纽网络，直接或间接向社会供应货物或劳务，以满足客户需要的服务性经济组织。该定义的要点如下：

(1)“集货、配货”是配送中心主要的、独特的工作，是全部由配送中心完成的，是配送中心的核心赢利点。

(2)“送货”对配送中心而言主要是承担组织管理，其职能范围可视配送中心实力情况，或自主承担送货，或利用社会运输企业完成送货，以降低物流成本，实现资源共享的最优化。

(3) 定义中“流通”“服务”强调了配送中心活动是社会再生产过程中不可或缺的、重要的供应和销售环节，属于社会再生产过程的流通阶段。

(4)“经济实体”“经济组织”则突出了配送中心经营活动的目的是获取利润。

(5)“现代”更着重于和以前的商场、贸易中心、仓库等区别。配送中心以现代信息技术和装备为基础，兼有信息流、商流、物流全功能的流通组织。

(6)“枢纽网络”是指配送中心应具有强大的桥梁、纽带、衔接和辐射功能，通过枢纽辐射网络，将地区市场、国内市场、国际市场和全球市场有机统一起来，形成网络经济。

二、仓储与配送的作用与分类

1. 仓储的作用与分类

1）仓储的作用

(1) 仓储是社会生产顺利进行的必要过程。在现代社会，劳动生产率非常高，产量巨大，绝大多数产品都不能被即时消费，需要经过仓储才能避免生产过程堵塞，以保证生产过程连续进行。而且，生产所使用的原料、材料等需要有合理的储备，才能保证及时供应，满足生产的需要。

(2) 调整生产和消费的时间差，维持市场稳定。一方面，人们需求的持续性与产品的季节性、批量性生产的集中供给之间存在供需时差，通过仓储将集中生产的产品进行储存，持续地向消费者提供，才能保证不断满足消费者的需求。另一方面，集中生产的产品如果即时推向市场销售，必然造成市场短时期内产品供给远远大于需求，造成产品价格大幅度降低，甚至无法消费而被废弃；相反，紧缺季节，市场供应量少而价高。通过将产品仓储，均衡地向市场供给，才能稳定市场，有利于生产的持续进行。

(3) 保存劳动产品价值。生产出来的产品在消费之前必须保持其使用价值，否则将会被废弃。这项任务就需要由仓储来承担，在仓储过程中对产品进行保护、管理，防止其损坏而丧失价值。同时，仓储是产品走向消费的最后一道作业环节，可以根据市场对产品消费的偏好，对产品进行最后加工改造和流通加工，提高产品的附加值，以促进产品销售，甚至增加收益。

(4) 衔接流通过程。产品从生产到消费，需要经过“分散—集中—分散”的过程，还可能需要经过不同运输工具的转换运输。为了有效地利用各种运输工具，降低运输过程中的作业难度，实现经济运输，物品需要通过仓储进行候装、配载、包装、成组、分拨、疏散等过程。为了满足销售的需要，对商品要在仓储中进行整合、分类、拆除包装、配送等处理和存放。对存放在仓库里的商品，还可以提供给购买方进行查看，这也是大多数现货交易的方法。因此，仓储具有商品陈列的功能。

（5）仓储是市场信息的传感器。任何产品的生产都必须满足社会的需要，而生产者需要把握市场需求的动向。把握社会仓储产品的变化是了解市场需求极为重要的途径。仓储量减少、周转量加大，表明社会需求旺盛，反之则需求不足。厂家存货增加表明其产品需求减少或者竞争力降低，或者生产规模不合适。仓储环节所获得的市场信息虽然比销售部门滞后，但更为准确和集中，信息反馈快捷，成本很低。现代企业生产特别重视仓储环节的信息反馈，将仓储量的变化作为决定生产的参考依据。现代物流管理特别重视仓储信息的收集和反馈。

（6）仓储是开展物流管理的重要环节。物品在物流过程中有相当一部分时间处在仓储之中，在仓储中进行运输整合，在仓储中进行配送准备，在仓储中进行流通加工，也在仓储中进行市场供给调整，仓储的成本是物流成本的最重要的组成部分。开展物流管理必须特别重视对仓储的管理，进行有效的仓储管理才能实现物流管理的目的。

（7）提供信用保证。在大批量货物的实物交易中，购买方必须先检验货物、确定货物的存在和货物的品质，方可成交。购买方可以到仓库查验货物。由仓库保管人出具的货物仓单是实物交易的凭证，可以作为对购买方提供的保证。仓单还可以作为融资工具，进行仓单质押。

（8）现货交易的场所。存货人要转让已在仓库存放的商品时，购买人可以到仓库查验商品，取样化验，双方可以在仓库进行转让交割。众多的批发交易市场，就是既具有商品存储功能，又具有商品交易功能的仓储。许多具有便利交易条件的仓储都提供交易服务，甚至部分已形成了有影响的交易市场。近年来我国大量发展的仓储式商店，就是仓储交易高度发展、仓储与商业密切结合的结果。

2）仓储的分类

仓储的本质都是为了储存和保管，但由于经营主体、仓储对象、经营方式和仓储功能的不同，不同的仓储活动具有不同的特征。仓储的分类见表1－2。

表1－2 仓储的分类

分类方法	种类
仓储经营主体	企业自营仓储
	商业营业仓储
	公共仓储
	战略储备仓储
仓储对象	普通货物仓储
	特殊货物仓储
仓储功能	储存仓储
	物流中心仓储
	配送仓储
	运输中转仓储
仓储物的处理方式	保管式仓储
	加工式仓储
	消费式仓储

3）仓储的功能

从物流角度分析，仓储的功能可以分为基本功能和增值服务功能。仓储的基本功能主要是存储保管、存期控制、数量管理和质量维护；仓储的增值服务功能是指利用物资在仓库的存放，开展多种服务来提高仓储附加值、促进物资流通、提高社会资源效益的有效手段，主要包括交易中介、流通加工、配送、配载等功能。

（1）基本功能。

① 存储保管。存储是指在特定的场所，将物品收存并妥善保管，确保被存储的物品不受损害。存储保管是仓储最基本的功能，是仓储产生的根本原因。因为有了产品剩余，需要将剩余产品收存，就形成了仓储。存储的对象必须是有价值的产品，存储要在特定的场地进行。存储的目的是确保存储物的价值不受损害，保管人有义务妥善保管好存储物。存储物始终属于存货人所有，存货人有权控制存储物。

② 存期控制。仓储的物资有可能是长期的存储，也可能只是短时间的周转存储。存期的控制自然就形成了对流通的控制。当交易不利时，可以将商品存储，等待有利的交易机会。流通控制的任务就是对物资是进行仓储还是进入流通做出安排，确定储存时间和储存地点。

③ 数量管理。仓储的数量管理包括两个方面：一方面，存货人交付保管的仓储物的数量和提取仓储物的数量必须一致；另一方面，保管人可以按照存货人的要求分批收货和分批出货，对储存的货物进行数量控制。

④ 质量维护。根据收货时仓储物的质量交还仓储物是保管人的基本义务。为了保证仓储物的质量不发生变化，保管人需要采用先进的技术和合理的保管措施妥善地保管仓储物。仓储物发生危险时，保管人不仅要及时通知存货人，而且需要及时采取有效的措施减少损失。

（2）增值服务功能。

① 交易中介。仓储经营人利用大量存放在仓库的有形资产，利用与物资使用部门广泛的业务联系，开展现货交易中介具有较为便利的条件，同时也有利于加速仓储物的周转和吸引新的仓储业务。仓储经营人利用仓储物进行物资交易不仅会给仓储经营人带来收益，而且能充分利用社会资源，加快社会资金周转，减少资金沉淀。交易中介功能的开发是仓储经营发展的方向。

② 流通加工。加工本来是生产的环节，但随着消费的个性化、多样化发展，生产企业将产品的定型、分装、组配、装潢等工序留到最接近销售的仓储环节进行，使得仓储成为流通加工的重要环节。

③ 配送。设置在生产和消费集中地区附近的从事生产原材料、零部件或产成品的仓储，对生产车间和销售点的配送成为其基本的增值服务。根据生产进度和销售的需要，仓库不间断地、小批量地将仓储物送到生产线、零售商店或收货人手上。仓储配送业务的发展有利于生产企业降低存货，减少固定资金的投入，实现准时制生产；有利于商店减少存货，降低流动资金使用量，且能保证销售。

④ 配载。大多数运输转换仓储都具有配载的功能。货物在仓库集中集货，按照运输的方向进行分类仓储，运输工具到达时出库装运。而在配送中心就是不断地对运输车辆进行配载，确保配送的及时和运输工具的充分利用。

2. 配送的作用与分类

1）配送的作用

有人将配送比喻为“最后一公里运输”，是运输在功能上的延伸，创造空间效用是它的主要功能。

(1) 完善运输系统。现代大载重量的运输工具，固然可以提高效率，降低运输成本，但只适于干线运输，因为只有干线运输才可能是长距离、大批量地运输，才有可能实现高效率、低成本的运输。支线小批量运输频次高、服务性强，要求比干线运输具有更高的灵活性和适应性，而配送通过其他的物流环节的配合，可实现定制化服务，能满足这种要求。因此，只有配送与运输的密切结合，使干线运输与支线运输有机统一起来，才能实现运输系统的合理化。

(2) 消除交叉输送。交叉输送模式如图 1.1 所示。在没有配送中心的情况下，由生产企业直接运送货物到用户，交叉运输输送路线长，规模效益差，运输成本高。如果在生产企业与客户之间设置配送中心，采取配送中心模式，则可消除交叉运输，如图 1.2 所示。因为设置配送中心以后，将原来直接由各生产企业送至各客户的零散货物通过配送中心进行整合再实施配送，缓解了交叉输送，输送距离缩短，成本降低。

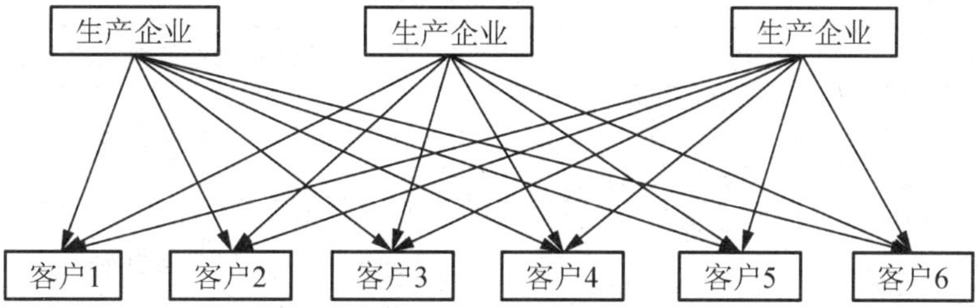

图 1.1 交叉输送模式

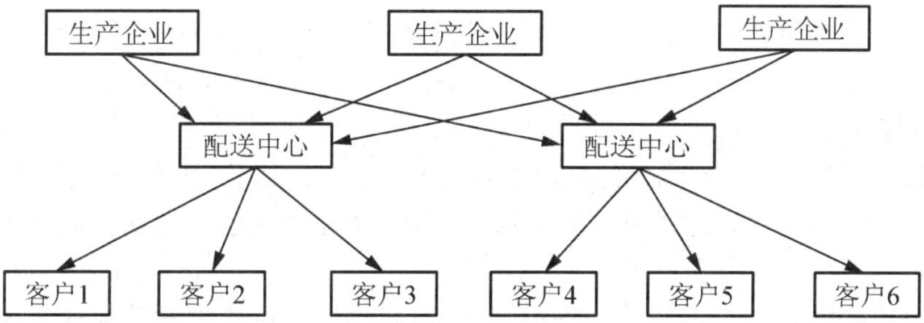

图 1.2 配送中心模式

(3) 提高末端物流的经济效益。采取配送方式，通过配货和集中送货，或者与其他企业协商实施共同配送，可以提高物流系统的经济效益。

(4) 实现低库存或零库存。通过集中库存，在同样的服务水平上，可使系统总库存水平降低，既降低了存储成本，又节约了运力和其他物流费用。尤其是采用 JIT(Just In Time，准时制)配送方式后，生产企业可以依靠配送中心准时送货而无须保持自己的库存，或者只需要保持少量的安全库存，就可以实现生产企业的“零库存”或低库存，减少资金占用，改善企业的财务状况。

(5) 简化手续，方便用户。配送可提供全方位的物流服务，采用配送方式后，用户只需要向配送服务商进行一次委托，就可以得到全过程、多功能的物流服务，从而简化了委托手续和工作量，节省了开支。

(6) 提高供应保证程度。采用配送方式，配送中心与任何单独供货企业相比，都具有更强的物流能力，可使用户减少缺货风险。例如，巴塞罗那大众物流中心承担着为大众、奥迪、斯柯达、菲亚特4个品牌的汽车零部件的配送任务。4个品牌的汽车在整车下线前两个星期，有关这些车辆的88 000种零配件在这里可以全部采购到。假如用户新买的车坏了，只要在欧洲范围内，24h内就会由专门的配送公司把用户所需要的零部件送到手中。

2) 配送的功能要素

配送实际上是一个物品集散过程，这一过程包括集中、分类和散发3个步骤。这3个步骤由一系列配送作业环节组成，通过这些环节的运作，使配送的功能得以实现。因此，通常将这些作业环节称为配送功能要素。

配送的基本功能要素主要包括集货、拣选、配货、配装、配送运输、送达服务和配送加工。这些要素在第二篇会有详细解释。

3) 配送模式的分类

配送模式的分类见表1-3，这些分类方式的运作在第二篇会作详细介绍。

表1-3 配送模式的分类

分类标准	配送方式	配送机构的经营权限和服务范围
类别	直接配送	配销配送
	储存配送	
	直通配送	物流配送
	流通加工配送	

4) 配送中心的基本特征

配送中心是从事货物配备和组织对用户的送货，以高水平实现销售或供应的物流环节。根据国内外物流配送行业的发展情况，在电子商务时代，信息化、现代化、社会化的新型配送中心具有诸多特征。

(1) 配送速度高效化。现代化的配送中心对上游、下游的物流配送需求的反应速度越来越快，前置时间越来越短，配送时间越来越短，物流配送速度越来越快，商品周转次数越来越多。

(2) 配送功能集成化。现代化的配送中心着重将物流与供应链的其他环节进行集成，包括物流渠道与商流渠道的集成、物流渠道之间的集成、物流功能的集成、物流环节与制造环节的集成等。

(3) 配送服务系列化。现代化的配送中心除强调服务功能的恰当定位与完善化、系列化，保留传统的储存、运输、包装和配送加工等服务外，还在外延上扩展至市场调查与预测、采购及订单处理，向下延伸至物流配送咨询、物流配送方案的选择与规划、库存控制策略建议、货款回收与结算、教育培训等增值服务，在内涵上提高了对配送中心决策的支持作用。

(4) 配送作业规范化。现代化的配送中心强调作业、运作的标准化和程序化，使复杂的作业变成简单的、易于推广与考核的运作。

(5) 配送手段现代化。电子商务下的新型物流配送使用先进的技术、设备与管理为销售提供服务，生产、流通和销售规模越大，范围越广，物流配送技术、设备及管理越现代化。

(6) 配送流程自动化。物流配送流程自动化是指运送商品的仓储、货箱排列、搬运及商品的最佳配送路线等实现自动化。

(7) 配送组织网络化。为了保证对产品促销提供快速、全方位的物流支持，配送中心要有完善、健全的物流配送网络体系，网络上点与点之间的物流配送活动保持系统性和一致性，这样可以保证整个物流配送网络保持最优库存总水平及库存分布，运输与配送快捷、机动，既能铺开又能收拢。分散的物流配送单体只有形成网络才能满足现代生产与流通的需要。

(8) 配送经营市场化。配送中心的具体经营采用市场机制，无论是企业自己组织物流配送，还是委托社会化物流配送企业承担物流配送任务，都实行以市场为基础的市场化运作。

(9) 配送目标系统化。现代化的配送中心从系统角度统筹规划一个公司整体的各种物流配送活动，处理好物流配送活动与商流活动及公司目标之间、物流配送活动与物流配送活动之间的关系，不求单个物流活动的最优化，但求整体物流活动的最优化。

(10) 配送管理法制化。宏观上，要有健全的法规、制度和规则；微观上，配送中心运营与管理要依法办事，按章行事。

5) 配送中心的分类

配送中心具有满足市场需求及降低流通成本的作用，但是，由于配送中心经营理念、战略目标的不同，其功能、构成和运营方式也就有很大区别，所以在规划配送中心时应充分注意配送中心的类别及其特点，对配送中心适当划分。

(1) 按配送中心的经营主体分类。

① 制造商型配送中心。制造商型配送中心是生产企业为本身产品直接销售给消费者所建的配送中心。这种配送中心中的物品100%由自己生产制造，用以降低流通费用、提高售后服务质量和及时地将预先配齐的成组元器件运送到规定的加工和装配工位，从物品制造到生产出来后条形码和包装的配合等多方面都较易控制，所以按照现代化、自动化的配送中心设计比较容易。

② 批发商型配送中心。批发是物品从制造者到消费者手中的传统流通环节之一，一般是按部门或物品类别的不同，将每个制造商的物品集中起来，然后以单一品种或搭配品种向消费地的零售商进行配送。这种配送中心的物品来自各个制造商，它所进行的一项重要的活动是对物品进行汇总和再销售，而它的全部进货和出货都是社会配送的，社会化程度比较高。

③ 零售商型配送中心。零售商发展到一定规模后，就可以考虑建立自己的配送中心，为专业物品零售店、超级市场、百货商店、建材商场、粮油食品商店及宾馆饭店等服务，其社会化程度介于前两者之间。

④ 第三方物流配送中心。这种配送中心有很强的运输配送能力，地理位置优越，可迅速将到达的货物配送给用户。这种配送中心的现代化程度往往较高。

(2) 按配送服务的范围分类。

① 城市配送中心。城市配送中心是向城市范围内的众多用户提供配送服务的物流组织。在城市范围内，货物的运距比较短，这种配送中心可直接配送到最终用户，一般都使用载货汽车。这种配送中心往往和零售经营相结合，由于运距短、反应能力强，所以从事多品种、少批量、多用户的配送较有优势。也可以开展“门到门”式的送货业务。

此外，因城市配送中心的服务对象多为城市圈里的零售商、连锁店和生产企业，所以它的辐射能力都不太强。在流通实践中，城市配送中心是采取与区域配送中心联网的方式运作的。当前，我国一些试点城市所建立或正在建立的配送中心绝大多数都属于城市配送中心。在国外，有很多配送中心也属于城市配送中心。

② 区域配送中心。区域配送中心是一种辐射能力较强、活动范围较大，可以进行跨市、跨省、全国乃至国际范围的用户配送的配送中心。一般而言，区域配送中心的用户规模较大，配送批量也较大，而且往往是配送给下一级的城市配送中心，也配送给营业所、商店、批发商和企业用户，虽然也从事零星的配送，但不是主体形式。因此，这种配送中心是配送网络或配送体系的支柱。例如，美国沃尔玛公司的配送中心，建筑面积为12万平方米，投资7000万美元，它每天可为分布在6个州的100多家连锁店配送，经营的商品有4万多种。又如，荷兰的“国际配送中心”业务活动范围更广，该中心在接到订(货)单之后，24h之内即可将货物装好，仅用3天的时间就可把货物运到欧洲共同体成员国的客户手中。目前，该中心不仅在国内外建立了许多现代化的仓库，而且装备了很多现代化的物流设备。

(3) 按配送中心的功能分类。

① 储存型配送中心。储存型配送中心具有很强的储存功能。例如，美国赫马克配送中心的储存区具有16.3万个储存货位，瑞士GIBA－GEIGY公司的配送中心拥有在世界上规模居于前列的储存库，可储存4万个托盘，可见存储能力之大。我国目前建设的配送中心，多为储存型配送中心，库存量较大。

② 流通型配送中心。流通型配送中心包括通过型或转运型配送中心，这种配送中心基本上没有长期储存的功能，仅以暂存或随进随出的方式进行配货和送货。典型方式为大量货物整批进入，按一定批量零出。一般采用大型分货机，其进货直接进入分货机传送带，分送到各用户货位或直接分送到配送汽车上，货物在配送中心中仅做短暂停滞。例如，大阪神社配送中心就属此类，配送中心只有暂存功能，大量储存则依靠一个大型补给仓库。

③ 加工型配送中心。加工型配送中心是以配送加工为主要业务的配送中心。我国上海市和其他城市已开展的配煤配送，其配送点也是配煤加工点。上海6家船厂联建的船板处理配送中心就属于这一类型的配送中心。

(4) 按所配送货物的种类分类。

① 供应型(或生产资料)配送中心。它的任务是向生产企业配送诸如能源、原材料、零部件等物品，是专门为生产企业组织供应的配送中心。该配送中心多设在铁路沿线和沿海地区，并多以集装箱的方式配送货物。我国的煤炭配送中心即属这种类型。

② 销售型(或生活资料)配送中心。这种配送中心是以销售为根本目的，以配送为手段的配送中心。例如，生产企业为本身产品的直接销售而建立的配送中心，其目的是扩大市场销售能力。

③ 特殊商品配送中心。这是一种专门配送特殊商品(如有毒物品、易燃、易爆物品危险物品或其他特殊物品等)的配送中心。这种配送中心多设在远离人群的地区，并且对所存放的物品进行特殊的保护，配送费用也较高。

对于不同种类与行业形态的配送中心，其作业内容、设备类型、营运范围可能完全不同，但是就系统规划分析的方法与步骤来说有其共同之处。配送中心的发展已逐渐向信息化、自动化、专业化方向发展。配送中心的类别见表1－4。

表 1-4 配送中心的分类

分类方法	配送中心类别
配送中心的经营主体	制造商型配送中心
	批发商型配送中心
	零售商型配送中心
	第三方物流配送中心
配送服务的范围	城市配送中心
	区域配送中心
配送中心的功能	储存型配送中心
	流通型配送中心
	加工型配送中心
所配送货物的种类	供应型(或生产资料)配送中心
	销售型(或生活资料)配送中心
	特殊商品配送中心

三、仓储管理的概念与任务

1. 仓储管理的概念

仓储管理的内涵随着它在社会经济领域中的作用不断扩大而变化。简单地说，仓储管理就是指对仓库及仓库内储存的物资所进行的管理，是仓储机构为了充分利用所拥有的仓储资源提供仓储服务所进行的计划、组织、控制和协调的活动。仓储管理从单纯意义上的对货物存储管理发展成物流过程中的中心环节，它的功能已不是单纯的货物存储，而是兼有包装、分拣、流通加工、简单装配等多种增值服务功能。因此，广义的仓储管理应包括对这些工作的管理。

2. 仓储管理的研究对象

仓储管理研究的是商品流通过程中货物储存环节的经营管理，即研究商品流通过程中货物储存环节的业务经营活动，以及为提高经济效益而进行的计划、组织、控制和协调的活动。

仓储管理主要包括仓储资源的获得、仓储网点的布置、仓储设备的选择、库场规模的确定、仓储作业管理、仓储商务管理、仓储经营决策以及仓储成本核算、仓储安全管理、仓储信息管理等一系列的内容。

3. 仓储管理的基本任务

1）配置仓储资源

市场经济最主要的功能是通过市场的价格和供求关系调节资源的配置，使资源发挥最大效益。仓储经营的目的也是如此。配置仓储资源也应以所配置的资源能获得最大效益为原则。管理就需要营造仓储机构的局部效益空间，吸引资源的投入，其具体任务包括根据供求关系确定仓储的建设，依据竞争优势选择仓储地址，以生产的差异化决定仓储专业化分工和确定仓储功能，以所确定的功能决定仓储布局，根据设备利用率决定设备配置等。

2）组建仓储管理机构

组建管理机构是开展有效仓储管理的基本条件，是一切管理活动的保证和依托。生产要素，特别是人的要素只有在良好组织的基础上才能发挥作用，发挥整体的力量。仓储组织机构的确定需要围绕仓储经营的目标，依据管理幅度、因事设岗、权责对等的原则进行，建立结构简单、分工明确、互相合作、相互促进的管理机构和管理队伍。

仓储管理机构因仓储机构的属性不同，分为独立仓储企业的管理组织和附属仓储机构的管理组织。一般都设有内部行政管理机构、商务机构、库场管理、机械设备管理、安全保卫、财务以及其他必要的机构。仓储内部大都实行直线职能管理制或事业部制的组织结构。

3）开展仓储商务活动

仓储商务工作是仓储对外的经济联系，包括市场定位、市场营销、交易和合同关系、客户服务、争议处理等。仓储商务是经营仓储生存和发展的关键工作，是经营收入和仓储资源充分利用的保证。从仓储经营角度看，商务管理的目的是为了实现收益最大化，最大限度地满足市场需要。

4）组织仓储生产

仓储生产包括货物入库、堆存、出仓、检验、理货以及在仓储期间的保管、质量维护、安全防护等。仓储生产的组织遵循高效、低耗的原则，充分利用机械设备、先进的保管技术和有效的管理手段，实现仓储快进、快出，提高仓储利用率，降低成本，不发生差、损、错事故，保持连续、稳定生产。生产管理的核心在于充分使用先进的生产技术和手段，建立科学的生产作业制度和操作规范，实现严格的监督管理，采取有效的员工激励机制。

5）建立仓储企业形象

企业形象是指企业展现在社会公众面前的各种感性印象和总体评价的总和，包括企业及产品的知名度、社会的认可程度、美誉度、企业忠诚度等方面。企业形象是企业的无形资产，良好的形象能促进产品的销售，为企业发展提供良好的社会环境。作为服务产业的仓储业，其所面对的主要是生产、流通经营者，其企业形象的建立主要是通过服务质量、产品质量、诚信和友好合作获得，并通过一定的宣传手段在潜在客户中推广。

6）提高仓储管理水平

任何企业的管理都不可能一成不变，需要随着形势的发展而不断发展，以适应新的变化。仓储管理也要根据仓储企业的经营目的的改变、社会需求的变化而改变。仓储管理要从简单管理到复杂管理、从直观管理到系统管理，在管理实践中不断修正、完善，不断提高，实行动态仓储管理，不断提高管理水平。

7）提高仓储企业员工素质

没有高素质的员工队伍，就不会有优秀的企业。仓储管理的一项基本任务就是加强对员工的培养，提高仓储企业员工素质，加强对员工的约束和激励。员工素质包括技术素质和精神素质。通过不断地系统培训和严格地考核，可以保证每个员工掌握其从事的劳动岗位应知、应会的操作，明白岗位的工作制度和操作规程，明确岗位职责。同时，也要重视员工，不能将员工仅仅看做生产工具或一种等价交换的生产要素。要在信赖中约束员工，在激励中规范员工，使员工能人尽其才、劳有所得，形成热爱企业、自觉奉献、积极向上的精神面貌。

在实施仓储管理时还要遵循效率原则、效益原则、服务原则。

4. 仓储人员的技能要求

1）仓储管理人员的基本素质要求

（1）具有丰富的商品知识。熟悉所经营的商品，掌握其物理、化学性质和保管要求，并能针对性地采取管理措施。

（2）掌握现代仓储管理技术，并能熟练运用。

（3）熟悉仓储设备，并能合理、高效地安排和使用。

（4）办事能力强。能分清轻重缓急，有条不紊地处理各项事务。

（5）具有一定的财务管理能力。能查阅有关财务报表，进行经济核算、成本分析。能正确掌握仓储经济信息，进行成本管理、价格管理及决策。

2）仓储保管人员的职责

（1）认真贯彻仓库保管工作的方针、政策，树立高度的责任感，忠于职守，廉洁奉公，热爱仓库工作，具有敬业精神；树立为客户服务、为生产服务的观点，具有合作精神；树立讲效率、讲效益的思想，关心企业的经营管理。

（2）严格遵守仓库管理的规章制度和工作规范，严格履行岗位职责，及时做好物资的入库验收、保管保养和出库发运工作；严格规范各项手续制度，做到收有据、发有凭，登记销账及时准确，手续完备，账物相符，把好收、发、管三关。

（3）熟悉仓库的结构、布局、技术定额，熟悉仓库规划，熟悉堆码、苫垫技术，掌握堆垛作业要求。在库容使用上做到：妥善安排货位，合理高效地利用仓容，堆垛整齐、稳固，间距合理，方便作业、清点、保管、检查、收发。

（4）熟悉仓储物资的特性、保管要求，能有针对性地进行保管，防止货物损坏，提高仓储质量；熟练地填写账表、制作单证，妥善处理各种单证业务；了解仓储合同的义务约定，完整地履行义务；妥善处理风、雨、热、冻等自然灾害对仓储物资的影响，减少损失。

（5）重视仓储成本管理，不断降低仓储成本管理。妥善保管好剩料、废旧包装，收集和处理好地脚货，做好回收工作。妥善保管、细心使用苫垫、货板等用品用具，延长其使用寿命。重视研究物资仓储技术，提高仓储利用率，降低仓储物耗损率，提高仓储时的经济效益。

（6）加强业务学习和训练，熟练掌握计量、衡量、测试用具和仪器仪表的使用：掌握分管物资的货物特性、质量标准、保管知识、作业要求、工艺流程；及时掌握仓储管理的新技术、新工艺，适应仓储自动化、现代化、信息化的发展，不断提高仓储管理水平；了解仓库设备设施的性能要求，督促设备维护和维修。

（7）严格执行仓库安全管理的规章制度，时刻保持警惕，做好防火、防盗、防破坏、防虫害等安全保卫工作，防止各类灾害和人身伤亡事故的发生，确保人身、物资、设备安全。

四、我国仓储与配送的发展趋势

1. 我国仓储业的产生与发展

作为物流的核心功能之一，仓储在整个物流系统中具有重要的作用，仓储是社会物质生产的必要条件，通过仓储可以创造物的时间效用，是“第三利润”的重要源泉之一。仓储质量的优劣、效率的高低，会直接影响物流系统的质量和效率。正因为仓储在物流系统中的地位如此重要，所以当前世界各国、各企业都非常重视这一环节，他们积极采取措施改进仓储技术设备，进行科学的仓储管理。

1）我国仓储业的发展历史

我国仓储业有着悠久的历史，在我国整个经济发展过程中起着相当重要的作用。从我国的仓储业发展史看，可以将其分为 3 个阶段。

（1）古代仓储业。在原始社会，生产力低下，物资条件极差，但是为了生存或适应季节的变化等，将部分物品或是多余的物品进行储存的行为就自然而然地产生了，这种行为就是仓储的萌芽。

（2）近代仓储业。随着生产力的发展和社会分工以及生活方式的改变，尤其是经济的发展和物品的逐渐丰富，仓储业得到了较大的发展。早在 19 世纪，仓储业在沿海工业发达地区，如上海、天津、广州等地得到了迅速发展。

（3）新中国成立后的仓储业。新中国成立后，通过对各行业和部门的仓库整合优化，仓储业为经济建设做出了一定的贡献。其中也出现了一些自动化程度较高、设施设备较先进的自动化仓库，但总量较少。改革开放以来，我国的仓储业得到迅速发展，特别是近年来仓储基础设施有了相当程度的改善。但是，整体上看，我国仓储业的发展与西方发达国家相比，与我国经济发展规模、发展速度相比，还有很大的差距。同时我国物流业各个环节的发展又很不平衡，特别是仓储业发展呈明显滞后状态。

2）我国仓储业现存问题

（1）传统管理体制的制约。在长期的计划经济体制下，仓储业形成了以部门管理为主的管理体制，各部门、地区出于自己的利益与方便，各自建立属于自己的仓库，如工业仓库、农业仓库、军工仓库等，长期以来形成部门分割、地区分割、自备自用、相互封闭、重复建设的局面，仓储业社会化程度极低。这种条块分割、各自为政的管理体制，造成了资金分散、管理落后、设备陈旧、仓库利用率低的局面。据了解，全国仓库面积利用率平均不到 40%，有的仓库长期闲置；但有的区域或组织的需求却不能得到满足，还在继续投资建设新的仓库。由于盲目乱建、乱设仓库，使得市场竞争过度，仓储价格无序。另外，一些城市近年来出现大量的农民仓库、部队仓库，不景气的工厂也将闲置厂房做仓库低价出租，吸引客户，扰乱了市场价格，背离了价值规律，造成仓库管理水平低、储存条件差、服务质量低的局面，致使储存物资损坏变质、失窃严重，使国家和企业遭受不应有的损失。

（2）仓库结构与功能单一。现有仓库大都是平房仓库，有相当一部分为 20 世纪 50 年代所建，其功能就是单纯的储存。由于现在仓储市场不规范、竞争不平等，绝大多数国有仓库经济效益不好，其中不少还长期亏损，不仅缺乏发展后劲，甚至生存都成问题。传统的仓储业的功能单一，主要是根据货主委托对商品进行保管和养护。

(3) 设备陈旧落后，效率低下。大部分仓库设备陈旧落后，不少仍处在以人工作业为主的原始状态，人抬肩扛，工作效率低下。不少仓库处于“货物进不去、出不来”的状态，由于商品在库滞留时间过长，或保管不善而破损、霉变，致使损失严重，加大了物流成本。

(4) 企业对现代物流业务的需求不足。有相当数量的企业管理观念陈旧，仍然停留在企业“大而全”和“小而全”的经营组织方式上，尽管成本高、效益低仍选择自己干，不愿业务外包。这种小规模、专业化程度低、以自我服务为主的物流活动模式在很大程度上限制和延迟了对高效率、专业化、社会化的现代物流服务的需求。

(5) 提供专业物流服务的物流企业数量少。目前，多数仓储企业所提供的仓储服务方式和手段比较单一，一般只是提供简单的运输、仓储或货运代理等传统的服务，没有形成物流供应链上的一体化服务。

(6) 法规建设不健全。在现代物流活动中，法律与法规建设的滞后极其明显，对不能适应物流仓储业发展的规定和政策，须进行及时的清理和修改，特别需要政府及有关部门积极营造一个公正、公平、合理有序的竞争环境。

(7) 仓储业的标准化程度不高。目前，物流行业标准尚未统一。这在一定程度上影响了物流的运作效率，造成成本的提高。

(8) 高素质物流人才匮乏。仓储行业的人才匮乏是影响高效率物流的主要因素之一。国内尽管培养了一定数量的物流专业的学生，但是这仍然不能适应物流仓储业发展的需要，高层次的管理人员尤其难求。

2. 我国仓储业进一步发展的途径

在经济高速发展的今天，我国正从一个制造大国走向制造强国，如何实现仓储业高效化的问题也越来越重要，需要从以下 6 个方面进行思考。

1) 加强理论研究，提高总体认识

目前，我国发展仓储业，迫切地需要加强物流理论的研究，加强相关知识的宣传，进一步提高人们对仓储业在物流以及国民经济发展中的重要性的认识。我国目前的仓储业无论从管理体制、规模，还是技术设备、管理方法上，均不能适应国民经济发展和人民生活水平提高的客观要求，这一环节发展的滞后，已影响到国民经济和物流整体功能的发挥，影响到从生产到消费的流通过程的顺利进行。如果不能使仓储业实现社会化、现代化，那么要实现物流的社会化、现代化也是不可能的。

2) 改革现行管理体制，构建新型市场体系

改革现行的仓储管理体制是加快我国仓储业发展，加快实现仓储业社会化、现代化的关键。具体做法如下：

(1) 加强仓储行业协会建设。积极筹建全国性的仓储协会，建议由国家有关综合经济管理部门授权实施跨地区、跨部门、跨区域仓储行业管理与协调工作。打破条块分割、相互封闭的格局，使各类型的仓库从附属型向经营型转化，真正面向社会开展平等竞争，为加快实现仓储业的社会化、市场化和现代化创造条件。

(2) 构建全国统一的仓储市场体系。要打破部门分割、地区分割、自备自用、相互封闭、

重复建设的局面，在完善仓库功能的基础上，逐步实现仓储业统一规划、合理布局，形成全国统一的仓储市场体系。

3）加快实现仓库功能多元化

实现仓库功能多元化是市场经济发展的客观要求，也是仓库提高服务水平、增强竞争力的重要途径。在市场经济条件下，仓库不应该仅仅是储存商品的场所，还应该承担商品分类、挑选、整理、加工、包装、代理销售等职能，以及成为集商流、物流、信息流于一身的商品配送中心、流通中心。

4）加快传统仓储企业的改造

重视对原有仓库的技术改造，加快实现仓储企业的现代化。现代化要求高度机械化、自动化、标准化。加快发展我国的仓储业，不是要国家拿出大笔资金大量建设新仓库，更不是都去建现代化的立体仓库，而应该在调查研究的基础上，根据一个地区、一个城市的实际需要，有计划、有步骤地逐步对原有的仓库进行技术改造。

我国的仓储业应努力提高现代化、社会化、网点化、信息化的程度。现代仓储业，应能面向全社会提供全方位的服务，诸如为客户提供合理的仓储网点，协助客户选定存货功能和存货策略，为客户实施控制及存货计划，协助客户制订配送需求计划，为客户提供信息服务等。

5）扩大对外开放，完善仓储市场

积极改变仓储业封闭经营的现状，树立面向国内外开放的新观念，采取相应措施跟上总体开放步伐，扩大开放程度。通过对外开放，引进国外资金和先进的仓储管理经验以及现代化的仓储技术，促使我国仓储企业提高竞争能力，争取在国际物流市场上占有一席之地。

6）加强现代化仓储工作人员的培训工作

实现仓储业现代化的关键在于科学技术的发展，而发展科学技术的关键又在于人。没有知识，没有人才，现代化就是一句空话。要实现仓储人员的知识化、专业化，必须按现代化管理的要求，根据不同类型的仓库与工作岗位，制订和实施人才培训计划，加强对仓储人员的培养、教育和提高，尽快培养出一批具有现代科学知识和管理技术、责任心强、素质高的专门从事仓储管理的干部队伍。这是实现我国仓储业乃至整个物流业社会化、现代化的重要保证。

3. 仓储业的发展趋势

1）仓储物品多样化和仓储服务个性化

随着生产力的不断提高，技术的不断发展，新的劳动对象和消费对象不断出现，仓储物品多样性成为必然，而仓储物品的多样性必然带来仓库形式的多样化、仓储设备的多样化和仓库管理的多样化；另外，应树立以客户为中心的理念，改变传统单一仓储业务无法适应现代物流客户个性化需求的现状，依据自身的优势和特点充分满足客户。发展基于仓储的流通加工等增值业务，满足客户日益提高的个性化和差异化的需求。服务品种多样化、个性化、快速化，将成为传统仓储企业发展为现代仓储业的主要手段，同时会不断提升整个仓储企业的水平，有条件的仓储企业还应向第三方物流或物流中心、配送中心方向发展。

2）仓储环节集成化和仓储设备现代化

现代物流管理已进入集成化的供应链管理时代，要求提供物流服务的企业具有很强的整合能力，缺少高度信息化装备的仓储物流管理很难实现集成的供应链管理，所以装备先进的信息基础设施是必然选择，应配置现代化的装卸搬运设备、检验设备、储存设备、分拣设备、计量设备和流通加工设备等，以满足集成化的高效率仓储管理。

3）仓储数量最小化和仓储地点远程化

从20世纪丰田汽车公司创造零库存以来，它一直是仓储业永恒的话题。以某种运作方式使某一种或某一些货物不以库存形式存在，即库存数是“零”。零库存是针对某个企业来说的，对多数企业和社会储备来说，零库存是不可能的，只能是库存趋于最少。在国际采购中，原产地与销售地距离较远，完全可以考虑把货物存放在原产地的仓库里，随后直接送到客户手中。据统计，美国进口商通过在亚洲原产地附近存储货物，可以使仓储和搬运成本节省20%～30%。远程仓储已在越来越多的跨国企业中成为一种节约成本、方便营运的运作方式。

4）仓储技术标准化和仓储人才规范化

标准的制定一定要结合国际标准。采取人才引进和培养相结合的策略，树立客户第一、为客户创造价值的现代管理理念，营造人才流动的政策环境，进行物流企业、科研机构和院校等资本与技术的合作，充分发挥各资源优势，使产学研合作的成果在经济发展中起到积极的作用。

5）仓储信息网络化和仓储监控电子化

仓储信息网络化是指利用现代技术、数学和管理科学方法对仓储信息进行收集、加工、存储、分析和交换的人机综合系统。全球信息网络的建立将使仓储信息化趋势得到进一步发展。信息技术不仅用于处理仓储具体业务，而且用于控制各种储运设备，如通过全球定位系统(Global Positioning System，GPS)实现对汽车、火车、船舶、飞机等物资运载工具的精确定位跟踪等。

4. 部分发达国家仓储业的概况

第二次世界大战以后，世界经济得到了迅速恢复和发展，货物的流通量越来越大，商品流通费用显著增加，一些国家的商品流通费用已占到商品总成本的10%～30%。如何使物流更为畅通、物流过程更为合理，已成为大众关注的问题。一些国家出现了专门研究物流的机构，研究如何降低物流费用、提高经济效益。美日等发达国家做出了许多努力，分别在20世纪50年代和70年代先后发展了自动化立体仓库。目前欧美国家又在发展大型中转仓库，面积大到上万平方米，单层高度达十余米，使货物流转更加畅通和迅速。

1）美国仓储业概况

经过多年发展，美国仓储业已走在了世界前列，如行业巨子——联邦快递集团1995年年营业额就达到125亿美元。总结美国物流企业与行业发展实际，可将其物流特征归纳为以下几点：

(1) 仓储业与物流业一样，社会化水平较高。美国的仓储业是随着工业的发展而逐步壮大起来的，现已成为一个相对独立的行业。目前流通领域为工业生产服务的仓库，出现了公共仓库替代生产厂商仓库的趋势，公共仓库公司在近十几年中迅速发展，不仅数量增加，而且公司规模不断扩大。一些大型仓储公司，都在全国主要地区建设仓库，设立分公司，一个仓库就是一个配送中心。

(2) 仓储业普遍推行系统化、程序化和现代化管理，实现了运行的高效率、高效益。仓储公司把分散在全国各地的仓库视为统一体，进行系统规划、设计和控制，以谋求整体的高效率、高效益。例如，美国的流通仓库中90%都采用托盘—叉车—货架形式的存储搬运机具(货架层间间距可以调整)，而且以经济效益和生产效率的高低为依据决定对自动化先进机具的取舍，绝不盲目采用。在制订作业计划时，非常强调把握生产率和灵活机动性，并注意充分利用现有工具，使之达到最优化。仓储公司借助电子计算机与现代通信手段，建立了一个庞大的系统网络，既连接自家公司的所有仓库，又连接主要生产厂商、客户和运输公司，由公司总部的指挥中心统一控制，对系统进行过程控制。

(3) 仓储业高度重视服务质量，实现全方位客户服务。仓储公司把服务质量视为赖以生存和发展的根基。目前，仓储公司提供的最基本服务有加工、配送和信息提供。美国把仓库中的流通加工誉为一种“市场技术”。良好服务的关键，在于计划与安排好库存和为客户送货(包括客户自提)的时间，及时把货物交给客户。为此，仓储公司设立了一个阵容强大的服务办公室，直接与生产厂商和客户联系。

(4) 仓储业人员素质较高，非常重视人力资源管理。激烈的市场竞争，使仓储公司非常重视质量管理，而质量管理的关键又在于人员质量，即员工素质与工作责任心。为此，仓库一方面采取措施，提高员工素质，增强工作责任心，另一方面，努力创造稳定人心、高效率工作的工作环境与条件。提高员工素质。招聘员工需要严格测试(包括职业道德、文字及统计知识等)和体检，考核过关后，还要培训，跟班实习，直到能独立工作。独立工作后仍然对员工进行跟踪观察、评估，以便继续训练和提高。

2) 日本仓储业概况

日本作为一个资源缺乏的发达国家，对仓储的建设特别重视，且现代化程度较高。在日本，除企业物流外，许多物流仓储功能由独立的企业承担，政府对仓储业的管理主要是通过法律的约束，如制定了专门的仓库法。在仓储经营方面，越来越多的日本仓储企业在从事拆、分、拼装商品等多种经营业务，并出现众多的为生产企业和商业连锁点服务的配送中心，由此大大减少了各部门自备仓库的货物存储量，从而降低了资金的积压。

目前，日本正处在经济社会迅速变化的时期，对仓储业的一些问题比较重视：规划更有效的商品配送，应付进出口量的增加，促进信息和自动控制系统，对物品寄存服务需求做出响应。

日本非常重视仓储业运作水平的提高。伴随着仓储设施的改进，利用便捷的信息交换系统进行信息传递是不可或缺的。日本已经引入仓储业主与其客户间的电子数据交换(Electronic Data Interchange，EDI)系统，这使得信息传递在准确性和便捷性方面有了很大的改善，在人员开支以及其他各种物力节省方面，也取得了较大成效。

考虑到工作环境因素以及提高效率和降低总体费用的目标，日本也积极促进自动控制系统的使用。由于货物种类的增加，相关事物的处理也变得越来越复杂。许多仓储企业正在使用自动条形码检测系统，货物的出入库完全由计算机控制系统自动完成，大大节省了企业的人员开支。

早在1997年4月，日本内阁会议通过了《物流政策总体纲要》。以此纲要为基础，日本交通部制订了物流基础设施的发展计划，仓储业正与物流基础设施的改进相配合，以提供更有效的服务。

5. 配送中心的发展

1) 配送中心的发展历程

任何一个生产制造企业，为了通过生产和销售产品获取利润，必然要经过采购阶段、生产阶段及销售阶段这3个紧密相连的环节。在这3个环节中，只有生产制造阶段是单一企业相对独立的专业行为，流通阶段会涉及众多复杂的组织行为。

在原材料购买阶段，生产企业面向的是一个广阔的市场，它会在世界各地寻找最佳的合作伙伴，它的供应商也可能分布在世界的各个角落，如美国的福特汽车公司，在全世界共有数十家原材料供应商。这些采购来的原材料，或直接送往生产装配基地，或在采购地或某一集中地进行重新聚集。采购的原材料在这一过程中，会多次发生装卸搬运、入库保管、分拣包装和运输送货等作业。

在产品销售阶段，生产企业根据销售预测或客户订单将生产出的产品送往分布在各地的分销商或最终客户，在这个过程中将发生的作业包括：产品进入企业内部产成品仓库所发生的装卸搬运、入库保管、包装加工、出库装车等作业，产品送往各分销商的运输作业以及在分销中心发生的再次储存保管、最终至末端客户的运输或配送作业等。由于市场销售的不可预期性增加，或应市场销售至末端客户的要求，所以这一过程发生的相关物流作业次数会更多，作业的环节也更复杂、更频繁，地域更加分散，成本也更高。这一过程在王之泰先生的《现代物流学》里，被称为“实物配送”。

生产制造企业为了突出专业强项，挖掘成本潜力，以期大幅度降低流通费用，必然会寻找从事流通业务的专业组织——配送中心进行。可见配送中心是社会生产发展、社会分工专业化及现代化的必然结果。

历史也证明，配送中心的发展是伴随着生产的不断发展而发展起来的，其发展大体经历了3个阶段，如图1.3所示。

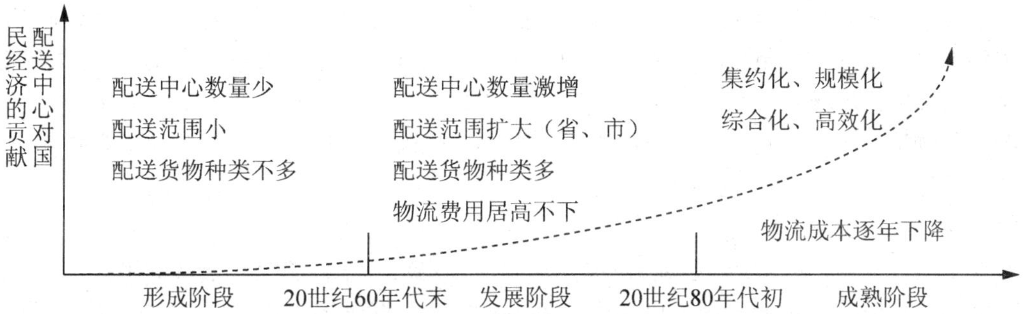

图1.3 配送中心的发展与国民经济的关系

(1) 形成阶段(第二次世界大战后到20世纪60年代末)。

在第二次世界大战中，高效、快捷的物资和人员的配送对盟军的胜利做出了突出的贡献。当时美军为了支援其在欧洲、亚洲、非洲等世界各地的作战，保证战场所需物资快捷、安全地供给，逐步策划和建成了一条军需物资从生产地到最终使用地的后勤保障路线，这使物流配送进入了人们的视野。第二次世界大战结束以后，日本、美国、西欧等国家和地区经济高速增长，建立起社会化大生产体制，发展了市场经济。但随之而来的是流通的落后问题，使物流成本居高不下，严重阻碍了生产力进一步发展。当时，日本的一项调查表明，由于企业自备车辆多、道路拥挤及停车时间长，企业收集和发送货物的效率明显下降。但企业如果减少自备车辆就意味着自身运输能力减弱，销售收入降低。这种企业个体行为的膨胀，制约了整体物流的发展，特别是多环节、低速度、大消费的物流，导致社会总物流成本的恶性攀升。当时，美国“20世纪财团”的调查显示：“以商品零售价格为基数进行计算，流通费用所占的比例达59%，其中大部分为物流费。”流通结构分散和物流费用不断上升，严重阻碍了生产的发展和企业利润率的提高。因此，日本、美国企业界把第二次世界大战期间“军事后勤”引用到企业管理中，不少公司设立了新的流通机构，将独立、分散的物流统一、集中，推出了新型的送货方式，成立了配送中心。在这个时期，配送只是一种粗放型、单一性的活动。这时的配送活动范围很小，规模也不大，配送货物的种类也不多。配送主要是以促销手段发挥作用的。20世纪60年代中期，随着经济发展速度的逐步加快，以及由此带来的货物运输量的急剧增加和商品市场竞争的日趋激烈，配送得到了进一步的发展。欧美一些国家的实业界相继调整了仓库结构，组建或设立了配送中心，普遍开展了货物配装、配载及送货上门服务。据介绍，20世纪60年代美国的许多公司将原来的老式仓库改成了配送中心，老式仓库减少了九成多，这不仅降低了流通费用，而且节约了劳动消耗。

(2) 发展阶段(20世纪60年代末到80年代初)。

20世纪60年代末期，随着工业全球化的发展，企业在世界范围内的贸易往来日益增多，企业与其合作伙伴之间的供应链条变得更长、更复杂、更昂贵。特别是第一次全球石油危机之后，利率和能源价格飞速上涨，使占据了石油消费量20%～30%的运输业的经营成本普遍超过了企业的承受能力。据资料统计，在1974—1975年上半年，企业运输费用上升了20%以上。这迫使生产制造企业开始致力于运费和服务质量的谈判，为了寻找更好的合作伙伴，找到一条最佳的合理物流途径，使自身能够比国内外的竞争者提供给市场更快捷、更可靠、更廉价的产品，物流进一步成为人们关注的焦点。这也推进了配送中心向合理化进程的发展。这一时期配送的货物种类日渐增多，除了种类繁多的服装、食品、药品、旅游用品等日用工业品外，还包括不少生产资料产品。美国有30%以上的生产资料是通过流通企业配送中心销售的。配送服务的范围也在不断扩大。例如，在美国，已经开展了洲际配送；在日本，配送的范围则由城市扩大到了省际，同时，不少公司还开展了城市间和市内的集中配送、路线配送等措施，大大提高了物流业的服务水平。从配送形式和配送组织看，这个时期曾试行了“共同配送”，并且建立起了相应的配送体系。

(3) 成熟阶段(20世纪80年代初到现在)。

20世纪70年代末80年代初，随着美国政府制定的一系列法规、法案的出台，运输业解除了管制，运输市场全面实现了市场化、自由化。这不仅带来了运输业的激烈竞争，而且由于运费、运输路线的选择、运送计划自由决定，使配送中心的组织者真正能够按客户的需求，实现同其他公司在物流服务上的差异化竞争，加速了配送中心向规模化、集约化、综合化、专业化的发展。特别是物流信息系统的引进，使整体物流成本在整个国民经济中呈现逐年下降趋势。据《2000年美国年度物流状况报告》显示，1980年美国物流成本占当年GDP的15.7%，1990年占11.4%，1999年占9.9%。与此同时，配送中心的规模和数量却在剧增，配送的品种也是全方位面向社会，涉及到方方面面的货物种类。据有关资料介绍，20世纪80年代，美国GPR公司共有送货点3.5万个，到了20世纪末，经过合并之后，送货点减少到1800个，减少幅度为94.85%。这期间，美国通用食品公司用新建的20个配送中心取代了以前建立的200个仓库，以此形成了规模经营优势。

进入21世纪以来，随着经济全球化的深入与实施，配送中心更是向自动化、信息化、集约化、专业化、标准化、规模化方向发展，特别是全球电子商务盛行的今天，各地配送中心能够在其服务范围内向客户提供高质量、高水平、高效率、高标准的快捷物流配送服务。

在日本，有的配送中心人均搬运作业率每小时可达 500 个托盘，分拣能力已达 1.45 万件。日本资生堂配送系统每天可完成管区内 4200 个商店的配送任务。同时，配送能力已达到了很高的水平。配送的活动范围已经扩大到了省际、洲际和国际。例如，以商贸业立国的荷兰，配送的范围已扩大到了欧盟诸国。配送中心除了自己直接配送外，还采取转承包的配送策略。而且，在配送实践中，配送的技术水平、手段日益先进。各种先进技术特别是计算机的应用，使物流配送基本上实现了自动化。发达国家普遍采用了诸如自动分拣、光电识别、条形码等先进技术，并建立了配套的体系和配备了先进的设备，如无人搬运车、自动分拣机等，使配送的准确性和效率大大提高。美国 UPS 全球物流公司的职员通过电子阅读及检查进入仓库的 IBM 所有产品的条形码，就能使拥有远程读取数据设备的人准确地监测出储存水平。有的工序因采用先进技术和先进设备，工作效率提高了 5～10 倍。特别是近 5 年来，德国的物流配送已经摈弃了商品从产地到销地的传统配送模式，基本形成了商品从产地到集散中心，从集散中心(有时通过不止一个集散中心)到达最终客户的现代模式。走遍德国，可以说德国的物流配送已经形成了以最终需求为导向，以现代化交通和高科技信息网络为桥梁，以合理分布的配送中心为枢纽的完备的运行系统。在总结德国零售业发展的经验时可以看出德国是十分重视按照连锁经营的规模和特点来规划配送中心的，往往是在建店的同时就考虑到了配送中心的建设布局。

2）我国配送中心的发展

配送中心作为一种先进的物流活动组织形式，其目的是通过组织备货、加工、包装和配货，并以最合理、经济的运输方式送达客户的活动，以期最大限度地降低流通时间和流通费用，实现少库存甚至零库存，使社会生产总成本达到最小。

我国的物资部门可以说是最早涉足配送行业的先导者。早在 20 世纪六七十年代，在计划经济体制下，我国一些大中城市的物资部门在一个城市设置一个或几个集中供货点，开始按指标备货、配货和送货，并且实行相对集中库存、集中送货、集中供应到厂和提高效率的物资流通方式。上述流通方式可以说是我国配送的雏形。但是由于某些落后的生产关系及其他因素制约，使得这一先进生产力最终未能突破计划经济体制的束缚，未能形成持续发展的局面。

进入 20 世纪 80 年代，我国物流配送方式得到了进一步的发展，无论是在规模、水平、速度和效率，还是在库存管理、配送质量等方面都有了很大提高。特别是随着生产资料市场的开放搞活，物资流通格局发生了很大变化。物资流通企业广泛开展多种方式的物资配送业务，如天津储运公司唐家口仓库的“定时定量配送”、河北省石家庄市物资局“三定一送”以及上海、天津等地的煤炭配送。这说明我国的物流配送已经从自发运用配送阶段步入基本自觉应用阶段。但此时配送中心的运作仍具有浓重的计划经济的色彩，配送模式也比较单一，影响面也较小。

20 世纪 90 年代，我国政府部门开始有组织、有计划地推动物流配送工作。1990 年，在经济较发达的无锡等 11 个城市进行以发展配送制为重点的物资流通综合改革试点，到 1992 年底，已有 40 多个城市开展了物流配送，签订配送协议的企业超过 1000 家，连锁经营网点达 15 000 个，并在广州、上海、杭州等地分别进行配送中心试点建设。近年来，试行配送的城市已扩大到近百个，出现了一批不同类型的专业配送中心，配送得到了快速发展，并呈现出以下特点：第一，各地政府积极培育物流配送业，上海等省市甚至将物流业作为支柱性产业来扶持。第二，出现了各具特色的不同类型的现代物流企业。运输、仓储等传统流通企业，通过改造变成物流企业，一些生产企业开始介入现代物流，一批专业化的物流企业迅速崛起，物流配送的社会化、专业化趋势日益明显，形成了服务模式多样、多种经济成分并存的现代物流企业群体。第三，随着连锁企业的规模扩张，连锁企业内部的配送中心在硬件设施、管理水平及管理信息系统建设等方面，取得较大发展。第四，现代物流技术的研发取得显著成果。

长期以来，由于受计划经济的影响，我国物流社会化程度低，物流管理体制混乱，机构多元化，导致社会化大生产、专业化流通的集约化经营优势难以发挥，规模经营、规模效益难以实现，设施利用率低，布局不合理，重复建设，资金浪费严重。由于利益冲突及信息不通畅等原因，造成余缺物资不能及时调配，大量物资滞留在流通领域，造成资金沉淀，发生大量库存费用。另外，我国物流企业与物流组织的总体水平低，设备陈旧，损失率大、效率低，运输能力严重不足，形成了“瓶颈”，制约了物流的发展，物流配送明显滞后。商流与物流分割，严重影响了商品经营和规模效益。实践证明，市场经济需要更高程度的组织化、规模化和系统化，迫切需要尽快加强建设具有信息功能的物流配送中心。发展信息化、现代化、社会化的新型物流配送中心是建立和健全社会主义市场经济条件下新型流通体系的重要内容。我国是发展中国家，要借鉴发达国家的经验和利用现代化的设施，但目前还不可能达到发达国家物流配送中心的现代化程度，只能从国情、地区情况、企业情况出发，发展有中国特色的新型物流配送中心。随着电子商务的日益普及，中国的物流配送业一定会按照新型物流配送中心的方向发展。

为加快我国物流配送行业的发展，2001 年国家经贸委等六部委发出了《关于发展现代物流的若干意见》，文件指出：我国的物流基础设施近年来虽有较大改善，但仍不能适应现代物流发展的需要。继续加强物流基础设施的规划与建设，尽快形成配套的综合运输网络、完善的仓储配送设施、先进的信息网络平台等，为现代物流发展提供重要的物质基础条件。应重视对物流基础设施的规划，特别要加强对中心城市、交通枢纽、物资集散和口岸地区大型物流基础设施的统筹规划。

特别是 2009 年物流业作为十大振兴产业之一。力争在 2009 年改善物流企业经营困难的状况，保持该产业的稳定发展。到 2011 年，培育一批具有国际竞争力的大型综合物流企业集团，初步建立起布局合理、技术先进、节能环保、便捷高效、安全有序并具有一定国际竞争力的现代物流服务体系，物流服务能力进一步增强；物流的社会化、专业化水平明显提高，第三方物流的比重有所增加，物流业规模进一步扩大，物流业增加值年均递增 10%以上；物流整体运行效率显著提高，全社会物流总费用与 GDP 的比率比目前的水平有所下降。

随着物流热的逐渐升温和电子商务的盛行，城市物流配送业也日益得到了重视和发展。近年来，我国的许多大中城市都开始兴建物流中心、配送中心，物流基础设施逐渐得到改善、整体物流技术水平也开始得到提高。深圳市是一个典型的例证，其目前物流的总体布局为，重点建设六个物流产业园区，而这其中，为国际物流提供服务的有：盐田港区物流园区、西部港区物流园区、机场航空物流园区。服务区域物流的有：华南国际物流中心、平湖物流园区、深圳邮政分驳转运中心。以城市配送服务为主的有：笋岗——清水河物流园区。同时已经有 UPS、TNT、MAIZRSK、佐川急便等跨国公司落户园区中。由此可见，我国配送中心的发展从现阶段开始正在逐步走向成熟。

【应用案例】

药品配送新政难以出台

药品集中配送是好是坏？一家企业全权负责当地医院的药品配送能否行得通？药品流通费用是否能够下降？老百姓用药是否能够得到实惠？新的医改方案在药品配送上到底会给予怎样的规定？

当药品集中采购政策在备受诟病中煎熬前行时，“改版”的药品网上集中采购政策适时地浮出了水面。尽管药品采购新政并没有解决原有政策的所有漏洞，并从落地伊始小部分地“复制”了先前政策所引发的争议，但是不可否认的是，在新的医改方案即将推向前台之际，药品供应链源头的运营模式，正在按照既有的节奏被各方利益群体所接受。

然而，与药品采购相呼应的药品配送，正在重复“播出”着医药采购新旧政策的经历。似乎从一开始，药品供应链前端的“遭遇”，就已经“刺激”到了药品供应链的末梢神经，药品集中配送政策也开始了艰难的行程。

2008 年 3 月 23 日，卫生部部长在“中国发展高层论坛”上表示，医改方案会向社会征求意见，有关部门正在研究制定具体的改革配套文件，将会选择一些地方开始试点工作，探索经验。

据知情人士透露，医改方案向社会公开征求意见，意味着国人期待已久的医改大幕即将拉开，而介乎老百姓根本利益的药价虚高问题，也会得到一定程度的解决。

“具体何时向社会征求意见，这个我们也不太清楚。我们现在还没有接到有关征求意见的通知，不过，这并不妨碍人们对医改方案的讨论。”尽管征求意见的具体时间表还有待卫生部确定，但相关人士还是表示出了对即将出台的医改方案的高度关注。

据了解，在医改方案进入倒计时之际，有关医改的焦点已经集中在了“社会资金能否进入医疗领域提供非公益性即营利性医疗服务”“补贴资金在供方和需方之间如何分配”等问题上。

然而，在人们对涉及利益分配的问题，而一次次地唇舌激战时，老百姓最为关心的药价问题也一直备受各方关注，如此一来，和药价息息相关的药品采购以及配送政策无不牵动着大多数人的神经。

早在 2007 年 5 月 24 日，卫生部代表在当天举行的“中国药品流通改革与发展高层论坛”上对医改方案中涉及药品采购、配送的问题发表了意见。在药品采购政策上，卫生部提出加快推进以政府为主导、以省为单位的网上药品集中招标采购，以此来提高规模效益、降低采购成本和各方负担。

而在药品配送问题上，卫生部的提法是，在药品招标后，尽量选择一家配送机构为当地进行药品配送。与药品采购政策一样，药品配送的出发点也放在了提高规模效益、降低流通成本，从而降低药价上。

网上采购、集中配送是足够吸引药品供应链上各方利益群体的两个词汇。事实上，在卫生部部长提出向社会公开征求医改方案意见后，在药品流通领域，又一轮的对药品采购、药品配送政策所进行的讨论就自然而然地铺展开来。

众所周知，在药品流通领域，药品配送模式已经成为了左右药价高低的重要因素，因此，尽管不同的利益群体对药品集中配送政策有着不同的看法，但人们已经开始对药品配送这一隐藏在幕后的药品流通环节保持持续关注，却是不争的事实。

（资料来源：根据 http：//www. chinawuliu. com. cn/cflp/newss/content1/201101/769 _ 34511. html. 资料整理）

【案例思考】

在药品的供应链物流运作上，仓储与配送的作用表现在什么地方？它们对药品最终价格存在什么影响？

【复习题】

（1）简述仓储与配送的作用。

（2）仓储管理的基本任务有哪些？

（3）仓储管理人员应该具备哪些基本素质和能力？

（4）试论述仓储与配送的发展趋势对物流发展有何影响。

实训项目：仓储管理认知

【实训目的】

通过对不同类型仓储与配送企业的参观见习，使学生感受仓储与配送环境，了解仓储与配送工作任务、工作流程、仓储与配送企业组织结构、各个岗位职责以及不同仓储与配送企业仓储与配送工作的相同点与不同点，并认识现代企业对仓储与配送管理人员的要求。

【实训准备】

（1）实训带队老师讲解实训的目的、任务与注意事项。

（2）对班级学生进行分组，每组 8 人左右，指派小组长负责小组内的实训管理工作。

（3）每位同学必须带上笔记本和笔，每小组带 1 部照相机。

【实训实施】

（1）实训指导教师联系当地两家企业（一家物流企业和一家制造企业），由指导教师带领学生到企业参观，指导教师或企业接待人员向学生讲解企业仓储与配送管理的相关情况，并回答学生问题。

（2）回校后以小组为单位讨论参观的内容和两个企业的异同点，并写出见习报告。

（3）以小组为单位展示实训成果。

【实训考核】

实训评价有教师评价、小组内部成员评价和第三方评分组成员评价 3 种方式，建议教师评价占 60%的权重，小组内部成员评价占 20%的权重，第三方评分组成员评价占 20%的权重，将三者综合起来的得分为该生在该项目的评价分。实训工作评价表见表 1-5。

表 1-5　实训工作评价表

考评人		被考评人	
考评地点			
考评内容	仓库认知调研		
考评标准	具体内容	分值	实际得分
	工作态度	20	
	沟通水平	20	
	调研报告文字	30	
	调研报告汇报	30	
合　计		100	

注：考评满分 100 分，60 分以下为不及格，60～69 分为及格，70～79 分为中，80～89 分为良，90 分以上为优。

导读二

仓储与配送战略与组织

CANGCHU YU PEISONG ZHANLVE YU ZUZHI

【学习目标】

了解仓储与配送的战略内容，掌握仓储与配送的组织构建、岗位设置，熟悉仓储配送企业部分岗位的职责，了解仓储与配送企业的作业规程。

【学习任务】

通过本导读知识的学习，学生要了解仓储与配送企业战略的相关概念及发展战略内容，熟知根据不同的仓储与配送企业类别构建的不同组织结构，按照仓储与配送企业的运作特性设置岗位和岗位职责，学会制定仓储与配送企业各岗位的作业规程。

【任务实施】

(1) 制定学习目标。

(2) 确定完成任务的路径和方法。

(3) 搜集和整理学习资料。

(4) 通过案例分析与讨论分析和对比学习资料，巩固和掌握所学的知识。

本导读的工作任务主要是了解仓储与配送企业战略选择与组织构建的基本概念及相关知识，首先要确定完成任务的路径与方法，分析和整理相关学习资料，并进行分析和对比，通过案例分析和小组实训巩固和掌握所学的知识。

【导读案例】

沃尔玛是全世界零售业年销售收入位居第一的巨头企业，素以精确掌握市场、快速传递商品和更好地满足客户需求著称。沃尔玛之所以能够迅速发展成为世界零售业之最，其中一个重要的原因是重视配送系统的建设和完善。沃尔玛 1969 年在美国建立起第一个配送中心，它在美国利用自己的配送系统，为连锁商场配送商品。沃尔玛的企业理念是“最低的成本，提供最高质量的服务”。配送系统必须为商店和顾客提供最迅速的服务，整个供应链“无缝”链接，顺畅运转，顾客在商场无论买走什么商品，都会得到及时补充。沃尔玛在任何时间都可以知道每一个商店现在货架上有多少货物、配送中心存有多少货物、还有多少货物在运输途中等。同时还可以了解到某种货物上周卖了多少，去年卖了多少，而且还可以预测将来能够卖出多少。这是因为商场中专有的商品都是利用标准的条形码来管理的，只要对某种商品进行扫描，就可以对它进行阅读。在沃尔玛商场不需要用纸张处理订单。自动补货系统使商场可以自动向配送中心订货。在商场，任选一种商品扫描一下，就能得到销售、库存和运输等方面的信息。这些信息都是利用计算机与条形码获取的，经理根本不需要听汇报。

另外，沃尔玛的供货可以直接进入配送信息系统，任何一个供货商都可以了解今天、昨天、上周、上个月和去年的销售情况，根据这些信息来决定生产，并预测未来，及时供应，降低产品的成本。

非常重要的一点是，沃尔玛配送中心在上游的供货及下游的商场这个供应链中，确保进货产品与订货单、发货单完全一致，整车的商品卸到商店不需要检验，因为他们确信没有失误，这样就节省了验货的时间及劳力，降低了成本。这些商品可以直接放到货架上，特别是配送中心，不管在美国还是世界上其他地方都是一致和完整的。

沃尔玛的配送中心都非常大，供货商直接送货到配送中心。当然，供货商非常清楚为一家配送中心送货同为数十家商场配送同样的货物，成本要低得多。供货商和配送中心之间建立伙伴关系，供货商拿出节省的部分利润让利于消费者，大家最终获得最佳利益。

沃尔玛配送中心全部是自动化立体仓库形式，商品从一个门进，从另外一个门出，没有任何阻力地在中心流动，他们使用输送机有效地搬运商品。配送中心根据不同商场所需要的不同商品，对商品进行分类、分拣，然后放入不同的货箱，分拣员根据信号灯所提供的信息取货，所有商品都按顾客的订单配货，放入不同的货箱中，在发货区装上配送车。沃尔玛配送中心有各种各样的类型，如服装配送中心、蔬菜配送中心等。

其实在整个配送系统中，送货运输费用最高，为了节省送货费用、降低运输成本，沃尔玛的配送车辆全部是加长的大型货框型车辆，在长度和高度上超过了集装箱卡车。车辆是沃尔玛自有的，司机也是沃尔玛的职员。沃尔玛采用 GPS，任何时候在调度室，都能够知道某一车辆在什么地方，离商场还有多远，知道车辆在哪里、产品在哪里，何时到达商场，这样就可以提高整个系统的效率。沃尔玛的配送车辆一般都是在高速公路上行使，保证安全是最重要的。他们认为不出事就是节约费用、降低成本。

沃尔玛在送货方面的另一个运营策略就是把车装满。配送中心在供货商和商场之间，什么时间车辆到达都是事先约好的，按照运行时间表进行供货运输或配送运输。沃尔玛对运输的时间进行了很好的管理，可以节省时间、提高效率。另外，供货商的供货运输也可以采用沃尔玛的运输系统，因为沃尔玛的运输系统效率高、成本低，对商场需求批量大的货物可以由供货商直接运抵商场。

（资料来源：根据网络资料整理）

一、仓储与配送战略

1. 仓储与配送企业经营管理概述

1）仓储与配送企业经营管理的内容体系

任何一个经济组织的运营过程都存在着“投入—交换—产出”的过程，即都要投入一定的资源，经过一系列形式的转换，向社会提供某种形式的产出(产品或服务)，实现价值增值。其运行规律如图 1.4 所示。

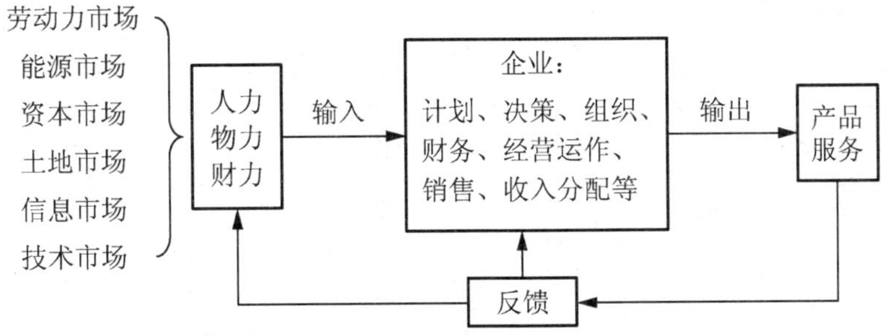

图 1.4 仓储与配送企业经济模型

与其他经济组织的运营过程一样，仓储与配送企业的运营过程也是由输入、转换、输出 3 个部分组成，差别在于输入的要素、转化的形式和输出的目标等内容上的不同。从其运行规律可以看出，仓储与配送企业运营管理的任务就是对整个仓储与配送过程进行有效的计划、组织、协调和控制，使投入转换的各种资源能够有效地合理利用，采用最经济的方法，输出符合社会所需要的服务。因此，仓储与配送企业经营管理包括以下主要内容：

(1) 确立仓储与配送企业的总体目标。仓储与配送企业为了使自身不断得到发展和壮大，必须具有自己的总体发展目标。确定总体目标是仓储与配送企业经营管理的首要任务，它必须成为全体员工的共识和内在动力。

(2) 拟定正确的经营战略。为了确保总体目标的实现，仓储与配送企业必须根据所处外部环境和自身条件等各种信息，制定正确的经营战略，它是对中心长期发展的、全局的经营问题的谋划，是实现中心目标的重大决策和举措。

(3) 建立并及时调整组织机构。组织机构是为实现经营战略而采取的组织结构形式和组织运行方法，它是中心从事经营管理活动的重要保证。一个合理、良好的经营组织必须具有高度的活力并能适应外部环境的变化，能够灵活地根据经营战略和策略进行调整、变革、发展。

(4) 设计仓储与配送企业的运营系统。主要是根据确立的经营战略对仓储与配送企业的能力(获取资金、资源)规划、市场选择、配送品种选择、应用技术选择、选址、设施布置、运输工具选择及作业流程等的设计。这是仓储与配送企业运营管理的核心内容，是确保中心总体目标实现的根本途径。

(5) 制定切实可行的运行与控制系统。根据经营战略和系统设计方案，做好仓储与配送企业的日常运行与控制。包括仓储与配送企业运行的总体计划、主作业计划、作业计划、进度计划、质量控制、成本控制和信息系统构建等内容。这是经营目标得以实现的重要的控制手段。

此外，仓储与配送企业在经营管理活动中，应及时根据其运行情况和内外部环境的动态变化，以及根据未来的发展趋势，不断改进和完善配送中心经营管理的方法运行体系。

上述内容，构成了如图 1.5 所示的“目标—战略—设计—运行—控制—维护—改进”旋循环链。它每循环一次，仓储与配送企业的管理水平就向一个新的高度发展迈进。

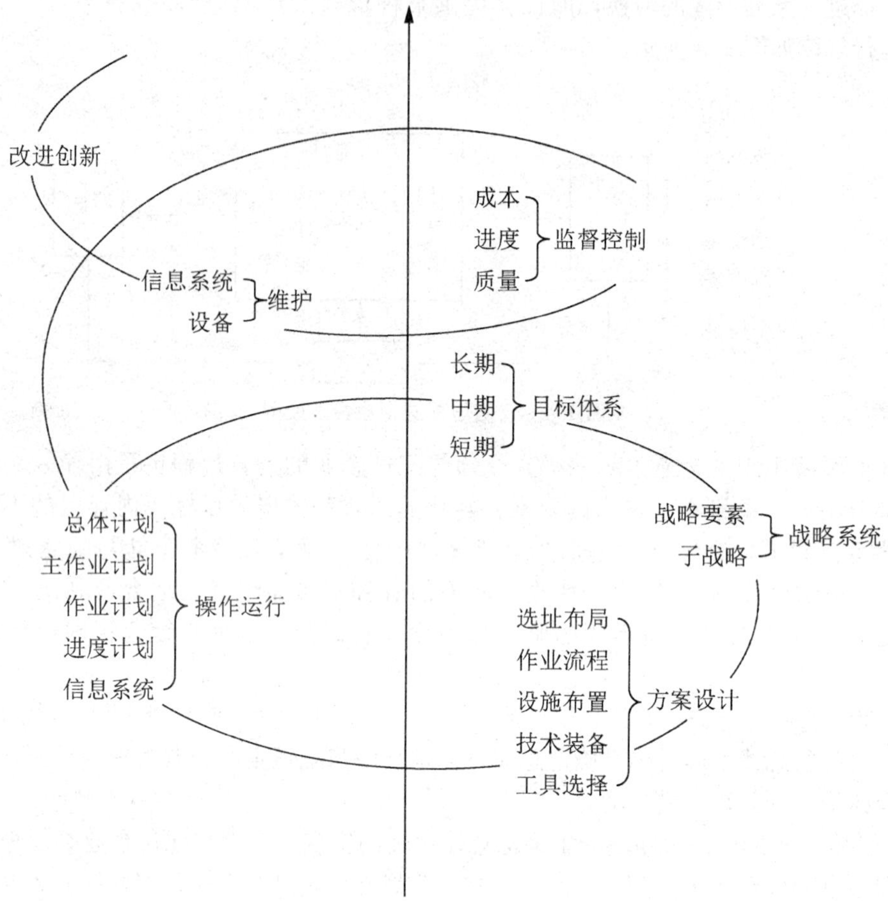

图 1.5　配送中心管理螺旋曲线

2）配送中心经营管理的目标

企业经营的总目标是获取利润，那么仓储与配送企业经营的总目标是什么呢？从表面看，人们可能会认为其总目标是更高服务且低成本地向各个顾客提供仓储与配送服务。但从更深层次分析，其实仓储与配送企业也是为了赢利。因此，仓储与配送企业经营管理目标是指在一定时期内，按照配送中心所有者和经营者的愿望，考虑所处的外部环境和自身条件，经过努力预期达到的理想成果，可以概括为“四恰当”“三提高”，即在恰当的时间、以恰当的配送方式、恰当的价格、向客户提供恰当的服务，达到提高客户和社会的满意度、提高竞争力、提高经济效益和社会效益的目标。

经营管理目标经常以仓储与配送货物总量、种类、服务质量、满意度、销售收入、现金流量、资金利用率、市场占有率、净投资回报率、库存及净利润等经济指标的未来发展规模和速度表示。不同时期、不同类型的仓储与配送企业，确定经营目标的重点也各不相同。一般可分为长期目标、中期目标和短期目标 3 种。只有先确定长期经营目标，在长期经营目标指导下，再协调中短期目标，才能避免目光短浅，又可使长期目标的实现有可靠保证。以下通过经济效益、成本、服务、现金流量、净投资回报率、库存和净利润等目标具体说明。

（1）仓储与配送企业在制定成本、服务、净利润、净投资回报率、库存、现金流量等分目标时，要以总目标“经济效益”为基准。

（2）在一定时期、一定技术条件下，为了满足子目标中的一些目标，必须以牺牲其他目标为代价。随着科技的发展，可以使用先进的信息技术和手段，不断调整设计，使分目标之间的影响逐步减小。例如，仓储与配送企业降低库存成本、配送加工成本和运输成本，通常是以牺牲对顾客服务和提高供应商的库存成本、运输成本为代价的。也就是说，当仓储与配送企业的成本、费用在减少，商品的周转率、资金周转率在加快时，供应商所提供的商品的价格却在上升，来自顾客的埋怨越来越多。因此，仓储与配送企业在运营中，应在成本和服务之间做出权衡，结合自身能力对先进的信息技术和方法加以引进，使成本和服务共同迈上一个台阶。在条件允许的情况下，仓储与配送企业要使各分目标均衡发展，确保总体目标的顺利实现。

(3) 在目标管理中，更为重要的就是找出仓储与配送企业运营中的"瓶颈"因素。因为在很多时候，仓储与配送企业在许多方面的运营都是良好的，但往往由于某一环节的制约作用而影响了整个仓储与配送企业甚至整个物流的高效运作。假设仓储与配送企业的分拣速度慢，就会出现仓储与配送企业的车辆闲置，司机、交运人员闲置，顾客由于等待而造成缺货成本等现象，导致配送成本提高、服务质量下降。如果解决这一"瓶颈"，就能使分目标，进而使总目标得以实现。在目标管理中，要求仓储与配送企业的运营以总目标为准绳，对各个分目标进行有效的整合，同时结合各个时期的不同指导方针，对某些目标有所侧重，善于发现"瓶颈"因素，从而更有利于分目标的实现，很多时候"瓶颈"的消除，会使总目标轻而易举地实现。

总之，目标管理是仓储与配送企业经营管理的首要问题，仓储与配送企业要根据自身的具体情况，制定恰当的目标，并有重点地突出几项对配送中心未来发展起关键作用的发展目标，这样可以集中精力办好企业。为了实现仓储与配送企业经营管理目标，自然就引申出了仓储与配送企业管理的基本问题，如战略管理、组织管理、质量管理、作业流程管理、成本管理、财务管理及资源要素管理等。

2. 仓储与配送企业战略管理体系

战略就是对全局问题的统筹和规划，中国自古就有这一概念，《孙子兵法》《三国演义》等就是世界著名的军事战略杰作。近年来，由于学科之间的交叉渗透，大量军事理论被引入企业竞争之中，引起了关于企业竞争战略的分析和讨论。一般而言，仓储与配送企业经营战略是指对其未来发展做出规划的方略，它是仓储与配送企业根据其外部环境和自身条件，为求得其生存和发展，对其发展目标的实现途径和手段的总体谋划，是仓储与配送企业经营思想的集中体现，又是制定仓储与配送企业规划和计划的基础。

(1) 全局性经营战略是研究全局的指导纲领，它所反映的是有关全局性问题的重大决策。同时，全局是由局部构成的，当某些局部的成败对全局具有决定性影响时，局部的问题就具有战略的性质。

例如，《哈佛商业评论》中一篇名为《基于能力的竞争》的文章中，作者在分析了沃尔玛公司取得巨大成功的原因后断言：沃尔玛之所以实现了为顾客提供始终如一的优质服务的目标，关键是让企业补充存货的方法成为其竞争战略的核心部分。这种战略在很大程度上是以"越库直运"这一零库存物流配送得以充分体现。一项普通的配送策略竟然变成了世界零售巨头整个竞争战略的核心部分。沃尔玛的巨大成功就在于认识到有效的企业战略必然需要局部与整体之间的协调，一种新的配送方式就可能成为仓储与配送企业生存发展的关键因素，"越库直运"就是具有战略意义的决策。

(2) 长期性经营战略往往着眼于未来相当长的一段时间，而不只在短时期内起作用，因此具有长期性的特征。研究经营战略，就要协调眼前和局部的利益，考虑长期和全局的利益。当然，经营战略并不是一成不变的。在环境迅速变化的情况下，尤其是技术环境的突变，会给企业带来意想不到的发展机遇，这时一种有创造性的超前思维很可能成为企业在未来竞争中取胜的至关重要的因素。仓储与配送企业应根据实际的经营情况及时修正战略。

经营战略是一个庞大复杂的系统，可以分解为不同层次的子系统，如图 1.6 所示。一般来讲，对于大型仓储与配送企业来说，经营战略包括 3 个层次：第一层次是仓储与配送企业总体战略；第二层次是事业部级战略；第三层次是职能级战略。

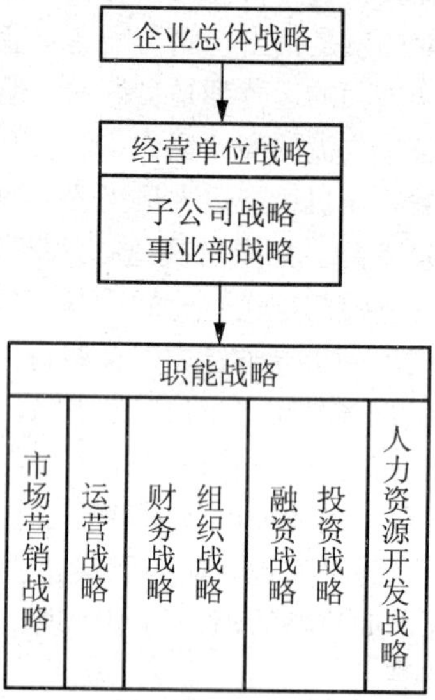

图 1.6　仓储与配送企业战略体系

对于只经营单一事业的企业，总体战略与事业部级战略就没有必要加以区别，只有总体战略与职能级战略两个层次。总体战略主要决定仓储与配送企业今后的长期主营方向、规模以及实现这些目标的措施等的总体筹划，是战略体系的主体和基础，起着统率全局的作用。

职能级战略又称职能策略，是在总体(或事业部)级战略指导下，按专业职能进行落实和具体化，一般包括研究与开发策略、运营策略、营销策略、财务策略和人力资源开发策略等，主要是确定在各自职能领域内如何形成特定的竞争优势，以支持和实施总体战略。仓储与配送企业在制定总体战略时要考虑下一层次的情况；而下一层次的战略应服从和体现上一层次的战略意图。

为此，仓储与配送企业战略管理必须坚持依托整体协调发展、长期规划分段实施、面向未来适度超前、管理创新服务制胜、一元统筹多元推进等重要原则，确保仓储与配送企业战略的研究制定、管理活动的组织开展、各职能部门的相互协调和总体战略目标的贯彻执行。

3. 仓储与配送企业战略管理的主要内容

1）仓储与配送企业战略管理应考虑的主要因素

从制定战略目标的思路看，战略目标受制于配送中心所处的外部环境和自身的内部条件，战略目标、自身条件、外部环境三者中最不为配送中心所控的因素首先是外部环境，其次是自身条件，而战略目标是最容易控制的因素。因此，科学合理地制定战略的思路是必须首先分析所处的外部环境，其次研究自身条件，最后才确定战略目标。仓储与配送企业发展战略制定流程的内在要求决定了其制定发展战略首先要解决的一个关键问题是要有明确的市场定位；其次是要在该仓储与配送企业主要领导的主持下，由专业人员在进行市场调查的基础上，制定战略方案，以确保战略的先进性和预见性。一个定位明确、具有先进性和预见性的仓储与配送企业发展战略，应考虑以下因素：

(1) 拟提供服务对象的特点。

(2) 服务范围的条件及要求。

(3) 自身拥有的服务设施、设备条件及资源状况。

(4) 服务的价格及成本。

(5) 自身通过市场获得所缺乏的服务设施、设备、人才、资金、资源等的能力。

2) 发展战略的主要内容

根据现代物流活动的特点和发展趋势，考虑影响战略制定的相关因素，仓储与配送企业的发展战略应包括以下主要内容：

(1) 经营理念以及发展总体目标。包括企业规模、市场定位、市场范围、服务对象及经营目标等。

(2) 发展方针政策。包括确定企业是否拥有服务所需资金、设施设备、技术、人才来源等。

(3) 经营组织机构与管理。包括制度的设计和组织机构的设置等。

(4) 物流服务管理。包括物流服务种类、物流服务系统构成、物流业务组织运作及服务质量控制等。

(5) 市场营销策略。包括服务产品策略、定价(运价)策略及分销促销策略等。

(6) 企业战略实施对策及措施。

仓储与配送企业在进行战略决策管理时，应该把物流系统与营销战略以及该仓储与配送企业的总体战略有机地结合起来，从战略高度权衡物流运营成本与市场拓展需要、物流顾客服务的特殊要求之间的动态平衡，而不仅仅局限于解决流程再造、压缩成本、加强培训等投入产出的管理问题和有限资源的合理配置问题。在进行战略管理的过程中，既要注重战略的制定过程，又要注重战略的实施过程。制定发展战略不仅确立了仓储与配送企业的经营哲学和理念，而且能使仓储与配送企业员工在经营活动中有了共同理想、目标和语言，从而使企业内部各部门之间的协调和沟通变得顺畅，确保了事业的兴旺发达。

确定企业的战略方案后，就要组织实施并对实施过程加以控制，其管理过程有两个方面：一是调整企业组织系统，因为企业战略是通过企业组织系统来实施的，所以首先必须调整组织系统，使之适应战略的要求，以保证战略目标的顺利实现；二是建立战略实施的保障系统，以激励全体员工团结一致，为实现战略目标做出贡献。

3) 战略类型

(1) 按仓储与配送企业的成长方向划分，仓储与配送企业的战略可分为 4 种类型，即市场渗透战略、市场开发战略、产品开发战略和多角化经营战略。

① 市场渗透战略是在原有产品和市场上进一步扩大，提高市场占有率的战略。这是进行纵向渗透的战略。因此，仓储与配送企业必须尽可能稳定原有顾客，设法使其增加配送量，并通过提高配送质量、降低产品价格、改善服务，以及加强广告和促销力度等措施，占领竞争对手的市场；并深入进行市场调查，争取潜在的顾客。

② 市场开发战略是用现有的产品开辟新的市场领域的战略。如果现有市场已经没有进一步渗透的余地，就必须设法开辟新的市场，如将仓储与配送业务由城市推向农村，由本地区推向外地区、由本土推向国际等。

③ 产品开发战略就是通过改进现有产品或开发新产品来扩大企业在现有市场的销售量的战略，如增加仓储与配送货物的种类、规模、方式等，以满足不同客户的需要。而对于过时的仓储配送方式，就必须果断地加以淘汰。

④ 多角化经营战略指的是在市场和产品两方面都从现有领域面向新的领域求得发展，从而形成多个产品、市场领域。在美国，众多的大型现代仓储与配送中心都经常采用这种战略。

(2) 按竞争特点划分，仓储与配送企业的战略可分为 3 种，即低成本战略、产品差异性战略、集中性战略。

① 低成本战略又称全面成本战略，是通过采取各种措施全面降低成本，从而以比同类竞争对手更低的价格进入市场的战略。为此，业主就必须不断地进行技术设备更新，借以提高劳动效率；同时采取措施，不断降低配送费用、销售费用、科研开发费用及其他间接费用。

② 产品差异性战略通常是指在同类产品市场中，突出自己产品同竞争对手的差异，以加强自己产品竞争力的战略，如航空快递、集装箱运输等。

③ 集中性战略是指在市场整体中选定一个细分化市场，包括某一类顾客、某种特定用途的产品或某一特定地区等，集中投入资源，以取得成本方面或差异性方面的优势的战略，如生鲜仓储与配送、图书仓储与配送等。

以上 3 种竞争战略各具优势，美国目前有影响力的大型仓储与配送中心，如沃尔玛、UPS、联邦快递就是根据自身的资源情况、产品和市场特点，以及竞争对手的战略等因素对这 3 种竞争战略灵活地加以运用，最终赢得了在市场竞争中的领先地位。但是，这 3 种竞争战略如果运用不好，也会使仓储与配送企业陷入被动的境地。

(3) 按经营态势划分，仓储与配送企业的战略可分为 3 种，即发展型、稳定型和紧缩型战略。

① 发展型战略又称进攻型战略。这种战略适用于市场有发展和壮大自己的机会，其特点是投入大量资源，扩大产销规模，提高竞争地位，提高现有市场占有率或用新产品开辟新市场。这是一种进攻型的战略，是在现有的战略基础水平上向更高一级的目标发展。

② 稳定型战略又称防御型战略。这种战略强调的是投入少量或中等程度的资源，保持现有的产销规模和市场占有率；稳定和巩固现有的竞争地位。这种战略适用于效益已相当不错，而暂时又没有进一步发展的机会，进入其他市场屏障又较大的仓储与配送企业。

③ 紧缩型战略又称退却型战略。它是指从现有的战略基础水平往后收缩和撤退，且偏离原有战略目标程度较大的战略。这种战略适用于外部环境与内部条件都十分不利，只有采取撤退措施才能避免更大的损失的情况。紧缩型战略主要有缩小规模、转让、兼并及清理等措施。

在以上 3 种战略中，可以说所有的仓储与配送企业最不希望采用的就是紧缩型战略，因为这与他们的愿望背道而驰。许多仓储与配送企业即使在时机不成熟的条件下，也宁愿采用发展型战略而非紧缩型战略。其实从战略角度考虑，有时候战略上的退却比进攻更有成效。

企业要生存并获得发展，必须把这两种战略摆在同等重要的战略位置上。在激烈的市场竞争环境中，仓储与配送企业的决策者应以所有者的利益为重，不能轻易冒险。

二、仓储与配送企业经营组织构建

1. 仓储与配送企业组织结构设计步骤

仓储与配送企业组织是一个整体，它是由许多元素按照一定形式排列组合而成的。一个企业在决定采用某种组织形式之前，必须考虑 4 个基本问题：什么样的组织形式有利于实现企业的战略目标？什么样的组织形式能提高组织效率？组织形式与企业活动如何适应？组织与外部环境如何适应？

那么，组织结构设计应该如何进行呢？组织结构设计的过程主要包括 6 个步骤，如图 1.7 所示。

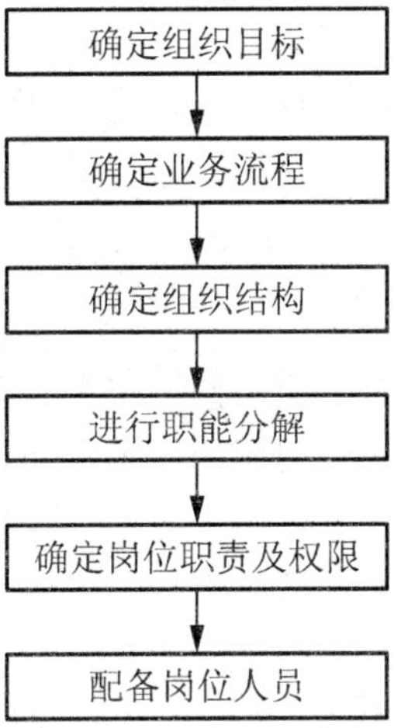

图 1.7　组织结构设计步骤

1）确定组织目标

仓储与配送企业组织目标设立是指紧紧围绕企业面临的内外部环境，结合自身的资源，合理确定组织的总体目标。

2）确定业务流程

确定业务流程就是明确组织的具体工作内容和主导业务流程，并对流程中各节点的工作内容进行分工。例如，深圳 SZT 公司的仓储与配送主营业务流程涉及分公司仓储管理和库存监控；小件快运、快递，普通快运；国内航空、铁路、公路运输、货物配送、再加工和分拣、售后及回收物流增值服务；整体供应链解决方案、物流信息咨询等方面。

3）确定组织结构

仓储与配送企业根据行业特点及组织环境等因素，确定采取何种组织形式、设置哪些部门，将相近和联系紧密的工作内容进行优化组合。例如，深圳 SZT 物流公司根据主营手机物流的行业特点（快速、安全、便捷），以分布在全国主要中心城市的仓库、配送中心为依托，以航空、铁路、公路等运输方式为纽带，以物流信息平台为核心，形成了覆盖全国的综合物流服务组织。

4）进行职能分解

仓储物流公司确立总体结构框架后，应确定各部门职能，并对各部门进行职能分解，明确每一部门具体职能和设立岗位，明确各岗位人员的素质要求。例如，深圳 SZT 物流公司把业务部、仓储部、快递部、财务部、信息管理、人力资源、行政管理等各主要部门的具体职责进行职能分解。一般把公司职能划分为一、二、三级职能，明确各部门及岗位的职责。“一级职能”是指本部门的主要业务及管理职能，“二级职能”是指在一级职能下分解的若干项职能，“三级职能”是指把“二级职能”作业项目进行分解的职能。该公司仓储部的“一级职能”是“货物的仓储管理”，“二级职能”是“货物出入库”“货物保管”等几项职能，“三级职能”是由“二级职能”中的“货物保管”分解成的“货物保管及防护”“理货”等。

5）确定岗位职责及权限

规定各职位的权利、责任和义务，同时明确各部门之间、上下级之间和同级之间的职权关系，以及相互之间的沟通与原则。

6）配备岗位人员

根据仓储与配送企业部门的工作性质和对职务人员的素质要求，为各个部门配备人员，明确其职务和职称。

2. 仓储企业组织机构的主要形式

当前仓储与配送企业中，实行的组织结构形式主要有直线式、职能式、直线职能式、事业部式、矩阵式。每一种组织结构均有明显的优势和不足，每一家仓储与配送企业应根据各自的实际情况，依据自身企业规模、业务情况、管理者能力等多种因素来选择适合自己的组织结构。

1）直线式组织结构

直线式组织结构是最古老的组织结构形式。“直线”是指在这种组织结构下，职权直接从高层开始向下“流动”（传递、分解），经过若干个管理层次达到组织最低层。其特点是：组织中每一位主管人员对其直接下属拥有直接职权；组织中的每一个人只对他的直接上级负责或报告工作；主管人员在其管辖范围内，拥有绝对的职权或完全职权。即主管人员对所管辖的部门的所有业务活动行使决策权、指挥权和监督权。仓储与配送企业直线式组织结构如图 1.8 所示。

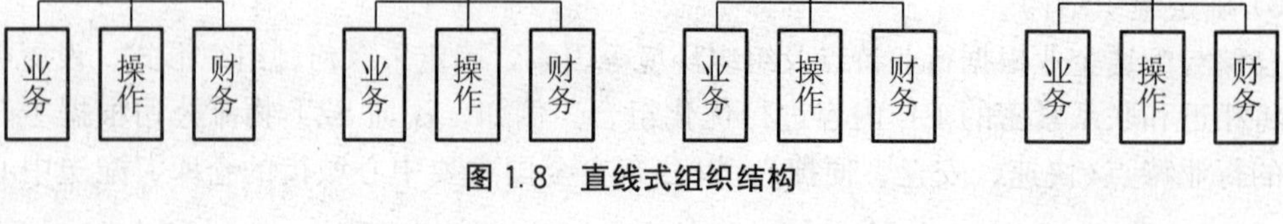

图 1.8　直线式组织结构

直线式组织结构的优、缺点见表1-6。

表1-6 直线式组织结构的优、缺点

优 点	缺 点
权力集中，职权和职责分明、命令统一； 信息沟通简捷方便，便于统一指挥，集中管理	对经理的能力要求高； 缺乏横向的协调关系

这种直线式组织结构适用于仓储与配送企业规模不大，职工人数不多，经营管理工作都比较简单的情况或现场作业管理。

2）职能式组织结构

职能式组织结构的本质是将企业的主导业务分解成各个环节，并由相应部门负责执行，即按照职能设置部门。职能式组织结构几个部门间的层级关系如图1.9所示。

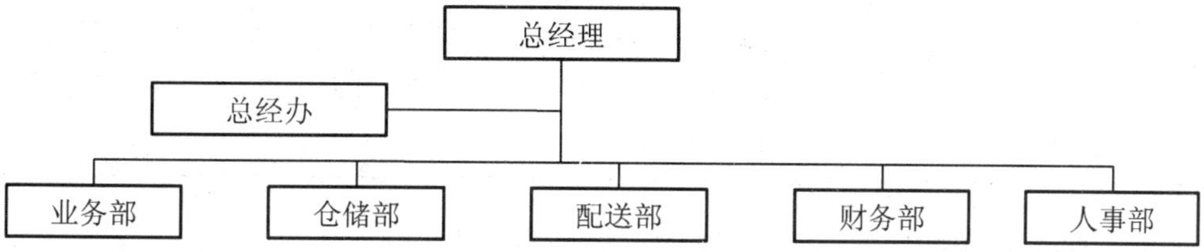

图1.9 职能式组织结构

职能式组织结构的核心优势是专业化分工，因此部门和岗位的设置以及名称是以“职能”“专业”来命名的，这种类型的组织不需要太多的横向协调，公司主要通过纵向层级实现控制和协调。职能式组织结构的优、缺点见表1-7。

表1-7 职能式组织结构的优、缺点

优 点	缺 点
促进深层次技能的提高； 促进组织实现职能目标； 一种或少数几种产品、服务时最优； 在中、小型企业规模下最优	对外界环境的变化比较慢； 可能引起高层决策堆积、层级负荷加重； 导致部门间缺乏横向协调，对组织目标的共识有限； 缺乏横向的协调关系

该类组织结构比较适合外界环境稳定、技术相对标准、不同职能部门间的协调相对简单的企业。

3）直线职能式组织结构

直线职能式又称直线参谋制，它是在直线式和职能式的基础上，取长补短，吸取这两种形式的优点而建立起来的。目前，我国绝大多数仓储企业都采用这种组织结构形式。这种组织结构形式是把仓储企业管理机构和人员分为两类：一类是直线领导机构和人员，按命令统一原则对各级组织行使指挥权；另一类是职能机构和人员，按专业化原则，从事组织的各项职能管理工作。直线领导机构和人员在自己的职责范围内有一定的决定权和对所属下级的指挥权，并对自己部门的工作负全部责任。而职能部门和人员，则是直线指挥人员的参谋，不能对直接部门发号施令，只能进行业务指导。直线职能式组织结构如图1.10所示。

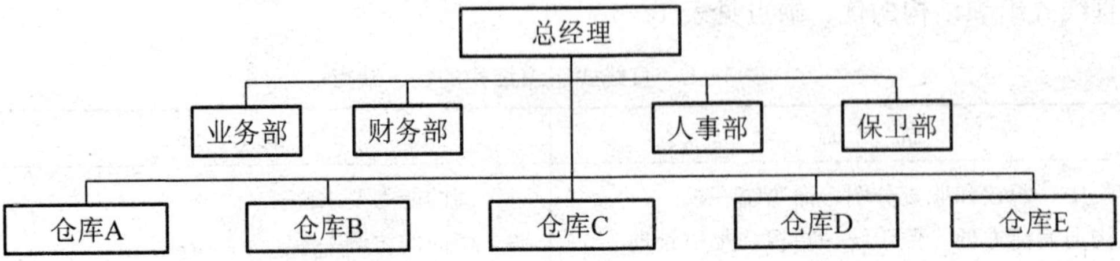

图 1.10　直线职能式组织结构

采用直线职能式组织的优、缺点见表 1－8。

表 1－8　直线职能式组织结构的优、缺点

优　　点	缺　　点
权利集中，有利资源优化配置，发挥整体优势； 各功能划分功能，充分发挥各专业管理机构的作用	职能部门之间的协作和配合性较差； 集权式管理增加了高层领导的协调工作，不易导致部门间缺乏横向协调，对组织目标的共识有限； 发挥中层领导的积极性，易产生相互推诿现象，减弱物流公司的效益和整体实力

4）事业部式组织结构

事业部式组织结构是一种高度集权下的分权管理体制。事业部式组织结构是分级管理、分级核算、自负盈亏的一种形式，即一个公司按地区或按服务类别分成若干个事业部，从服务设计、物料采购、成本核算、运营，一直到配送，均由事业部及所属分公司负责，实行单独核算，独立经营，公司总部只保留人事决策、预算控制和监督大权，并通过利润等指标对事业部进行控制。仓储与配送企业中比较常见的是按照地区划分事业部的形式。事业部式组织结构如图 1.11 所示。

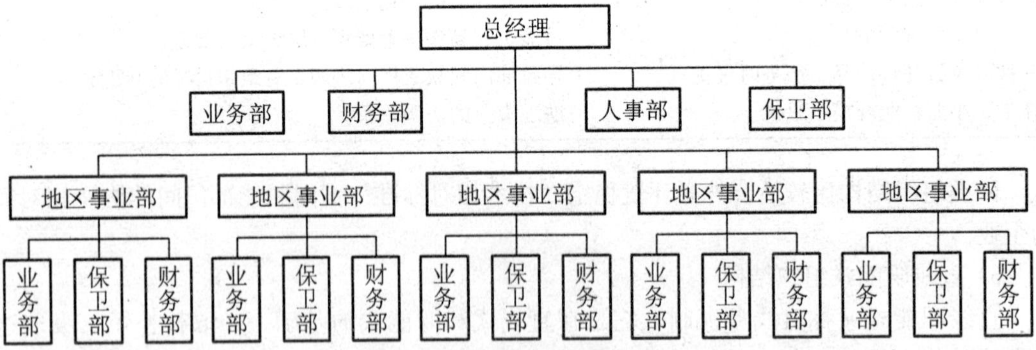

图 1.11　事业部式组织结构

事业部式组织结构优、缺点见表 1－9。

事业部式组织结构适用于规模庞大、品种繁多、技术复杂的大型企业，是国外较大的联合公司所采用的一种组织形式，近几年我国一些大型仓储物流企业集团也引进了这种组织结构形式。

表 1-9 事业部式组织结构的优、缺点

优　　点	缺　　点
总公司领导可以摆脱日常事务，集中精力考虑全局问题； 事业部实行独立核算，更能发挥经营管理的积极性，更利于组织专业化生产和实现企业的内部协作； 各事业部之间有比较，有竞争，这种比较和竞争有利于企业的发展	公司与事业部的职能机构重叠，构成管理人员浪费； 事业部实行独立核算，各事业部只考虑自身的利益，影响事业部之间的协作

5）矩阵式组织结构

在仓储与配送企业中，有时也会根据业务项目或某些专门任务而成立跨部门的专门机构或项目小组，形成矩阵式组织结构，具体的组织结构形式如图 1.12 所示。它是职能式和事业部式组织结构形式的组合，大多是临时设置，一个项目或业务运作完成后即取消。

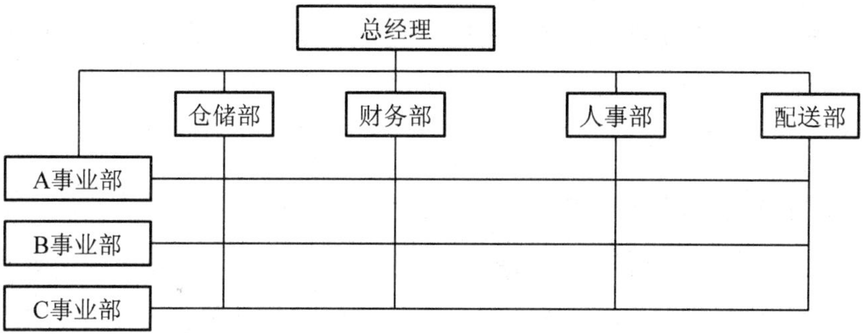

图 1.12 矩阵式组织结构

矩阵式组织结构的优、缺点见表 1-10。

表 1-10 矩阵式组织结构的优、缺点

优　　点	缺　　点
任务明确，目的清楚，各方面人才有备而来； 横向信息沟通容易； 适应性强，协调配合好	容易导致员工对双重领导的迷惑； 为解决冲突，管理者需要耗费较多时间； 员工需要具备良好的沟通和协作能力

三、仓储与配送企业岗位设置

1. 仓储与配送企业岗位设置概述

仓储与配送企业的岗位设置应由配送中心的作业流程决定。配送中心一般可以设置以下岗位：

（1）采购管理部。负责订货、采购、进货等作业环节的安排及相应的事务处理，同时负责对货物的验收工作。

（2）仓储管理部。负责货物的保管、拣取、养护等作业运作与管理。

(3) 加工管理部。负责按照要求对货物进行包装、加工。

(4) 配货管理部。负责对配送货物组配和出库货物的拣选(按客户要求或方便运输的要求)作业进行管理。

(5) 运输管理部。负责按客户要求制定合理的运输方案，将货物送交客户，同时对完成配送进行确认。

(6) 客户服务管理部。负责接收和传递客户的订货和送达货物信息管理，处理客户投诉，受理客户退换货请求等业务。

(7) 财务管理部。负责核对配送完成表单、出货表单、进货表单和库存管理表单，协调、控制、监督整个配送中心的货物流动，同时负责管理各种收费发票和物流收费统计、配送费用结算及编制会计报表等工作。

(8) 退货管理部。当营业管理组或客户服务组接收到退货信息后，将安排车辆回收退货商品，再集中到仓库的退货处理区，重新清点整理。

在岗位设置中，不仅要明确各岗位的工作内容，更要规定各岗位的工作标准，以及与其他岗位的协调关系等内容。以上岗位是一般配送中心设置的主要岗位。由于配送中心的规模、设施设备、作业内容和服务对象不同，所以岗位设置也不尽相同。

2. 仓储与配送企业人员的配备管理

人员配备主要是配备各级、各部门的主管人员，然后根据组织的实际情况进行授权。由于现代化的配送中心功能齐全，运作复杂，因此对管理人员、操作人员的素质要求较高。配送中心一般需要配备以下人员：

(1) 高级管理者。负责协调运转，对公司和顾客负责，进行危机处理，制定发展战略及规划。

(2) 现场管理者。对作业流程监督控制，负责配送中心现场作业调度，并对应急故障负责排除。

(3) 信息管理员。负责信息的接收、处理、传递及信息设备的维护。

(4) 计划员。负责短期作业计划工作。

(5) 操作员。负责验收、入库、保管、出库、分拣、理货、驾驶、加工与包装等活动的作业人员。

除此之外，扩充机构还应包括市场开发人员、财务管理人员以及保安人员等。

各机构人员，应分工协调、权力有限、权责一致、统一指挥，所有管理人员及一般职员应精干高效，相对稳定，各部门的人员素质要有一定的均衡性。

3. 仓储与配送企业部分岗位职责

1) 货物验收人员的职责

(1) 工作目标。负责商品的出入库验收与检验工作，对不符合验收要求的货物按公司的有关规定进行处理。

(2) 职责范围。协助主管制定物资验收作业规范，并严格参照执行；负责所有物资的出入库验收工作，并如实填写相应的出入库验收单据；识别和记录物资的质量问题，对客户的包装、运输及其他方面提出改进建议；拒收物资中不合格产品，退回客户处；对包装有残损的，进行单独处理；做好物资验收记录，对物资的验收情况进行统计、分析、上报；完成上级领导交办的相关事宜。

2）仓库管理员的职责

（1）工作目标。按照公司仓储管理规定全面负责货物出入库管理工作，根据货物的特性合理安排储位。

（2）职责范围。

① 规章制定。协助仓储部经理制定货物验收、出入库、存储等规章制度，报主管领导审批后，严格执行。

② 货物的出入库管理。负责货物出入库的搬运设备与人员的调配工作，办理入库手续，签发相关出入单。

③ 库存统计与建立台账。建立相应的货物出、入库台账，定期对出入库数据进行统计；对库存货物进行定期盘点，向信息管理部门及财务部门提交库存盘点数据。

④ 库房管理。负责辖区内各类库房的管理工作，做好库房的定额管理，监督货物的装载，严格监督货物的装载与卸货，进行现场指挥。

3）保管员的职责

（1）工作目标。确保在库货物的安全、商品质量完好和数量准确无误，定期巡查，发现异常及时处理并上报。

（2）职责范围。协助仓库管理员进行货物的出入库，协助相关部门对出入库货物进行检验；负责其保管区域内物资的保管工作；定期清扫保管区，保证保管区内清洁卫生、无虫害；定期检查仓库的温湿度，做好相关记录并控制和调节仓库温湿度；定期检查所保管的货物品种、数量、质量状况；负责保管物资的安全管理工作，协助进行安全消防管理；定期盘点库存货物，做到账实相符。

4）理货员的职责

（1）工作目标。完成对出入仓库的货物的验收、整理、核对和堆码等工作，在合理安排货物仓储的同时，对它们进行有序整理、拣选、配货、包装以及复核作业。

（2）职责范围。根据每次入库理货的情况，制作理货清单；按照提货单提出货物，并核对货物品种、数量、规格、等级、型号；根据客户订单的要求，把出货商品分拣、组配、整理出来；对出库、待运货物进行检验、核对，并包装、贴包装标志；负责进行货物分拣与发运：根据货物的运输方式、流向和收货地点，将出库货物分类集中在出货区，通知驾驶员提货发运。

5）库存控制员的职责

（1）工作目标。在仓储部经理领导下，具体执行各项库存管理制度和流程，搜集、统计、跟踪库存状况，提出合理的库存管理方法，降低库存费用。

（2）职责范围。分析、跟踪每日库存状态，并根据分析的结果采取合理的库存控制方法；协助仓储部经理，不断优化库存控制系统，降低库存控制成本；具体负责对呆滞货物的处理工作；分析和改进库存控制系统，协助仓储部经理降低库存和提高库存周转率；负责库存数据录入和提交库存报表；完成上级交办的相关任务。

6）运输调度员的职责

（1）工作目标。合理规划运输路线和调度运输车辆，监控货物及时、安全送达目的地。

（2）职责范围。协助运输主管，制定运输规章制度和安全管理制度，组织执行并监督；合理进行车辆和人员调度，确保运输效率；制订月度运输计划并监督执行；审核运输、保险费用，并在相关单据上签字；处理运输事故，并负责善后工作；审核发运要求，合理选择运输线路和方式；监督、检查、评估运输方面的工作质量、及时性和运输费用等；负责制定专项运输方案并监督执行；完成领导交办的其他工作。

7）送货员的职责

（1）工作目标。在运输过程中完成相关的日常送货工作，将货物安全送达指定地点，把送货单交给货主签字后返回。

（2）职责范围。

① 运输前工作。指导并协助装卸人员搬运、堆码、装载待运货品，查验办理运输货物数量，办理相关运输手续。

② 运输途中管理。在货物运输途中，根据货物特性进行保管、护送等工作，保证货品安全到达目的地；如遇突发事件，及时向公司相关领导汇报，尽快予以解决；对于运输途中出现的货品损坏，按照相关规定进行处理，如退换货、修理等。

③ 货物交付。按照客户要求将货物运送至指定地点，交货卸货，进行货物的检验，办理交付手续，与客户进行交流，做到周到微笑服务。

8）装卸员的职责

（1）工作目标。使用装卸搬运工具，合理对货物进行装卸、堆码、拆垛、分拣、搬运等工作，实现货物按照物流业务流程进行转移，保证仓储、配送、包装等业务顺利完成。

（2）职责范围。做好装卸管理制度和装卸作业流程建设；负责组织装卸人员进行货物装卸作业，保证按时按量装卸；负责货物装卸后的加固防护工作；负责装卸人员的业务、劳动纪律、现场管理等日常的检查、督导、考核工作；完成领导交办的其他工作。

9）业务员的职责

（1）工作目标。在业务主管领导下，根据公司的销售政策，建立、维护、扩大客户资源，完成公司制订的销售计划，实现公司的销售目标。

（2）职责范围。

① 寻找潜在客户，积累客户资源；不断挖掘老客户需求，扩大合作领域。

② 与客户日常接洽。预约、拜访客户；与客户签订合同；回访客户，搞好与客户的关系，维护合作过程中各事项的有效沟通。

③ 客户资料存档管理。记录每一位客户的详细资料，并整理归档，方便公司查询、业务交接和售后服务；定期、不定期拜访重点客户，倾听客户意见，整理客户信息反馈单，反馈到相关部门。

10）客服专员的职责

（1）工作目标。组织搜集整理客户信息；建立和维护良好的客户关系，为客户提供周到、满意的服务。

（2）职责范围。建立客户档案数据库；按照企业和客户需求对客户档案进行分类和管理，建立客户档案数据库；对客户进行电话访问，采用资料搜集等方法，调查客户服务满意度、经营状况等信息；根据企业客户档案，定期与新、老客户联系，了解客户需求，及时向相关部门反馈客户信息；妥善处理客户提出的有关问题，维护与客户的良好关系；接听客户投诉电话，做好记录并及时处理；超出权限范围要及时上报领导处理。

四、仓储与配送作业规程

1. 收货作业规程

1）正常产品收货

(1) 货物到达后，收货人员根据司机(送货人员)的送货单和产品订单清点收货。

(2) 收货人员应与司机共同打开车门检查货品状况，如货物有严重受损状况，需马上通知客户等候处理，必要时拍照留下凭证。如货物状况完好，开始卸货工作。

(3) 卸货时，收货人员必须严格监督货物的装卸情况(小心装卸)，确认产品的数量、包装及保质期与箱单严格相符。任何破损、短缺必须在收货单上严格注明，并保留一份由司机签字确认的文件，如事故记录单、运输质量跟踪表等。破损、短缺的情况须进行拍照，并及时上报经理、主管或库存控制人员，以便及时通知客户。

(4) 卸货时如遇到恶劣天气(雨、雪、冰雹等)，必须采取各种办法确保产品不会受损。卸货人员要监督产品的码效，产品在码放到托盘上时要全部向上，不可倒置，每排码放的数量严格按照产品码放示意图确定(产品码放按照托盘的尺寸及货位标准设计)。

(5) 收货人员签收送货单，并填写所需相关单据，将有关的收货资料，如产品名称、数量、生产日期(保质期或批号)、货物状态等交给订单处理人员。

(6) 订单处理人员接单后必须在当天将相关资料通知客户并录入系统。

(7) 破损产品须与正常产品分开，单独存放，等候处理办法，并存入相关记录。

2）退或换货的收货

(1) 各种退或换货入库都须有相应单据，如运输公司不能提供相应单据，仓库人员有权拒收货物。

(2) 退货产品有良品及不良品的区别，如良品退货，货物必须保持完好状态，否则仓库拒绝收货；不良品收货则必须与相应单据相符，并且有配套的纸箱，配件齐全。

(3) 换货则须与通知单上的型号、机号相符，否则仓库拒绝收货。

(4) 收货人员依据单据验收货物后，将不同状态的货物分开单独存放，将退或换货单据、收货入库单及记录产品名称、数量、状态等的各种单据交订单处理人员。

(5) 订单处理人员依据单据录入系统。

2. 发货作业规程

1）订单处理

(1) 所有的出库必须有客户授权的单据(授权签字、印章)作为发货依据。

(2) 接到客户订单或出库通知时，订单处理人员要进行单据审核(检查单据的正确性，是否有充足的库存)。审核完毕后，通知运输部门安排车辆。

(3) 订单处理人员依据不同的单据处理办法录入系统，制作送货单及依据货品或客户要求制作拣货单。

(4) 将拣货单交付仓库保管员，供其备货。

2）备货

(1) 备货人员严格依据备货单(出库单或临时出库单)拣货，如发现备货单上的信息或货物数量有任何差异，必须及时通知库存控制人员、主管、经理，并在备货单上清楚注明问题情况，以便及时解决。

(2) 货物按备货单备好后，根据要求按车辆顺序进行二次分拣，装车顺序按单排列。

(3) 每单备货必须注明送货地点、单号，以便发货。各单存货之间需留出足够的操作空间。

(4) 备货分拣完毕后，将拣货单交还，作拣货确认，并通知运输部。

3) 发货

(1) 发货人员依据发货单核对备货数量，依据派车单核对提货车辆，检查承运车辆的状况后方可将货物装车。

(2) 发货人员按照派车单顺序将每单货品依次出库，并与司机共同核对出库产品型号、数量、状态等。

(3) 装车后，司机应在出库单上写明车号、姓名，同时发货人员签字；发货人员将完整的出库单交给接单员进行出库确认。

3. 库存管理作业规程

1) 货品存放

(1) 入库产品需贴好标签后入位，货物的存放不能超过产品的堆码层数极限。

(2) 所有货物不可以直接放置在地面上，必须按照货位标准整齐地码放在托盘上。箱货物应及时封箱，并粘贴提示说明。货物必须保持清洁，长期存放的货物须定期打扫尘土，货物上不许放置任何与货物无关的物品，如废纸、胶带。

(3) 破损及不良品单独放置在搁置区，并保持清洁的状态，准确地记录。

(4) 托盘放置须整齐有序。上货架的货物要保证其安全性。

(5) 货架上不允许有空托盘，空托盘须整齐放置在托盘区。

(6) 出入库产生的半拍产品应放置在补货区(一层)，半拍产品码放应整齐有序，不以梯形码放。

2) 盘点

(1) 所有的货物每个月必须全部盘点一次。

(2) 针对每天出库的产品进行盘点，并对其他产品的一部分进行循环盘点，以保证货物数量的准确性。

(3) 盲盘。针对每次盘点，接单人员打印盘点表，不包括产品数量，交给盘点人员。至少由两名盘点人员进行盘点，将盘点数量填写在空白处，盘点后由二人共同签字确认数量。将盘点表交于报表人员，报表人员将盘点数量输入盘点表，进行数量的匹配，如有数量的差异，需重新打印差异单，进行二次盘点。二次盘点后无差异存档。如有差异，需进行核查，如发现有收发货错误的，需及时联系客户，看是否能挽回损失；对无法挽回的损失，要按照事故处理程序进行处理。

4. 仓储日常管理作业规程

(1) 定期检查库区和库内地面是否无淤泥、尘土、杂物等。

(2) 装卸作业工具(如叉车、小拖车等)在不用时，停放在指定区域。

（3）门、窗、天窗及其他开口在不用时保持关闭，状况良好，能有效阻止鸟类及其他飞行类昆虫进入。

（4）检查仓库照明设备是否完好、安全(检查方法：将库内的灯全部打开，检查灯的亮度和是否有不亮的灯)。

（5）检查仓库办单处是否整洁(要求所有单据摆放整齐且有清晰的分类)。

（6）检查仓库地面是否清楚地标明“堆码区”和“理货区”。

（7）手摸货架、货物、托盘，看是否有灰尘。

（8）将空托盘在指定区域堆放整齐。

（9）货物堆码无倒置和超高现象。

（10）货物堆放整齐，无破损、开箱或变形货物(破损、搁置区存放的货物除外)。

（11）仓库的活动货位连贯，没有不必要的活动货位(用活动的标志表示的活动货位，根据需要，可以在仓库里灵活移动)。

（12）各类警示标志(包括安全线路的箭头指示、“禁止吸烟”的标志等)保持有效、整洁、张贴规范。

（13）每次收货，正确、清晰地填写并粘贴“收货标签”。

（14）破损、搁置、禁发货物分开存放并粘贴相应标签。

（15）破损、搁置货物在3个月内(食品类为1个月)处理完毕。

（16）所有退货的处理必须在2天内完成，并且退货上必须贴有“退货通知单”。

（17）仓库无“四害”侵袭痕迹。

（18）定期进行“四害控制”处理，并记录每次处理的工序、时间、结果（查看记录）。

（19）同库、同品种的货物必须堆放于同区域或相近区域；同品种的货物应该存放于同一仓库。

（20）同一客户的产品，如果一个仓库能够容纳，那么该客户的产品必须存放于同一仓库。

【应用案例】

麦德龙利用“RFID”创造“未来商店”

科技正在逐渐改变零售企业的经营管理模式和顾客的购物体验。零售企业对技术的期待也越来越高，麦德龙集团(简称麦德龙)“未来商店”的出现吸引了人们极大的关注，但我们看到更多是技术厂商借以推广其产品、展示其技术实力的模型。对大部分零售商而言，“未来”到底还有多远，并没有真正成为他们考虑的重点，但麦德龙是个例外。

2003年，麦德龙通过与消费品、信息技术以及服务业领域代表性厂商合作，推出了“未来商场计划”。同时，麦德龙还与60多个成员公司合作，共同致力于为零售业态的未来开发出一种切实可行的新理念。在德国的莱茵博格，麦德龙与其合作伙伴一起建造了基于射频识别(Radio Frequency Identification，RFID)技术的首家“未来商店”，将目前可实现的技术和技术系统在实际应用中进行测试和不断开发，共同目标是在全球推动商业现代化进程，并在流通业建立新的科技标准。

位于莱茵博格的“未来商店”是麦德龙“未来商场计划”的一个重要组成部分，致力于在一个真正的零售环境下，很多新开发的理念和技术都被试验性地应用于管理该商店的仓库以及销售流程。

在这个商店里面，商品的种类和其他商场的种类是一样的，既有麦德龙合作伙伴的商品，又有合作伙伴的商品。合作伙伴的产品都贴上RFID芯片，有一套专属结账的方法；而没有RFID芯片的商品就要通过另外一种方式结账。“未来商店”进货的时候，每个包装箱上都装有 RFID 芯片，而销售的时候是每件商品都有 RFID 芯片。

零售商从麦德龙的“未来商店”中嗅到了 RFID 技术的巨大潜力。从仓储、库房管理、上架、补货到盘点等环节，这些日常流程因为 RFID 技术的应用而变得高效和透明。“当产品到保质期或存货不足时，商品的管理系统会及时发出信号。工作人员知道何时再补货，顾客也不至于面对空空如也的货架。”通过大范围应用 RFID 技术，不仅可以极大地提高管理效率，而且可以提升供货能力，确保供货质量，并降低成本。

目前，麦德龙在 RFID 技术试验上已经初见成果。据介绍，在一项麦德龙与国际商业机器公司和宝洁公司合作完成的项目中，RFID 技术以及 EDI 的使用可为麦德龙现购自运商场、Real 大卖场以及集团配送中心仓库每年节省 850 万欧元的费用。而这只是麦德龙整个流程 11 个环节中的 2 个被分析和量化的环节所节省的费用。用 RFID 自动衣服分类机扫描商品的 RFID 标签，然后安排发往特定商店的商品数量，每小时能处理 4000～8000 件衣服，手工处理只有 150 件。

这样的“未来商店”2010 年借助世界博览会的东风已开始进驻中国。位于上海市南京东路的上海世界博览会特许商品旗舰店团购中心，是中国首家正式投入商业运营的基于 RFID 技术的“未来商店”。随着 RFID 技术在中国的快速发展和推广，麦德龙的“未来商店”对中国来说不再是神话。对于这家中国前所未有的高科技商店，它的独特魅力究竟体现在何处呢？

首先进入“未来商店”给人的感觉就像进入一个科幻世界。整个商场没有传统的柜台，没有营业员。顾客要买任何一款商品，不用从柜台内拿出该商品，只要把掌上电脑对准商品的 RFID 标签，这件商品的介绍、价格等各类信息就会以图像配文字和声音的形式出现在屏幕上，同时配有多种语言介绍。令人惊异的导购体验已经让人耳目一新，未来商店还利用 RFID 技术保障商品质量。

“未来商店”中的配置使得其实现了“智能冷藏”存储，并保证产品在到达有效期后不会被售出。据介绍，肉制品的塑料泡沫包装盒上粘贴有 RFID 标签，标签中含有一个唯一的产品电子代码。这个代码关联着产品的数据，如有效期等信息。当顾客取出产品时，集成 RFID 识读器自动读取标签。这样就可以准确地计划店内的肉制品生产，并优化了其质量保障方法。

目前，麦德龙在试验中使用了几十万个标签，其结果令人非常满意。RFID 技术的应用减少了人工检查，并使流程更加高效，进一步增强了原本就已经十分优秀的麦德龙产品质量标准。

（资料来源：根据 http：//www.chinawuliu.com.cn/xsyj/201109/22/168639.shtml. 资料整理）

【案例思考】

麦德龙的“未来商店”属于什么战略，是怎样实施的？它能使麦德龙向什么方向发展？

【复习题】

（1）简述仓储与配送企业的发展战略的内容。

（2）仓储与配送企业的组织结构有哪些？并简述各自的适用范围。

（3）如果建设一个为日用品超市服务的仓储与配送中心，你认为该企业的岗位应该如何设置？其主要岗位有哪些？

（4）试陈述一个生鲜蔬菜食品的仓储与配送中心的作业规程。

实训项目：仓储与配送企业组织结构和岗位设置调研

【实训目的】

通过调研某仓储与配送企业，使学生了解该仓储与配送企业的组织结构，熟悉该企业的岗位设置及不同岗位的职责与作业规程。

【实训准备】

(1) 实训带队老师讲解实训的目的、任务与注意事项。

(2) 对班级学生进行分组，每组 8 人左右，指派小组长负责小组内的实训管理工作。

(3) 设计问卷调研提纲。

(4) 每位同学必须带上笔记本和笔。

【实训实施】

(1) 实训指导教师联系当地两家企业——一家快速消费品物流企业和一家快递物流企业，由指导老师带领学生到企业调研。

(2) 设计访谈调研提纲；选择典型调研对象。

(3) 前往目标公司，了解该公司的组织结构及岗位设置。

(4) 撰写调研报告，描绘出调研对象组织结构图及岗位设置情况。

(5) 回校后以小组为单位讨论调研的内容，并写出调研报告。

(6) 以小组为单位展示实训成果。

【实训考核】

实训评价的方式有教师评价、小组内部成员评价和第三方评分组成员评价 3 种，建议教师评价占 60%的权重，小组内部成员评价占 20%的权重，第三方评分组成员评价占 20%的权重，将三者综合起来的得分为该生在该项目的评价分。实训工作评价表见表 1-11。

表 1-11 实训工作评价表

考评人		被考评人	
考评地点			
考评内容	仓库认知调研		
考评标准	具体内容	分值	实际得分
	工作态度	20	
	沟通水平	20	
	调研报告文字	30	
	调研报告汇报	30	
合 计		100	

注：考评满分 100 分，60 分以下为不及格，60～69 分为及格，70～79 分为中，80～89 分为良，90 分以上为优。

导读三

仓储布置与设备选用

CANGCHU BUZHI YU SHEBEI XUANYONG

【学习目标】

了解仓库总平面规划，了解仓库主要技术参数设置，学会仓库设备选型及仓库设备规划程序，掌握仓库面积计算方法，通过仓库布局调研，进一步提高仓库布局规划能力。

【学习任务】

通过本导读知识的学习，学生要了解仓储场地的基本构成和功能区划分，熟悉仓储工作环境和常用设备，掌握仓库面积的基本计算和仓储设备选用方法，能够进行简单的仓储布局设计规划。

【任务实施】

(1) 制定学习目标。

(2) 确定完成任务途径和方法。

(3) 搜集和整理学习资料。

(4) 一体化教室理论与实践教学实施。

(5) 通过案例分析与实践操作，掌握和巩固所学的知识。

本导读的工作任务主要是了解和掌握仓储布置与设备选用的方法，首先要确定完成任务的途径与方法，整理和分析相关资料，通过案例分析和实践操作巩固所学的知识。

【导读案例】

NS物流有限公司(简称NS公司)是由香港特别行政区某著名财团出资建立的，位于广东珠江三角洲的中心地带，是集码头作业、货运仓储、配送等为一体的综合性物流企业。NS公司集聚了国内优秀的物流人才和先进的科学技术，提供系统的物流服务，在地理位置、装备设施、物流技术和服务质量等方面具有显著的优势，是典型的大型物流中心，代表着国内先进的物流服务水平。

NS公司坐落于珠江出海口之畔，位于虎门大桥和广深珠高速公路的交汇点。在公司物流区60km半径范围内有7个飞机场、200多千米的高速公路、约27 000km的等级公路、14个主要城市和420个镇区。通往珠江三角洲各城市的平均陆运时间都在1h之内，且距香港特别行政区各个码头的平均距离仅为38海里，与澳门特别行政区相距41海里。在我国大力发展大珠江三角经济区的同时，公司以战略发展的眼光把业务中心聚焦于此，其周边发达顺畅的交通网络，为海、陆运输提供了广阔的发展空间，为今后拓展市场和提升企业竞争能力占据了先机。

NS公司拥有码头、堆场、配套仓库、车队等设备先进的基础设施。码头拥有1个万吨级泊位和3个千吨级泊位，年吞吐能力为24万标准集装箱，配有装卸桥1台。堆场总面积为45 000m²，其中重箱堆场面积为38 000m²，空箱堆场面积为6000m²，冷藏箱堆场面积为1500m²。场内配有2台41t级龙门吊、2台41t级正面吊和1台空箱堆高机。现代化多功能的二层仓库面积为32 900m²，其中室内仓储面积高达12 600m²，一楼地面荷载为4t/m²，二楼地面荷载为3t/m²。仓库净高13m，恒温区面积1000m²，安装了高9m的可调托盘式货架和6层板式货架，可存放多标准规格的托盘，托盘货位3000多个。仓内配有液压电梯2部，卸货平台22个，并配备先进的装卸搬运设备，如传送带、叉车，以及自动称重机和各种打包机等配套设备。此外，公司自身拥有十多台集装箱拖车和多种类型的吨车，拥有可承运海关监管货物的司机人员，以及两地直通的运输牌照。

（资料来源：牛鱼龙．世界物流经典案例．深圳：海天出版社，2003，有改动）

一、仓库与配送中心选址

1. 仓储与配送中心选址的原则

仓储与配送中心的选址过程应同时遵循适应性原则、协调性原则、经济性原则和战略性原则。

1）适应性原则

仓储与配送中心的选址须与国家以及省市的经济发展方针、政策相适应，与我国物流资源分布和需求分布相适应，与国民经济和社会发展相适应。

2）协调性原则

仓储与配送中心的选址应将国家的物流网络作为一个大系统来考虑，使仓储与配送中心的设施设备，在地域分布、物流作业生产力、技术水平等方面互相协调。

3）经济性原则

仓储与配送中心发展过程中，有关选址的费用，主要包括建设费用及物流费用(经营费用)两部分。仓储与配送中心的地址定在市区、近郊区或远郊区，其未来物流活动辅助设施的建设规模及建设费用，以及运费等物流费用是不同的，选址时应以总费用最低为原则。

4）战略性原则

仓储与配送中心的选址，应具有战略眼光，一是要考虑全局，二是要考虑长远。局部要服从全局，目前利益要服从长远利益，既要考虑目前的实际需要，又要考虑日后发展的可能。

2. 仓储与配送中心选址的影响因素

运用现代物流学原理，在城市现代物流体系规划过程中，仓储与配送中心的选址主要应考虑以下因素。

1）自然环境因素

（1）气象条件。在仓储与配送中心选址过程中，主要考虑的气象条件有温度、风力、降水量、无霜期、冻土深度、年平均蒸发量等指标。例如，选址时要避开风口，因为在风口建设配送中心，会加速露天堆放的商品老化。

（2）地质条件。仓储与配送中心是大量商品的集结地。某些容重很大的货物堆码起来会对地面造成很大压力。如果仓储与配送中心地面以下存在着淤泥层、流沙层、松土层等不良地质条件，会在受压地段造成沉陷、翻浆等严重后果。因此，仓储与配送中心所在地的土壤承载力要高。

（3）水文条件。仓储与配送中心选址须远离容易泛滥的河川流域与容易上溢的地下水区域。要认真考察近年的水文资料，地下水位不能过高，洪泛区、内涝区、故河道、干河滩等区域绝对禁止。

（4）地形条件。仓储与配送中心应地势高亢、地形平坦，且应具有适当的面积与外形。若选在完全平坦的地形上是最理想的；选择稍有坡度或起伏的地方；对于山区陡坡地区则应该完全避开；在外形上可选长方形区域，不宜选择狭长或不规则形状的区域。

2）经营环境因素

（1）经营环境。仓储与配送中心所在地区的优惠物流产业政策对物流企业的经济效益将产生重要影响；数量充足和素质较高的劳动力条件也是仓储与配送中心选址考虑的因素之一。

（2）商品特性。经营不同类型商品的仓储与配送中心最好能分别布局在不同地域。例如，生产型仓储与配送中心的选址应与产业结构、产品结构、工业布局紧密结合进行考虑。

（3）物流费用。物流费用是仓储与配送中心选址需要考虑的重要因素之一。大多数仓储与配送中心的选址接近物流服务需求地，如接近大型工业、商业区，以便缩短运距，降低运费等物流费用。

（4）服务水平。服务水平是仓储与配送中心选址的考虑因素。由于现代物流过程中能否实现准时运送是服务水平高低的重要指标，因此，在仓储与配送中心选址时，应保证客户在任何时候向仓储与配送中心提出物流需求，都能获得快速满意的服务。

3）基础设施状况

（1）交通条件。仓储与配送中心必须具备方便的交通运输条件，最好靠近交通枢纽进行布局，如紧临港口、交通主干道枢纽、铁路编组站或机场，有两种以上运输方式相连接。

（2）公共设施状况。对仓储与配送中心的所在地，要求城市的道路、通讯等公共设施齐备，有充足的供电、水、热、燃气的能力，且有污水、固体废物处理能力。

4）其他因素

（1）国土资源利用。仓储与配送中心的规划应贯彻节约用地、充分利用国土资源的原则。仓储与配送中心一般占地面积较大，周围还需留有足够的发展空间，为此地价的高低对布局规划有重要影响。此外，仓储与配送中心的布局还要兼顾区域与城市规划用地的其他要素。

（2）环境保护要求。仓储与配送中心的选址需要考虑保护自然环境与人文环境等因素，尽可能降低对城市生活的干扰。大型转运枢纽，应适当设置在远离市中心区的地方，使得大城市交通环境状况能够得到改善，城市的生态建设能够得以维持和增进。

(3) 周边状况。由于仓储与配送中心是火灾重点防护单位，所以不宜设在易散发火种的工业设施(如木材加工、冶金企业)附近，也不宜选择居民住宅区附近。

3. 仓储与配送中心选址时的注意事项

大中城市的仓储与配送中心应采用集中与分散相结合的方式选址；在中小城镇中，因仓储与配送中心的数目有限且不宜过于分散，故宜选择独立地段；在河道(江)较多的城镇，商品集散大多利用水运，仓储与配送中心可选择沿河(江)地段。应当引起注意的是，城镇要防止将那些占地面积较大的综合性仓储与配送中心放在城镇中心地带，以免造成交通不便等诸多不良影响。

1) 不同类型仓储与配送中心选址时的注意事项

(1) 转运型仓储与配送中心。转运型仓储与配送中心大多经营倒装、转载或短期储存的周转类商品，大都使用多式联运方式，因此一般应设置在城市边缘地区交通便利的地段，以方便转运和减少短途运输。

(2) 储备型仓储与配送中心，储备型仓储与配送中心主要经营国家或所在地区的中、长期储备物品，一般应设置在城镇边缘或城市郊区的独立地段，且具备直接而方便的水陆运输条件。

(3) 综合型仓储与配送中心。这类仓储与配送中心经营的商品种类繁多，应根据商品类别和物流量选择在不同的地段。例如，与居民生活关系密切的生活型仓储与配送中心，若物流量不大又没有环境污染问题，可选择接近服务对象的地段，但应具备方便的交通运输条件。

2) 经营不同商品的仓储与配送中心选址时的注意事项

经营不同商品的仓储与配送中心对选址的要求不同，应分别加以注意，以下典型分析冷藏品、蔬菜、建筑材料、危险品等仓储与配送中心在选址时的特殊要求。

(1) 果蔬食品仓储与配送中心。果蔬食品仓储与配送中心应设在入城干道处，以免运输距离拉得过长，商品损耗过大。

(2) 冷藏品仓储与配送中心。冷藏品仓储与配送中心往往选择在屠宰场、加工厂、毛皮处理厂等附近。因为有些冷藏品仓储与配送中心会产生特殊气味、污水、污物，而且设备及运输噪声较大，可能对所在地环境造成一定影响，故多选择设在城郊。

(3) 建筑材料仓储与配送中心。通常建筑材料仓储与配送中心的物流量大、占地多，可能产生某些环境污染问题，有严格的防火等安全要求，应选择设在城市边缘对外交通运输干线附近。

(4) 燃料及易燃材料仓储与配送中心。石油、煤炭及其他易燃物品仓储与配送中心应满足防火要求，选择城郊的独立地段。在气候干燥、风速较大的城镇，还必须选择大风季节的下风位或侧风位。特别是油品仓储与配送中心选址应远离居住区和其他重要设施，最好选在城镇外围的地形低洼处。

4. 仓储与配送中心选址的方法

仓储与配送中心的选址应综合运用定性分析和定量分析相结合的方法，在全面考虑选址影响因素的基础上，粗选出若干个可选的地点，进一步借助比较法、专家评价法、模糊综合评价等数学方法进行量化比较，最终得出较优的方案。

二、仓储布置

现代仓库总平面规划一般可以划分为生产作业区、辅助作业区和行政生活区 3 大部分。现代仓库为适应商品快速周转的需要，在总体规划布置时应注意适当增大生产作业区中收发货作业区面积和检验区面积。

1. 生产作业区

生产作业区是现代仓库的主体部分，是商品仓储的主要活动场所，主要包括储存区、道路、铁路专用线、码头、装卸平台等。

储存区是储存保管、收发整理商品的场所，是生产作业区的主体区域。储存区主要由保管区和非保管区两大部分组成。保管区是主要用于储存商品的区域，非保管区主要包括各种装卸设备通道、待检区、收发作业区、集结区等。

按照仓储作业的功能特点以及 ISO 9000 国际质量管理体系认证的要求，库房储存区域可划分为待检区、待处理区、不合格品隔离区、合格品储存区等。待检区用于暂存处于检验过程中的商品。这些商品一般采用黄色的标志以区别于其他状态的商品。待处理区用于暂存不具备验收条件或质量暂时不能确认的商品。这些商品一般采用白色的标志以区别于其他状态的商品。不合格品隔离区用于暂存质量不合格的商品。处于不合格隔离状态的商品一般采用红色的标志以区别于其他状态的商品。合格品储存区用于储存合格的商品。处于合格状态的商品一般采用绿色的标志以区别于其他状态的商品。

为方便业务处理和保证库内货物的安全，待检区、待处理区和不合格品隔离区应设在仓库的入口处。仓库内除设置上述基本区域外，还应根据仓储业务的需要，设置进货作业区、流通加工区和出货作业区等。现代仓库已由传统的储备型仓库转变为以收发作业为主的流通型仓库，其各组成部分的构成比例通常为：合格品储存区面积占总面积的 40%～50%；通道占总面积的 8%～12%；待检区及出入库收发作业区占总面积的 20%～30%；集结区占总面积的 10%～15%；待处理区和不合格品隔离区占总面积的 5%～10%。

库区铁路专用线应与国家铁路、码头、原料基地相连接，以便机车直接进入库区内进行货运。库内的铁路线最好是贯通式，一般应顺着库长方向铺设，并应使岔线的直线长度达到最大限度，其股数应根据货场和库房宽度及货运量决定。

对现代仓库道路的布局，应根据商品流向的要求，结合地形、面积、各个库房建筑物、货场的位置决定道路的走向和形式。汽车道主要用于起重搬运、机械调动及防火安全，同时也要考虑保证仓库和行政区、生活区之间的畅通。仓库道路分为主干道、次干道和消防道等。主干道应采用双车道，宽度应在 6～7m；次干道为 3～3.5m 的单车道；消防道的宽度不小于 6m，布局在库区的外周边。

2. 辅助作业区

辅助作业区是为仓储业务提供各项服务的设备维修车间、车库、工具设备库、油库、变电室等。值得注意的是，油库的设置应远离维修车间、宿舍等易出现明火的场所，周围须设置相应的消防设施。

3. 行政生活区

行政生活区是行政管理机构办公和职工生活的区域，具体包括办公楼、警卫室、化验室、宿舍和食堂等。为便于业务接洽和管理，行政管理机构一般布置在仓库的主要出入口，并与生产作业区用隔墙分开。这样既方便工作人员与作业区的联系，又避免非作业人员对仓库生产作业的影响和干扰。职工宿舍楼一般应与生产作业区保持一定距离，以保证仓库的安全和生活区的安宁。

三、设备选用

1. 仓储设备的概念

仓储设备的配置是仓储系统规划的重要内容，关系到仓库建设成本和运营费用，更关系到仓库的生产效率和效益。仓储设备是指仓储业务所需的所有技术装置与机具，即仓库进行生产作业或辅助生产作业以及保证仓库及作业安全所必需的各种机械设备的总称。根据主要用途和特征，设备可以分为货架系统、装卸搬运设备、计量检验设备、分拣设备、养护照明设备、安全设备、其他用品和工具等。仓储设备的分类见表 1-12。

表 1-12 仓储设备的分类

功能要求	设备类型
存货、取货	货架、叉车、堆垛机械、起重运输机械等
分拣、配货	分拣机、托盘、搬运车、传输机械等
验货、养护	检验仪器、工具、养护设施等
防火、防盗	温度监视器、防火报警器、监视器、防盗报警设施等
流通加工	所需的作业机械、工具等
控制、管理	计算机及辅助设备等
配套设施	站台、轨道、道路、场地等

2. 仓储设备的特点

仓储设备是完成货物进库、出库和储存的设备。从仓储机械的作业过程看，仓储机械具有起重、装卸、搬运、储存和堆码的功能。尽管仓储机械从外形到功能差别很大，但由于它是为在特定的作业环境中完成特定的物料搬运作业而设计的，所以具有一些共性。

（1）搬运要求较高，但对速度的考虑较少。由于仓储机械主要用于货物的移动和起升，所以其作业范围相对较小，对货物的搬运要求高，但对速度上的考虑较少。

（2）运动线路较固定。由于受作业场所的限制，且作业场所较固定，所以仓储机械的运动线路也比较固定。

（3）专业化程度高。仓储作业由一系列实现特定功能的作业环节或工序组成，但各工序的功能较单一，而工序间的功能差别一般较大。为提高工作效率，仓储机械的专业化程度越来越高。

(4) 标准化程度高。一方面，商品流通各环节对商品的外观和包装提出了标准化要求；另一方面，商品包装的标准化也促进了物流设备包括仓储机械设备的标准化。

(5) 机械化、自动化程度高。随着条码技术、光学字符识别技术、磁编码识别技术、无线电射频识别技术、自动认证技术、自动称重技术和计数技术的广泛应用，现代仓储设备的自动化程度大大提高。

(6) 节能性和经济性要求高。仓储过程作为流通领域或企业物流必不可少的环节，为实现商品的价值起到了极其重要的作用，因此为控制仓储成本，在设计和选用仓储机械时，必须考虑其节能性和经济性。

(7) 环保性要求。仓储机械由于作业环境的特殊性，必须严格控制其对环境的污染程度。

(8) 安全性要求。在仓储作业过程中，要在复杂的环境和有限的空间中保证人员、设备和货物的安全，对仓储机械的安全性要求很高。

3. 仓储设备的选择

在选择仓储机械设备时，应对仓储机械的技术经济指标进行综合评价，应遵循以下原则。

1) 仓储机械设备的型号应与仓库的作业量、出入库作业频率相适应

仓储机械设备的型号和数量应与仓库的日吞吐量相对应，仓库的日吞吐量与仓储机械的额定起重量、水平运行速度、起升和下降速度以及设备的数量有关，应根据具体的情况进行选择。同时，仓储机械的型号应与仓库的出入库频率相适应。综合性仓库吞吐量不大，但是收发作业频繁，作业量和作业时间很不均衡。这时，应该考虑选用起重载荷相对较小、工作繁忙程度较高的机械设备；专用性仓库吞吐量大，但是收发作业并不频繁，作业量和作业时间均衡。这时，应该考虑选用起重载荷相对较大、工作繁忙程度较小的机械设备。

2) 计量和搬运作业同时完成

有些仓库，需要大量的计量作业，如果搬运作业和计量作业不同时进行，势必要增加装卸搬运的次数，降低了生产效率，所以希望搬运和计量作业同时完成。例如，在皮带输送机上安装计量感应装置，在输送的过程中，同时完成计量工作。

3) 选用自动化程度高的机械设备

要提高仓库的作业效率，应从货物和作业机械两个方面着手。从货物的角度考虑，要选择合适的货架和托盘。托盘的运用大大提高了出入库作业的效率，选择合适的货架同样使出入库作业的效率提高。从机械设备的角度考虑，应提高机械设备的自动化程度，以提高仓储作业的效率。

4) 注意仓储机械设备的经济性

选择装卸搬运设备时，企业应该根据仓库作业的特点，运用系统的思想，在坚持技术先进、经济合理、操作方便的原则下，根据自身的条件和特点，对设备进行经济性评价估，选择合适的机械设备。

4. 货架系统

根据《物流术语》，货架是指用支架、隔板或托架组成的立体储存货物的设施。货架在

发货业务量大的仓库中起着很大的作用，既能够有效保护货物，方便货物的存取与进出业务，又能够提高仓库空间的利用率，是仓储面积的扩大和延伸。

1）货架的种类

随着仓库机械化和自动化程度的不断提高，货架技术也在不断提高，尽管出现了许多新型货架，但传统的层架、悬臂架、托盘货架等依然发挥着重要作用。

(1) 层架。层架由立柱、横梁和层板构成，层间用于存放货物。层架结构简单，适用范围非常广泛，还可以根据需要制作成层格架、抽屉式和橱柜式等形式，以便于存放规格复杂多样的小件货物或较贵重、怕尘土、怕潮湿的小件物品。

(2) 悬臂式货架。悬臂式货架由三四个塔形悬臂和纵梁相连而成，如图 1.13 所示。悬臂的尺寸根据所存放物品的外形确定。悬臂式货架在储存长形货物的仓库中被广泛运用。

(3) 托盘货架。托盘货架专门用于存放堆码在托盘上的货物，其基本形式与层架相似，如图 1.14 所示。

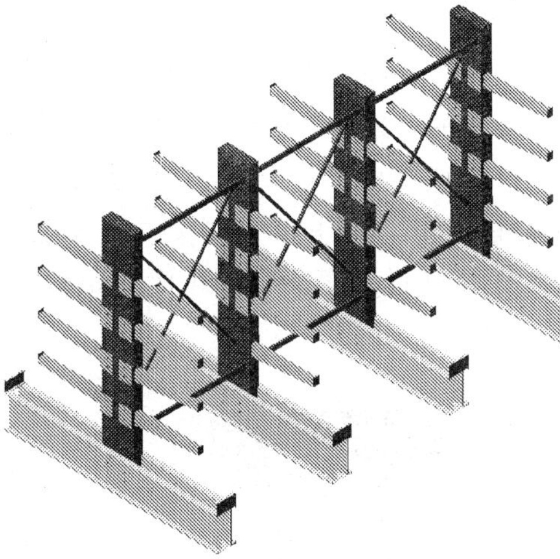

图 1.13　悬臂式货架

图 1.14　托盘式货架

(4) 移动式货架。移动式货架的货架底部装有滑轮，开启控制装置，滑轮可以沿轨道滑动，如图 1.15 所示。移动式货架平时可以密集相连排列，存取货物时通过手动或电动控制装置驱动货架沿轨道滑动，形成通道，从而大幅度减少通道面积，仓库面积利用率可以达到 80%，但由于成本较高，移动式货架主要在档案管理等重要或贵重物品的保管中使用。

(5) 驶入/驶入驶出式货架。一般的自动化仓库，有轨或无轨堆垛机的作业通道是专用的，在作业通道上不能储存货物；而驶入/驶入驶出式货架仓库的特点是作为托盘单元货物的储存货位与叉车的作业通道是合一的、共同的，这就大大提高了仓库的面积利用率。驶入式货架如图 1.16 所示。

驶入/驶入驶出式货架采用钢结构，立柱上有水平突出的构件，叉车将托盘货物送入，由货架两边的构件托住托盘。驶入式货架只有一端可供叉车进出，而驶入驶出式货架可供叉车从中通过，非常便于作业。

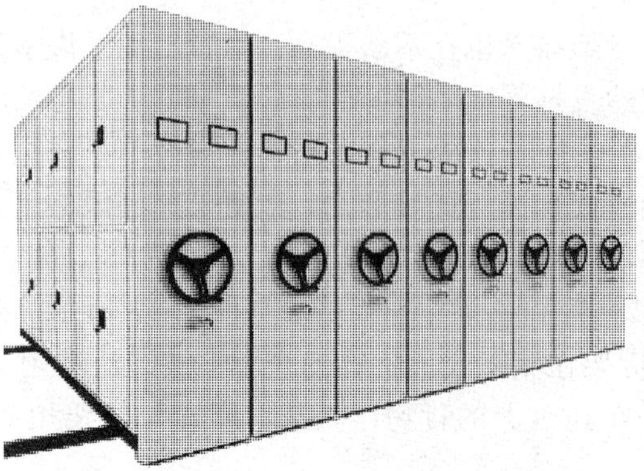

图 1.15　移动式货架

图 1.16　驶入式货架

(6) 旋转式货架。旋转式货架设有电力驱动装置。货架沿着由两个直线段和两个曲线段组成的环形轨道运行，由开关或用计算机操纵。存取货物时，把货物所在货格的编号通过控制盘或按钮输入，该货格则以最近的距离自动旋转至拣货点停止。由于通过货架旋转改变货物的位置代替拣选人员在仓库内的移动，能够大幅度降低拣选作业的劳动强度，而且货架旋转选择了最短路径，所以采用旋转式货架可以大大提高拣货效率。旋转式货架如图 1.17 所示。

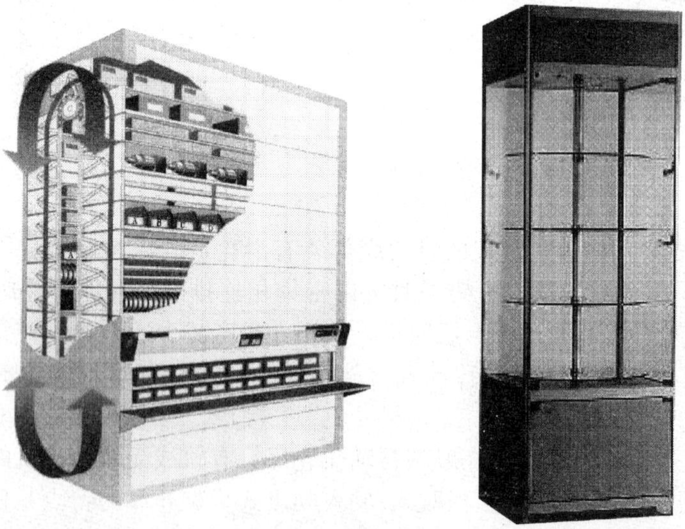

图 1.17　旋转式货架

(7) 自动货柜。自动货柜是集声、光、电及计算机管理为一体的高度自动化的全封闭储存设备。它能够充分利用垂直空间，最大限度地优化存储管理，在一些场所，自动货柜就是一个高效、便捷的小型立体仓库。

自动货柜通过计算机、条形码识别器等职能工具进行管理，使用非常方便，只要按动按键，内存货物即到进出平台，可自动统计、自动查找，特别适用于体积小、价值高的物品的储存管理，也适用于多品种、小批量物品的管理。

2）货架的选择依据

在现代仓库的管理中，为了改善仓库的功能，不仅要求货架数量多、功能全，而且要便于仓库作业的机械化和自动化。因此，仓库在选择和配置货架时，必须综合分析库存货物的性质、单元装载和库存量，以及库房结构、配套的装卸搬运设备等因素，如图1.18所示。

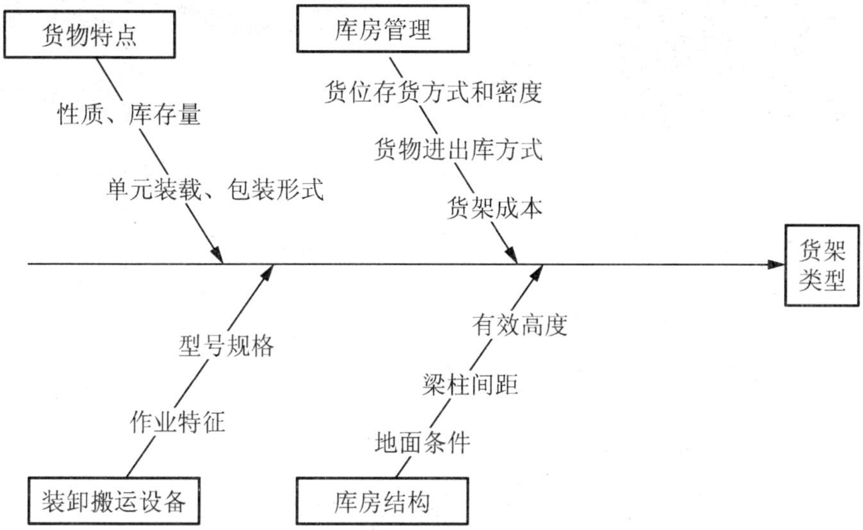

图1.18　选择货架应综合考虑的因素

5. 装卸搬运设备

根据《物流术语》，装卸是指物品在指定地点以人力或机械装入运输设备或从运输设备卸下的活动；搬运则是指在同一场所内将物品进行水平移动为主的物流作业。

仓库的装卸搬运活动通常是指物品在仓库内部移动，以及在仓库与运输车辆之间的移动，是仓库内部不可缺少的物流环节。装卸搬运活动是否合理不仅影响运输和仓库系统的运作效率，而且影响企业整个系统的运作效率。因此，在仓库建设规划时，选择高效、柔性的装卸搬运设备，对仓库进行装卸搬运组织，加快进出库速度，提高作业效率是十分必要的。

1）装卸搬运设备

（1）叉车。叉车在仓储作业过程中，是比较常用的装卸设备，有万能装卸机械之称，其种类很多。叉车是指具有各种叉具，能够对货物进行升降和移动以及装卸作业的搬运车辆。它具有灵活、机动性强、转弯半径小、结构紧凑、成本低廉等优点。叉车的类型很多，按照其动力种类可划分为电瓶和内燃机两大类（内燃机的燃料又分为汽油、柴油和天然气3种）；按其基本构造分类，又可分为平衡重式叉车、前移式叉车、侧叉式叉车等。平衡重式叉车和前移式叉车分别如图1.19和图1.20所示。

图 1.19　平衡重式叉车

图 1.20　前移式叉车

（2）堆垛机。堆垛机是专门用来堆码或提升货物的机械。普通仓库使用的堆垛机是一种构造简单、用于辅助人工堆垛、可移动的小型货物垂直提升设备。这种机械的特点是构造轻巧，人力推移方便，能在很窄的走道内操作，可以减轻堆垛工人的劳动强度，且堆码或提升高度较高，仓库的库容利用率较高，作业灵活，所以在中小型仓库内广泛使用。它有桥式堆垛机、巷道式堆垛机等类型。

（3）输送机。输送机是一种连续搬运货物的机械，其特点是在工作时连续不断地沿同一方向输送散料或者重量不大的单件物品，装卸过程无需停车，因此生产率很高。其优点是生产率高、设备简单、操作简便。缺点是一定类型的连续输送机只适合输送一定种类的物品，不适合搬运很热的物料或者形状不规则的单件货物；只能沿一定线路定向输送，因而在使用上具有一定局限性。

根据用途和所处理货物形状的不同，输送机可分为带式输送机（图 1.21）、辊子输送机（图 1.22）、链式输送机、重力式辊子输送机、伸缩式辊子输送机、振动输送机、液体输送机等。此外，还有移动式输送机和固定式输送机、重力式输送机和电驱动式输送机等多种划分方法。

图 1.21　带式输送机

图 1.22　辊子输送机

（4）起重机。起重机是在采用输送机之前曾被广泛使用的具有代表性的一种搬运机械，它是指将货物吊起，在一定范围内作水平运动的机械。

起重机按照其所具有的机构、动作繁简程度以及工作性质和用途，可以归纳为简单起重机械、通用起重机械和特种起重机械 3 种。简单起重机械一般只做升降运动或一个直线方向的运动，只需要具备一个运动机构，而且大多数是手动的，如绞车、葫芦等。通用起重机械除需要一个使物品升降的起升机构外，还有使物品做水平方向的直线运动或旋转运动的机构。该类机械主要用电力驱动。属于这类的起重机械主要包括通用桥式起重机、门式起重机、固定旋转式起重机和行动旋转式起重机等。特种起重机械是具有两个以上机构的多动作起重机械，专用于某些专业性的工作，构造比较复杂，如冶金专用起重机、建筑专用起重机和港口专用起重机等。

2）装卸搬运设备的选择依据和选择方法

（1）选择依据。选择恰当的设备和设备系统是件复杂的工作，通常可以从以下几个方面入手：

① 明确是否确实需要进行这个搬运步骤。

② 要有长远发展的眼光，即制订设备选择计划时要考虑长远发展的需要。

③ 树立系统化的观念。所选用的设备不仅仅局限于仓库作业的某一个环节，它要在整个系统的总目标下发挥作用。

④ 遵循简单化原则，选择合适的规格型号。为完成某种轻量级工作而购买价格昂贵的重量级设备，或者选用使用寿命不长的设备都是极不恰当的，在可能的条件下应尽可能利用重力输送的长处。同时，应尽可能采用标准设备，而不采用价格昂贵的非标准化设备。另外，在增加投资前，一定要确定现有设备得到了充分利用。

⑤ 要进行多方案的比较。不要只依靠一家设备商去选择完成某项搬运工作的设备和搬运方法，要想到可能会有更好、更低价的设备和搬运方法。

（2）选择方法。

① 根据距离和物流量指示图，确定设备的类别，如图 1.23 所示。简单的搬运设备适合于距离短、物流量小的搬运需要；复杂的搬运设备适合于距离短、物流量大的搬运需要。简单的运输设备适合于距离长、物流量小的运输需要；复杂的运输设备适合于距离长、物流量大的运输需要。

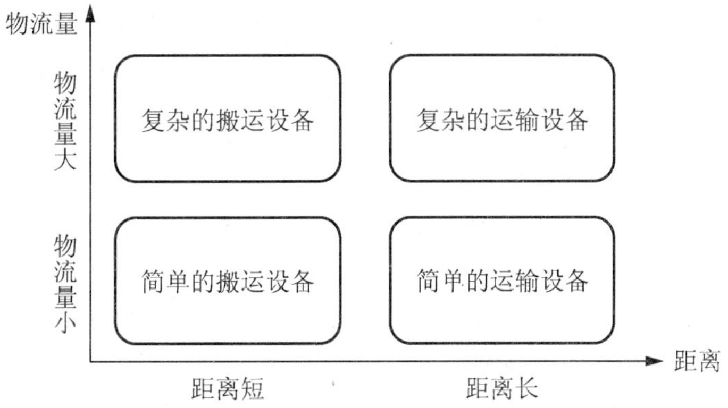

图 1.23 距离、物流量和搬运运输设备的关系

② 根据设备的技术指标、货物特点以及运行成本、使用方便等因素，选择设备的系列、型号，甚至品牌。在设备选型时要注意以下问题：

a. 设备的技术性能。能否胜任工作以及设备的灵活性要求等。

b. 设备的可靠性。在规定的时间内能够工作而不出现故障，或出现一般性故障易立即修复且安全可靠。

c. 工作环境的配合适应性。工作场合是露天还是室内，是否有震动、是否有化学污染以及其他特定环境要求等。

d. 经济因素。包括投资水平、投资回收期及性能价格比等。

e. 可操作性和使用性。操作是否易于掌握以及培训的复杂程度等。

f. 能耗因素。设备的能耗应符合燃烧与电力供应情况。

g. 备件及维修因素。设备条件和维修应方便、可行。

6. 计量和分拣设备

1）计量设备

计量设备是商品进出库的计量、点数，以及在库盘点、检查中经常使用的度量衡设备。在现代仓储企业中，可以利用电子收货系统对到库的计件货物进行计量检验，也可以利用电子秤对计重货物进行计量检验。

（1）电子收货系统。当货物到达仓库时，管理员持扫描器扫描托盘或包装箱上的条码，系统自动取消接收订单，从而使货物信息进入仓库管理系统，与订单进行电子核对。该系统可以实现货物快速登记，缩短收货时间，同时由于信息无需人工输入，大大提高了效率和准确率。

（2）电子秤。电子秤是一种一般由承重和传力机构、称重传感器、测量显示仪以及电源等组成的现代化衡器，它具有操作简单、称重速度快的特点，可以数字显示并自动记录称重结果。电子秤的称重原理如图 1.24 所示，即当金属丝受拉或者受压发生弹性形变时，其电阻值发生相应的变化，电阻值的变化导致电压、电流发生变化，将这种变化用仪器显示，就能实现对物体的称重。

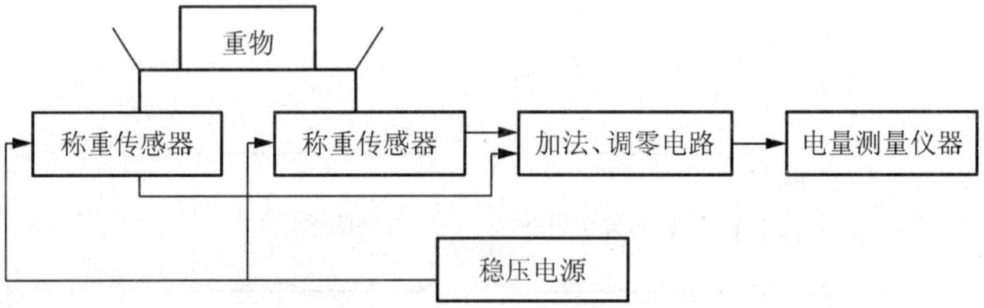

图 1.24 电子秤工作原理

2）自动分拣设备

分拣是指将物品按品种、出入库先后顺序进行分门别类堆放的作业。这项工作可以通过人工的方式进行，也可以用自动化设备进行处理。

（1）自动分拣的基本原理。为了达到自动分拣的目的，自动化分拣系统通常由供件系统、分拣系统、下件系统、控制系统 4 个部分组成，在控制系统的协调作用下，可以实现物件从供件系统进入分拣系统进行分拣，最后由下件系统完成物件的物理位置的分类，从而达到物件分拣的目的。

① 供件系统。供件系统是为了实现分拣系统的高效、准确的处理而存在的，它的目的是为了保证等待分拣的物品在各种物理参数的自动测量过程中，通过信息的识别和处理，准确地送入高速移动的分拣主机中。由于供件系统的处理能力往往低于分拣主机，所以一般要配备一个高速自动供件系统，以保证分拣的需要。

② 分拣系统。分拣系统是整个系统的核心，是实现分拣的主要执行系统。它的目的就是使具有各种不同附载信息的物件，在一定的逻辑关系的基础上实现物件的分配与组合。

③ 下件系统。下件系统是分拣处理的末端设备，它的目的是为分拣处理后的物件提供暂时的存放位置，并实现一定的管理功能。

④ 控制系统。控制系统是整个分拣系统的大脑，它的作用不仅是将系统中的各个功能模块有机地结合在一起协调工作，而且更重要的是控制系统中的通信与上层管理系统进行数据交换，以便分拣系统成为整个物流系统不可分割的一部分。

（2）自动分拣系统的组成。自动分拣系统种类繁多，但一般由收货输送机、喂料输送机、分拣指令设定装置、合流装置、分拣输送机、分拣卸货道口、计算机控制器等部分组成。

（3）自动分拣系统的特点。

① 能连续、大批量地分拣货物。自动分拣系统不受气候、时间、人的体力等的限制，可以连续运行，因此自动分拣系统的分拣能力具有人力分拣系统无法比拟的优势。

② 分拣误差率极低。自动分拣系统的分拣误差率主要取决于所输入的分拣信息的准确性，而这又取决于分拣信息的输入机制。例如，采用条形码扫描输入，除非条形码印刷本身有差错，否则不会出错。目前，自动分拣系统主要利用条形码技术识别货物。

③ 分拣作业基本实现无人化。建立自动分拣系统的目的之一就是为了减少人员的使用，减轻员工的劳动强度，提高工作效率，因此，自动分拣系统能够最大限度地减少人员的使用，并基本做到无人化。

7. 自动化立体仓库

自动化仓库是指由电子计算机进行管理和控制，不需要人工搬运作业，而实现收发自动化作业的仓库。立体仓库是指采用高层货架以货箱或托盘储存货物，用巷道堆垛起重机及其他机械进行作业的仓库。将上述两种仓库的作业结合的仓库称为自动化立体仓库。

1）自动化立体仓库的分类

（1）按照储存物品的特性进行分类，自动化立体仓库可分为常温自动化立体仓库系统、低温自动化立体仓库系统和防爆型自动仓储系统 3 类。

（2）按照建筑形式进行分类，自动化立体仓库可分为自立式钢架仓储系统和一体式钢架仓储系统。

（3）按照设备形式进行分类，自动化立体仓库自动仓储系统可以分为单位负载式自动化立体仓库、开放式钢架、封闭式钢架、推回式钢架、重力式钢架、水平式钢架子母车系统等。

2）自动化立体仓库的优、缺点

（1）自动化立体仓库的优点。

① 仓库作业全部实现机械化和自动化，一方面能够大大节省人力，减少劳动力费用的支出，另一方面能够大大提高作业效率。

② 采用高层货架、立体储存，能有效地利用空间，减少占地面积，降低土地购置费用。

事实上，国外自动化立体仓库能够得到快速发展，地价昂贵是一个很重要的原因。

③ 采用托盘或货箱储存货物，货物的破损率显著降低。

④ 货位集中，便于控制与管理，特别是使用电子计算机，不但能够实现作业过程的自动控制，而且能够进行信息处理。

（2）自动化立体仓库的缺点。

① 结构复杂，配套设备多，需要的基建和设备投资高。

② 货架安装精度要求高，施工比较困难，而且施工周期长。

③ 储存货物的品种受到一定限制，对长大、笨重货物以及要求特殊保管条件的货物，必须单独设立储存系统。

④ 对仓库管理和技术人员要求较高，工作人员必须经过专门培训才能胜任。

⑤ 工艺要求高，包括建库前的工艺设计和投产使用中按工艺设计进行作业。

⑥ 弹性较小，难以应付储存高峰的需求。流通业在实际运作时，常常会有淡旺季或高低峰以及顾客紧急的需求，而自动化设备数目固定，运行速度可调整范围不大，因此，其作业弹性不大。而传统设备只要采用人海战术就可以应付这种紧急需求。

⑦ 必须注意设备的保管保养并与设备提供商保持长久联系。自动化仓库的高架吊车、自动控制系统等都是先进的技术性设备，由于维护要求高，必须依赖供应商，以便在系统出现故障时能提供及时的技术支援。

⑧ 自动化仓库要充分发挥其经济效益，就必须与采购管理系统、配送管理系统、销售管理系统等管理咨询系统相结合，但是这些管理咨询系统的建设需要大量投资。

因此，在选择建设自动化立体仓库时，首先必须综合考虑自动化立体仓库在整个企业中的营运策略地位和设置自动化立体仓库的目的，不能为了自动化而自动化；然后，再仔细斟酌建设自动化立体仓库所带来的正面和负面影响；最后，还要考虑相应采取的补救措施。所以，在实际建设中必须进行详细的方案规划，进行综合测评，最终确定建设方案。

3）自动化立体仓库的组成

自动化立体仓库从建筑形式上看，可分为整体式和分离式两种：整体式是库房货架合一的仓库结构形式，仓库建筑物与高层货架相互连接，形成一个不可分开的整体；分离式仓库是库梁分离的仓库结构形式，货架单独安装在仓库建筑物内。无论哪种形式，高层货架都是主体。

高层货架有各种类型。按照建筑材料不同，可分为钢结构货架、钢筋混凝土结构货架等；按照货架的结构特点，可分为固定式货架和可根据实际需要组装、拆卸的组合式货架；按照货架的高度分，小于5m的为低层货架，5～15m的为中层货架，15m以上的为高层货架。

目前，国外自动化立体仓库的发展趋势之一是由整体式向分离式发展，因为整体式自动化立体仓库的建筑物与货架是固定的，一经建成便很难更改，应变能力差，而且投资高、施工周期长。

4）巷道式堆垛机以及周边设备

巷道式堆垛机又称堆垛机，它分为巷道式单立柱堆垛机和巷道式双立柱堆垛机。这是自动化立体仓库的主要搬运、取送设备。它主要由立柱、载货台、货叉、运行机构、卷扬（或升降）机构和控制机构等组成。20世纪70年代以来，巷道堆垛机有了很大的改进，其起升、运行、存取速度等都有明显提高，调速技术、自动控制技术、停准精度、保护措施等也日趋完善。

自动化立体仓库的周边设备，主要有液压升降平台、辊式输送机、台车、叉车、托盘等。这些设备与堆垛机相互配合，构成完整的装卸搬运系统。

控制堆垛机和各种周边设备的运行以及货物的存入与拣出，是由控制系统完成的，它是自动化立体仓库的“指挥部”和“神经中枢”。自动化立体仓库的控制形式有手动自动控制、随机自动控制、远距离控制和计算机全自动控制4种形式。计算机全自动控制又分为脱机、联机和实时联机3种形式。随着电子技术的发展，电子计算机在仓库控制中日益发挥重要作用。

四、储存规划

1. 仓库面积确定

现代仓库的种类和规模不同，其面积的构成也不尽相同，因此，必须首先明确仓库面积的有关概念，然后再确定仓库的相关面积。

(1) 仓库总面积。指从仓库外墙线算起，整个围墙内所占的全部面积。若在墙外还有仓库的生活区、行政区或库外专用线，则应包括在总面积之内。

(2) 仓库建筑面积。指仓库内所有建筑物所占平面面积之和。若有多层建筑，则还应加上多层面积的累计数。仓库建筑面积包括生产性建筑面积(包括库房、货场、货棚所占建筑面积之和)、辅助生产性建筑面积(包括机修车间、车库、变电所等所占面积之和)和行政生活建筑面积(包括办公室、食堂、宿舍等所占面积之和)。

(3) 仓库使用面积。指仓库内可以用来存放商品的面积之和，即库房、货棚、货场的使用面积之和。其中库房的使用面积为库房建筑面积减去外墙、内柱、间隔墙及固定设施等所占的面积。

(4) 仓库有效面积。指在库房、货棚、货场内计划用来存放商品的面积之和。

(5) 仓库实用面积。指在仓库使用面积中，实际用来堆放商品所占的面积，即库房使用面积减去必需的通道、垛距、墙距及进行收发、验收、备料等作业区后所剩余的面积。

库房(货棚或货场)实用面积的计算公式为

$$S=\frac{Q}{q}$$

式中：S——库房(货棚或货场)的实用面积，单位为m^2；

Q——库房(或货棚或货场)最大储存量，单位为t；

q——单位面积商品储存量，单位为t/m^2。

仓库总面积的确定公式为

$$F=\sum\frac{S}{i}$$

式中：F——仓库的总面积，单位为m^2；

S——仓库实用面积之和，单位为m^2；

i——仓库面积利用系数。

2. 仓库规划应注意的事项

1) 卡车通道

在仓库内部的卡车车道，单线车道宽度为4m，双线车道宽度为8m，车道的地板荷重必须是能承担10吨/每轴的地板。

2）卡车回转区

在仓库的卡车回转区，可以使大卡车容易的停靠月台，非常重要但是常常被忽视；卡车回转区的长度根据卡车的长度不同而不同，原则上是卡车全长的两倍。例如，卡车回转区的长度，2t 车为 11m，4t 车为 13m，11t 车为 20m，拖车、货柜车为 33m。

3）月台高度

仓库的月台是进出货必经之路，月台高度要配合卡车货台的高度，但是卡车的种类非常多，且高度也都不一样；另外，空车的高度与载重车的高度也不一样。因此，往往必须导入油压升降平台来辅助装卸，一般来说，进货的卡车较大，可能是 11t 大货车或是货柜车、拖车；而出货的卡车较小，大部分是 3.5t 车（总重）及 7.2t 卡车。另外卡车因厂家的不同，高度也不同。一般来说，月台的高度 2t 车约为 0.7m，4t 车约为 0.9m，11t 车约为 1.2m，而拖车及货柜车约为 1.3m。在月台上面，也必须考虑安装防撞的装置，避免月台被卡车撞坏。低温仓库则必须配合门封设备。

4）遮阳（雨）棚高度及长度

在仓库月台的遮阳（雨）棚也是物流进出货必要的设备，因为有的商品对湿度及太阳直射非常敏感，所以进出货的地方必须有足够遮阳（雨）棚的设备。遮阳（雨）棚与月台的距离至少需要 3m，与地面的距离至少需要 4m，遮阳（雨）棚的长度至少需要 5m；而且遮阳（雨）棚的斜度最好是向内部倾斜，避免雨水滴落到车厢后被风吹进月台，甚至弄湿了商品。另外，有一种车厢是可以左右两边开启的，称为海鸥式车厢，使用此种车厢时则遮阳（雨）棚的高度从地面算起至少需要 5.5m。

5）物流中心的内部通道

在仓库内部的通道，由于搬运设备种类多样，所以其通道大小也完全不同。常见的搬运设备有人工方式、手推车及叉车等几种。一般而言，人的单行通道其尺寸为 0.6m，若是双向时则为 1.2m，手推车的单行通道其尺寸为 1m，若是双向可以会车时则为 2m；叉车直行时的通道约为 1.5m，而垂直作业时则 2.5～4.0m，除此之外必须参考叉车的机型及托盘的尺寸大小。

6）库房高度及天花板高度

库房高度的计算公式为“托盘上货物的高度＋叉举高度（0.2m）＋梁高（0.1m）＝库房的实际作业高度”。库房高度还要考虑电灯、冷气风管或消防水管等空间高度。天花板高度的计算公式为“天花板高度＝厂房实际作业高度＋0.3m”。

7）仓库柱子间跨距及柱子构造

在仓库柱子的跨距方面，必须根据货架的规划的位置，决定适当的柱子跨距；以物流规划而言，柱子的跨距越大越好，但是以建筑成本而言跨距越大成本越高。因此，必须以货架的规划尺寸及恰当的通道尺寸为规划参考尺寸，取最恰当的跨距，而成本也要合理。

在柱子构造方面，柱子构造的种类有力霸轻型钢、H 型钢、BOX 型钢、钢筋混凝土和 SRC 结构等几种。其中以 SRC 结构为最佳，但价格最贵，而目前使用最多且最经济的是 H 型钢。

8）地板荷重和地板材质

在仓库内部的地板荷重及地板表面材质也是很重要的，尤其是多层楼式或是有地下室的楼板，我们常常可发现地板的承载荷重不足的情形，如地板不正常之龟裂及震动，或者是结构体严重受损等。储放的商品不同则其地板荷重不同，一般来说，办公室每平方米可承重

300kg；若储存服饰商品，则每平方米可承重 300～500kg；若储放杂货商品，则每平方米可承重 0.5～1t，若储放饮料商品，则每平方米可承重 2t 以上；除此之外，最好再考虑该层的楼层高度或储放商品的高度。另外，地板表面起砂的情形非常严重，因此，地板表面材质的选用非常重要，目前的地板表面材质种类很多，有水泥地板、金刚砂水泥地板、塑料地砖地板和无缝树脂地板等几种。要针对储放商品特性选择较耐用的材质，目前使用最多的是金刚砂水泥地板，而且价格非常合理。

9）屋顶、屋高及梁高

根据厂房的不同，屋顶的设计也完全不同，常见的仓库屋顶建造材料有彩色钢板、RC、库体板和石棉瓦等几种，目前以彩色钢板最为普遍。由于建造方式的不同，屋顶的样式也不同，有平屋顶、单面斜度及两面斜度等几种，屋顶斜度设计要谨慎，因屋顶斜度的大小会影响屋高及梁高，目前屋顶斜度从 5/100 至 20/100 都有；5/100 的斜度是指 100m 长的屋顶，屋顶高有 5m。

10）墙壁及门窗

仓库的墙壁种类有很多种，要视储存商品的特性不同选择不同的墙壁材料。墙壁材料有彩色钢板、彩色钢板＋隔热、库体板和砖墙等几种类型；彩色钢板的价格比较便宜，但隔热及防尘效果不佳；库体板及砖墙的价格比较高，但隔热及防尘效果较佳。另外，仓库的门有手动卷门、电动卷门和手动快速门等几种，手动卷门价格比较便宜但费力，电动卷门及手动快速门价格比较贵但比较省力。窗户尽量规划在较高的地方，开窗的主要目的是采光及用于紧急逃生。

11）消防设备

仓库的消防设备非常重要，必须设置足够的消防设备。消防设备的种类及功能有许多种，常见的有烟感报警器、消火栓、灭火器、自动洒水系统和自动二氧化碳灭火系统等几种。消火栓及灭火器的价格比较便宜但是必须由人操作，自动洒水系统及自动二氧化碳灭火系统的价格比较贵但是比较有效。

12）仓库的换气

在规划仓库时也必须注意仓库的换气系统，尤其要考虑夏天如何使热空气排出。仓库的换气方法有很多种，如天窗自然换气、门窗自然换气、强制性通风器(自动)和空调等。

【应用案例】

蒙牛乳业的自动化立体仓库

蒙牛泰安分公司乳制品自动化立体仓库是蒙牛委托太原刚玉物流工程有限公司设计制造的第三座自动化立体仓库。该库后端与泰安公司乳制品生产线相衔接，与出库区相连接，库内主要存放成品纯鲜奶和成品瓶酸奶。

1. 工艺流程及库区布置

根据用户存储温度的不同要求，该库划分为常温和低温两个区域。常温区保存鲜奶成品，低温区配置制冷设备，恒温 4℃，存储瓶酸奶。按照“生产—存储—配送”的工艺及奶制品的工艺要求，经方案模拟仿真优化，最终确定库区划分为入库区、储存区、托盘(外调)回流区、出库区、维修区和计算机管理控制室 6 个区域。

入库区由 66 台链式输送机、3 台双工位高速梭车组成，负责将生产线码垛区完成的整盘货物转入各入库口。双工位穿梭车则负责生产线端输送机输出的货物向各巷道入库口的分配、转动及空托盘回送。

储存区包括高层货架和 17 台巷道堆垛机。高层货架采用双托盘货位，完成货物的存储功能。巷道堆垛机则按照指令完成从入库输送机到目标的取货、搬运、存货及从目标货位到出货输送机的取货、搬运、出货任务。

托盘(外调)回流区分别设在常温储存区和低温储存区内部，由 12 台出库口输送机、14 台入库口输送机、巷道堆垛机和货架组成，分别完成空托盘回收、存储、回送、外调货物入库、剩余产品，退库产品入库、回送等工作。

出库区设置在出库口外端，分为货物暂存区和装车区，由 34 台出库输送机、叉车和运输车辆组成。叉车司机通过电子看板、RF 终端扫描来操作叉车完成装车作业，反馈发送信息。

维修区设在穿梭车轨道外一侧，在某台空梭车更换配件或处理故障时，其他穿梭车仍旧可以正常工作。

计算机控制室设在二楼，用于出入库登记、出入库高度、管理和联机控制。

2. 设备选型及配置

1) 货架

(1) 主要使用要求和条件。托盘单元载重能力：850/400kg(常温区/低温区)；存储单元体积：1000mm(运行方向)×1200mm(沿货叉方向)×1470mm(货高含托盘)；库区尺寸 9884m^2，库区建筑为撕开屋顶，最高点 23m。

(2) 根据使用要求和条件，结合刚玉公司设计经验，经力学计算和有限元分析优化，确定采用具有异形截面，自重轻、刚性好、材料利用率高、表面处理容易，安装、运输方便的双货位横梁式组合货架。其中，货架总高度分别为 21 000mm、19 350mm、17 700mm、16 050mm、14 400mm 和 12 750mm。货架规模：常温区有 14 964 个；低温区有 4668 个。

(3) 货架主材。主柱：常温区选用刚玉公司自选轧制的 126 型异型材，低温区采用 120 型异型材。横梁：常温区选用刚玉公司自轧制异型材 55BB 区采用 5BB 型异型材。天、地轨：地轨采用 30kg/m 钢轨；天要采用 16♯工字钢。

(4) 采用的标准、规范。JB/T 5323—1991 立体仓库焊接式钢结构货架技术条件；JB/T 9018—1999 有轨巷道式高层货架仓库设计规范。

(5) 基础及土建要求。仓库地面平整度允许念头：仓库 980 长谈主，允许偏差±10mm；在最大载荷下，货架区域基础地坪的沉降变形应小于 1/1000。

(6) 消防空间。货架北部有 400mm 空间，200mm 安装背拉杆，200mm 安装消防管道。

2) 有轨巷道堆垛机

(1) 主要技术参数。

堆垛机高度：21 000mm、19 350mm、17 700mm、16 050mm、14 400mm 和 12 750mm；堆垛机额定载重量：850/400kg；载货台宽度：1200mm；结构形式；双立柱；运行速度：5～100m/min(变频调速)；起升速度：4～40m/min(变频调速)；

货叉速度：3～30m/min(变频调速)；停准精度：超升、运行≤±10mm，货叉≤±5mm；控制方式：联机自动、单机自动、手动；通讯方式：远红外通讯；供电方式：安全滑触线供电；供电容量：20kW、三相四线制 380V、50Hz。

(2) 设备配置。有要巷道堆垛超重机主要由多发结构、超升机构、货叉取货机构、载货台、断绳案例保护装置、限速装置、过载与松绳保护装置以及电器控制装置等组成。

驱动装置：采用德国德马格公司产品，性能优良、体积小、噪声低、维护保养方便。变频调整：驱动单元采用变频调速，可满足堆垛机出入库平衡操作和高速运行，具有启动性能好、调速范围宽、速度变化平衡、运行稳定并有完善的过压、过流保护功能。

堆垛机控制系统：先用分解式控制、控制单元采用模块式结构，当某个模块发生故障时，在几分钟内便可更换备用模块，使系统重新投入工作。案例保护装置：堆垛机超升松绳和过载、娄绳安全保护装置；

载货台上、下极限位装置；运行及超升强制换速形状和紧急限位器；货叉伸缩机械限位挡块；货物高度及歪斜控制；电器联锁装置；各运行端部极限设缓冲器；堆垛机设作业报警电铃和警示灯。

(3) 控制方式。

① 手动控制。堆垛机的手动控制是由操作人员，通过操作板的按钮直接操作机械运作行，包括水平运行、载货台升降、货叉伸缩 3 种动作。

② 单机自动。单机自动控制是操作人员在出入库端通过堆垛机电控柜上的操作板，输入(出)库指令，堆垛机将自动完成入(出)库作业，并返回入(出)库端待令。

③ 在线全自动控制。操作人员在计算机中心控制室，通过操作终端输入入(出)库任务或入(出)库指令，计算机与堆垛机通过远红外通讯连接将入(出)库指令下达到堆垛机，再由堆垛机自动完成入(出)库作业。

3) 输送机

(1) 主要技术参数。额定载荷：850/400kg(含托盘)；输送货物规格：1200mm×1000mm×1470mm(含托盘)；输送速度：12.4m/min。

(2) 设备配置。整个输送系统由 2 套 PLC 控制系统控制，与上位监控机相连，接收监控机发出的作业命令，返回命令的执行情况和子系统的状态等。

4) 双工位穿梭车

系统完成小车的高度，其中一个工位完成成品货物的接送功能，另一个工位负责执行委员会的拆卸分配。主要技术参数有：安定载荷，1300kg；接送货物规格，1200mm×1000mm×1470mm(含托盘)；拆最大空托盘数，8 个；空托盘最大高度，1400mm；运行速度，5～160m/min(变频调速)；输送速度，12.4m/min。

5) 计算机管理与控制系统

依据蒙牛泰安自动化立体仓库招标的具体需求，考虑企业长远目标及业务发展需求，针对立库的业务实际和管理模式，为本项目定制开了一套适合用户需求的仓储物流管理系统，主要包括仓储物流信息管理系统和仓储物流控制与监控系统两部分。仓储物流信息管理系统实现上层战略信息流、中层管理信息流的管理；自动化立体仓库控制与监控系统实现下层信息流与物流作业的管理。

(1) 仓储物流信息管理系统。(略)

(2) 仓储物流控制监控系统。自动化立体仓库控制与监控系统是实现仓储作业自动化、智能化的核心系统，它负责管理高度仓储物流信息系统的作业队列，并把作业队列解析自动化仓储设备的指令队列，根据设备的运行状况指挥协调设备的运行。同时，本系统以动态仿真人机交互界面监控自动化仓储设备的运行状况。系统包括作业管理、作业高度、作业跟踪、自动联机入库、设备监控、设备组态、设备管理等几个功能模块。

(资料来源：根据 http：//wenku.baidu.com/view/2b86a1eqb8f67c1cfad6b86a.html. 资料整理)

【案例思考】

(1) 蒙牛乳业自动立体仓库的构成有哪些？

(2) 蒙牛乳业自动化立体仓库建设项目对其他大型公司有哪些借鉴意义？

【复习题】

(1) 仓库选址的程序与主要内容有哪些？

(2) 仓库选址方法有哪些？

(3) 立体仓库的作用是什么？

(4) 立体仓库的基本设施有哪些？

实训项目：仓储企业布局及设备基本情况调研

【实训目的】

通过调查使学生加深对仓库布局规划的基本内容的理解，能够对调研单位的布局规划内容进行描述和分析。

【实训准备】

(1) 了解调研目的。

(2) 将全班同学分成不同的小组，每组 4～5 人。

(3) 确定实践地点。不同的组选择不同的仓库进行现场参观考察。具体记录以下信息：

① 交通地址。说明比较所在地址环境的优缺点(必须画出地理位置图)。

② 前方设施。停车场位置、设施；出入口设计。

③ 仓库设施。内部各作业环节的分区与布局；通道设计；储存用设施；搬运设施。

④ 辅助设施。员工福利设施；办公室。

以上内容须有照片或平面图说明。

(4) 工作时间安排 4 课时。

【实训实施】

选择当地一家物流公司或工商企业的配送中心或仓库，进行现场调查，了解该仓库的布局规划及仓库设备配备。调研结束后，完成报告。调研报告格式见表 1－13。各小组委派一名同学在课堂上陈述调研结果。

表 1－13　实践调研报告格式

封面内容	题目、组别(学号)、(组员)姓名、缴交日期
正文内容	1. 调查背景与目的(说明仓库布局规划的重要性，通过对某配送中心的布局调查你所想达到的目的) 2. 调查方法与对象(说明在调查中所用的方法，调查对象的基本情况简介，如该仓库的背景简介，成立历史、大事、组织状况与目前经营情形说明，但字数不要多) 3. 调查结果分析(陈述调查的结果、数据等分析) 4. 建议(针对调查中所发现的问题，对布局的不合理方面，提出改进的意见和建议) 5. 参考文献

【实训考核】

工作评价有教师评价、小组内部成员评价和第三方评分组成员评价 3 种方式，建议教师评价占 60％的权重，小组内部成员评价占 20％的权重，第三方评分组成员评价占 20％的权重，总评成绩＝教师评价分×60％＋小组内部成员评价×20％＋第三方评分组成员评价分×20％。工作评价单见表 1－14。

表 1-14　工作评价单

考评人		被考评人	
考评地点			
考评内容	仓储企业布局及设备基本情况调研		
考评标准	具体内容	分值	实际得分
	工作态度	20	
	沟通水平	20	
	调研报告文字	30	
	调研报告陈述	30	
合　计		100	

注：考评满分 100 分，60 分以下为不及格，60～69 分为及格，70～79 分为中，80～89 分为良，90 分以上为优。

第二篇　仓储与配送运作

本篇主要阐述仓储与配送运作的内容与方法以及在运作过程中所涉及的工具与设备，这是本书的主要部分。

本篇将仓储与配送运作分成两个任务：仓储运作和配送运作。

在仓储运作中主要介绍了入库作业、补货与拣货作业、货物在库保管、仓库盘点作业、仓库出库作业。

在配送运作中主要介绍了配送计划制订作业、配送路线优化作业、车辆调度与送货作业。

在这些内容中不仅包含常规货物的仓储与配送作业，还包含特殊货物的仓储与配送作业，这使得本书的内容更加饱满。

任务一　仓储运作

行动一　入库作业
行动二　补货与拣货作业
行动三　货物在库保管作业
行动四　仓库盘点作业
行动五　仓库出库作业

行动一

入库作业

RUKU ZUOYE

【学习目标】

了解入库作业流程，熟悉入库管理各环节的要求，掌握货品接运、货品验收以及货品入库作业的相关技能。

【学习任务】

通过本行动模块的学习，学生要了解入库作业的概念，熟知入库作业的工作任务及入库岗位分工的职责与要求，掌握入库作业的各个环节操作，了解各环节的注意事项，能够进行简单的入库作业操作。

【任务实施】

(1) 制定学习目标。

(2) 确定完成任务的途径和方法。

(3) 搜集和整理学习资料。

(4) 在理实一体化教室教学实施。

(5) 通过仿真操作及小组讨论，巩固和掌握所学的知识。

本部分的工作任务主要是了解入库作业的基本概念及相关知识，首先要确定完成任务的途径与方法，整理和分析相关学习资料，通过仿真操作和小组讨论巩固和掌握所学的知识。

【行动案例】

一汽大众汽车有限公司目前仅捷达车就有七八十个品种，十七八种颜色，而每辆车都有2000多种零部件需要外购，市场兑现率已高达95%～97%。与这些数字形成鲜明对比的是公司零部件基本处于“零库存”状态，这是该公司物流控制系统的杰作。一汽大众的零部件送货形式有以下3种：

第一种是电子看板，即公司每月将生产信息用扫描的方式通过网络传送到各供货厂，对方根据这一信息安排自己的生产，然后公司按照生产的情况发出供货信息，对方则马上用自备车辆将零部件送到公司各车间的入口处，再从入口处分配到车间的工位。

第二种叫做“准时化”，即公司按过车顺序把配货单传送到供货厂，对方也按顺序直接把零部件送到工位上，从而取消了中间仓库。

第三种是批量进货，供货厂每月对那影响不大又没有变化的小零部件分批量地送一两次。

（资料来源：根据华夏管理网资料整理）

一、仓库入库作业流程

1．入库作业及其基本流程

仓库入库作业是仓库作业过程的第一个作业阶段。仓库入库管理是指仓库从接运物品开始，经过数量核对、外观质量检验，到验收合格物品办理入库手续，到登账、立卡、建档为止的整个作业过程所实施的管理。货品的入库做得好，各类货物能按时、按量及时入库，并对质量不符、数量短缺或运输途中损坏的物品在规定的时间内做出妥善的处理，这就为入库货品的保管、保养、质量验收和货品出库创造了良好的条件。

货品的入库作业，包括货品接运、货品验收和货品入库3个作业环节。货品入库作业内容与流程如图2.1所示。

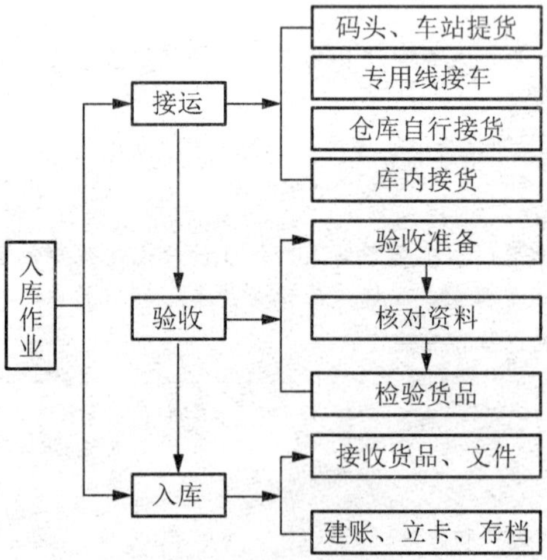

图2.1　入库作业流程

2．货品接运

1）货品接运的任务及要求

货品接运的主要任务是及时准确地向交通运输部门提取入库货物，要求手续清楚，责任分明，为仓储验收工作创造有利条件。因为接运工作是仓储业务活动的开始，所以接运工作的好坏直接影响验收和入库后的保管保养。因此，在接运由交通运输部门(包括铁路)转运的货品时，必须认真检查，分清责任，取得必要的证件，避免将一些运输过程中或运输前就已经损坏的货品带入仓库，造成验收中责任难分和在保管工作中的困难或损失。

另外，接运工作直接与交通运输部门接触，所以做好接运工作需要熟悉交通运输部门的要求和制度。例如，发货人与交通运输部门的交接关系和责任划分，铁路或航运、海运等运输部门在运输中应负的责任，收货人的责任，铁路或其他运输部门编制普通记录和商务记录的范围，向交通运输部门索要的手续和必要的证件等。

2）货品接运的方式与作业的内容

（1）车站、码头提货。

① 提货人员对所提取的货品应了解其品名、型号、特性和一般保养知识、装卸搬运注意事项等。在提货前应做好接运货品的准备工作，如装卸搬运工具，腾出存放货物的场地等。提货人员在货到之前，应主动了解到货时间和交货情况，根据到货多少组织装卸人员、机具和车辆按时前往提货。

② 提货时应根据提货单及有关资料详细核对品名、规格、数量，并要注意货物外观，查看包装封印是否完好，有无沾污、水渍、油渍、受潮等异常。若有疑点或不符，应当场要求运输部门检查。对短缺、损坏情况，凡属运输部门方面责任的，应做出商务记录；属于其他方面责任、需要运输部门证明的应做记录，由运输员签字，并记录内容与实际情况是否相符。

③ 在短途运输中，要做到不混乱，避免碰损。危险品应按照危险品运输的规定办理。

④ 货品到库后，提货员应与保管员密切配合，尽量做到提货、运输、验收、入库、堆码一条龙作业，从而缩短入库验收时间，并办理内部交接手续。

（2）专用线接车。这是一种铁路部门将物品直接送到仓库内部专用线的一种接运方式，在操作中要从以下几个方面考虑：

① 卸车前的检查。包括核对车号、检查车门、车窗、货封有无异样，货品名称、箱件数是否与物品运单相符。对盖有篷布的敞车，应检查覆盖是否完好，尤其要检查有无雨水渗漏的痕迹、有无破损或散捆等情况。

② 卸车过程中应注意按车号、品名、规格分别堆码，做到层次分明，便于清点，并标注车号和卸车日期。注意外包装的指示标志，妥善处理苫盖，防止受潮和污损。与保管人员一同监卸，争取卸车与物品件数一次清点，卸货后货垛间要留有通道，与消防、电力设施保持一定距离，与专用线铁轨外侧距离在 1.5m 以上。正确使用装卸机具和安全防护用具，确保人身和物品安全。

③ 卸车后的清理。检查车内物品是否卸净，关好车门、车窗，通知车站取车，做好卸车记录。办理内部交接手续，主要包括将卸车记录、运输记录和进货件数记录交付保管人员。

（3）仓库自行提货。

① 仓库接受货主委托直接到供货单位提货时，应将接货与验收工作结合起来同时进行。

② 仓库应根据提货通知，了解货品的性能、规格、数量，准备好接货所需的机械、工具、人员，配备验收员在供方当场检验质量、清点数量，并做好记录，接货与验收工作同时完成。

（4）库内接货。存货单位或供货单位将货品直接送到仓库存储时，应由保管人员或验收人员直接与送货人办理交接手续，当面验收并做好记录；若有差错，应填写记录，由送货人员签字证明，据此向有关单位提出索赔。

3）货品接运注意事项

货品接运可在车站、码头、仓库或专用线进行。货品到达仓库后，仓库人员应首先进行验单，检查随货品同时到达的货单，按货单上开列的收货单位、货物名称、规格、数量以及交货日期等内容与货品各项标志逐一进行核对。在验单过程中应注意，如发现错送，应拒收退回；对于一时无法退回的货品，必须在清点后另行存放，并且要及时进行记录，待以后处理；如核对无误，可进行卸载。

货品进入仓库，卸载可分为人工和机械两种情况。装卸过程中必须注意轻搬轻放，保证货品安全无损。在条件允许的情况下，应尽可能按照货品的保管要求，将不同收货单位或不同品种的货品分别堆放，为货品入库做准备。

3. 货品验收

1）验收的作用与要求

验收是指仓库在物品正式入库之前，按照一定的程序和手续，对到库物品进行数量和外观的检查，确定其是否符合订货合同规定的一项工作。

由于到货的来源复杂、渠道较多，产地和厂家不同，又都经过了不同的运输方式和运输环节的装卸搬运，有可能到货的质量和数量发生变化，所以对到货进行验收是十分必要的。

(1) 验收的作用。通过验收不仅可以防止仓库和货主遭受不必要的经济损失，而且可以对供货单位的产品质量和承运部门的服务质量进行监督。具体表现为以下几个方面：

① 入库验收可以为物品保管和使用提供可靠依据。

② 验收记录是货主退货、换货和索赔的依据。

③ 验收是避免物品积压、减少经济损失的重要手段。

④ 验收有利于维护国家利益。

(2) 验收的基本要求。验收工作是一项技术要求高、组织严密的工作，关系到整个仓储业务能否顺利进行，所以必须做到及时、准确、严格、经济。

① 及时。对到库物品必须在规定的期限内完成验收工作，只有及时验收，才能保证货品尽快入库，满足用料单位的需要，加快货物和资金周转，缩短物流流程时间；同时，及时验收，也有利于保证在规定的期限内对不合格货品提出退货、换货或赔偿等要求。

② 准确。验收时各项数据和验收报告必须准确无误，否则会造成错误的判断，引起保管工作的混乱，严重者还可能危及营运安全。

③ 严格。验收工作的好坏直接关系到国家和企业的利益，也关系到以后各项仓储作业的顺利开展，所以仓储有关方面在验收时必须严格把关。

④ 经济。验收货物，多数情况下不仅需要检验设备和验收人员，而且需要装卸搬运机械和设备以及相应工种的工人配合，这就要求各工种密切协作，合理组织协调人员和设备，以节省作业费用。

2）验收标准

货物要达到公司的验收标准才允许入库，验收货品时，可按照以下几项标准进行检验：

(1) 采购合约或订购单上所规定的条件。

(2) 采购合约中所规定的规格或图解。

(3) 以比价或议价时的合格样品为依据。

(4) 各种产品的国家品质标准。

4. 货品入库

物品经过点数、查验之后，即可安排卸货、入库堆码。在装卸、搬运、堆垛作业完毕后，应与送货人办理交接手续，并建立仓库台账。

1）交接手续

交接手续是指仓库对收到的货物箱送货人进行确认，表示已接收货物。办理交接手续意味着划清运输、送货部门和仓库的责任。完整的交接手续包括以下程序：

（1）接收货物。仓库通过查验货物，将不良货物剔出、退回或者编制残损单证等，确定收到货物的确切数量、货物的表面状态是否良好。

（2）接收文件。仓库接收送货人送交的货物资料、运输货运记录、普通记录，以及在随货运输单证上注明的相应文件，如图纸、准运证等。

（3）签署单证。仓库与送货人或承运人共同在送货人交来的送货单、交接清单上签字并留存相应单证。仓库提供相应的入库、查验、理货、残损单证、事故报告，由送货人或承运人签字。

2）登账

货物入库应建立详细的明细账。入库货物登记的内容有货物名称、规格、型号、生产厂家、数量、批次、金额、货位号或运输工具以及入库经办人等。

3）立卡

货物入库或上架后，将货物名称、规格、数量等内容填在料卡上成为立卡。料卡插放在货物下方的货架支架上或货垛正面的明显位置。

4）建档

仓库应对所接收仓储的货物或者委托人建立存货档案，以便进行货物管理和与客户保持联系，同时有助于总结和积累仓库保管经验，研究仓库管理规律。

存货档案应按一货一档原则设置，将该货物入库、保管、交付的相应单证、报表、记录、作业安排等资料原件或者复印件存档。存货档案应统一编号，妥善保管，长期保存。

5. 入库作业的影响因素

1）供应商的送货方式

供应商的送货方式直接影响入库作业的组织和计划，供应商的以下信息对仓库接货作业的影响仓库要加以考虑。

（1）每天平均或最多送货的供应商数量。

（2）送货的车型或车辆数。

（3）每台车平均卸货时间。

（4）货物到达的高峰时间。

（5）货物的装车方式。

（6）中转运输的转运方式。

2）货品的种类、特性与数量

货品的种类、特性与数量是影响入库作业的重要因素，主要包括：

(1) 平均每天送达的货品品种数。

(2) 货品的尺寸及重量。

(3) 货品的包装形态。

(4) 货品的保质期。

(5) 装卸的搬运方式。

3）人力资源

入库作业要考虑如何合理地利用仓库的人力资源，包括员工的技术素质、工作时间的合理调配、高峰期的作业组织等。

4）设备与存货方式

仓库设备也是组织入库作业的影响因素，叉车、传送带、货架储位等的可用性要加以综合考虑，同时也要考虑商品在仓库期间的作业状态。

6. 入库作业的原则

1）集中作业

在入库作业过程中，尽可能将装卸、分类等作业环节集中在一个场所完成。这样既可减少空间的占用，也可以减少搬运所消耗的人力、物力。

2）保持顺畅

应依据各作业环节的相关性安排活动，避免倒装、倒流，特别是在货台有直接转换作业发生时，应更重视作业的顺畅性。

3）合理安排

平衡安排装卸货台的使用。货物在站台至储区之间的流动应尽量保持直线。优先安排入库高峰作业时间，合理配备人力资源，以保证入库作业的顺利进行。

二、仓库入库业务操作

现有100台型号为XQG50－DS09，规格为60cm×58cm×80cm的洗衣机装载在福建盛辉物流公司的车辆上，从安徽芜湖仓库运到福州仓库。预计于2008年8月1日9:00到达。发货人是安徽海尔公司，收货人是福州国美电器中亭街店。作为一名仓库保管员，你应该如何操作？

1. 入库前的准备工作

(1) 入库指令的收集传递。根据发货人安徽海尔公司的入库指令，通过电话或计算机系统及时传递给福州收货人及仓库。

(2) 编制入库计划。仓库业务部门根据货主预入库的信息、仓库情况、设备资源等情况，制订入库计划，并将任务下达到相应的作业单位、管理部门。仓库业务部门利用以上信息编制入库计划表，见表2-1。

表 2-1 入库计划

NO.

送货单位：安徽海尔公司　　预入库日期：2008 年 8 月 1 日　　仓库：福州库

货物品名	型　号	数　量	时　间	所需资源	备　注
海尔洗衣机	XQG50－D809	100 台	上午 9 点	搬运人员 5 名	
				手动叉车 5 台	
				货位 $27m^3$	

(3) 资源准备。仓库保管员根据仓库业务部门制订的入库计划，及时做好货位准备、验收准备以及装卸搬运、搬运人员等资源的准备工作。

2. 货品到货时的验收

货物入库的第一项工作是验收，也是仓储工作的起点，是分清仓库与客户责任的界限，并为货物的保管养护打下基础。凡是货物入库，必须经过验收，只有经过验收后的货物方可入库保管。货物验收的项目有品名、规格、型号、数量或重量、包装以及质量。货物入库必须有《送货单》(表 2-2)，没有《送货单》的货物不能入库。

表 2-2 送货单

NO. 2008072850

单位：安徽海尔公司　　日期：2008 年 7 月 28 日

品　名	规格/cm^3	单　位	数　量	单价/元	金额/元	备　注
XQG50－D809	60×58×80	台	100	1988	198 800	

送货单位：福建盛辉物流公司　　司机：×××

1) 核对送货单上的信息与实际货物情况

将送货单所列的货物的品名、规格、数量等信息与实际到货的货物情况进行初步的核对。如果信息有误差，仓库应与客户及时沟通，查明原因，进行相应的处理；如果没有误差，进行外观质量验收。

2) 外观质量验收

(1) 包装检验。检验包装有无被撬开、开缝、挖洞、污染、破损、水渍和粘湿等不良情况。撬开、开缝和挖洞有可能是被盗的痕迹；污染为配装、堆存不当所造成；破损有可能因装卸、搬运作业不当和装载不当造成；水渍和粘湿是由于雨淋、渗透、落水和潮解而造成。包装的含水量是影响货物保管质量的重要指标，一些包装物含水量高，表明货物已经被损坏，需要进行进一步检验。

(2) 货物外观检验。对无包装的货物，直接查看其表面，检查是否有脏污、生锈、开裂、脱落、撞击、刮痕等损害。

(3) 重量、尺度检验。对入库货物的单件重量、货物尺度进行衡量和测量，确定货物的质量。

(4) 标签、标志检验。检查货物标签、标志是否齐备、完整和清晰，标签、标志与货物内容是否一致。

(5) 气味、颜色、手感检验。通过货物的气味、颜色判定其是否新鲜，有无变质。用手触摸、捏试货物，判定有无凝结、干涸、融化，含水量是否太高等。

(6) 打开外包装检验。外包装检验时，如果判定内容有受损可能，或者检验标准要求开包检验、点算包内细数，应该打开包装进行检验。开包检验必须有两人以上同时在现场，检验后在箱件上印贴“已验收”的标志。需要封装的及时进行封装，对于包装已破损的应更换新包装。

3）签署单证

库管员在和送货人员交接货物、进行验收后，共同在送货人交来的送货单上签字。

3. 货品入库交接和登记

货物入库交接手续是指经过验收后，库管员对收到的货物向送货人进行确认，表示货物已接收，办理完交接手续，意味着划清送货部门和仓库的责任。

1）接收货物

库管员以送货单为依据，通过验收，将不良货物剔出、退回或编制残损单证等，确定收到货物的确切数量、货物表面状态。

2）接收文件

送货人将货物资料、送货单、采购清单等相应的文件送交仓库的库管员。

3）签署单证

库管员在和送货人员交接货物、进行验收后，共同在送货人交来的送货单、交接清单(表2-3)上签署和批注，并留存相应单证。提供相应的入库、验收资料，残损单证，事故报告，由送货人签署。

表2-3　到货交接清单

收货人	发站	发货人	货物名称	标志	单位	数量	重量/kg	货物存放处	车号	运单号
福州国美电器中亭街店	安徽芜湖	安徽海尔公司	洗衣机		台	100	50		皖A88888	2008072850
备注：										

提货人：×××　　经办人：×××　　接收人：×××

4）登账

货物交接完毕，仓库根据验收的实际情况制作入库单(表2-4)，详细记录入库货物的实际情况，将短少、破损等情况在备注栏填写和说明。

货物入库后根据送货单信息，建立物资仓储的明细账，登记货物进库、出库、结存的详细情况，用以记录库存货物的动态和出入过程。

登账的主要内容有物资名称、规格、数量、结存数、存货人或提货人、批次、金额、货位号或运输工具、接(发)货经办人。

表 2-4 入库单

NO. 2008080106

货主单位：福州国美电器中亭街店　　入库日期：2008 年 08 月 01 目

物资编号	品　名	规格/cm^3	单　位	数　量	检　验	实收数量	备　注
XQG50－D809	海尔洗衣机	60×58×80	台	100	合格	100	

会计：×××　库管员：×××　制单：×××

入库单一式三联，第一联送货人联，第二联财务联，第三联仓库存查。

5）立卡

货物入库上货架后，将货物名称、规格、数量或出入库状态等内容填写在货卡上，称为立卡。货卡(表 2－5)又称料卡、货牌，插放在货物下方的货架支架上或摆放在货垛正面的明显位置。

表 2-5 货卡

货主单位：　　　　　　　　　　　　日期：

年		货品名称	规　格	单　位	入库数量	出库数量	结　存	经手人
月	日							

6）建档

仓库对接收的货物或接收货物的委托人建立存货档案或客户档案装订成册，制成客户单据装订清单(表 2－6)，以便于货物管理和保持客户联系，为将来可能发生的争议保留凭证。

表 2-6 单据装订清单

客户：　　　　　　　　　　　网点：　　　　　　　　　单据日期：

序　号	订单日期	订单号	通知单号	仓库	红冲单号	核销单号	核销类型

三、仓库入库信息作业操作

1. 入库信息作业操作目的

(1) 学会仓单的录入与接收的操作。
(2) 学会库位分配及入库确认的操作。

2. 入库信息作业操作的具体内容

基本业务：常规的入库业务流程包括采购入库、移库入库、退货入库、维修入库、翻仓入库等。

系统中单据流程：仓单录入→指令接收→入库上架。

产品流向：产品进入单据指定逻辑仓库，增加仓库的实际库存。

1) 仓单录入

菜单链接：登录系统→入库管理(一级菜单)→入库管理(二级菜单)→仓单录入(三级菜单)。

点击仓单录入后，进入客户和订单类型的选择页面，如图 2.2 所示。

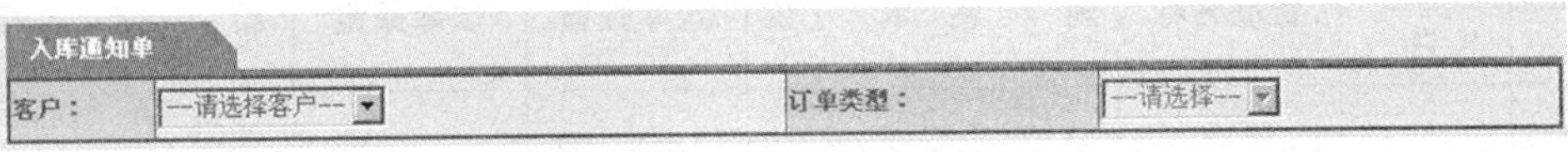

图 2.2　入库通知单界面

操作者单击 [--请选择客户--] 后的 [▼]，选择客户；选定客户后，订单类型被激活 [订单类型：--请选择--]，操作者单击 [--请选择--] 后的 [▼]，选择需要录入的订单类型。选定订单类型后，系统自动进入订单录入界面(图 2.3)。

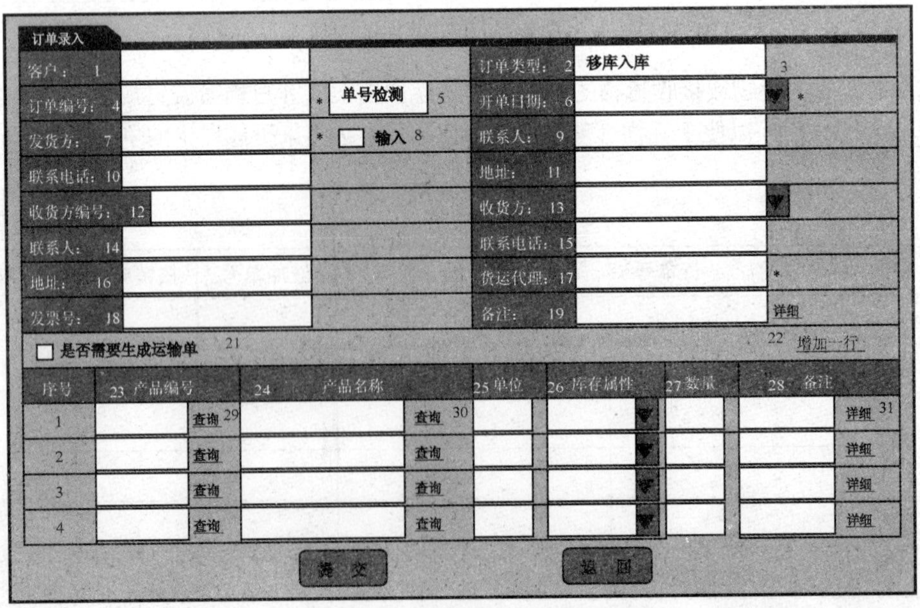

图 2.3　仓单录入界面图

（1）订单录入界面简介。

客户：对应业务中的项目，如飞利浦电子、飞利浦照明、卡夫。项目初始时，双方约定描述标准；系统自动给出，不需要操作者录入。

订单类型：操作者准备录入的订单类型；提示操作者复核将要录入的订单是否是真正需要录入的订单类型。系统自动给出，不需要操作者录入。

〈-〉：表示这种订单类型需要反馈。

订单编号：指客户的订单号，同一客户、同一订单类型的订单编号不能重复。

单号检测：录入订单编号后，单击单号检测（图 2.4），系统给出检测的结果，防止重复录入相同的订单编号。

图 2.4 单号检测界面

开单日期：客户开出该订单的日期；操作者单击（图 2.5），选择订单指定的日期。

图 2.5 开单日期界面图

发货方：该订单货物的指定供货方，录入的方式有两种：①操作者单击，选择下拉框中的发货方；②操作者选中 8，直接录入客户订单指定的发货方。

确定发货方的录入方式：不选，采用①的录入方式；选中，采用②的录入方式。

联系人：客户指定的发货方的联系人，采用①的录入方式，系统自动给出；采用②的录入方式，由操作者自行录入。

联系电话：客户指的发货方的联系电话，采用①的录入方式，系统自动给出；采用②的录入方式，由操作者自行录入。

地址：客户指定的发货方的地址，采用①的录入方式，系统自动给出；采用②的录入方式，由操作者自行录入。

收货方编码：指收货仓库的仓库编码，由系统自动给出。

收货方：指收货仓库，操作者单击，选择下拉框中的收货仓库的名称；下拉框中的仓库名称是操作者操作权限范围内的逻辑仓库的名称，选中后，系统会自动给出 12、14、15、16 的内容。

联系人：客户指定收货方的联系人，由系统自动给出。

联系电话：收货方的联系电话。

地址：收货仓库的地址。

运输代理：承运该订单的承运商，由操作者自行录入，可以录入承运商代码，也可以录入承运商名称，录入的具体内容，由项目初始时的约定来确定。

发票号：据题内容，由项目初始时的约定来确定。

备注：填写该订单的特殊要求，如果填写的内容较多，单击详细可以在指定的写字板中录入。

详细 1：辅助 19，使用方法见 19。

是否需要生成运输单：不选☐，订单提交后只生成仓储订单；选中☑，订单提交。同步生成仓储订单和运输单。由项目初始时的约定，来确定该功能的具体使用方式。

增加一行：系统默认的明细行是六行，如果订单的明细行大于六行，可以单击增加一行，需要几行单击几下。

产品编号：根据订单提供产品编码的，操作者直接录入产品编码，单击查询（支持模糊查询）。录入的内容，在系统中不唯一，系统弹出“产品信息查询界面图”（图 2.6），根据“产品信息查询界面图”的操作方法，选中指定的产品代码，系统会自动给出对应的 24、25；录入的内容，在系统中是唯一，系统直接给出查询结果。

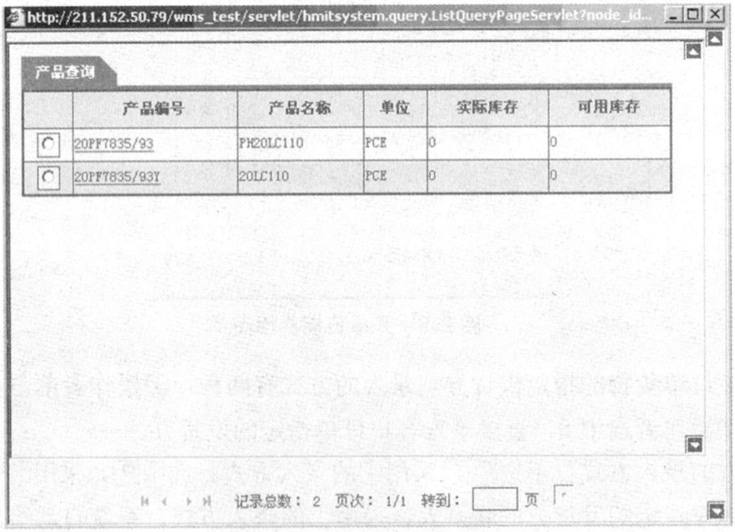

图 2.6　产品信息查询界面图

产品名称：订单只提供了产品名称，没有提供产品代码，操作者直接录入产品名称（按照项目初始时的约定的标准录入），单击查询（支持模糊查询）。录入的内容在系统中不唯一，系统弹出“产品信息查询界面图”根据“产品信息查询界面图”的操作方法，选中指定的产品名称，系统会自动给出对应的 23、25；录入的内容在系统中是唯一的，系统直接给出查询结果。

单位：操作 23、24 时，系统自动给出。

库存属性：填写订单指定的入库产品的库存属性，操作者单击▼，选中订单指定的库存属性，根据项目初始时的约定，确定库存属性的选择标准。

数量：填写订单指定的入库计划数量。

备注：填写客户对该订单行的特殊要求，如果填写的内容较多，单击详细可以在指定的写字板中录入(图 2.7)。

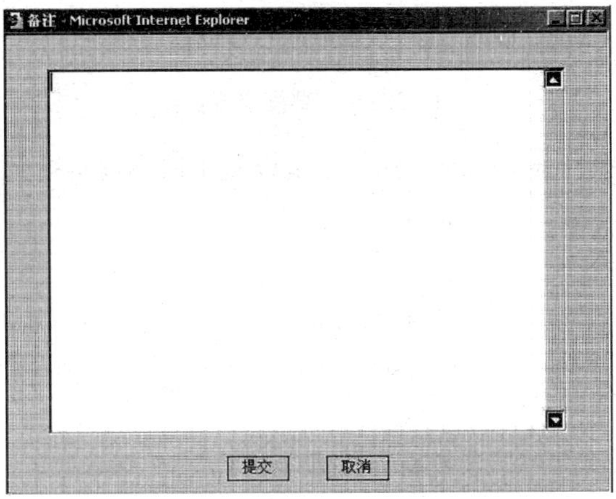

图 2.7　备注录入界面图

查询 1：产品代码的辅助功能，单击后，系统弹出“产品信息查询界面图”，功能介绍见 23。

查询 2：产品名称的辅助功能，单击后，系统弹出“产品信息查询界面图”，功能介绍见 24。

详细 2：28 的辅助功能，使用方法见 28。

(2) 订单录入的基本流程。

录入 4，使用 5，检测订单的唯一性。

录入 6、7、13 项。

录入 23，使用 29，选择产品信息；录入 24，使用 30，选择产品信息。

选择录入 26，具体录入方式参照“库存属性的录入界面图”(图 2.8)；直接录入 27。

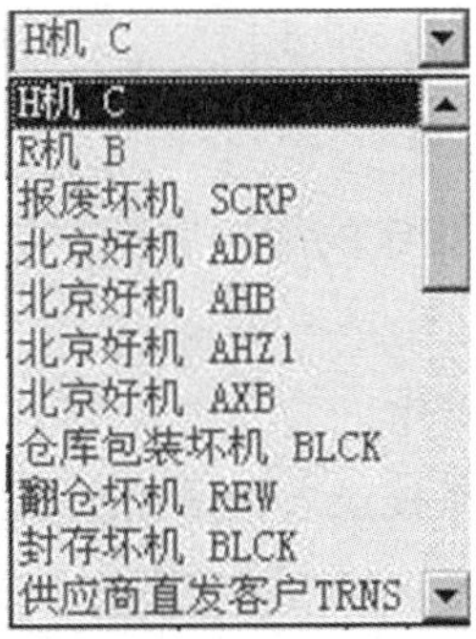

图 2.8　库存属性的录入界面图

录入完成后，单击提交提交订单，订单进入“指令接收”；不需要提交订单时，单击返回回到“仓单录入”界面。

提交订单后，系统会弹出“订单提交界面图”（图 2.9），提示操作者检查订单录入的正确性。

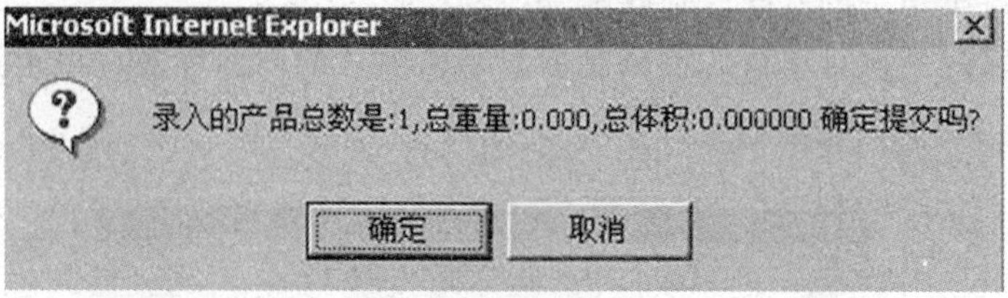

图 2.9　订单提交界面图

录入过程中，可以使用Tab移动光标，也可以是用鼠标选定指定的录入字段，进行录入。

注意：有“＊”的字段，为必填项。

(3) 关联界面说明。

① 图 2.4。告知操作者录入的订单编号是否有效，“有效”就单击确定，回到订单录入界面，继续进行下一步的录入；“无效”则单击确定，回到订单录入界面，重新录入订单编号。图中，[1234] 指录入的订单编号。

② 图 2.5。该日历是操作者计算机给出的，在操作过程中可根据系统的提示并结合实际的日期，审核操作者计算机的日历与实际日历是否相符。

单击◀◀，以“年”为单位，向后翻；单击▶▶，以“年”为单位，向前翻。“后”定义为“过去”；“前”定义为“未来”。

单击◀，以“月”为单位，向后翻；单击▶，以“月”为单位，向前翻。“后”定义为“过去”；“前”定义为“未来”。

选中订单指定的日期后，自动回到仓单录入界面。

③ 图 2.6。使用产品代码进行查询。

选中指定产品编码，鼠标箭头变成手型，单击左键，回到仓单录入界面。

如果使用模糊查询，产品查询列表将分页显示，可以使用◀◀ ◀ ▶ ▶▶翻页查询。使用产品名称进行查询，操作方法与“使用产品代码进行查询”相同。

④ 图 2.7。在空白处录入特殊的说明或要求。

录入完成后，需要保存录入信息，单击提 交回到仓单录入界面；不需要保存录入信息，单击取消，回到仓单录入界面。

⑤ 图 2.8。单击▼，选择订单指定的库存属性，如选中H机 C，单击左键可完成库存属性的选择。

如果选择错误，可重复以上的操作。

⑥ 图 2.9。该界面提示操作者审核录入数量的正确性。

录入数量与订单要求的数量相符，单击确定提交订单，订单进入指令接收界面。

录入数量与订单要求的数量不相符，单击取消回到仓单录入界面，修改数量，重新提交订单。

2）指令接收

菜单链接：登录系统→入库管理(一级菜单)→入库管理(二级菜单)→指令接收(三级菜单)。

(1) 功能简介。

接收手工录入和自动倒入系统的订单。

提供订单打印功能，订单打印格式的标准，由项目初始时的约定来确定；

如果订单的相关产品需要扫描，提供下载订单信息的功能。

(2) 操作界面(图 2.10)。

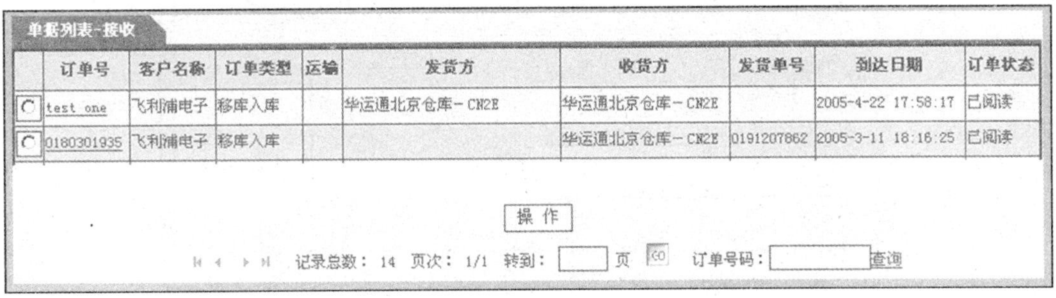

	订单号	客户名称	订单类型	运输	发货方	收货方	发货单号	到达日期	订单状态
○	test one	飞利浦电子	移库入库		华运通北京仓库－CN2E	华运通北京仓库－CN2E		2005-4-22 17:58:17	已阅读
○	0180301935	飞利浦电子	移库入库			华运通北京仓库－CN2E	0191207862	2005-3-11 18:16:25	已阅读

图 2.10 操作界面图

选择需要操作的订单时，单击，展开订单；也可以选中○，单击操作进入订单的打印界面。

单据列表中的订单较多时，可以使用订单号码：[ ]查询查询指定的订单，操作方法为：在[ ]中录入指定的订单号，单击查询后目标订单就会出现在单据列表中。此操作支持订单的模糊查询。

单据列表中的订单较多时，也可以使用|◀ ◀ ▶ ▶|翻页查询。

查找目标订单的方法，操作者可根据自己的使用习惯，结合实际业务，自行选择。

订单打印界面：进入订单打印界面有 3 个功能键打印 扫描下载 返回。

单击打印，直接打印订单，打印订单的联数由客户确定。

单击扫描下载，下载订单信息，下载的格式和内容由客户确定。

单击返回，回到单据列表，不对订单作任何操作。

执行打印或扫描下载任何一种操作后，订单会进入“入库上架”列表。

(3) 指令接收的基本操作流程。

在单据列表中查询目标订单。

双方约定不需要打印或扫描的订单，选中展开，订单直接进入“入库上架”列表。

双方约定需要打印或扫描的订单，选中展开，订单进入打印界面。根据业务要求选择需要操作的功能按钮并操作。

(4) 关联界面。

设置 IE 打印，第一次使用此系统时设置即可(图 2.11)。

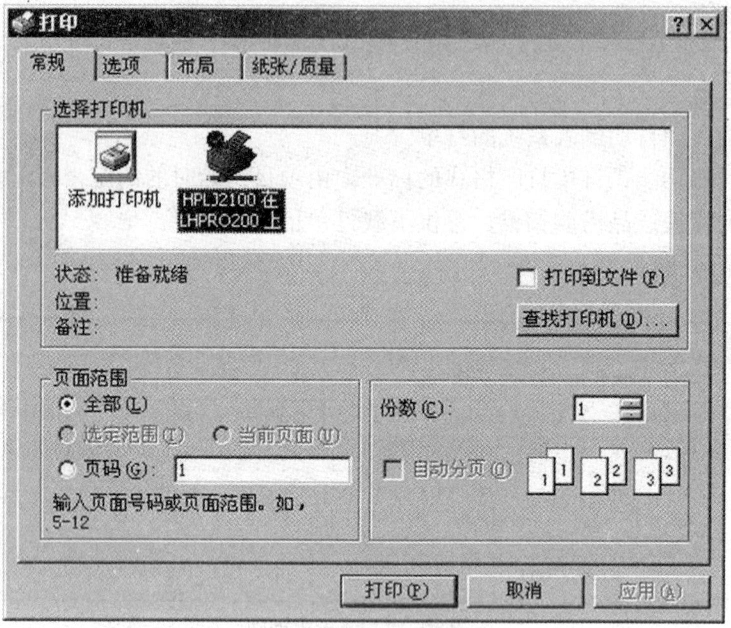

图 2.11　打印界面图

双击打开 IE 浏览器。在 IE 的菜单栏“文件”中单击“页面设置”，弹出“页面设置”窗口(图 2.12)，在窗口中将“页眉”“页脚”设为空；“页边距”的上、下分别设为 0mm，左右分别设为 0mm；同时，将菜单栏“查看”中“文字大小”设为中号。设置完成后单击 确定 (图 2.13)。

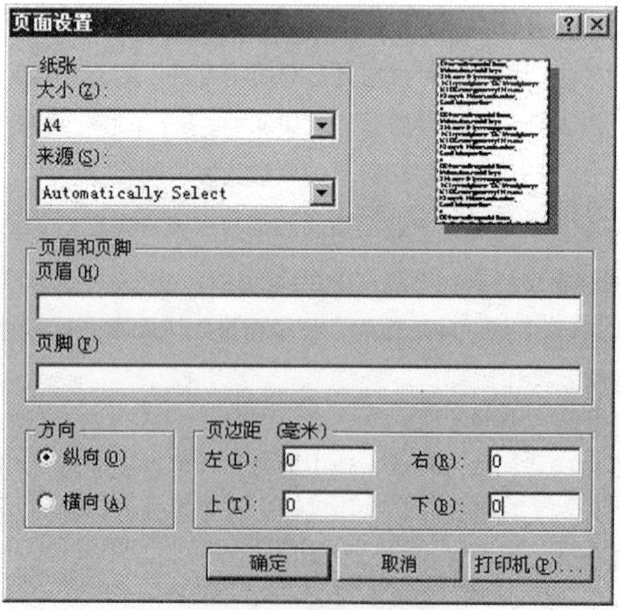

图 2.12　页面设置界面图

图 2.13　打印是否成功界面图

需要在打印正式的文本订单的同时订单进入“入库上架”菜单，操作方法为先单击图 2.11 中的 打印(P) ，然后单击图 2.13 的 确定 。

需要打印正式的文本订单但订单人保留在“指令接收”菜单，操作方法为先单击图 2.11 中的 打印(P) ，然后单击图 2.13 的 取消 。

不需要打印正式的文本订单但订单进入“入库上架”菜单，操作方法为先单击图 2.11 中的 取消 ，然后单击图 2.13 的 确定 。

扫描下载。

3）入库上架

菜单链接：登录系统→入库管理(一级菜单)→入库管理(二级菜单)→入库上架(三级菜单)。

（1）功能简介。

填写实际入库产品的库存属性、在库库位和数量。

提交操作结果后，系统自动修订库存、隐藏订单，提交后的订单只有通过仓单查询才能找到。如果订单需要反馈，系统自动生成客户需要的反馈文件，系统自动将订单的状态改为“已反馈”；如果订单不需要反馈，系统自动将订单的状态改为“已完成”。

（2）操作界面：订单操作列表、图表的格式和操作说明如图 2.14 所示。

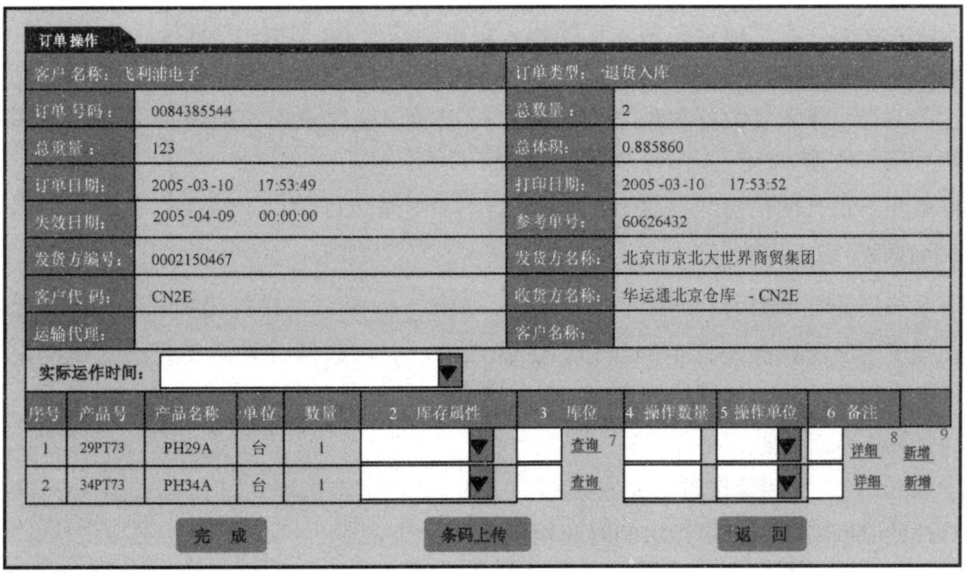

图 2.14　订单操作界面

① 实际的运作时间：指定订单的产品实际入库的时间。

② 到库存属性：产品验收入库时，实际的库存属性。

③ 库位：产品入库后的在库库位，根据入库订单的指定库位，手工录入，单击 7 查询（支持模糊查询）。如果录入的库位在系统中是唯一，单击查询，只激活该库位；如果是模糊查询。

注意：操作时必须激活 7，否则系统不允许提交订单。

④ 操作数量：指定库存属性的产品，在库指定库位的数量，由操作者手工录入。

⑤ 操作单位：产品入库的基本单位。对于存在多级基本单位的项目，产品入库时，根据实际入库的基本单位，单击▼，选择系统中对应的基本单位。

⑥ 备注：填写入库时的异常情况，如果填写的内容较多，单击详细可以在指定的写字板中录入。

⑦ 查询：3 的辅助功能，具体操作见 3。

⑧ 详细：6 的辅助功能，据题操作见 6。

⑨ 新增：增加对应产品明细行，单击新增，每次只能增加一行，如图 2.15 所示，新增行对应的“到库存属性”“库位”“操作数量”“操作单位”和“备注”的操作参照 2、3、4、5、6。

序号	产品号	产品名称	单位	数量	到库存属性	库位	操作数量	操作单位	备注	
10	29PT7333/93R	PH29AL188	PCE	1	退换坏机 REBL	A 查询	1	PCE	详细	新增
					退换坏机 REBL	A 查询	1	PCE	详细	
					退换坏机 REBL	A 查询	1	PCE	详细	

图 2.15 订单操作界面

（3）基本操作流程。

在单据列表中查询目标订单；验收入库时，属于完整签收的，根据订单提供的信息，录入图 2.14 中的 1、2、3、4、5、6。

验收入库时，有货损货失的入库操作：单击对应货损、货失产品行后的新增，根据订单的实际要求新增行数。

在第一行，录入实收好机的数量；第二行以后，选择录入货损或货失的库存属性和库位，然后录入数量。

订单要求录入的信息录入完成后，单击完成提交订单；不需要提交操作结果，单击返回回到操作订单列表。

需要扫描的订单类型，连接好扫描仪后，单击条码上传，上传扫描数据的同时，系统自动完成扫描仪中所有同类型订单的操作。也就是说，上传数据时只需要找到一张同类型的订单，不是扫描仪中包含的订单也可以，单击条码上传即可。

（4）关联界面说明。

① 图 2.16。实际运作时间要求跟踪到“时分”，单击实际运作时间的▼，系统弹出日历，修改的时间必须与订单指定的时间相符。

图 2.16 实际运作时间的关联界面

② 图 2.17。选中指定库位编号A ，鼠标箭头变成手型，单击回到订单操作界面。

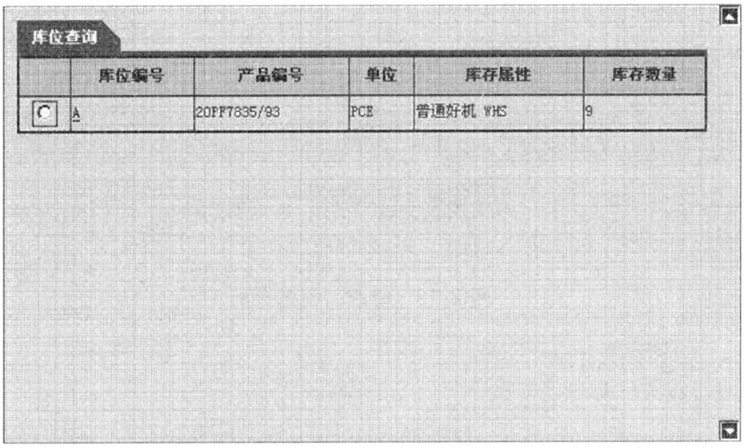

图 2.17 库位选择的关联界面

库存属性界面：参照图 2.8。

备注录入界面：参照图 2.7。

订单提交界面：参照图 2.9。

4）结果查询

菜单链接 1：登录系统→库管理(一级菜单)→入库管理(二级菜单)→仓单查询(三级菜单)。

菜单链接 2：登录系统→出库管理(一级菜单)→出库管理(二级菜单)→仓单查询(三级菜单)。

菜单链接 3：登录系统→库内管理(一级菜单)→仓内移库(二级菜单)→仓单查询(三级菜单)。

(1) 功能查询介绍。

① 可以查询所有订单类型的历史记录。

② 根据业务需求，查询目标订单，支持重复打印。

③ 维护手工录入订单，系统支持修改除单号外的任何内容。

④ 支持重复下载扫描订单的信息，重复上传订单的扫描数据。

⑤ 查询结果的条件选择。

⑥ 操作者可以根据客户名称、仓库点、订单类型、状态以及订单时间、订单编号、产品编码、产品名称进行综合查询，按照订单日期和订单号进行升序降序排列。

在进行订单号、产品编码、产品名称查询时，系统支持模糊查询，即输入订单号、产品编码、产品名称中的任意一个查询条件，能够查询到含此条件且满足其他条件的订单。

(2) 基本操作流程。

单击 选择客户：--请选择-- 后的▼，选择目标客户的名称，同步激活 选择节点：全部节点 订单类型：所有订单 订单状态：全部状态。

按照要求，查询目标订单，单击 提 交 ，进入目标订单列表。

选择目标订单，执行修改，浏览(图 2.18)；打印、订单信息的下载和条码的上传(图 2.19)。

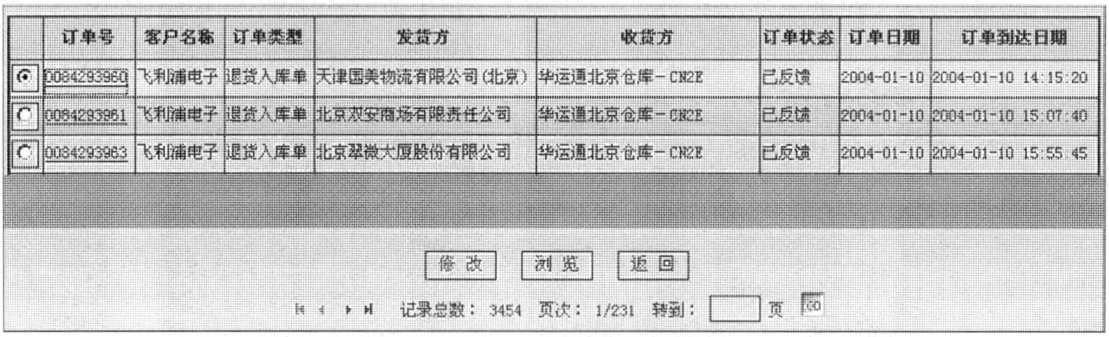

图 2.18 修改、浏览界面

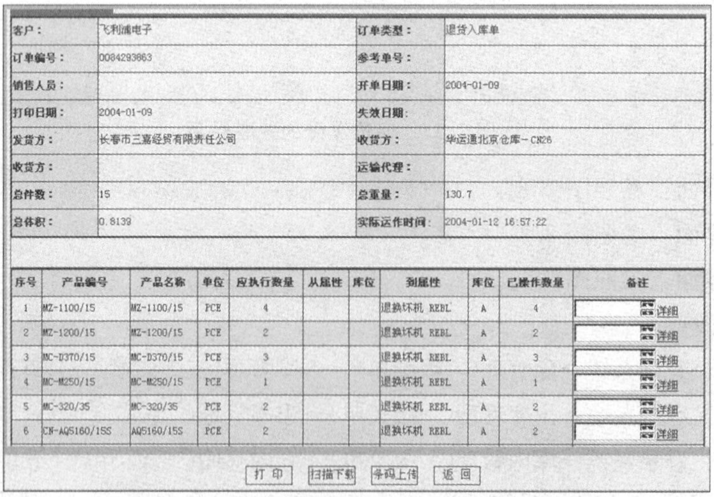

图 2.19 打印、订单信息的下载和条码的上传界面

选中目标订单，单击 修 改 ，进入修改界面。

选中目标订单，单击或 浏 览 ，进入打印、订单信息的下载和条码的上传的界面。

单击 打印 ，可以再次打印订单。

单击 扫描下载 或 条码上传 ，可以重复下载订单信息和上传扫描条码。

【应用案例】

超大汽车零配件公司的入库管理

超大汽车零配件公司(简称超大公司)对原材料需求很大，每年采购定额为5亿元人民币左右，所以对库存进行管理和控制对企业存货成本的控制至关重要。超大公司在总结多年实践经验的基础上，制定出下述的入库管理制度，取得了较好的效果。

零配件的出、入库是仓库业务管理的重要阶段。入库是物资储存活动的开始，这一阶段主要包括接运、验收和办理入库手续等环节。

(1) 验货接运。验货接运是配件入库的第一步。它的主要任务是及时而准确地接收入库配件。在接运时，要对照货物运单认真检查，做到交接手续清楚，证件资料齐全，为验收工作创造有利条件。避免将已发生损失或差错的配件带入仓库，造成仓库的验收或管理出现问题。

(2) 验收入库。凡是入库的配件，都必须经过严格的验收。货物验收是按照一定的程序和手续，对物资的数量和质量进行检查，以验证其是否符合订货合同的一项工作。验收为配件的保管和使用提供可靠依据，验收记录是仓库对外提出换货、退货、索赔的重要凭证。因此，要求验收工作做到及时、准确，在规定期限内完成，并严格按照验收程序进行。

验收作业程序：验收准备→核验实物→做出验收记录。

① 验收准备。搜集和熟悉验收凭证及有关订货资料，准备并校验相应的验收工具，准备装卸搬运设备、工具及材料；配备相应的人力资源，根据配件及保管要求，确定存放地点和保管方法。

② 核对资料。凡要入库的零配件，应具备的资料有：入库通知单、供货单位提供的质量证明书、发货明细表、装箱单、承运部门提供的运单及必要的证件。仓库需对上述各种资料进行整理和核对，待无误后即可进行实物验收。

③ 核对实物。主要包括对零配件的数量和质量两个方面进行检验。数量验收时查对所到配件的名称、规格、型号、件数等是否与入库通知单、运单、发货明细表一致。需进行技术检验来确定其质量的，则应通知企业技术检验部门检验。

(3) 办理入库手续。配件经验收无误后，即可办理入库手续，进行登账、立卡、建立档案，妥善保管配件的各种证件、账单等资料。

① 登账。仓库对每一品种规格及不同级别的物资都必须建立收、发、存明细账，它是及时、准确地反映物资储存动态的基础资料。登账时必须要以正式收发凭证为依据。

② 立卡。立卡是一种活动的实物标签，它反映库存配件的名称、规格、型号、级别、储存定额和实物数量。一般是直接挂在货位上。

③ 建立档案。历年来的技术资料及出入库有关资料应存入档案，以备查询、积累零配件保管经验。档案应一物一档，统一编号，以便查找。

(资料来源：根据华夏管理网资料整理)

【案例思考】

(1) 结合所学知识，分析超大公司的配件入库管理有何优点?

(2) 超大公司的配件入库管理还有哪些地方需要改进?

【复习题】

(1) 货物入库的主要程序有哪些?

(2) 货物验收有哪些基本要求?

(3) 简述货物接运的基本方式及注意事项。

(4) 简述货物验收的基本程序。

(5) 影响货物入库作业的因素有哪些?

实训项目：入库操作实训

【实训目的】

通过模拟真实的仓库入库作业环境，使学生熟悉仓库入库作业流程，懂得仓库入库作业操作，掌握仓库入库的单证编制、审核方法。

【实训准备】

(1) 了解仓库入库作业相关知识。

(2) 准备相关的入库单证，如送货单、入库单、货卡等。

(3) 将全班学生分成若干组，每组 5 人(货主企业代表 1 名、运输企业代表 1 名、库管员 1 名、制单员 1 名、检验员 1 名)。

(4) 工作时间安排 4 学时。

(5) 模拟工作环境，需要学院的仓库实训室、机房等资源配合。

【实训任务】

国内某手机制造企业在天津设有加工厂，它的成品仓库外包给深圳一家物流公司。要模拟深圳这家物流公司为工厂设计合理的入库流程，学生充当物流公司的职员对手机的入库过程进行模拟操作。2008 年 8 月 15 日货主天津天大手机制造有限公司发来一份送货单(表 2-7)，验收时发现少了 2 个包装，要求入库人员完成以下工作任务。

表 2-7　送货单

NO. 012567　　　　日期：2008 年 8 月 15 日

单位：　　　　送货单位：

品　名	规格/cm^3	单　位	数　量	单价/元	金额/元	备　注
天大手机	15×12×6	个	100	1500	150 000	

经手人：

(1) 针对手机产品特点，制定合理入库流程。

（2）入库前准备工作。做好入库指令收集传递、编制好入库计划表、入库前的资源准备工作。

（3）入库验收与检查。

（4）入库交接与登记，要求制作入库单、货卡及物资库存日报表。

（5）入库信息化操作。

【实训考核】

实训评价有教师评价、小组内部成员评价和第三方评分组成员评价3种方式，建议教师评价占60%的权重，小组内部成员评价占20%的权重，第三方评分组成员评价占20%的权重，将三者综合起来的得分为该生在该项目的评价分。实训评价表见表2-8。

表2-8 实训评价表

考评人		被考评人	
考评地点			
考评内容	入库作业实训		
考评标准	具体内容	分值	实际得分
	工作态度	10	
	沟通水平	15	
	入库流程合理性	15	
	入库操作熟练程度	40	
	入库单证	20	
合　计		100	

注：考评满分100分，60分以下为不及格，60～69分为及格，70～79分为中，80～89分为良，90分以上为优。

行动二

补货与拣货作业

BUHUO YU JIANHUO ZUOYE

【学习目标】

了解补货与拣货作业流程，熟悉补货与拣货管理各环节的要求，掌握货品补货与拣货作业的相关技能。

【学习任务】

通过本行动模块的学习，学生要了解补货与拣货的概念，熟知补货作业、拣货作业的工作任务及岗位分工的职责与要求，掌握作业的各个环节操作，了解各环节的注意事项，能够进行简单的操作。

【任务实施】

(1) 制定学习目标。

(2) 确定完成任务的途径和方法。

(3) 搜集和整理学习资料。

(4) 理实一体化教室教学实施。

(5) 通过仿真操作及小组讨论，巩固和掌握所学的知识。

本部分的工作任务主要是了解补货、拣货作业的基本概念及相关知识，首先要确定完成任务的途径与方法，整理和分析相关学习资料，通过仿真操作和小组讨论巩固和掌握所学的知识。

【行动案例】

当分拣员将包裹放到传送带上后，分拣环节就正式开始了。20 世纪 90 年代，美国联合包裹服务公司(United Parcel Service，UPS)德国分公司在法兰克福地面分拣中心首先开发了一种分拣技术，这样规格不同的包裹和盒子可以一起被送进一栋布满自动带、传送带以及容器的建筑。在那里，不管包裹的外形、大小和规格如何，只要它们进入系统的第一道传送带，那么红外线扫描仪就开始扫描条形码、UPS 商标上独特的圆点和螺纹图案。

几秒钟之内机动橡胶皮带就将包裹分流到其他的上升传送带和下降传送带上，计算机精确控制着 1 英里长的传送带。所有包裹都需要在世界港(UPS 的航空物流中转中心)内滑行 2 英里，13min 后到达输出端口，并准备登上货机，连夜重返肯塔基州。在世界港的任何地方，任何没有眩晕症的访客都会发现，包裹犹如繁忙的高速公路上的汽车一样在 4 个方向上来回穿梭。为了保证世界港正常运营，中央数据库每小时需要监控5900万份交易，为包裹递送选择最佳路线。

世界港的建成是 UPS 实现“全球商业同步协调”这一既定使命的重要一步，这样的目标甚至还体现在送货车上。公司每天需要处理 5000 多万份来自世界各地的包裹，而每件包裹都需要扫描并进入公司的全球网络。只有充分利用地理要素才能实现这样的壮举，公司精心挑选出来的路易斯维尔位于美国东海岸时区的最西端，这就使得世界港尽可能地靠近西海岸。由于存在 3h 的时差，所以 UPS 有充足的时间将航空包裹运往西海岸。

(资料来源：迈克·布鲁斯特，等．UPS 百年成功之道．北京：机械工业出版社，2008，有改动)

一、补货与拣货作业流程

1. 补货作业概述

1) 补货作业的概念

补货作业是在拣货区的存货低于设定标准的情况下，将货物从仓库保管区域搬运到拣货区的工作。其目的是将正确的产品在正确的时间、正确的地点，以正确的数量和最有效的方式送到指定的拣货区。

补货作业的筹划必须满足两个前提，即“确保有货可配”和“将待配货物放置在存取都方便的位置”。通常是以托盘为单位，从货物保管区将货品移到另一个作为按订单拣取用的动管拣货区，然后将此移库作业进行库存信息处理。

2) 补货作业的基本流程

补货作业流程大致包括 4 个环节，如图 2.20 所示。

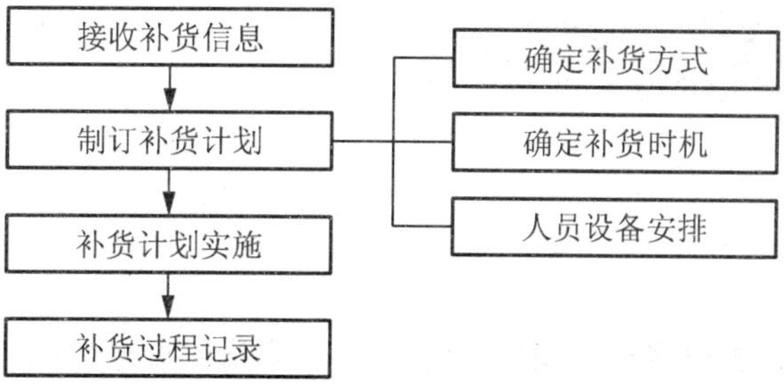

图 2.20　补货流程

2. 拣货作业概述

1）拣货作业的概念

在物流中心内部所涵盖的作业范围里，拣货作业是其中十分重要的一环，其所扮演的角色相当于人体内的心脏，空调系统的压缩机，而其动力来源于客户的订单，每张客户的订单都至少包含了一件商品，将这些不同的商品从仓库中取出集中在一起，即所谓的拣货作业。拣货的目的就在于正确而迅速地集中客户所需的商品。

从成本分析角度看，拣货成本约是其他堆垛、装卸等成本的9倍，占物流搬运成本的绝大部分，因此，若要降低物流搬运成本，控制拣货成本是非常重要的；从人力需求的角度看，目前大多数的物流中心仍属于劳动力密集型的产业。根据资料显示，拣货作业直接需要的人力占物流中心人力总数的50％以上，拣货作业的时间投入也占整个物流中心作业时间的30％～40％，人力成本则占整个物流中心人力成本的15％～20％。因此，所谓作业的自动化、省力化，通常都是以拣货作业为实施重点。此外，拣货策略的应用，也往往是影响接单出货时间长短的最主要的因素。同样的，拣货的准确性和精确度更是影响出货品质的重要环节。

储位规划对拣货的作业影响很大。在拣货效率的改进方面，利用辅助机具固然可以大幅度提升拣货的效率，但作业方式的改变更可以使辅助机具的功效发挥至最大，而与拣货作业方式关系最密切的因素则是储位的规划妥善与否。因此，要达到良好的拣货效率且提高拣货的正确性及弹性，能随时回答顾客的咨询，提高客户的服务水平，就必须有良好的储位规划，而拣货效率的提升也会使得物流中心对客户的整体服务水平和效率得到提升。

2）拣货单位

基本上，拣货单位一般可以分为托盘、箱、单品3种，以托盘为拣货单位的体积和重量最大，其次为箱，最小为单品。

（1）单品是拣货的最小单位，单品可以由箱中直接取出，可以用单手直接拣取。

（2）箱由单品组成，可由托盘中取出，需用双手拣取。

（3）托盘由箱堆叠而成，无法用手直接搬运，必须使用堆垛机、拖车、叉车等机械设备。

此外，还有体积特别大，形状特殊，无法按托盘、箱归类的商品或必须在特殊条件下作业的商品，如大型家具、桶状油料、长杆形货物、冷冻品等，需要采用特殊的拣取方法。

拣货单位应根据订单分析出来的结果做出决定，如果订货的最小单位是箱，则不需要以单品为拣货单位。库存的每一品种都需要做以上的分析，同时要考虑商品特性分组情况，以判断拣货的单位。商品的特性分组是指将必须分别储存处理的商品依其特性进行分组。例如，对有互斥性或体积、重量、外形差异较大的商品应进行特性分组。

二、补货与拣货作业操作

1. 补货作业操作

1）补货方式

补货作业的目的是确保货物能保质、保量、按时送到指定的拣货区。补货方式主要有以下几种：

(1) 整箱补货。整箱补货是指由货架保管区补货到流动货架的拣货区。这种补货方式的保管区为料架储放区，动管拣货区为两面开放式的流动分拣区。拣货员拣货之后把货物放入输送机并运到发货区，当动管区的存货低于设定标准时，则进行补货作业。这种补货方式由作业员到货架保管区取货箱，用手推车载箱至拣货区。整箱补货方式比较适合于体积小、量少但品种多的货物。

(2) 托盘补货。这种补货方式是以托盘为单位进行补货。托盘由地板堆放保管区运到地板堆放动管区，分拣时将托盘上的货箱置于中央输送机，送到发货区。当存货量低于设定标准时，立即补货；使用叉车将托盘由保管区运到拣货动管区，也可将托盘运到货架动管区进行补货。这种补货方式适合于体积大或出货量多的货品。

(3) 货架上层与货架下层的补货方式。此种补货方式，保管区与动管区属于同一货架，也就是将同一货架上的中下层作为动管区，上层作为保管区，而进货时则将动管区放不下的多余货箱放到上层保管区。当动管区的存货低于设定标准时，利用叉车(或堆垛机)将上层保管区的货物搬至下层动管区。这种补货方式适合于体积不大、存货量不高，且多为中小量出货的货物。

2) 补货时机的选择

补货作业的发生与否取决于动管拣货区的货量是否符合要求，因而究竟何时补货视动管区存量而定。何时将保管区的货物补至动管区，以避免拣货中途才发觉动管区货量不够，还要临时补货影响整个出货时间的情形。把握补货时机有以下 3 种方式，选用何种方式应视公司决策方向而定。

(1) 批次补货。批次补货是每天或每一批次拣取前，由计算机计算所需货品的总拣取量，再相对查看动管拣货区的货品量，于拣取前一特定时点补足货品。此为“一次补足”的补货原则，较适合一日内作业量变化不大，紧急插单不多，或是每批次拣取量可事先掌握的情况。

(2) 定时补货。定时补货是指将每天划分为数个时点，补货人员于时段内检视动管拣货区货架上货品存量，若不足即马上将货架补满。此为“定时补足”的补货原则，较适合分批拣货时间固定且处理紧急时间也固定的公司。

(3) 随机补货。随机补货是指定专门的补货人员，随时巡视动管拣货区的货品存量，有不足随时补货的方式。此为“不定时补足”的补货原则，较适合每批次拣取量不大，紧急插单多以至一日内作业量不易事前掌握的情况。

3) 补货方式的应用

(1) 由自动仓库将商品送至旋转货架的补充入库。运用这种方式，可以准确地进行高效的补充作业，而不必来回地搜寻。

(2) 由入库至补充线。这是在货品入库时即将必要补货的货品直接送入动管拣货区，而不经由保管区再转送的一种补货方式。

(3) 拣取区采取复仓制的补货方式。例如，英国 Boots 公司动管拣取区是采用相同品项两个相邻托盘的储放，而保管区则分两处进行两阶段的补货。第一保管区为高层货架仓库，第二保管区为动管区旁的临时保管处所。进行第一阶段补货时先由第一保管区的高层货架提取一托盘量货品放置于动管区旁的第二保管区，等动管拣货区内某一品项的其中一个托盘拣取完毕后，将空托盘移出，后面托盘往前推出，再由第二保管区将补货托盘移进动管拣货区。

2. 拣货作业操作

1）拣货作业的步骤

(1) 选择拣货方式。拣货作业方式通常有摘果式、播种式两种，每种拣货方式都有自己的优、缺点，在选择的时候，要综合评价，根据出库商品的性质选择合适的拣货方式。

① 摘果式。让拣货作业员巡回于储存场所，按某要货单位的订单挑选出每一种商品，巡回完毕也就完成了一次拣货作业，然后将配齐的商品放置到发货场所指定的货位，再进行下一个要货单位的配货。

以下情况一般采用摘果式进行拣货：

a. 订单金额大小差异较大，订货数量变化频繁，尤其是订单为季节性较强的商品时。

b. 订单商品外形、体积变化较大，商品差异较大，如化妆品、百货、电器、高级服饰等。

摘果式拣货具有下列优、缺点：

a. 优点。作业方法简单；订单处理前置时间短；导入容易且弹性大；作业人员责任明确，派工容易、公平；拣货后不必再进行分拣作业，适用于大量、少品种订单的处理。

b. 缺点。商品品种多时，拣货行走路线过长，拣取效率降低；拣取区域大时，搬运系统设计困难；少量、多批次拣取时，会造成拣货路径重复费时，效率降低。

② 播种式。将每批订货单上的同种商品各自累加起来，从储存仓位取出，集中搬运到理货场，然后将每一要货单位所需的数量取出，分放到该要货单位商品暂储待运货位，直至配货完毕。具有以下条件的，一般采用播种式拣货：

a. 自动化、系统化程度较高的库房。

b. 订单变化较小、订单数量稳定的配送中心。

c. 商品外形较规则、固定的商品出库。

播种式拣货具有下列优、缺点：

a. 优点。适合订单数量庞大的系统；可以缩短拣取时的行走搬运距离，增加单位时间的拣取量；越要求少量、多批次的配送，批量拣取就越有效。

b. 缺点。对订单的到来无法做及时的反应，必须等订单达到一定数量才做一次处理，因此会有停滞情况发生。

为了提高拣选效率、降低成本，应充分研究上述两种办法的优缺点，甚至可根据两种办法各自的适用范围，有机地将两者混用。例如，当储存区面积较大时，拣选作业中往返行走所费时间占很大比重，此时“一人一单”拣选到底的方法就不宜采用。

如果适当分工，按商品的分区储存，每一拣选人员各拣选订货单中的一部分，如一层库房、一个仓库或几行货架，既能减少拣选人员的往返之劳，又能驾轻就熟，事半功倍，几个拣选人员所费工时之和往往低于一个人拣选的总工时。

(2) 编制拣货清单。依据所选择的拣货方式形成不同的拣货清单。

① 摘果式。根据每一份订单形成一份拣货清单。

② 播种式。将多张订单集合成一批，按照商品品种类别将多张订单上的商品进行加总，形成拣货清单。

(3) 安排拣货路线。根据拣货单上的商品储位安排拣货路线，基本原则为使拣货人员行走的路线最短。

(4) 分派拣货人员进行拣货作业。拣货人员根据拣货清单，按照事先规划好的拣货路线巡回于仓库中，按照拣货单所列的商品品种和数量，把商品逐一从仓库储位上或其他作业区中取出来置于托盘或其他容器中，然后集中在一起与出货单放在指定的位置，由出货验收人员检查。

2) 拣货作业的要点

拣货作业除了一些自动化设备逐渐被开发利用外，很多情况下还主要是劳动力密集型作业。为了有效提高作业效率，在进行拣货系统构筑时，可以从以下几个方面着手改进：

(1) 不要等待——零闲置时间。

(2) 不要拿去——零搬运(多利用运送带、无人搬运车等)。

(3) 不要走动——动线尽可能的短。

(4) 不要思考——零判断作业(尽可能依靠规程而不是依靠经验)。

(5) 不要寻找——储位管理。

(6) 不要书写——无纸化作业。

(7) 不要检查——条形码由计算机检查。

三、补货与拣货作业信息化操作

1. 补货作业信息化操作

补货作业是仓储信息系统的一个功能模块，当计算机系统发现拣选货架上储存物品的数量低于设定数量时，系统会自动提示对相应物品进行补货。计算机系统会自行计算出需要补货的数量、确定补货的方式并调出补货货物在存储区的存放位置等有用信息，形成补货通知单。

补货员可以根据补货单提示信息，在存储区找到相应货物的存放地点，借助自动补货小车、传送带等现代化工具将货物送至相应拣选货位完成补货作业。而整个过程，计算机系统会自动完成记录。

2. 拣货作业信息化操作

拣货信息是拣货作业的原动力，主要目的在于指示拣货的进行，而其资料源头为客户的订单。为了使拣货人员在既定的拣货方式下正确而迅速地完成拣货任务，提供拣货信息成为拣货作业规划设计中的重要一环。利用信息来支持拣货系统，除了使用单据进行传达外，计算机、条形码以及一些自动传输的无纸化系统都已逐渐被使用。

下面介绍一些利用信息或控制系统辅助拣货的方式。

1) 传票

以传票支撑拣货的做法，即直接利用客户的订单或以公司的交货单作为拣货指示凭据。

2) 拣货单

将原始的客户订单输入计算机，进行拣货信息处理，再打印拣货单。

3) 标签

这种方式代替了拣货单，由印表机印出包括所需拣货的货品名称、位置、价格等信息的拣货标签，印制数量等于拣货量，拣取的同时贴标签于货品上，作为确认数量的方式。在贴标签于货品的同时，物品与信息立即同步一致，因此拣货的数量不会产生错误。

在此标签上，不仅印有货品名称及货架位置，而且印有条形码，利用扫描器读取货品上的条码，即使货品为同一品种，但交货厂商不同也能有所区分，且该货品的追踪调查也能进行。

4）电子标签

这种方式最初为在货品货架上安装指示灯来显示拣货位置，后来发展成为在货架上装设液晶显示器(电子标签)，显示应拣取的数量的一种拣货方式，即数位拣取系统。这种方式用在以人手来拣货的场合，是一种可以防止拣货错误，使人员直接反应动作以提高效率的有效方式。

5）条形码(条码)

在商品上加贴条形码。条形码是利用黑白两色条纹的不同粗细程度而构成不同的平行线条符号，代替商品货箱的号码数字。将条形码贴在商品或货箱的表面，便于扫描器阅读，经过计算机解码后，将线条符号转化成数字符号，再由计算机进行运算。

6）资料传递器

资料传递器又称无线电辨识器，其运作方式为将资料传递器安装在移动设备上，将能接受并发射电波的ID(身份标识号码)卡或标签等的信息反应器安装在货品或储位上，当移动设备接近传递器时，传递器即读取反应器上的信息，通过天线由控制器辨识读出，再传至计算机，进行控制管理。必要时也可以利用此法将反应器上的信息给予改写，例如，把ID卡安装在托盘上，而把资料传递器安装在堆垛机上，当堆垛机一接近该托盘，托盘上的信息就能被堆垛机上的传递器迅速传至计算机中。

7）无线通信

无线通信是在叉车上承载无线通信设备，通过该套无线通信设备，把应从哪个货架位置的哪个托盘拣货的信息指示给叉车的司机，同时还需配备一种能够答复从叉车传来的询问信息的装置。

8）计算机随行指示

在叉车上设置辅助拣货的计算机终端机，拣取前先将拣货资料输入此计算机，拣货人员即可以依据计算机屏幕上的指示到达正确位置，拣取正确的货物。

9）自动拣货机

拣取的动作由自动的机械负责，机械在信息输入后自动完成拣货作业，无须人手介入。这是目前国外拣货设备研究发展的方向。

【应用案例】

引进自动分拣机是好事还是坏事

近年来，我国邮政行业实行信件分拣自动化，引进自动分拣机代替工人分拣信件，从纯经济学的角度，即从技术效率和经济效益的同时实现看，这是一件好事还是坏事呢？假设某邮局引进一台自动分拣机，只需一人管理，每日可以处理10万封信件。如果用人工分拣，处理10万封信件需要50名工人。在这两种情况下都实现了技术效率。但是否实现了经济效益还涉及价格。处理10万封信件，无论用什么方法，收益是相同的，但成本如何则取决于机器与人工的价格。假设一台分拣机为400万元，使用寿命为10年，每年折旧费为40万元，再假设利率为每年10%，每年利息为40万元，再加上分拣机每年维修费与人工费用5万元。这样使用分拣机的成本为 85 万元。假设每名工人工资 1.4 万元，50 名工人共 70 万元，使用人工分拣成本为 70 万元。在这种情况下，使用自动分拣机实现了技术效率，但没有实现经济效益，而使用人工分拣既实现了技术效率，又实现了经济效益。

（根据网络资料整理）

【案例思考】

(1) 从企业利润最大化的角度看，自动分拣机分拣和人工分拣这两种方式哪种更合理?

(2) 如果其他条件不变而自动分拣机每日可以处理 15 万封信件，你的结论是什么?

(3) 从社会学的角度看，自动分拣机的引进还要考虑哪些问题?

【复习题】

(1) 补货的目的及作业流程是什么?

(2) 补货作业的方式有哪些?

(3) 拣货作业的概念及意义是什么?

(4) 简述拣货作业的基本步骤。

(5) 简述拣货作业中用到的信息技术。

实训项目：分拣作业仿真模拟实训

【实训目的】

通过模拟真实的仓库拣选作业环境，使学生理解拣选作业的概念、作用、目的和类型，掌握物品拣选的方法。

【实训准备】

(1) 了解仓库拣选作业的相关知识。

(2) 准备相关的拣选单等。

(3) 将全班学生分成若干组，每组 5 人(货主企业代表 1 名、部门经理 1 人、信息操作员 1 名、拣货员 2 名)。

(4) 工作时间安排 4 学时。

(5) 模拟工作环境，需要学院的仓库实训室、机房等资源配合。

【实训任务】

A 企业是一家连锁经营超市的日常生活用品和水果加工配送中心，假定其所经营的商品有 18 种，其主要工作任务就是为其旗下的多家连锁经营超市配送要求的若干种和一定数量的商品。

A 企业同时接到来自 5 家连锁经营超市发来的配送请求单，具体如下：

超市 1 要求发送——2 个蓝色清洁球、3 个红色清洁球、1 个黄色健身球。

超市 2 要求发送——2 个苹果、3 个橘子、4 个蓝色杯子。

超市 3 要求发送——5 个红色杯托、2 个绿色杯托、3 个紫色健身球、2 个生梨。

假设你是 A 企业的部门经理，综合利用学过的知识，组织完成相关物品的拣选任务，要求有详细的作业计划，并说明理由。

【实训考核】

实训评价有教师评价、小组内部成员评价和第三方评分组成员评价 3 种方式，建议教师评价占 60%的权重，小组内部成员评价占 20%的权重，第三方评分组成员评价占 20%的权重，将三者综合起来的得分为该生在该项目的评价分。实训评价表见表 2－9。

表 2－9 实训评价表

考评人		被考评人	
考评地点			
考评内容			
考评标准	具体内容	分值	实际得分
	工作态度	15	
	沟通水平	15	
	拣选流程合理性	15	
	拣选操作熟练程度	40	
	拣选单证	15	
合　计		100	

注：考评满分 100 分，60 分以下为不及格，60～69 分为及格，70～79 分为中，80～89 分为良，90 分以上为优。

行动三

货物在库保管作业

HUOWU ZAIKU BAOGUAN ZUOYE

【学习目标】

熟悉仓库保管员岗位职责及工作流程，掌握货物在库保管作业的内容与方法，掌握特种货物在库保管作业的内容与方法。

【学习任务】

通过本行动模块的学习，学生应该熟知仓库保管员岗位职责及工作流程，学会仓库保管员作业操作，如通过充分利用仓储物质技术设备，熟悉商品性能；实行在库商品分区分类保管，对货位统一编号，建立健全在库商品保管养护制度，对异常问题实施及时处理，采取出库复查等作业，掌握仓库温湿度控制、防霉腐、防虫害、防锈、安全管理及卫生管理等在库保管作业等操作，能对仓库保管过程中涉及的相关保管单据进行编制，掌握特种物品保管的方法和注意事项。

【任务实施】

(1) 制定学习任务目标。

(2) 确定完成任务的方法和步骤。

(3) 搜集准备完成任务所需的工具。

(4) 通过实训演练，巩固和掌握所学的知识。

本部分的工作任务主要是掌握仓库保管员岗位职责、工作流程及操作方法，首先要确定学习任务目标，再确定完成任务的方法和步骤，然后准备完成任务所需工具和辅助设施，通过案例分析讨论和模拟训练巩固和掌握所学的知识。

【行动案例】

某企业是一家生产工装裤的工厂，它只生产少数几种产品，产品的主要差别在于裤子的尺寸。

在设计仓库布局时，该企业按照工装裤的尺寸大小进行分别存放。先按照工装裤的腰围大小，从最小尺寸到最大尺寸分为若干类。分类分项后，按顺序存放。为了减少订单分拣人员的分拣时间，除了采用上述方法外，还将那些客户经常选购的一般尺寸，就近放在较方便的货位，而将特小和特大的、客户不常选购的尺码存放在较远和高层的货位。

该企业通过货物在仓库中的合理布局，提高了物流工作的效率，实现了物流合理化。

（资料来源：牛鱼龙．世界物流经典案例．深圳：海天出版社，2003，有改动）

一、仓库保管作业流程

1. 分区分类保管

仓库分区保管是指根据“四一致”（性能一致、养护措施一致、作业手段一致、消防方法一致）的原则，将仓库划分若干保管区域，把储存商品划分为若干类别，以便统一规划储存和保管。

2. 货位统一编号

根据商品的编码原则和方法，将入库货物进行统一编号；对储存商品的储位根据一定的要求进行合理的编号。

3. 在库保管

仓库保管员对物资进行在库保管，包括控制仓库温湿度、防霉防腐、防锈、防虫害、安全、卫生等内容。

4. 在库检查

仓库保管员要定期或不定期做好物资的在库检查工作。

5. 异常问题处理

仓库保管员在货物保管期间发现异常情况，在权限范围内能解决的要及时处理。

6. 提出解决方案

对于异常情况，未能解决的，仓库保管员应及时报请仓库主管，提出解决方案进行处理。

7. 出库复查

仓库保管员在物资出库时应仔细进行复查，确保出库物资的质量完好。仓库保管作业流程如图2.21所示。

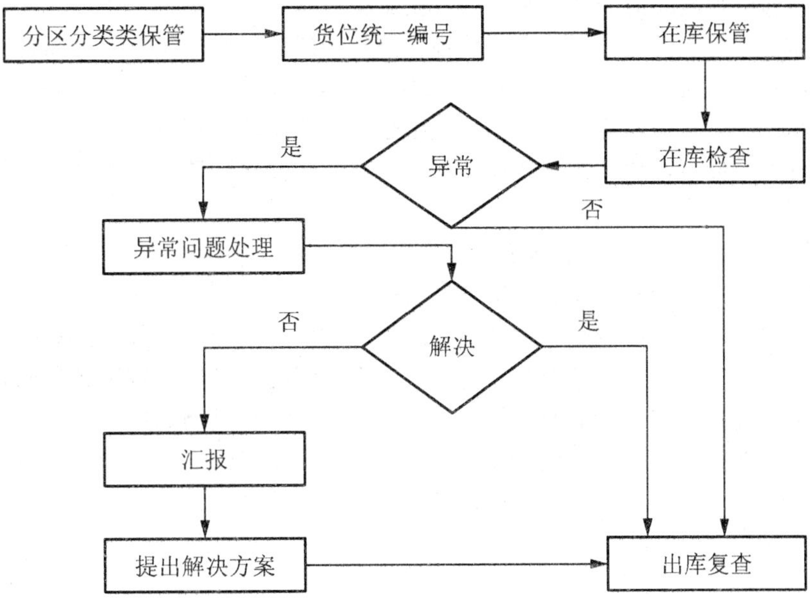

图 2.21 仓库保管作业流程

二、仓库保管作业操作

货物经过入库验收，理货员将货物堆放到指定位置后，货物的入库业务就此结束，仓库的保管作业便开始了。仓库在保管阶段的工作，主要是确保货物安全、商品质量完好和数量准确无误。仓库保管员通过充分利用仓储物质技术设备、熟悉商品性能、实行在库商品分区分类保管、进行货位统一编号、建立健全在库商品保管养护制度、对异常问题及时处理、采取出库复查等措施，达到商品在库保管养护的目的。

1. 仓库分区分类保管

仓库分区分类保管是仓库对储存商品进行科学管理的一种方法。仓库分区是根据仓库的建筑、设备等条件，将库房、货架、垛场划分为若干保管商品的区域，以适应商品储存的需要。商品分类是将商品按大类、性质和它的连带性划分若干类，分类集中存放，以便收发货和保管业务的进行。例如，根据商品储存温度，可将仓库划分为普通室温区、冷藏区(－5～10℃)、冷冻区(－25～－5℃)。

仓储商品实行分区分类，要以安全、优质、挖潜、多储、低耗为原则，在“三一致”(商品性能一致、养护一致、消防一致)的前提下进行管理。在规划分区分类之前，要对入库的商品情况有所了解和研究，主要信息有：经营的品种、数量与每年各季度的大致流向和周转期；商品性能及所需的储存条件；商品收、发所需的设备条件；商品收、发的方式；各类商品所需的仓容和储存、吞吐条件。

1）按商品种类和性质分区分类的方法

这是仓库普遍采用的分区分类方法。此方法有两种方式，一种是按照业务部门商品经营分类，进行仓库储存商品的分区分类，如某企业经营冰箱、洗衣机、空调、彩电等产品。考虑到他们的商品保管条件是一致的，再结合各部门经营产品所需的仓容、周转期、收发所需的设备条件，就可以对该仓库进行分区。该仓库共 4 层，每层面积 2000m²，一层是收发区及临时存放区；二层存放冰箱、洗衣机；三层存放空调；四层存放彩电。另一种是按照商品的自然属性分类，如将怕热、怕潮、怕光、怕通风等多种不同性质的商品集中起来，安排在合适的储存场所。

2）按照商品发往地区分区分类的方法

此方法主要适用于中转流通型仓库或待运仓库。具体做法是先按照交通工具划分公路、铁路、航空、水路等，然后按照到达站、港的路线划分。这种分区分类方法虽然不区分商品种类，但应注意，对于危险品、相互影响以及运价不同的商品应分别堆放。例如，某企业是经营干线快运的物流公司，旗下在福州有一间仓库作为中转货物之用。它的仓库分区就是按照客户发往地区及所经过的路线设置仓库分区的，将仓库划分成 18 个出货区间，如 1 号“厦门”，从福州到厦门沿途及延伸线（莆田、泉州、漳州）的客户的货都临时存放在 1 号库区，等待货车装载后送出；2 号“上海”，3 号“北京”，4 号“武汉”，5 号“西安”……

3）按商品性质危险程度分区分类的方法

此方法主要适用于化学危险品仓库，根据危险品本身自有的易燃、易爆、有毒等性质，以及不同的灭火方法等情况分区分类储存保管。

4）按照不同客户储存的商品分区分类的方法

这种方法比较适用于仓库客户数量较少，而且储存商品比较单一的情况。

5）按照方便作业和安全作业分区分类的方法

从商品周转率考虑，将商品周转率高的商品放置在离通道较近的区域，方便进出货作业，将商品周转率低的商品放置在离通道较远的区域；从商品安全性的角度考虑，将需要安全保卫级别高的商品如贵重物品放置在封闭的安全性能高的区域。

此外，仓库分区分类还要及时摸清商品出库规律，及时调整货区和货位；做好日常统计空仓和商品进出中货位平衡工作，腾出空仓，备足仓位；通常在仓库划分区域时，要预留一定面积作为机动保管区。机动货区一般按照库房堆货面积的大小，留出 5%～10%的储区。

2. 货位编号作业

货位编号是商品保管业务不可缺少的管理措施之一。在商品分区分类储存的基础上，将库房、料棚、货场、货架、货垛按地点、通道等按照位置顺序统一编列号码，并做出明显标志。

1）货位编号的要求

（1）标志设置要适宜。设置货位编号的标志，要因地制宜，采取适当方法，选择适当位置。例如，仓库标记，可在库门外挂牌；库房的标志、编号可写在外墙或库门上；货场货位标志，可竖立标牌或写在场地上。

（2）标志制作要规范。货位的标志制作要统一规范。货位在地面的标线保持径直；标线的宽度，一般以 3cm 为宜；货位画线应设置在支道或墙壁上，并相应要求货垛不压货位的画线。

（3）编号顺序要一致。编号顺序是指对货位编号的朝向、间隔和编号标记的制作做出统一的要求。对仓库范围的房、棚、场以及房内的仓间、走支道、段位，基本上都以主正门方向为准，左单右双或者自前向后顺序编号。段号间隔的宽窄，主要取决于储存商品批量的大小。编排段号时，可沿着货位画线，通常保持间距 1m 或 2m。标记制作最好统一，用阿拉伯字码作为货位编号标记，避免货物错收、错发等事故发生。

2）货位编号的方法

（1）多层库房的编号。对多层库房的编号，需要区别库房的楼层。在同一楼层有两间以上仓间时，楼层仓间的编号，一般以正楼上楼梯的方向，采取左单右双或自左而右的顺顺编序编号方法。楼房仓库货位编号采用“三号定位”法，即个位数指仓间编号，十位数指楼层编号，百位数指库房编号。例如，“141”，指 1 号库房 4 层楼左边的第 1 号仓间；“142”指 1 号库房 4 层楼右边的第 2 号仓间。

（2）平房仓库货位编号。平房仓库利用货架储存货物的货位编号，一般按照仓库进门的方向顺序编成排号，采用“四号定位”法，即库号、货架号、层号、位号。例如，某平房仓库货位编号为“02—13—2—10”，表示“02 仓库、13 号货架、第 2 层、第 10 号位”。

3. 在库保管作业

1）温湿度控制

（1）空气温度。空气温度是指空气的冷热程度。一般而言，距地面越近气温越高，距地面越远气温越低。在仓库日常温度管理中，多用摄氏度表示，凡 0℃以下度数，在度数前加一个“—”，表示零下多少摄氏度。

（2）空气湿度。空气湿度是指空气中水汽含量的多少或空气干湿的程度。空气湿度表示主要有以下几种方法：

① 绝对湿度。是指单位容积的空气里实际所含的水汽量，一般以克为单位。温度对绝对湿度有着直接影响。一般情况下，温度越高，水汽蒸发得越多，绝对湿度就越大；相反，绝对湿度就小。

② 饱和湿度。表示在一定温度下，单位容积空气中所能容纳的水汽量的最大限度。如果超过这个限度，多余的水蒸气就会凝结，变成水滴，此时的空气湿度便称为饱和湿度。空气的饱和湿度不是固定不变的，它随着温度的变化而变化。温度越高，单位容积空气中能容纳的水蒸气就越多，饱和湿度也就越大。

③ 相对湿度。是指空气中实际含有的水蒸气量（绝对湿度）与饱和状态（饱和湿度）程度的百分比，即在一定温度下，绝对湿度占饱和湿度的百分比。相对湿度用百分率表示，其计算公式为

$$相对湿度=\frac{绝对湿度}{饱和湿度}\times 100\%$$

$$绝对湿度=饱和湿度\times 相对湿度$$

相对湿度越大，表示空气越潮湿；相对湿度越小，表示空气越干燥。空气的绝对湿度、饱和湿度、相对湿度与温度之间有着相应的关系。温度如发生了变化，则各种湿度也随之发生变化。

④ 露点。含有一定量水蒸气（绝对湿度）的空气，当温度下降到一定程度时所含的水蒸气就会达到饱和状态（饱和湿度）并开始液化成水，这种现象叫做结露。水蒸气开始液化成水时的温度叫做“露点温度”，简称“露点”。如果温度继续下降到露点以下，空气中超饱和的水蒸气，就会在商品或其他物料的表面凝结成水滴，俗称商品“出汗”。

此外，风与空气中的温湿度有密切关系，也是影响空气温湿度变化的重要因素之一。

仓库保管员要做好在库货物温湿度控制工作，首先测定空气温湿度，通常使用干湿球温度表来测定。干球温度表直接测量空气温度；湿球温度表可测量得到湿球温度。通过“湿度、露点查算表”（表2-10）在库外设置干湿表，为避免阳光、雨水、灰尘的侵袭，应将干湿表放在百叶箱内。百叶箱中温度表的球部离地面高度为2m，百叶箱的门应朝北安放，以防观察时受阳光直接照射。箱内应保持清洁，不放杂物，以免造成空气不流通。

表2-10 湿度、露点查算表

温度/℃	干球温度/℃-湿球温度/℃																	
	0		1		2		3		4		5		6		7		8	
	td	r	td	r	td	r	td	r	td	r	td	r	td	r	td	r	td	r
−5	−5	100	−9	74	−14	48		23										
−4	−3	100	−8	75	−13	51	−20	27										
−3	−3	100	−6	77	−11	53	−18	31		9								
−2	−2	100	−5	78	−9	56	−16	35		14								
−1	−1	100	−4	79	−8	58	−13	38	−19	18								
0	0	100	−3	80	−7	60	−12	41	−16	22		4						
1	1	100	−2	81	−5	62	−10	44	−14	26		9						
2	2	100	−1	82	−4	64	−8	47	−12	30		13						
3	3	100	1	83	−3	66	−7	49	−10	33	−20	17						
4	4	100	2	84	−1	67	−5	51	−8	36	−16	21		6				
5	5	100	3	84	0	68	−4	54	−6	39	−14	25		10				
6	6	100	4	85	1	70	−2	56	−4	41	−11	28	−20	14				
7	7	100	5	85	2	71	−1	57	−3	44	−9	31	−16	18		5		
8	8	100	6	86	3	72	0	59	−1	46	−7	34	−13	21		9		
9	9	100	7	87	4	73	2	61	0	48	−5	35	−10	24	−18	13		
10	10	100	8	87	6	74	3	62	2	50	−3	39	−8	27	−14	16		6
11	11	100	9	88	7	75	4	64	3	52	−2	41	−6	30	−11	20		9
12	12	100	10	88	8	76	6	65	4	54	0	42	−4	33	−9	23	−16	13
13	13	100	11	88	9	77	7	66	6	55	2	45	−2	35	−6	25	−12	16
14	14	100	12	89	10	78	8	67	7	57	3	47	0	37	−4	28	−9	19
15	15	100	13	89	11	78	9	68	8	58	4	49	1	39	−2	30	−7	21
16	16	100	14	89	12	79	10	69	9	60	6	50	3	41	0	33	−4	24
17	17	100	15	90	14	80	12	70	11	61	7	52	4	43	1	35	−2	26
18	18	100	16	90	15	80	13	71	12	62	8	53	6	45	3	37	0	29
19	19	100	17	90	16	81	14	72	13	63	10	55	7	46	5	39	2	31
20	20	100	18	91	17	81	15	73	14	64	11	56	9	48	6	40	3	33

续表

温度/℃	干球温度/℃-湿球温度/℃																	
	0		1		2		3		4		5		6		7		8	
	td	r	td	r	td	r	td	r	td	r	td	r	td	r	td	r	td	r
21	21	100	19	91	18	82	16	73	15	65	12	57	10	50	8	42	5	35
22	22	100	20	91	19	82	17	74	17	66	13	58	11	51	9	43	6	36
23	23	100	22	91	20	83	18	75	18	67	15	59	13	52	10	45	8	38
24	24	100	23	91	21	83	19	75	19	68	16	60	13	53	12	46	9	40
25	25	100	24	92	22	84	20	76	20	68	17	61	15	54	13	48	11	41
26	26	100	25	92	23	84	22	76	22	69	18	62	16	55	14	49	12	42
27	27	100	26	92	24	84	23	77	23	70	19	63	18	56	16	50	14	44
28	28	100	27	92	25	84	24	77	24	71	20	64	19	57	17	51	15	45
29		100	28	92	26	85	25	77	25	71	22	65	20	58	18	52	16	46
30		100		93	27	85	26	78	26	72	23	65	21	59	19	53	16	47
31		100		93	28	86	27	79	27	72	24	66	22	60	21	54	19	48
32		100		93		86	28	79	28	73	25	67	23	61	22	55	20	49
33		100		93		87		80		73	26	67	25	61	23	56	21	50
34		100		93		87		80		74	27	68	26	62	24	57	23	51
35		100		93		87		81		75	28	68	27	63	25	57	24	52
36		100		93		87		81		75		70	28	63	26	58	25	53

注：表中 td 为露点温度(℃)，r 为相对湿度(%)。

在库内，干湿表应安置在空气流通、不受阳光照射的地方，不要挂在墙上，挂置高度与人目光同高，约 1.5m。每日必须定时对库内的温湿度进行观测记录(表 2-11)，一般在上午 8～10 时、下午 2～4 时各观测一次。记录资料要妥善保存，定期分析，摸出规律，以便掌握商品保管的主动权。

表 2-11 温湿度观测记录表

库号： 放置位置： 储存商品：

<table>
<tr><th rowspan="3">日期</th><th colspan="8">上 午</th><th colspan="8">下 午</th><th rowspan="3">备注</th></tr>
<tr><th rowspan="2">天气</th><th rowspan="2">干球/℃</th><th rowspan="2">湿球/℃</th><th rowspan="2">相对湿度/%</th><th colspan="2">绝对湿度/(g/m³)</th><th rowspan="2">调节措施</th><th rowspan="2">记录时间</th><th rowspan="2">天气</th><th rowspan="2">干球/℃</th><th rowspan="2">湿球/℃</th><th rowspan="2">相对湿度/%
库内</th><th colspan="2">绝对湿度/(g/m³)</th><th rowspan="2">调节措施</th><th rowspan="2">记录时间</th></tr>
<tr><th>库内</th><th>库外</th><th>库外</th><th>库内</th></tr>
<tr><td>1</td><td></td><td></td><td></td><td></td><td></td><td></td><td></td><td></td><td></td><td></td><td></td><td></td><td></td><td></td><td></td><td></td><td></td></tr>
<tr><td>2</td><td></td><td></td><td></td><td></td><td></td><td></td><td></td><td></td><td></td><td></td><td></td><td></td><td></td><td></td><td></td><td></td><td></td></tr>
<tr><td>3</td><td></td><td></td><td></td><td></td><td></td><td></td><td></td><td></td><td></td><td></td><td></td><td></td><td></td><td></td><td></td><td></td><td></td></tr>
<tr><td>4</td><td></td><td></td><td></td><td></td><td></td><td></td><td></td><td></td><td></td><td></td><td></td><td></td><td></td><td></td><td></td><td></td><td></td></tr>
</table>

续表

日期	上午								下午								备注
	天气	干球/℃	湿球/℃	相对湿度/%	绝对湿度/(g/m³)		调节措施	记录时间	天气	干球/℃	湿球/℃	相对湿度/% 库内	绝对湿度/(g/m³)		调节措施	记录时间	
					库内	库外							库外	库内			
5																	
6																	
7																	
8																	
9																	
10																	

安全温度：　　　　　　　　　　安全相对湿度：

2）控制和调节仓库温湿度

为了维护仓储商品的质量良好，创造适宜商品储存的环境，当库内温湿度适宜商品储存时，就要设法防止库外气候对库内的不利影响；当库内温湿度不适宜商品储存时，就应及时采取有效措施调节库内的温湿度。实践证明，密封、通风与吸潮相结合的办法是控制和调节库内温湿度行之有效的办法。

（1）密封。密封就是将商品尽可能严密封闭起来，减少外界不良气候条件的影响，以达到安全保存的目的。采用密封方法，要和通风、吸潮结合运用，如运用得法，可以收到防潮、防霉、防热、防溶化、防干裂、防冻、防锈蚀、防虫等多方面的效果。密封保管应注意的事项如下：

① 在密封前要检查商品质量、温度和含水量是否正常，如发现生霉、生虫、发热等现象就不能进行密封。发现商品含水量超过安全范围或包装材料过潮，也不宜密封。

② 要根据商品的性能和气候情况决定密封的时间。怕潮、怕溶化、怕生霉的商品，应选择在相对湿度较低的时节进行密封。

③ 密封材料，常用的有塑料薄膜、防潮纸、油毡、芦席等。这些密封材料必须干燥清洁、无异味。

④ 密封常用的方法有整库密封、小室密封、按垛密封以及按货架、按件密封等。

（2）通风。通风是利用库内外空气温度不同而形成的气压差，使库内外空气形成对流，来达到调节库内温湿度的目的。当库内外温度差距越大时，空气流动就越快；若库外有风，借风的力更能加速库内外空气的对流。但风力也不能过大(风力超过 5 级，灰尘较多)。正确地进行通风，不仅可以调节与改善库内的温湿度，还能及时散发商品及包装物的多余水分。通风的目的不同，可分为利用通风降温(或增温)和利用通风散潮两种。

（3）吸潮。在梅雨季节或阴雨天，当库内湿度过高，不适宜商品保管，而库外湿度也过大，不宜进行通风散潮时，可以在密封库内用吸潮的办法降低库内湿度。随着市场经济的不断发展，仓库普遍使用机械吸潮方法，即使用吸湿机将库内的湿空气通过抽风机，吸入吸湿机内，使它凝结为水而排出。吸湿机一般适于储存棉布、针棉织品、贵重百货、医、仪器、电工器材和烟糖类的仓库吸湿。

3）防腐、防霉

在仓库中由于保管不当，商品容易出现霉变、腐烂的现象。为了妥善保管好库存物品，仓库管理员需要做如下工作：

（1）认识影响微生物霉腐的外界条件。当空气相对湿度达到75％以上时，多数商品含水量才有可能引起霉腐微生物的生长。一般把75％这个相对湿度叫做商品霉腐临界湿度。例如，烟叶的相对湿度要控制在75％以下。水果、蔬菜等本身含水量多的水果，对湿度要求比一般商品高，储存适宜湿度为85％～90％，但温度不宜过高。在霉变微生物中，大多是中温性微生物，最适合生长温度为25～37℃。在阴暗的仓库内也是滋生微生物的有利条件。

（2）控制管理好常见易霉腐商品。常见的易霉腐品见表2－12。

表2－12　常见易霉腐商品

分　　类	商　　品
食品	糖果、饼干、糕点、饮料、罐头、肉类、卤类和鲜蛋等
日用品	化妆品
药品	以淀粉为载体的片剂、粉剂、丸剂，以糖液为主的各种糖浆，以蜂蜜为主的蜜丸，以动物胶为主的膏药，以葡萄糖等溶液为主的针剂等
皮革及其制品	皮鞋、皮包、皮箱和皮衣等
纺织品	棉、毛、麻、丝等天然纤维及其制品
工艺品	竹木制品、草制品、麻织品、绢花、面塑、绒绣等

（3）预防商品霉腐。仓库保管员加强入库环节验收工作，易霉腐商品入库，应先检查包装是否潮湿、含水量是否超过安全范围。加强仓库温湿度管理，根据不同性能的商品，准确地运用密封、吸潮及通风相结合的方法，管理好库内温湿度监测工作。选择合理的储存场所，容易霉腐的商品应尽量安排在空气流通、光线较强、比较干燥的库房，并尽量避免与含水量大的商品一起储存。合理堆码，货垛下垫托盘隔潮，堆垛不靠墙。

（4）救治霉腐商品措施。对已经发生霉腐但可以挽救的商品，应立即采取措施，以免霉腐继续发展，造成严重损失。霉腐商品救治应该经历过去湿、灭菌和刷霉3个过程。常见的去湿的方法是暴晒、摊晾和烘烤3种。去除商品上的霉腐还可以从灭菌入手，常用灭菌的方法主要有药剂熏蒸、紫外线及加热灭菌。此外，凡发生霉变的商品，经过上述方法处理后，商品自身水分已降低，霉菌也被杀死，可以用毛刷将商品上的霉迹刷除，从而使商品恢复原有的本色。

4）防虫害作业

仓库保管员需要掌握仓库内害虫的来源、特性、种类与危害方式。常见害虫感染途径及预防方法见表2－13。

表 2-13 常见害虫感染途径及预防方法

感染途径	途径说明	预防方法	防治方法
货物内潜伏	货物入库前已有害虫潜伏其中	做好入库前的检疫工作，确保入库货物不携带害虫及虫卵	可以使用驱避剂、杀虫剂、熏蒸剂等药物对货物直接进行杀灭害虫；不能直接在货物上使用药剂的采用高、低温杀虫，缺氧以及辐射防治等
包装内隐藏	仓库包装内藏有害虫	对重复利用的包装物进行定期消毒	使用驱避剂、杀虫剂、熏蒸剂等药物对包装进行消毒
运输工具感染	运输工具装运过带有害虫的货物，害虫潜伏在运输工具中，感染其他商品	注意运输工具的消毒	使用驱避剂、杀虫剂、熏蒸剂等药物将车厢进行消毒
仓库内隐藏	害虫潜伏在仓库建筑的隙缝及各种器具中	做好库房内、外环境的清洁工作	对库房定期进行消毒
临垛之间相互感染	当某一货垛感染了害虫，害虫可能爬到邻近的货垛	对已经感染了害虫的货垛及时隔离	对感染害虫的货垛使用驱避剂、杀虫剂、熏蒸剂等药物进行杀灭害虫

5）防锈作业

金属制品在仓库保管过程中由于自身金属材料和大气的因素容易发生腐蚀。仓库保管员进行金属防锈要做好如下工作：

（1）控制储存环境。控制金属商品的储存环境，杜绝促使金属锈蚀的环境因素是防止金属锈蚀经济有效的方法。对金属商品要避开酸、碱、盐等环境进行储存。

（2）入库时，进行严格检查，对金属表面进行清理，清除水渍、油污、泥灰等脏物。已经有锈迹的，要立即除锈。

（3）合理堆码及苫垫，可以有效地减少金属锈蚀的几率。

（4）控制好仓库的湿度。相对湿度在60%以下，就可以防止金属制品遭受锈蚀。但由相对湿度保存在60%以下很难实现，一般仓库可以将湿度控制在65%～70%。

（5）对于仓库内已经发生锈蚀的金属，主要采用手工除锈、机械除锈、化学除锈等3种方法。

6）卫生管理

仓库保管员遵守有关卫生的制度，要做到如下要求：

（1）仓库保管员保持良好的个人卫生，穿着统一工作服，定期进行工作服、鞋帽的清洁。对于电子类产品仓库，仓库保管员最好要穿鞋套、戴帽。

（2）仓库保管员坚持每天清理仓库，清洁地面，保持卫生，做到无粉尘、无蜘蛛网。

（3）库房四周实行“三包”，由专人负责，做到无杂草、无拆下的包装物、无垃圾。

（4）库内库外物资要码放整齐、料卡齐全。收发货物后要及时清理。保持货架及器具无尘土，定期进行仓库大清扫和清洁整理工作。

（5）仓库办公室要做到窗明几净，办公用具及台账要码放整齐，无与办公用品无关的物品。

7）安全管理

仓库安全保卫工作主要内容是严防破坏盗窃事故，预防灾害性事故的发生，维护仓库内部的治安秩序，保证仓库及仓库内货物的安全。仓库保管员的主要职责是负责物资的安全管理工作，协助仓库安全保卫部门做好仓库安全保卫工作。与仓库保管员有关的安全工作的主要内容如下：

（1）严格执行仓库安全保卫的各项制度，预防火灾、盗窃、台风、雨汛给仓库货物带来的安全隐患。

（2）库区内配备各种消防器材和工具，不得私自挪用。

（3）非仓库管理相关人员未经允许一律不得进入库房。

（4）各种生活用危险用品，以及车辆、油料、易燃品严禁进入库区。

（5）库区内严禁烟火和明火作业，确因工作需要使用明火的，应按安全保卫的有关规定执行。

（6）仓库保管员下班前要关闭水、暖、电源的开关，锁好门窗，消除一切隐患。

4. 异常问题处理

仓库保管员遇到异常问题，如仓库入库验收过程发现货物质量异常；由于仓库内相对湿度过高，库内货物出现“汗水”现象；库内货物出现霉腐现象；库内货物超过保质期等异常情况，在权限范围内，能够处理的，应及时处理，填写仓库异常情况报告表，并及时向有关部门及主管领导汇报处理的结果。

对于出现的异常不能解决的，如上班后发现仓库内货物被盗窃，巡查过程发现消防安全隐患等问题，应及时汇报有关领导，请有关领导组织力量，提出解决方案，尽快解决异常问题。仓库保管员在巡查中发现仓库安全管理的异常情况需及时处理，如不能解决要及时向仓储部主管汇报，由仓储部主管提出处理方案，必要时可寻求公安、消防等部门协助解决。仓库异常情况报告见表 2－14。

表 2－14　仓库异常情况报告

编号：

报告日期	
异常情况	
原因分析	
处理结果	

经办人：　　　　　　　　　　　　　主管：

5. 在库检查

仓库保管员每天对仓库各项工作进行巡查，填写巡查记录表见表 2－15。

表 2-15 巡查记录表

检查项目	月　日	月　日	月　日	月　日	月　日	月　日	月　日
	星期一	星期二	星期三	星期四	星期五	星期六	星期日
货物状态							
库房清洁							
作业通道							
用具归位							
库房温度							
相对湿度							
照明设备							
消防设备							
消防通道							
防盗							
托盘维护							
核查人							

注：1. 消防设备每月进行一次全面检查；
　　2. 将破损的托盘每月集中进行维护处理。

6. 出库复查

仓库保管员对出库的物资应仔细进行复查，填写出库复查表(表 2-16)，确保出库物资的质量。

表 2-16 出库复查表

出库物资品名编号	规　格	数　量	批　次	保质期	货物质量	备　注

三、特种货物保管作业操作

1. 冷藏仓库保管作业

1) 冷藏保管的原理

冷藏是指在保持低温的条件下储存物品的方法。由于在低温环境中，细菌等微生物大大降低繁殖速度，生物体的新陈代谢速度降低，能够延长有机体的保鲜时间，所以对鱼肉食品、水果、蔬菜及其他易腐烂物品都采用冷藏的方式仓储。对于低温能凝固成固态的液体流质品，通常也采用冷藏的方式仓储以便于运输、作业和销售。

冷藏保管根据控制温度的不同，可以分为冷藏和冷冻两种方式。冷藏是指将温度控制在0～5℃进行保存，在该温度条件下水分不至冻结，食品组织不会破坏。冷藏虽然具有保鲜的作用，但微生物仍有一定的繁殖能力，因而保存时间较短。冷冻则是将温度控制在0℃以下，使水分冻结，微生物停止繁殖，新陈代谢基本停止，从而实现防腐。冷冻保管又分为一般冷冻和速冻，一般冷冻是采取逐步降温的方式降低温度，达到控制温度后停止降温；速冻则是在很短时间内将温度降到控制温度以下，使水分在短时间内完全冻结，然后逐步恢复到控制温度(不低于－20℃)。速冻一般不会破坏细胞组织，有较好的保鲜作用。冷冻储藏能使货物保存较长时间而不腐烂。

2）冷藏仓库的构成

(1) 冷冻间。冷冻间是对进入冷库的商品进行冷冻加工的场所。货物在进入冷冻库房前应先在冷冻间进行冷冻处理，使货物均匀降温至预定温度，否则当货物温度过高、湿度过大时，直接进入冷藏或冷冻库会产生雾气，影响库房结构。对于冷藏货物，一般降至2～4℃，对于冷冻货物，则迅速降至－20℃使货物冻结。在冷冻期间，货物应分散存放以便于其均匀降温。由于预冷只是短期作业，货物不堆垛且应处于高搬运活性状态。

(2) 冷藏间。冷却货物冷藏间是温度保持在0℃左右的冷藏库，用于储存冷却保存的商品，货物经预冷后，达到均匀的保藏温度时进入冷藏库堆码存放，或者少量货物直接送入冷藏间冷藏。因为冷藏品特别是果菜类货品对温度不允许有较大的波动，所以冷藏间还需要持续的冷处理。冷藏间一般采用风冷式制冷。

为防止货垛内升温，应保持货物间空气的流通，冷藏间一般采用列垛的方式堆码。另外还需安装换气装置，以满足某些货物呼吸的要求。

(3) 冷冻仓库。冷冻仓库是温度控制在－18℃左右，相对湿度在95%～98%的冷藏库，这类冷藏库房能较长时间保存经过预冷的货物。货物经预冷后，转入冷冻库房堆码存放，货堆一般较小，以降低内部温度。货垛底部采用货板或托盘垫高，一般不与地面接触。它用于存储冻结货物，储存时间较长，在冷冻库房内部需保持微风循环，以减少含水货物干缩损耗。

(4) 分发间。冷库由于低温不便于货物分拣、成组、计量、检验等人工作业，此外为了控制冷冻库和冷藏库的温度、湿度，减少冷量耗损，需要尽量缩短开门时间和次数，以免造成库内温度波动太大，所以货物出库时应迅速地将货物从冷藏或冷冻库移到分发间，在分发间进行作业，然后装运。分发间尽管温度低，但其直接向库外作业，温度波动较大，因而分发间不能存放货物。

(5) 传输设备。货物传输设备用于货物在冷库内的位移，垂直位移主要用电梯，水平位移主要用皮带输送机。货物传输设备的数量应根据冷藏仓库的货物吞吐量以及货物周转频率确定。

(6) 其他设施。压缩机房是冷库的制冷动力中心，一般为单层建筑。由于机房内温度较高，所以应选在自然通风较好的位置，以确保压缩机运行安全。配电间应有较好的通风条件，以保证变压器产生的热量及时扩散。

制冰间的设施一般有制冰池、溶冰池、提冰设备等。当快速制冰时，则可采用专门的成套设备。

3）冷藏仓库仓储管理

作为一种专业性的仓库，冷库具有较为特殊的布局和结构，用具、货物也较为特殊。在冷库中存放的大多为生鲜食品，如果管理不善，不仅会造成货物损失，而且会发生食品安全事故，威胁消费者的人身安全。因此，对冷库管理的技术、专业水平要求也较高。

（1）冷库的使用。冷库可分为冷冻库、冷藏库。使用时应按库房的设计用途合理选择，两者不能混用。当库房改变用途时，必须按照所改变的用途进行制冷能力、保温材料、设施设备等的改造，确保完全满足新的用途。

为保证冷库能力的充分发挥，确保货物安全和便于库房维护，应设立专门的库房管理小组，责任到人。冷库要有防水、防潮、防热、防漏设施并经常保持清洁。因此，库内不得出现积水，严禁库内带水作业，对库内的冰、霜、水应及时清除，对于没有冻结处理的货物不准直接进入冷库。另外，冷库投入使用后，要经常进行维修，必须保持制冷状态，即使没有存货，冷冻库也要保持在−5℃左右，而对保温要求较高的冷藏库应保持在0℃以下，以防受潮滴水。

要按照货物的类别和保管温度的不同分类使用库房。例如，食品库不得存放其他货品，食品也不能存放在非食品库房；不同控制温度的货物不能存放在同一库房内。

（2）货物出入库。货物在入库时除了需要进行查验、点数外，还要对送达货物的温度进行测量，查验货物内部状态，并进行详细记录，对于已霉变的货物不得接收入库。货物入库前必须进行预冷，保证货物均匀达到需要的温度，未经预冷的货物不得直接进入冷库，以免高温货物吸冷致使室内升温，影响库内其他冻货。

货物出库时应认真核对，要对出库货物的标志、编号、数量、质量、所有人、批次等项目进行认真核对，防止错取、错发。对出库时需升温处理的货物，应按照作业程序进行加热处理，不得采用自然升温。

为了减少冷耗，货物出入库作业应选择在气温较低的时间段进行，如早晨、傍晚、夜间。出入库作业时应集中仓库内的作业力量，尽可能缩短作业时间，要使装运车辆离库门距离最近，缩短货物露天搬运距离；防止隔车搬运。若货物出入库时库温升高，应停止作业，封库降温。出入库搬运应用推车、叉车、输送带等机械搬运，用托盘等成组作业，以提高作业速度。作业中不得将货物散放在地坪上，避免货物和货盘冲击地坪、内墙、冷管等。

（3）货物的储存。冷库要特别注意保证库内存储货物的质量，对含水货物应减少干耗，对食品应加强卫生检疫。冷库应设专职的卫生检疫人员，对出入库货物进行检查，在库内应做到无污染、无霉菌、无异味、无鼠害、无冰霜。

经常并定时测试室内温度，严格按照货物保存所需要的温度控制仓库内温度。尽可能减少仓库内的温度波动，防止货物变质或者解冻发生倒垛。

将货物从冻结间转入冷藏间时，货物温度不应高于冷藏间温度3℃。要严格控制室内温度变化，如冷冻库昼夜温差不大于1℃，冷藏间的温差不超过0.5℃。

对于腐烂、受污染的货物以及其他不符合卫生要求包装的食品，在入库前需经过挑选、除污、整理和包装后方可储藏。

库内堆码要严格按照仓库要求进行，选择合适货位，将存期长的存放在库端，存期短的存放在库门附近，易升温的货物存放在冷风口或排管附近。根据货物或包装形状合理采用垂直堆垛或交叉堆垛，堆垛要整齐、稳固、间距合适；堆垛不能堵塞或者影响冷风的流动，避免出现冷风短路；堆垛完毕后在垛头上悬挂垛牌。拆垛作业应从上向下取货，禁止从垛中取货，取货时要注意避免因货物冻结粘连强行取货而扯破包装的现象。

要注意库内工作人员的个人卫生，应定期对工作人员进行身体检查，对患传染病者应及时调离与冷藏货物发生接触的岗位。

2. 化学危险品保管作业

1）危险品的种类及特点

危险品是指在流通中，由于本身具有的燃烧、爆炸、腐蚀、毒害及放射等性能，或因摩擦、振动、撞击、暴晒或温湿度等外界因素的影响，能够发生燃烧、爆炸或人畜中毒、表皮灼伤以至造成财产损失，危及生命等危险性的商品。危险品主要有化工原料、化学试剂及部分医药、农业杀虫剂、杀菌剂等。

（1）爆炸性商品。此类商品在外界作用下(如受热、撞击、摩擦、振动或其他因素激发等)，能发生剧烈的化学反应，瞬间产生大量的气体和热量，使周围压力急剧上升，发生爆炸，对周围环境造成破坏。其特性有爆炸性、吸湿性和条件性。

（2）氧化剂。此类商品具有强烈的氧化性，在不同条件下，遇酸、碱，受热，受潮或接触有机物、还原剂即能分解放氧，发生氧化还原反应，引起燃烧。其特性有氧化性、遇热分解、吸水性、化学敏感性和遇酸分解性。

（3）压缩气体和液化气体。此类商品指压缩、液化或加压溶解的气体储存于耐压容器中。在具备一定的受热、撞击或剧烈振动的条件下，容器的内压力容易膨胀引起介质泄漏，甚至使容器破裂爆炸，从而导致燃烧、爆炸、中毒、窒息等事故。其特性有剧毒性、易燃性、助燃性、爆破性。

（4）自燃商品。物质发生氧化的过程中，不但放出大量热，而且发出强烈的光，这种化学现象称为燃烧。物质开始燃烧的最低温度称为该物质的燃烧点。燃烧点越低的商品越容易引起自燃，危险性越大。自燃商品的特性有燃烧自发性，不需明火接触而自身燃烧的特性、条件性(其燃烧是有条件的，如温湿度、有无助燃物等)。

（5）遇水燃烧商品。遇水或潮湿空气能分解产生可燃气体，并放出热量而引起燃烧或爆炸的商品称为遇水燃烧商品。其特性是遇水后能发生剧烈的化学反应，放出可燃性气体，当达到其燃点时立即燃烧以致爆炸。此类商品在储存中，绝对不能接触水蒸气、水等。

（6）易燃液体。凡在常温下以液体状态存在，遇火容易引起燃烧，其闪点(易燃液体挥发出来的蒸汽，在一定温度条件下接触火源，即能发出闪电似的火花，但不能继续燃烧，发生闪光的最低温度叫闪点)在一定温度以下的物质叫易燃液体，如豆油、花生油、乙醚、汽油、酒精等。其特性有易燃性、挥发性、高度的流动扩散性、爆炸性、与氧化性强酸及氧化剂作用。此外，多数易燃液体都有不同程度的毒性。

（7）易燃固体。物质以固体形态存在，本身燃点较低，遇明火或受热、撞击、摩擦，接触氧化剂或强酸后，发生剧烈的氧化反应，产生热量，达到该物质的燃点时，便迅速发生猛烈的燃烧，这类物质叫易燃固体商品，如赤磷及含磷的化合物、硝基化合物等。

（8）毒害性商品。此类商品被误服、吸入或皮肤黏膜接触进入肌体后，积累到一定程度，能与体液或组织发生生物化学作用或生物物理学变化，扰乱或破坏肌体的正常生理功能，引起暂时性或持久性的病理状态，甚至危及生命。毒物对人体的影响，由于人的体质和生理状况(如年龄、体质、性别等)不同而不同。青年人和中年人一般对毒物感受性较小，儿童和老年人则大些。其特性有有毒性、阵发性、燃烧性、溶解性等。

（9）腐蚀品。此类商品能灼伤人体组织，并对金属等商品造成损坏。其散发的粉尘、烟雾、蒸汽，强烈刺激眼睛和呼吸道，吸入会中毒，如无机酸性腐蚀商品、有机酸性腐蚀商品、碱性腐蚀商品等。其特性有腐蚀性、毒害性、易燃性、氧化性、遇水分解性等。

(10) 放射性商品。此类商品能自发不断地放出人体感觉器官不能察觉到的射线；放出的射线有α、β、γ、中子流 4 种类型，具有不同的穿透能力，能杀伤细胞，破坏人体组织，长时间或大剂量照射，会引起伤残甚至死亡。其中有些物品还具有易燃、毒害、腐蚀等性质。

以上是对各种危险品的简单介绍，必须了解它们各个不同方面的特点和危险性，采取相应有效的措施，才能在储存过程中保证安全。

2) 危险品仓储的基本要求

(1) 设备管理。危险化学品的仓库实行专用仓库的使用制度，设施设备不能用于其他用途，各种设施和设备要按照国家相关标准和有关规定进行维护、保养，并进行定期检测，保证其符合安全运行要求。对储存剧毒化学品的装置和设施要每年进行一次安全评价；储存其他危险品的储存装置每两年进行一次安全评价。对评价不符合要求的设施和设备应停止使用，立即更换或维修。

(2) 库场使用。危险化学品必须储藏在专用仓库、专用场地或者专用储藏室内。对危险品专用仓库的要求，不仅包括专区专用，不能存放普通货物，而且包括不同种类的危险品应分类存放在不同的专用仓库，各仓库确定存放危险品的种类。危险品仓库改变用途或改存放其他危险品，应需要相应的管理部门审批。

危险品的危害程度还与其存放数量有关，仓库需要根据危险品的特性和仓库的条件，确定各仓库的存量。例如，黄埔港务公司仓库第 12 仓楼下的堆存限额为 1078t，不能堆放一级易燃液体和一级有机过氧化物。

(3) 从业人员要求。从事危险化学品生产、经营、储存、运输、使用或者处置废弃危险化学品活动的人员，必须接受有关法律、法规、规章和安全知识、专业技术、职业卫生防护和应急救援知识的培训，并经考核合格，方可上岗作业。

3) 危险品仓库的管理

危险品仓库管理的一般要求与其他货物仓储管理相同，其特殊要求如下：

(1) 货物出入库。仓库业务员应对货物按相关部门颁布的《危险品运输规则》的规定进行抽查，做好相应的记录，并在货物入库后两天内对其验收完毕。入库验收方法主要以感官验收为主，仪器和理化验收为辅。货物存放应按其性质分区、分类、分库储存，对不符合要求的应与货主及时联系拒收。

危险品入库，仓库管理人员要严格把关，认真检查品名、标志、包装，清点数量，做好核查登记。对于品名、性质不明或者包装、标志不符，包装不良的危险品，仓库保管员有权拒收，或者依据残损处理程序进行处理。未经处理的包装破损危险品不得进入仓库。剧毒化学品实行双人收发制度，送提货车辆不得进入存货区。

危险品出库时，仓库保管员需认真核对货物的品名、标志和数量，协同提货人、承运司机查验货物，确保按单发货，并做好出库登记，详细记录危险货物流向和流量。当一次提货量超过 0.5t 时，要发出场证，并交给运输员。仓库保管员应按“先进先出”原则组织货物出库，并认真做好出库清点工作。车辆运送时，应严格按危险品分类要求分别装运，对怕热怕冻的货物需按有关规定办理。

(2) 货物保管。危险品的储存方式、方法与储存数量必须符合国家标准。仓库管理人员要根据国家标准、危险特性、包装以及管理制度，合理选择存放位置，根据危险货物的保管要求，妥善安排相应的通风、遮阳、防水、控湿、控温条件的仓库或堆场货位。

对危险品应实行分类分堆存放，堆垛不宜过高，垛间应留有一定的间距，货堆与库壁间距应大于0.7m，对怕热、怕潮、怕冻物品应按天气变化及时采取密封、通风、降温和吸潮等措施。

危险货物堆叠要整齐，堆垛稳固，标志朝上，不得倒置，垛头应悬挂危险品的标志、编号、品名、性质、类别、级别等相关信息。

应对危险品仓库实行定期检查制度，检查间隔不宜超过5天。在检查中若发现问题应及时填写“问题商品通知单”，并上报仓库领导。仓库保管员需保持库内的整洁，特别是对残余化学物品应随时清扫。对残损、质次、储存过久的货物应及时向有关单位联系催调。

危险品仓库实行专人管理，剧毒化学药品实行双人保管制度，仓库存放剧毒化学药品时须向当地公安机关备案。对于废弃的危险品、容器等，仓库要采取妥善的处理措施，如进行移交、封存、掩埋等无害化处理，不得留有隐患。剧毒危险品发生被盗、丢失、误用等现象，应立即向当地公安机关报案。

(3) 货物装卸。对危险品进行装卸作业前，应先了解所装卸危险品的危险程度、安全措施和医疗急救措施，并严格按照有关程序和工艺方案作业。根据货物性质选择合适的装卸机械。装卸易爆货物时，装卸机械应安装熄火装置，禁止使用非防爆型电器设备。作业前应对装卸机械进行检查。装卸搬运爆炸品、有机过氧化物、一级毒害品和放射性物质时，装卸搬运机都应按额定负荷降低25%使用，作业人员应穿戴相应的防护用品，夜间装卸作业应有良好的照明设备。作业现场需准备必要的安全和应急设备与用具。

4) 危险品事故应急处理

危险品仓储必须根据库存危险品的特性、仓库的条件以及法规和国家管理机关的要求，制定仓储危险品应急措施。应急措施包括发生危害时的措施安排和人员的应急职责，具体包括危险判定、危险事故信号汇报、现场紧急处理、人员撤离、封锁现场、人员分工等。

应急措施要作为仓库工作人员的专业知识，要求每位员工掌握。务必使每一位员工熟练掌握所在岗位的职责行为和操作技能。仓库应该定期组织员工开展应急措施演习。

3. 粮食保管作业

1) 粮食的仓储特性

(1) 呼吸性和自热性。粮食具有植物的新陈代谢功能，能够吸收氧气并释放二氧化碳，通过呼吸作用，能产生和散发热量。因此，当大量的粮食堆积时，释放的二氧化碳就会使空气中的氧气含量减少。大量堆积的粮食所产生的热量若不能散发，就会使粮堆内部温度升高。另外粮食中含有的微生物也具有呼吸和发热的能力。如果粮食的自热不能散发，在大量积聚后，则会引起自燃。

粮食的呼吸性和自热性与含水量有关，含水量越高，自热能力越强。

(2) 吸湿性和散湿性。粮食本身含有一定的水分，当空气干燥时，水分会向外散发，而当外界湿度大时，粮食又会吸收水分，在水分充足时还会发芽，芽胚被破坏的粮食颗粒就会发霉。由于具有吸湿性，粮食在吸收水分后不容易干燥，而储存在干燥环境中的粮食也会因为散湿形成水分的局部集结而致霉。

(3) 吸附性。粮食具有吸收水分、呼吸的性能，能将外界环境中的气味、有害气体、液体等吸附在内部，不能去除。因此，一旦受到异味沾污，粮食就会因无法去除异味而损毁。

(4) 易受虫害。粮食本身就是众多昆虫幼虫和老鼠的食物。未经杀虫处理的粮食中含有大量的昆虫、虫卵和细菌，当温度、湿度适宜时就会大量繁殖，形成虫害，即使是经过杀虫处理的粮食，也会因为吸引虫鼠而造成二次危害。

(5) 散落流动性。散装粮食因为颗粒小，颗粒之间不会粘连，在外力(重力)作用下，具有自动松散流动的散落特性，当倾斜角足够大时就会出现流动性。根据粮食的这种散落流动性，可以采用流动方式作业。

(6) 扬尘爆炸性。干燥粮食的麸壳、粉碎的粮食粉末等在流动和作业时会产生扬尘，伤害人的呼吸系统。当能燃烧的有机质粮食的扬尘达到一定浓度(一般为 $50\sim65g/m^3$)时，遇火源会发生爆炸。

2) 粮食的质量指标

粮食的质量可以通过感官鉴定和经验分析的方法确定，通过感官鉴定粮食的颜色、气味和滋味判定质量；通过实验测定容重、水分、感染度等确定质量。

(1) 颜色。各种粮食都有自身的颜色特点，如玉米的金黄色、大米的透明白色等。当粮食变质、陈旧时，颜色会变得灰暗、混浊。确定颜色的方法是将粮食样品铺在一层黑色的纸上，在太阳的散射光线下，加以观察确定。

(2) 气味和滋味。新鲜的粮食具有特有的清香和滋味，一般储粮的气味清淡或具有一定熏蒸气味。变质的粮食具有恶臭味或其他特殊气味或滋味发苦。鉴别气味除了直接嗅感粮仓气味外，还可以用手捧一把粮食，通过气息温热，即可感受其气味；粮食在一只手向另一只手翻转几次，并加以吹风后，如果气味很快减轻或消失，则认为粮食品质近于标准；或者采取将样品加热嗅味的方法确定质量。如果有异味的粮食在热水中浸泡 2～3min，异味仍未消失，表明粮食质量不佳。

(3) 容重。可以通过一定容积(如 1L)的粮食判定粮食质量。容重是一项综合指标，水分、细度、形状、表面、温度、杂质含量、颗粒完好程度都会影响容重。测定的容重要与标准容重进行比较，确定优劣。

(4) 湿度。根据标准取样程序测定所取得粮食的样品水分含量确定质量。水分含量包括粮食、杂质和其他水分在内。水分含量是粮食仓储保管的最重要的指标之一，防止霉变、自热，干燥粉碎都需要对湿度进行控制。

(5) 感染度。感染度表示粮食被昆虫、霉菌感染的程度，其中虫害感染度根据 1kg 粮食中含有的害虫(壁虱目和象鼻虫)万个数确定。壁虱目和象鼻虫分别为 1～20 个、1～5 个为一等感染，20 个以上、6～10 个为二等感染，壁虱目显现毡状或象鼻虫 10 个以上为三等感染。出现一等以上壁虱目感染、一等象鼻虫感染，就需要采用熏蒸的方式灭虫。

3) 粮仓安全管理

(1) 保持粮仓的清洁。粮仓必须保持清洁干净。首先仓库所建设的粮仓需要达到仓储粮食的清洁卫生条件，尽可能采用专用的粮筒仓。通用干粮食仓库应是能封闭的，仓内地面、墙面进行过硬化处理，不起灰扬尘，不脱落剥离，必要时使用木板、防火合成板固定铺垫和镶衬；作业通道进行防尘铺垫。对金属筒仓应进行除锈防锈处理，如采用电镀、喷漆、喷塑、内层衬垫等，确保无污染物、无异味方可使用。在粮食入库前，应对粮仓进行彻底清洁，清除异物、异味，待仓库内干燥、无异味时，粮食才能入库。地面条件不满足要求的，应采用合适的衬垫，如用帆布、胶合板严密铺垫。兼用粮仓储藏粮食时，同仓内不能储存非粮食的其他货物。

(2) 控制粮仓温度。粮食本身具有自热性质，而在温度、湿度较高时，自热能力也就更强。在气温高、湿度大时，需要控制粮仓温度，采取降温措施。每日要测试粮食温度，特别是内层温度，及时发现自热升温。当发现粮食自热升温时，及时降温，采取加大通风力度、进行货堆内层通风降温、内层释放干冰等措施，必要时进行翻仓、倒垛散热。粮食具有易燃特性，飞扬的粉尘遇火源还会爆炸燃烧，所以应加强吸尘措施，排除扬尘。粮仓的防火工作有较高的要求，在粮食出入库、翻仓作业时，更应避免一切火源出现，特别要注意对作业设备运转的静电，粮食与仓壁、输送带的摩擦静电的消除。

(3) 控制粮仓湿度。保持干燥是粮食仓储的基本要求，粮仓内不得安装日用水源。消防水源应妥善关闭，洗仓水源应离仓库有一定的距离，并在排水下方。仓库旁的排水沟应保持畅通，绝无堵塞，特别是在粮仓作业后，彻底清除哪怕是极少量撒漏入沟的粮食。

随时监控粮仓内湿度，将湿度严格控制在合适的范围之内。仓内湿度升高时，要检查粮食的含水量，含水量超过要求时，及时采取除湿措施。粮仓通风时，要采取措施避免将空气中的水分带入仓内。

(4) 防霉变。粮食除了因为细菌、酵母菌、霉菌等微生物的污染分解而霉变外，还会因为自身的呼吸作用、自热而霉烂。粮仓防霉变以防为主，首先应严把入口关，防止已霉变的粮食入库；避开潮湿货位，如通风口，仓库排水口，漏水撇雨的窗、门口，远离会雨湿的外墙、地面，妥善衬垫隔离；加强仓库温湿度控制和管理，保持低温和干燥；经常清洁仓库，特别是潮湿的地角，清除随空气飞扬入库的霉菌以及清洁仓库外环境，消除霉菌源。

经常检查粮食和粮仓，发现霉变，立即清出霉变部分粮食，进行除霉和单独存放或另行处理，并针对性地在仓库内采取防止霉变扩大的措施。应充分使用现代防霉技术和设备，如使用过滤空气通风法、紫外线灯照射、释放食用防霉药物等，但使用药物时需避免使用对人体有毒害的药物。

(5) 防虫鼠害。粮仓的虫鼠害主要表现在直接对粮食的耗损、虫鼠排泄物和尸体对粮食的污染、携带外界污染物入仓、破坏粮仓设备降低保管条件以及破坏包装物造成泄漏、昆虫活动对粮食的损害等。危害粮仓的昆虫种类很多，有甲虫、蜘蛛、米虫、白蚁等，它们繁殖力强，危害大，粮仓防治虫鼠害的方法如下：

① 保持良好的仓库状态，及时用水泥等高强度填料堵塞建筑破损、孔洞、裂痕，防止虫鼠在仓内隐藏。库房各种开口隔栅完好，保持门窗密封。

② 防止虫鼠随货入仓。对入库粮食进行检查，确定无害时方可入仓。

③ 使用药物灭杀。使用高效低毒的药物，不直接释放在粮食中进行驱避、诱食杀灭，或者使用无毒药物直接喷洒、熏蒸除杀。

④ 使用诱杀灯、高压电灭杀或合理利用高温、低温、缺氧等手段灭杀。

4. 油品仓库管理

1）油库分类

(1) 地下油库。地下油库指其油罐内最高液面低于附近地面最低标高 0.2m 的油库。这种油库始于军事需要，因为其较好的隐蔽性可以防止敌人的攻击。在民用油库中，这种油库以其安全性好、占用地面少而越来越受到欢迎。地下油库的一种特殊形式是水下油库，比较典型的是在船舶基地或港口处利用废旧的大型油轮作为油库，这是一种投资省、不占用陆域的方法；也有沉油罐于水底，并在水面设置作业平台的水下油库方式。

（2）地面油库。地面油库是指油罐底面等于或高于附近地面最低标高，且油罐的埋入深度小于其高度的一半的油库，目前多数油库属于此类，是分配和供应油库的主要形式，但其目标太大，不宜做储备性油库。

（3）半地下油库。半地下油库是指油罐底部埋入地下且深度不小于罐高一半，罐内液面不高于附近地面最低标高 0.2m 的油库。

2）油品仓库的结构

油品仓库的结构应根据防火和工艺要求，以保证油品仓库安全，便于油库管理为原则进行分区布局。按其作业要求可分为收发区、储油区、油罐车作业区、辅助作业区等几个部分。生活区要求设在库区以外，以利于油库的安全管理。

（1）收发区。收发区有铁路收发区和水路收发区，铁路收发区主要进行铁路油罐车的油品装卸作业。区内设施有铁路专用线、油品拆卸栈桥、装卸油罐管、相应的输油管道以及装卸油泵房等。铁路收发栈桥应布置在油库的边缘地带，不可与库内道路交叉，并应与其他建筑物保持一定的距离；水路收发区是向油船进行油品装卸作业的区域，其主要设施有码头、运输船、装卸油管等。对于油桶的装卸，还需配备专用的机械设备。

（2）储油区。储油区为油品安全储存的区域。主要设施为油罐，此外还有用于防火、防静电和安全监视装备，以及降低油品损耗的设备。区内油罐的排列是在与装卸房较近处安排重质油罐，较远则布置轻质油罐，各种油罐之间须留有足够的安全距离。

（3）油罐车。作业区和桶装油发放区是向用户直接供油的场所。这里一般设有油罐车灌油间、灌桶间、桶装站台、桶装油库、油品调配间等。该区设在油库出入口附近以及交通便利处。

（4）辅助作业区。区内安置有油库生产配套的辅助设施，如锅炉房、机修间、化验室等。

3）油品仓库的管理

油品仓库是专用于接收、存储、发放液体性的原油和成品油的仓库。由于油品具有易爆、易燃、易蒸发、易产生静电等特征，并且具有一定的毒性，所以属危险品，需要采用特殊的仓储方式，故严格管理相当重要。在日常管理中应强调“以防为主”的方针，使任何作业均在安全情况下进行。

（1）出入库管理。在油品入库时，要对油品进行计量化验，以证明其质量合格、数量相符。油品接卸时，要派专人巡视管线，谨防混、溢、跑、漏油情况的出现，严禁从车上摔下，若需沿滑板滑下时，应避免前后两桶的相撞。在油品从油桶向油罐倒装时，应注意防止桶罐间的撞击。

对于出库的油品要严格执行“四不发”规定，即油品变质不发，无合格证不发，经调配加工的油品无技术证明和使用说明的不发，车罐、船舱或其他容器内不清洁不发。在站台、码头上的待装油品应用遮布遮盖，以防渗入雨水。

（2）保管过程中的管理。在油品保管期间，对油品接卸、转运时，应按其性质不同分组进行，实行按组专泵、专管。在输油完毕后，应及时用真空泵进行管道清扫。油品储藏时，根据牌号和规格分开存放。对储油罐应尽可能地保持较高的装满率，并且少倒罐，以防止氧化，减少蒸发。在夏季还需采取降温措施。桶装油品在露天存放时，如采用卧放，应桶底相对，桶口置于上方，双行并列，一般堆放两层；立放时，桶口朝上。堆场地面高出周围地面 0.2m，便于排水。油品库存应按照“先进先出”的原则进行，对于性质不稳定的油品应尽可能缩短储存期。在油品保存期内，要定期对油品进行化验，整装油品半年化验一次，散装油品 3 个月化验一次。

(3) 降低油品损耗管理。自然蒸发、各环节洒油以及容器内黏附等原因，均会造成油品数量上的损失，这在油品储存中被看做“自然损耗”。但是，油品仓储管理的主要任务之一就是尽可能减少这类损耗。降低油品损耗的主要措施如下：

① 加强对储油、输油设备的定期检查、维修和保养，做到不渗、不漏、不跑油，如发现渗漏容器应立即将其倒空。

② 严格按照操作规程进行，控制安全容量，不溢油，不洒漏。

③ 合理安排油罐的使用，尽量减少倒罐，以减少蒸发损失。

④ 发展直达运输的散装业务，尽量减少中间的装卸、搬运环节。

⑤ 对地面油罐应采取在油罐表面涂刷强反光涂料、向罐顶洒水等措施来减少热辐射造成的蒸发。

⑥ 油库建立损耗指标计划和统计制度，制定鼓励降低损耗的措施，以保证降低损耗的指标的落实。

【应用案例】

某外贸仓库作业基本环节

仓储管理工作的基本环节，就是商品的入库验收、在库管理、出库复核。一般将这 3 个环节叫做“三关”，将做好这 3 个环节的工作叫做“把好三关”。

1. 入库验收

商品入库验收是仓储工作的起点，是分清仓库与货主或运输部门责任的界线，并为保管养护打下基础。

商品入库必须有存货单位的正式入库凭证(入库单或通知书)，没有凭证的商品不能入库。存货单位应提前将凭证送交仓库，以便安排仓位和必要的准备工作。

商品交接，要按入库凭证，验收商品的品名、规格、数量、包装、质量等各方面。一般说，品名、规格、数量、包装验收容易，质量验收比较麻烦。《外贸仓储管理制度》规定：“商品的内在质量和包装内的数量验收，由存货单位负责，仓库要给予积极协助。如果仓库有条件进行质量验收，经存货单位正式委托后，要认真负责地搞好质量验收，并作出验收记录。”《仓储保管合同实施细则》规定，保管方的正常验收项目为：货物的品名、规格数量、外包装状况，以及无须开箱拆捆直观可见可辨的质量情况，包装内的货物品名、规格、数量、以外包装或货物上的标记为准；外包装或货物上无标记的，以供货方提供的验收资料为准。散装货物按国家有关规定或合同规定验收。质量验收牵涉到责任和赔偿的问题。由存货单位负责验收，仓库没有多大责任，不负责赔偿；如由保管方负责，那么按《仓储保管合同实施细则》规定，保管方未按合同或本细则规定的项目、方法和期限验收或验收不准确，由此造成的经济损失，由保管方负责。合同规定按比例抽验的货物，保管方仅对抽验的那一部分货物的验收准确性以及由此造成所代表的那一批货物的实际经济损失负责，合同另有规定者除外。因此，仓库在与存货单位签订合同时，一定要明确质量验收问题。

在货物、商品验收过程中，如果发现品种、规格不符，件数或重量溢短，包装破损、潮霉、污染和其他问题时，应按《外贸仓储管理制度》规定，要详细作出书面记录，由仓库收货人员和承运单位有关人员共同签字，并及时报告主管领导和存货单位，以便研究处理。《仓储保管合同实施细则》是这样规定的：交接中发现问题，供货方在同一城镇的，保管方可以拒收；外埠或本埠港、站、机场或邮局到货，保管方应予接货，妥善暂存，并在有效的验收期内(国内到货不超过 10 天，国外到货不超过 30 天)通知存货方和供货方处理；运输等有关方面应提供证明。暂存期间所发生的一切损失和费用由责任方负责。

2. 在库管理

商品验收入库以后，仓库就要对库存的商品承担起保管养护的责任。如果短少丢失，或者在合理储存期内由于保管不善，商品霉烂变质，仓库应负责赔偿。

在库管理要做好以下几项工作：

(1) 必须记账登卡，做到账、货、卡相符。商品验收无误后，要及时记账、登卡、填写储存凭证，详细记明商品名称、等级、规格、批次、包装、件数、重量、运输工具及号码、单证号码、验收情况、存放地点、入库日期、存货单位等，做到账、卡齐全，账、货、卡相符。

(2) 合理安排货位，商品分类存放。入库商品验收以后，仓库要根据商品的性能、特点和保管要求，安排适宜的储存场所，做到分区、分库、分类存放和管理。在同一仓间内存放的商品，必须性能互不抵触，养护措施一致，灭火方法相同。严禁互相抵触、污染、串味的商品、养护措施和灭火方法不同的商品存放在一起。贵重商品，要指定专人保管，专库存放。普通仓库不能存放危险品、毒品和放射性商品。

(3) 商品堆码要科学、标准，符合安全第一、进出方便、节约仓容的原则。仓间面积的利用要合理规划，干道、支道要画线，垛位标志要明显，要编顺序号。

关于商品在库保管期间的责任问题，《仓储保管合同实施细则》有两条具体规定：第一，保管方履行了合同规定的保管要求，由于不可抗力的原因，自然因素或货物（含包装）本身的性质所发生的损失，由存货方负责。第二，货物在储存保管和运输过程中的损耗、磅差标准，有国家或专业标准的，按国家或专业标准规定执行。无国家或专业标准规定的，按合同规定执行。货物发生盘盈盘亏均由保管方负责。

3. 出库复核

把好商品出库关，就可以杜绝差错事故的发生。

第一，要根据存货单位的备货通知，及时认真地搞好备货工作，如发现一票入库商品没有全部到齐的，入库商品验收时发现有问题尚未处理的，商品质量有异状的，要立即与存货单位联系，双方取得一致意见以后才能出库，如发现包装破损，要及时修补或更换。第二，认真做好出库凭证和商品复核工作。做到手续完备，交接清楚，不错发、错运。第三，要分清仓库和承运单位的责任，办清交接手续，仓库要开出库商品清单或出门证，写明承运单位的名称，商品名称、数量、运输工具和编号，并会同承运人或司机签字。第四，商品出库以后，保管人员要在当日根据正式出库凭证销卡、销账，清点货垛结余数，与账、卡核对，做到账、货、卡相符。并将有关的凭证、单据交账务人员登账复核。

商品出库必须先进先出，易坏先出，否则由此造成的实际损失，要由保管方负责。另外，根据《外运仓储管理制度》的规定，出库商品，严禁口头提货、电话提货、白条提货。如果遇到紧急装车、装船情况，必须出库时，需经仓库领导批准才能发货，但要第二天补办正式手续。

（根据网络资料整理）

【案例思考】

(1) 根据案例分析仓储业务的基本流程是什么？

(2) 商品出库的业务流程是怎样的？

(3) 商品在库管理应注意些什么？

【复习题】

(1) 简述仓库保管作业的流程。

(2) 简述储存作业的基本技术与方法。

(3) 简述商品养护的主要内容与方法。

(4) 如何进行仓库温湿度的管理？

(5) 简述危险品仓库的管理方法。

(6) 危险品仓储的基本要求有哪些?

(7) 冷藏库商品的储存应注意哪些问题?

(8) 粮食储存有哪些特性? 针对这些特性应采取哪些措施?

实训项目：仓库保管作业

【实训目标】

通过模拟仓库企业真实环境，让学生充当仓库保管员进行实习，使学生熟悉仓库保管作业流程，掌握仓库保管作业操作，学会仓库保管作业相关单证的填制。

【实训准备】

(1) 了解仓库保管作业流程等相关知识。

(2) 准备一间空教室作为仓库库房，粉笔若干，纸和彩笔若干；仓库的器具货架；规格1200cm×1000cm托盘10个和规格50cm×40cm×30cm的货物50箱；温湿度计一台；制作气相防锈纸和塑料袋包装若干；相关的保管单证，如温湿度检测记录表、在库巡查记录表、出库复查表等。

(3) 将全班学生分成若干组，每组设保管员5名(分区分类、储位管理、温湿度控制、防锈防虫害及出库复查5个环节)。

(4) 工作时间安排4学时。

(5) 模拟工作环境，需要学院的仓库实训教室、仓储器具等资源配合。

【实训实施】

现有一批包装规格50cm×40cm×30cm的货物50箱分别堆码在10个托盘上，将10个托盘模拟两种存放方式：一种存放在货架上，另一种堆码在画好的地面保管区域。

(1) 模拟仓库储存环境，将空教室按照仓库的特点，进行分区分类划分保管区域，利用粉笔画出仓库保管区域，并进行相应的编号，要求编号的标志悬挂明显清楚。

(2) 将货架上的储位和地面堆码的空间进行编号，要求编号的标志悬挂明显清楚。

(3) 准确读出仓库内的温湿度计，填写温湿度记录表，并针对仓库内的温湿度结合储存货物的温湿度要求进行相应的温湿度控制。

(4) 制作仓库平面布局图、温湿度检测记录表、在库巡查记录表、出库复查表等相关单证。

(5) 对入库物资，采用气相防锈纸包装后，外层使用塑料袋进行保管。

(6) 做好仓库防虫害、防霉腐、防锈、安全、卫生等工作。

【实训考核】

实训评价有教师评价、小组内部成员评价和第三方评分组成员评价等3种方式，建议教师评价占60%的权重，小组内部成员评价占20%的权重，第三方评分组成员评价占20%的权重，将三者综合起来的得分为该生在该项目的评价分。实训工作评价表见表2-17。

表 2-17　实训工作评价表

考评人		被考评人	
考评地点			
考评内容	实训项目		
考评标准	具体内容	分值	实际得分
	工作态度	10	
	沟通水平	10	
	仓库分区分类作业	10	
	货架及地垛编号作业	10	
	相关单证编制	20	
	入库防锈包装	10	
	仓库防虫害、防霉腐、安全、卫生	10	
	特种货物保管作业	10	
	实训下班前的工作	10	
合　计		100	

注：考评满分 100 分，60 分以下为不及格，60～69 分为及格，70～79 分为中，80～89 分为良，90 分以上为优。

行动四

仓库盘点作业

CANGKU PANDIAN ZUOYE

【学习目标】

了解盘点程序和方法，熟悉盘点的流程，掌握盘点操作。

【学习任务】

通过本行动模块的学习，学生应该熟悉仓库盘点员工作流程及储存商品基本知识，通过盘点准备工作、盘点程序和方法、盘点人员培训、清理仓库现场、盘点作业实盘点后工作等的学习学会盘点工作，掌握相关盘点单据的编制。

【任务实施】

(1) 制定学习目标。

(2) 确定完成任务的方法和步骤。

(3) 搜集准备完成任务所需的工具。

(4) 通过实训演练，巩固和掌握所学的知识。

本部分的工作任务主要是掌握仓库盘点员工作流程及储存商品基本知识，掌握盘点作业内容及操作方法。

【行动案例】

1. 存货盘点流程

(1) 门市重点工作：盘点编组，分为盘点人、填表人、核对人—确定门市货架编号、整理盘存装置—在空白表上填写门市库存和仓库库存商品编号—盘点人、填表人、核对人、检查人的盘存训练—盘点实际作业—人工计算盘点金额—盘点结果核对。

(2) 计算机中心重点工作：输入门市、仓库、库存商品编号—打印盘存表(内含商品名称及商品编号)—输入盘存资料—核计盘存金额及核算盘存损溢。

2. 盘点的组织及工作分配

盘点的组织工作由人事科配合各部门的需求进行，分为填表者、盘点者、核对者、抽查员。在编组时，要衡量工作的分量，尽量让每一组的盘存数量相当，也就是工作尽量安排平均，这样才可以控制盘点存货时间。

盘点工作分配完毕后，公司内部应组织短期的盘存训练，由人力资源部选派有盘点经验的同事或管理人员做训练的工作，最好让填表者、盘点者、核对者、抽查员有模拟工作的机会。

3. 填表者、盘点者、核对者、抽查员的工作职责

(1) 填表者拿起盘存表后，应注意是否有重叠。

(2) 填表者和盘点者分别在盘存表上签名。

(3) 填表者盘点时，必须先核对货架编号。

(4) 填表者应复诵盘点者所念的各项名称及数量。

(5) 填表者预先填写的内容的顺序为：

① 商品编号。

② 商品名称。

③ 单位(如有特殊情形，譬如每 2 双特价 100 元，单位应写 2 双，金额应写 100 元；每 3 罐特价为 20 元时，单位应写 3 罐，金额应写 20 元，等等)。

④ 金额一律以 380.00 元或 380.50 元这样的形式填写，一定要将上下栏个位、十位等分别对齐。

⑤ 数量(如遇特殊情形，譬如每 2 双为 100 元时，总数有 40 双，应填写 20，不可填写 40)。

(6) 填表者对于某些内容已预先填写的盘存表，应获得货号、品名、单位、金额等核对无误后，再将盘点者所获得的数量填入盘存表。

(7) 填表者应按照季节代号的数量，分别填入各季节代号栏内。

(8) 如果预先填写的商品盘点时已无存货，则在本季栏内填“0”。

(9) 盘存表只可填写到指定的行数，空余行数留作更正用。

(10) 盘存表的填写未超过指定行数时，如当中某一行有错误应划去，重新写于最后一行的次一行。例如，一张盘存表只填写 10 行，其中第 7 行错误，应将这行划去，重新写于预留空白栏的第一行。

(11) 填表者填写的数字必须正确清楚，绝对不可涂改。

(12) 填表者对于写错需更正的行次，必须用直尺划去，并在审核栏写“更正第×行”。

(资料来源：根据 http://www.lingshou.com 资料整理)

一、盘点作业流程

1. 准备工作

组建盘点小组，选取盘点、复盘、监盘或抽盘人员，遵循一定的级别顺序；准备盘点所需报表。

2. 确定盘点程序和方法

在以往盘点工作的基础上，确定盘点的程序和方法，报公司讨论审批。在完善后形成公司正式的盘点制度。

3. 培训盘点人员

盘点前，对参加盘点人员进行盘点程序和方法、盘点表格填写等培训，必要时进行相关的演练。

4. 清理盘点现场

在盘点正式开始前，指定负责人进行仓库的清理和库存台账的整理工作，冻结仓库的一切作业。

5. 盘点作业实施

使用条码扫描器扫描库内货物条码，负责库区商品盘点作业。

6. 填写盘点表

盘点人员根据货物库存表，核对库存现状，填写盘点表。

7. 差异分析

盘点人员发现账、物存在差异，检查差异是否属实，查找出现差异的原因。

8. 盘点盈亏汇总表

盘点工作结束后，仓储部门打印盘点盈亏报告表，填写数额差异原因及对策，报总经理签核。

9. 调整库存盈亏差异

将盘点盈亏汇总表报相关领导审批后的意见，财务和仓储部门根据审批意见进行库存盈亏调整。

二、盘点作业操作

1. 盘点准备

1）盘点人员编组

盘点工作之前，根据盘点类别、盘点范围确定盘点人员。盘点类别从时间上分为定期盘点和临时盘点；从工作需要上划分为全面盘点和部分盘点。仓库盘点范围主要是指存货，包括原材料、半成品、在制品、产成品、包装物、低值易耗品等。仓库盘点人员的确定是选定总盘人、主盘人、会点人、协点人以及监点人。总盘人负责盘点工作的总指挥，督导盘点工作的进行及异常事项的裁决。主盘人负责实际盘点工作的实施。会点人由财务部门指派专人担任，负责数量点计。协点人由经营部门人员担任，负责盘点材料物品的搬运及整理工作。监点人由单位负责人派人担任，负责盘点过程的抽查监督。选定人员后编制盘点人员编组表，报领导审批后实施。

2) 盘点工具准备

盘点时如果采用盘点机盘点，需检查盘点机是否能够正常运行；如果采用人工方式盘点，需要准备盘存单(表 2-18)、盘点表(表 2-19)、红色和蓝色圆珠笔等工具。

表 2-18 盘存单

货物编号	货物名称	货物规格	单　　位	账面数量	盘点数量	盘点人	复盘数量	复盘人

表 2-19 盘点表

盘点范围：　　　　　　　　　　盘点时间：　　　　　　　　　　年　月　日

责任人签字	盘 点 项 目			数　　量					
	品种	入库	出库	账面数量	实际盘点数	差量	批次	票号	出库率
备注说明									

主盘人：　　　　　　　　盘点人：　　　　　　　　会盘人：

第一联：仓管联　　　　　第二联：财务联

2. 盘点程序和方法

盘点程序由盘点负责人确定。盘点程序主要有仓库盘点的准备、仓库物资的清理、仓库盘点作业实施、盘点差异分析以及盘点事后处理等工作程序。

1) 定期盘点法

定期盘点法是选择固定时间，将所有物资加以全面盘点。定期盘点根据企业的不同情况来确定盘点的时间，一般是每半年或一年进行一次。定期盘点法因采用的盘点工具不同又分为3种方法：一是盘点单盘点法，二是盘点签盘点法，三是货架签盘点法。盘点单盘点法是以货物盘点单汇总记录盘点结果的方法。盘点签盘点法是一种盘点后，将特别设计的盘点签贴在实物上，经复盘人复核后撕下的盘点方法。货架签盘点法是以原有货物的货架作为盘点记录工具，不必设计专门盘点标签，盘点计数人员盘点完毕后将盘点数量写在货卡上。

2) 循环盘点法

循环盘点法是将物资逐区、逐类、分批、分期、分库连续盘点。循环盘点法可细分为3种类型：一是分区轮盘法，二是分批分堆盘点法，三是最低存量盘点法。分区轮盘法是由盘点专业人员将仓库分为若干区，依序盘点货物存量，一定日期后周而复始。分批分堆盘点是准备一张发料记录放置于透明塑料袋内，拴在某批收料包装上。一旦发料，立即在记录签上记录并将领料单副本存在透明塑料袋内。盘点时对未动用的包装件不做盘点，承认其存量毫无差误，将动用的存量进行盘点。最低存量盘点法是指当库存货物达到最低存量或订购点，即通知盘点专业人员清点仓库。盘点后开出对账单，以便核查误差。

3. 培训盘点人员

(1) 为保证盘点工作的顺利进行，在盘点工作开始前，要对相关人员进行盘点知识的培训，尤其是对货物认识不足的复盘人与监盘人的培训。

(2) 培训内容主要从盘点货物的相关知识、盘点方法与技术两方面进行，具体内容见表2-20。

表2-20 盘点培训的内容

培训项目		培训内容
盘点货物相关知识		1. 盘点现场基本情况 2. 盘点商品的基本知识
盘点技术	盘点表使用	1. 盘点表的使用 2. 盘点表的领取与回收 3. 盘点表记录与书写规范 4. 签字确认 5. 其他
	盘点操作	1. 盘点过程注意事项 2. 盘点范围 3. 盘点点数技巧 4. 初盘、复盘、抽盘的相关规定 5. 其他

4. 清理盘点现场

盘点之前仓库物资的清理工作主要包括对所保管的物资进行整理，最好按照 5S 活动中的整理、整顿来进行，做到货垛、货架整齐有序，对尚未办理入库手续、不在盘点之列的货物予以标明。对已经办理出库手续的物资要全部搬出；对损失变质的物资加以标记以示区别；对已认定为呆滞物资的要单独设库，单独保管，单独盘点。

5. 盘点作业实施

仓库盘点作业实施首先从实物盘点开始。盘点实物可分库、分区、分类、分组进行，责任到个人。常见的方法是对实物进行点数、过磅或检尺，以确定实际储存的数量。对实物盘点后，将初盘的结果填入盘存单，并由初盘人签字确认；复盘人对实物进行核对盘点后，将实际盘点数量填入盘存单，在表上签字确认后结束点数作业。仓库盘点作业实施的流程如下：

(1) 设置盘点工作办公室。盘点工作办公室一般由总盘人负责，具体的工作由主盘人执行。办公室主要负责发放盘点表，准备盘点工具，核实盘点表是否符合规定以及协调盘点相关事宜。

(2) 人员报到，明确任务，领取盘点单。参加盘点人员前往办公室签字报到，明确本次盘点的任务和完成时间，领取盘点资料和工具。

(3) 盘点进行。发完盘点资料和工具，盘点人对仓库商品按照盘点方法和程序进行实物点数，并做记录。

(4) 监盘人抽点。监盘人对盘点实物的品项进行检查，检查有问题的必须重新盘点。

(5) 回收盘点单。所有完成的盘点单，经过盘点人员审核，完成所有手续后，汇总到盘点办公室。

6. 填写盘点表

盘点人填写盘点表时，应注意以下事项：

(1) 填表人员拿起盘点表后，应注意是否重复。

(2) 填表人员和盘点人员分别在表上签字。

(3) 盘点时，应先核对货架编号。

(4) 填表人员应复诵盘点人员所念的各项物资名称及数量。

(5) 对于预先填表错误更正重新写在下一行即可，同样应在审核栏写“更正第×行”。

(6) 对于写错需更正的行次，必须用直尺划去，并在审核栏写“更正第×行”，然后请监盘人在更正的行次签名即可。

7. 盘点差异分析

将实际盘点结果与账面结果进行核对，若发现账物不一致，应积极查明账物差异的原因。差异的原因追查可从以下事项着手：

(1) 是否因记账员素质不足，致使货品数目不正确。

(2) 是否因料账处理制度的缺陷，致使货品数目不正确。

(3) 是否因盘点制度的缺陷导致货账不符。
(4) 盘点所得的数据与账簿的资料之间的差异是否在容许误差内。
(5) 盘点人员是否尽责，或是否因为盘点人员事先培训工作不彻底造成错误。
(6) 是否产生漏盘、重盘、错盘等情况。
(7) 盘点的差异是否可事先预防，是否可以降低料账差异的程度。

8. 盘点盈亏汇总表

将盘点表全部收回，并加以汇总，计算盘点结果，做出盘点盈亏汇总表(表 2-21)，报表中应计算出盘亏、盘盈数量，找出差异原因，并提出改善建议。

表 2-21 盘点盈亏汇总表

品名	规格	账面资料		实盘资料		盘盈		盘亏		差异原因	对策
		数量									

备注：第一联是仓库依据此单登记卡片，第二联是财务账联。

9. 调整库存盈亏

经盘点后，发现账载错误，如漏记、记错、算错、未结账或账记不清，有关人员应按照财务规章进行处理。将盘点盈亏汇总表报相关领导进行审批，财务和仓储部门根据审批意见进行库存盈亏调整。

三、盘点信息化操作

1. 盘点信息化操作的目的

掌握仓库盘点作业信息化操作。

2. 盘点信息化操作的内容

(1) 盘点受理新增。
(2) 盘点清单打印。
(3) 盘点确认。

3. 盘点信息化作业操作

盘点是对库存产品进行盘点并标明实际盘点。

操作流程：盘点受理新增→确认→盘点。

1）盘点受理新增

单击系统主菜单中的【库存管理】按钮，菜单显示“库存管理”下拉列表，选择“盘点受理”，进入“盘点处理查询”界面，如图 2.22 所示。在“盘点处理查询”界面直接单击【新增】按钮，进入“盘点处理新增”界面，输入盘点日期、客户代码、仓库代码后单击【读取数据】按钮，程序显示盘点信息，新增处理完成单击【退出】按钮。

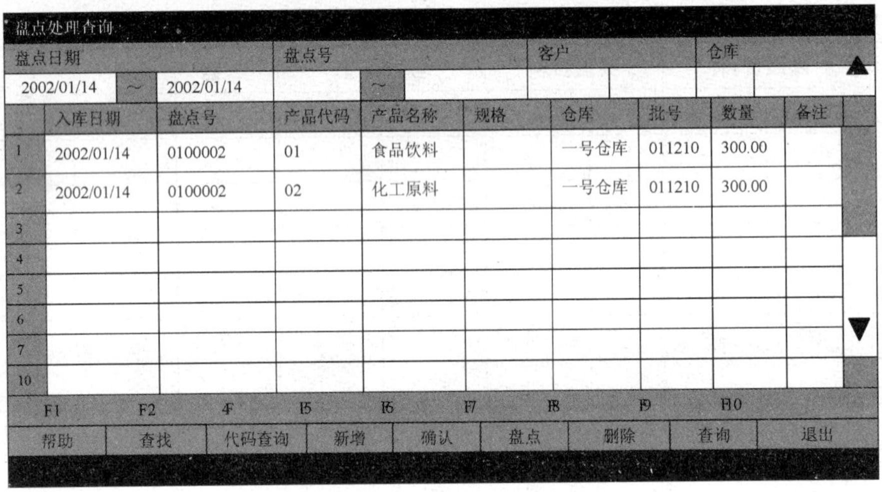

图 2.22 “盘点处理查询”界面

2）盘点清单打印

盘点清单打印是对需要盘点的货物在盘点前打印的用于进行盘点核对的清单。

单击系统主菜单中的【库存管理】按钮，菜单显示“库存管理”下拉菜单，选择“盘点清单打印”，进入“盘点清单打印”统计程序界面，如图 2.23 所示。在“盘点清单打印”界面中输入需要打印的货主单位代码(必须输入)、仓库代码和盘点清单生成日期，然后单击【确认】按钮，程序显示盘点清单打印报表，如图 2.24 所示。

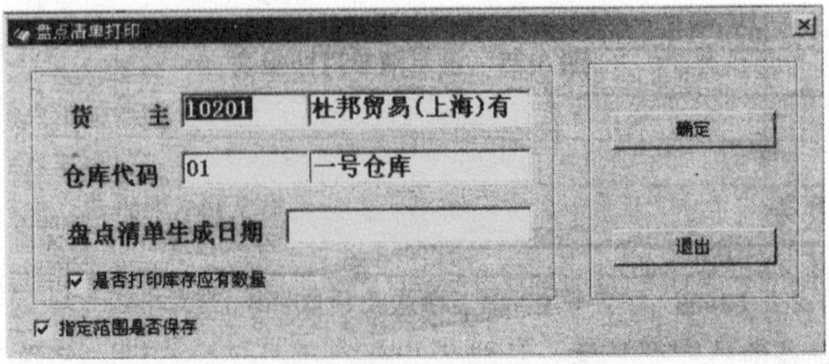

图 2.23 “盘点清单打印”界面

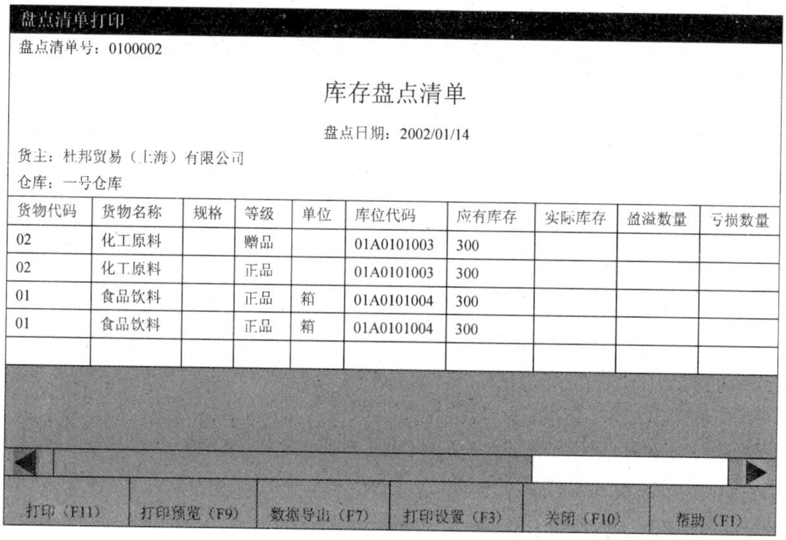

盘点清单打印

盘点清单号：0100002

库存盘点清单

盘点日期：2002/01/14

货主：杜邦贸易（上海）有限公司

仓库：一号仓库

货物代码	货物名称	规格	等级	单位	库位代码	应有库存	实际库存	盘溢数量	亏损数量
02	化工原料		赠品		01A0101003	300			
02	化工原料		正品		01A0101003	300			
01	食品饮料		正品	箱	01A0101004	300			
01	食品饮料		正品	箱	01A0101004	300			

打印（F11） 打印预览（F9） 数据导出（F7） 打印设置（F3） 关闭（F10） 帮助（F1）

图 2.24　盘点清单打印报表

3）盘点确认

在按照盘点清单实际盘点后，将盘点结果输入系统，即盘点确认。

单击系统主菜单中的【库存管理】按钮，菜单显示“库存管理”下拉菜单，选择“盘点受理”，进入“产品盘点处理查询”程序界面。

在“盘点处理查询”界面中输入需要进行盘点货物的入库日期、订单号、客户代码、仓库代码，然后单击【确认】按钮，在盘点确认程序中对实际盘点数与库存记录数不符的，输入实际盘点数量，确认后单击【退出】按钮，回到“盘点处理查询”界面，单击【盘点】按钮，操作完成后单击【退出】按钮。

注意：在完成盘点确认后，必须单击【盘点】按钮；否则，盘点的结果不会反映在库存之中。

4）盘存差异表

盘存差异表是对库存产品进行盘点后，统计、打印盘点报表的程序。

单击系统主菜单中的【库存管理】按钮，菜单显示“库存管理”下拉菜单，选择“盘存差异表”，进入“盘存差异表”统计程序界面。基本操作参照盘点清单打印的操作步骤。

【应用案例】

某药业 ABC 库存循环盘点制度

（1）目的。保证公司财产安全，为公司决策提供真实数据。通过盘点检查，监督按批号出入库。

（2）根据 ABC 库存分析，进行分类，每季部分调整。目前有 5600 个品种。

① A类定为 600 个品种，销售金额占 70%以上，50 个品种/每排，每周二、四、六固定盘点，下班前把盘点数据上缴，结账后保存结存数据；第二天录入统计差异，交库管员找到差异原因；第三天盘点时还出现差异，上报分拣中心部长处理。

② B类定为 1100 个品种，销售金额占 20%以下，90 个品种/每排，每周六固定盘点，第二天录入统计差异，每周一将 1700 个品种(品种占 30%，销售金额占 90%以上)、150 个品种/排的盘点结果上报分拣中心部长备案。

③ C类为余下品种，约 3900 个品种，销售金额占 10%以下，320 个品种/每排每季度循环盘点，三等分，1300 个品种/每月，110 个品种/每排每月；每月末为结账日，共盘点 3000 个品种，260 个品种/每排每月，每季度完成一次循环盘点。

(3) 每周由公司财务和开票员、验收员负责按 2%的品种安排抽盘，分拣中心协助盘点，每年完成一次循环；达到以上人员熟悉公司产品、监控公司资产的目的。

(4) 每半年由公司组织相关部门对分拣中心进行大盘点，检查公司财产的安全情况。

(5) 当月发生的报损报溢，在盘点前由分拣中心申请、财务部审核、人事部奖惩、电脑部调账，确保账实相符、实物与系统库存数据一致、销售采购工作进行顺畅。

(6) 分拣中心建立差异台账，登记出现的差异、差异处理结果、奖惩结果。每周二由网络中心负责在系统上调整差异。

(7) 盘点要求：按货位和按批号盘点；准确无遗漏。

（根据网络资料整理）

【案例思考】

ABC 库存循环盘点制度的特点是什么？

【复习题】

(1) 简述盘点的原则。

(2) 简述盘点作业的流程。

(3) 简述盘点的程序和方法。

实训项目：盘点作业

【实训目的】

前往校内超市或校外实训基地，让学生担任盘点员，进行实训，使学生熟悉仓库盘点作业流程，掌握仓库盘点作业操作，掌握仓库盘点作业相关单证的填制。

【实训准备】

(1) 熟悉超市或仓库盘点流程、基础知识。

(2) 盘点单、盘点工具、红色和蓝色笔等。

(3) 人员分组，将全班学生分成若干组，每组设盘点员 5 名。

(4) 工作时间安排 4 学时。

【实训实施】

(1) 盘点工作编组，进行任务分工。

(2) 盘点前准备工作。主要进行盘点方法和程序的确定、盘点资料的准备及盘点人员的组织。

(3) 进行盘点现场的清理工作。

(4) 仓库盘点作业的实施。

(5) 盘点单的填写。

(6) 盘点单汇总统计分析工作。

【实训考核】

实训评价有教师评价、小组内部成员评价和第三方评分组成员评价 3 种方式，建议教师评价占 60%的权重，小组内部成员评价占 20%的权重，第三方评分组成员评价占 20%的权重，将三者综合起来的得分为该生在该项目的评价分。实训考核表见表 2-22。

表 2-22 实训考核表

考评人		被考评人	
考评地点			
考评内容	实训项目		
考核标准	具体内容	分值	实际得分
	工作态度	10	
	沟通水平	10	
	盘点人员编组	10	
	盘点准备工作	10	
	盘点现场清理	10	
	盘点作业实施	30	
	盘点单填写	10	
	盘点汇总统计分析工作	10	
合 计		100	

注：考评满分 100 分，60 分以下为不及格，60～69 分为及格，70～79 分为中，80～89 分为良，90 分以上为优。

行动五

仓库出库作业

CANGKU CHUKU ZUOYE

【学习目标】

熟悉仓库出库作业流程，掌握出库环节控制要点；能进行接收出库指令、签发出库单、备货、添加货物包装标识、货物复核等相关操作；掌握仓库出库环节的信息化操作的目的和内容；了解仓库退货作业的原因和程序。

【学习任务】

通过本行动模块的学习，学生要了解出库作业流程，能够操作出库作业的各个环节，同时能够进行相应的信息化操作。

【任务实施】

(1) 制定学习目标。

(2) 确定完成任务的方法和步骤。

(3) 搜集准备完成任务所需的工具。

(4) 通过实训演练，巩固和掌握所学的知识。

本部分的工作任务主要是掌握仓库商品出库工作流程，掌握商品出库作业内容及操作方法。

【行动案例】

国内某知名家电制造商是一家以家电业为主，涉足房产、物流等领域的大型综合性现代化企业集团。它将物流的仓库业务整体外包给旗下的专业化物流公司进行运营。

当该企业接到客户的销售订单时，经过审核确认后，销售部门将发货通知单发给仓库，仓库马上就进行备货作业。客户拿着提货单到仓库提货，仓库管理人员核对后，在信息系统中进行换单操作，然后把备好的货物出库交接后，提交给客户。

（资料来源：王登清．仓储与配送管理实务．北京：北京大学出版社，2010，有改动）

一、出库作业流程

1. 接收出库指令

控制要点：仓库人员收到销售部门发来的发货通知单后对发货通知单的时间、签名是否完整、正确性进行复核。

2. 签出库单

控制要点：仓库主管收到发货单后，审核发货单填写是否符合标准、发货手续是否齐全，然后签发出库单。

3. 备货

控制要点：出库人员核对出库单，进行备货。

4. 货物包装标识

控制要点：在备好货后，出库人员将货物按照装运的需要进行包装，并在明显处添加标识。

5. 货物复核

控制要点：为避免备货出错，出库人员对已备好待运货物进行复核。

6. 货物出库

控制要点：出库人员和提货人再次复核，复核无误后，办理相应的货物交接手续，出库人员和提货人均在发货单上签名核实。

7. 货物登账

控制要点：出库人员在出库完毕后，在出入库台账上对出库货物进行登账处理。

二、出库作业操作

1. 接收出库指令

销售部门收到客户订单，要求出货。销售人员对客户发送的订货单的时间、证章和签名是否完整、正确性进行审核，审核通过后签发货单(表 2－23)。销售部门制作发货通知单(表 2－24)给仓库，仓库部门收到发货通知单后对其准确性、签名进行复核，复核通过后，准备将客户的货物出库。

表 2－23 发货单

编号：
客户名称：　　　　　　　　　　　　　　　　发货日期：
发货仓库：　　　　　　　　　　　　　　　　仓库地址：

货号	品名	规格	牌号	国别及产地	包装及件数	单位	数量	单价	总价	金额

<table>
<tr><td rowspan="2">危险品标志章</td><td>运费</td><td></td><td>包装押金</td><td></td></tr>
<tr><td>金额</td><td colspan="3">(大写) 佰 拾 万 仟 佰 拾 元 角 分(小写) ¥：</td></tr>
</table>

审核：　　　　　　　　　　　　制单：

(本单一式三联，第一联：销售部门，第二联：财务部门，第三联：客户)

表 2－24 发货通知单

通知单号：
客户：　　　　　　　　　　　　　　　　发货日期：

<table>
<tr><th>货号</th><th>品名</th><th>规格</th><th>牌号</th><th>单位</th><th>数量</th><th>说明</th></tr>
<tr><td></td><td></td><td></td><td></td><td></td><td></td><td rowspan="5">□销货
□样品
□检验
□其他</td></tr>
<tr><td></td><td></td><td></td><td></td><td></td><td></td></tr>
<tr><td></td><td></td><td></td><td></td><td></td><td></td></tr>
<tr><td></td><td></td><td></td><td></td><td></td><td></td></tr>
<tr><td></td><td></td><td></td><td></td><td></td><td></td></tr>
</table>

财务审核：　　　　　　　　　　　　制单：

2. 签发出库单

客户拿着销售部门签发给客户的发货单(俗称提货单)到仓库提货。仓库部门将审核提货单的准确性、完整性及真实性。审核通过后，收回提货单，签发出库单(表 2－25)。

表 2-25　出库单

提过单位：　　　　　　　出库日期：　　　　　　年　月　日　　　　　出货仓库：

产品编号	品　名	规　格	单　位	批　次	储　位	计划数量	实发数量
备　注							

审批：　　　　　　　　提货人：　　　　　　　　仓管员：

（本单一式三联，第一联：仓库联，第二联：财务联，第三联：提货人）

3. 备货

出库凭证经复核无误后，由出库管理人员按其所列的项目内容和凭证批注，与编号货位进行核对，核实后核销“物资明细卡”上的存量，按规定的批次备货。

（1）拣货。按照出库单所列货物的储位，找到该货位，按规定要求和先进先出的原则将货物拣选出来。

（2）销卡。在物资出库时，应先销卡后出货。

（3）核对。按照货位找到相应的货物后，出库管理人员要“以表对卡，以卡对货”，进行账、卡、物的核对。

（4）点数。出库管理人员要仔细清点出库物资的数量，防止出现差错。

（5）搬运。将要出库的货物预先搬运到指定的备运区，以便能及时装运。

4. 货物包装标志

仓库理货人员要清理原包装，清除积尘、沾污。对原包装已残损的，要更换包装。为方便收货方的收转，理货员要在应发物资的外包装上注明收货方的简称。置唛在物资外包装的两侧，字迹清楚，不错不漏。注意粘贴标签必须牢固，便于物流的周转。

5. 货物复核

出库复核人员按照出库凭证上所列的项目，对在备运区待出库的货物品名、规格、数量进行再次核对，以保证物资出库的准确性。复核查对的具体内容如下：

（1）对备运区分堆的物资进行单货核对，核对工作必须逐车、逐批次地进行，确保单货数量、流向等完全相符。

（2）检查待运区货物的包装是否符合运输及客户的要求。

（3）检查怕震怕潮的物资，衬垫是否稳妥，密封是否严密。

6. 货物出库

(1) 提货人到仓库提货。提货人到仓库提货，仓库管理人员会同提货人共同验货，逐件清点，经复核无误后，将物资交给提货人。提货人清点无误后，提货人和仓库管理人员共同在出库单上签字，完成出库的工作。

(2) 仓库负责送货。仓库负责给客户送货的，装车的工作由仓库部门负责，装车前仓库管理人员应对车厢进行清扫和必要的铺垫，督促装车人员妥善装车。装车完毕，会同提货人签署出库单证、送货单，交付随货单证和资料，办理货物交接。

7. 货物登账

货物全部出库完毕，仓库应及时将货物从仓储保管账上核销，以便做到账、卡、物相一致。将留存的提货单证、送货单、记录、文件等汇总整理归档。

三、出库作业信息化操作

1. 出库作业信息化操作的内容

支持业务：支持常规的出库业务流程，包括成品出库、维修出库、翻仓出库、调换出库，移库出库等。

系统中单据的流程：仓单录入→指令接收拣货出库。

产品流向：产品从单据指定逻辑仓库出库，减少仓库的实际库存。

2. 出库作业信息化操作流程

1) 仓单录入

菜单链接：登录系统→出库管理(一级菜单)→出库管理(二级菜单)→仓单录入(三级菜单)。

单击仓单录入后，进入客户和订单类型的选择页面——“订单录入”界面，如图 2.25 所示。

客户：参照图 2.25 的 1。

订单类型：参照图 2.25”的 2。

〈-〉：参照图 2.25 的 3。

订单编号：参照图 2.25 的 4。

单号检测：参照图 2.25 的 5。

开单日期：参照图 2.25 的 6。

发货方：参照图 2.25 的 7。

联系人：参照图 2.25 的 8。

联系电话：参照图 2.25 的 9。

地址：参照图 2.25 的 10。

收货方编号：订单提供收货方编码(参照图 2.25 的 11)，由操作者手工录入订单指定的收货方编号。单击 12 查询(支持模糊查询)系统弹出操作图示，根据图示的操作方法选定订单指定的收货方，系统自动给出 13、15、16、17，这些字段也可以由操作者根据实际的情况手工录入。

查询 1：11 的辅助功能，系统弹出图示。

收货方：订单仅提供收货方名称，录入收货方名称后，单击 14 查询（支持模糊查询）系统弹出操作图示，根据图示的操作方法选定订单指定的收货方，系统自动给出 15、16、17，这些字段也可以由操作者根据实际的情况手工录入。

查询 2：13 的辅助功能，系统弹出图示。

联系人：参照图 2.25 的 15。

联系电话：参照图 2.25 的 16。

地址：参照图 2.25 的 17。

运输代理：参照图 2.25 的 18。

备注 1：参照图 2.25 的 19。

详细：参照图 2.25 的 20。

增加一行：参照图 2.25 的 21。

产品编号：参照图 2.25 的 22，系统自动给出 23、24、26、27。

产品名称：参照图 2.25 的 23，系统自动给出 22、24、26、27。

单位：参照图 2.25 的 24。

库存属性：参照图 2.25 的 25。

实际库存：仓库中对应产品的实盘库存数，填写 21 或 22 时，同步附值。

可用库存：也叫可分配库存。可用库存＝实际库存－已分配库存，填写 21 或 22 时，同步附值。

数量：指计划出库数量，参照图 2.25 的 28。

备注 2：参照图 2.25 的 29。

查询 3：产品编号 22 的辅助功能，参照图 2.25 的 30。

查询 4：产品名称 23 的辅助功能，参照图 2.25 的 31。

详细 2：29 的辅助功能，参照图 2.25 的 32。

是否需要生成运输单：参照图 2.25 的 33。

2）订单录入的基本流程

(1) 录入 4，使用 5，检测定单的唯一性。

(2) 录入 6、7。

(3) 录入 11，使用 12，选择收货方信息；录入 13，使用 14，选择收货方信息；直接录入 11、13、15、16、17。

(4) 录入 22，使用 30，选择产品信息；录入 23，使用 31，选择产品信息。

(5) 选择录入 25，直接录入 28。

(6) 录入完成后，单击 提交 提交订单，订单进入“指令接收”；不需要提交订单时，单击 返回 ，回到“仓单录入”界面。

(7) 提交订单后，系统会弹出图示，提示操作者检查订单录入的正确性。

() 录入过程中，可以使用 Tab 移动光标，也可以是用鼠标选定指定的录入字段（注有“＊”的字段，为必填项）。

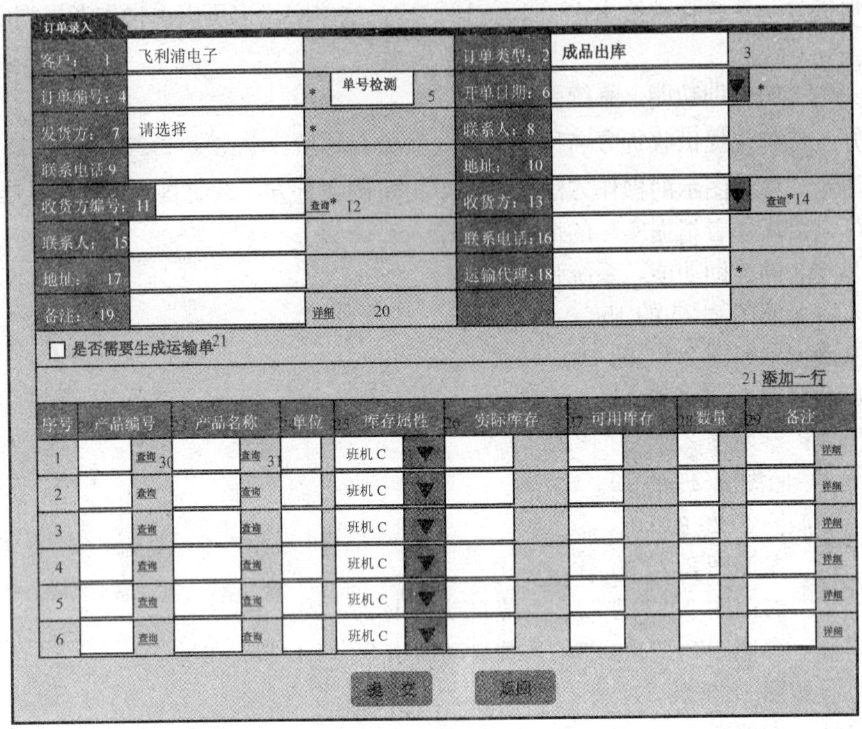

图 2.25　订单录入界面

关联界面有：单号检测界面、开单日期界面、产品信息查询界面、备注录入界面、库存属性界面、订单提交界面、收货方信息的查询界面(图 2.26)。

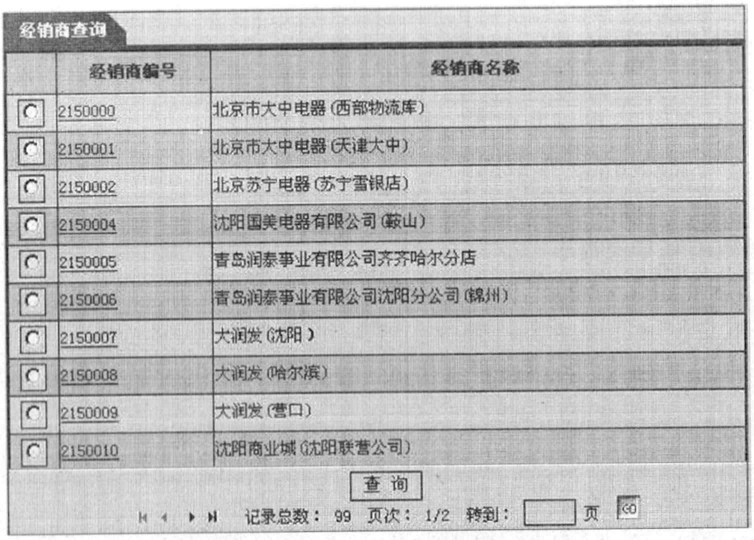

图 2.26　收货方信息的查询界面

使用收货方编码查询：如果使用模糊查询 经销商查询 列表，将分页显示，可以使用 翻页查询，选中 再单击 查询 ，回到仓单录入界面。使用收货方名称查询，操作方法同“收货方编码查询”。

3）指令接收

菜单链接：登录系统→出库管理(一级菜单)→出库管理(二级菜单)→指令接收(三级菜单)。

功能介绍：接收手工录入和自动倒入系统的订单；提供订单打印功能，订单打印格式的标准，由项目初始时的约定来确定；如果订单的相关产品需要扫描，提供下载订单信息的功能；同步提供拣货功能，项目初始时约定拣货策略。

操作界面：参照第二篇任务一行动三仓库入库作业中的“指令接受”。

基本操作流程：

（1）在单据列表中查询目标订单。单据列表的运输列中有的订单为配送订单，没有为自提订单。

（2）双方约定订单的打印格式，如果要求系统提供拣货信息，订单打印时可同步提供。

（3）双方约定需要打印或扫描的订单，选中展开，订单进入打印界面。根据业务要求选择需要操作的功能按钮并操作。

关联界面：参照第二篇任务一行动一入库作业中的“指令接受”。

4）拣货出库

菜单链接：登录系统→出库管理(一级菜单)→出库管理(二级菜单)→指令接收(三级菜单)。

功能介绍：填写实际出库产品的库存属性、在库库位和数量；提交操作结果后，系统自动修订库存、隐藏订单，提交后的订单只能通过仓单查询，才能找到。如果订单需要反馈，系统自动生成客户需要的反馈文件，系统自动将订单的状态改为“已反馈”；如果订单不需要反馈，系统自动将订单的状态改为“已完成”

操作界面：订单操作列表。单据列表的运输列中有的订单为配送订单，没有为自提。

订单操作界面如图 2.27 所示。

图 2.27　订单操作界面

实际运作时间：参照图 2.27 的 1。

从库存属性：产品出库时的库存属性，参照图 2.27 的 2。

库位：产品出库时的在库库位。根据打印订单的拣货信息，系统自动给出，参照图 2.27 的 3。

操作数量：指定库存属性的产品，拣货库位的数量，由操作者手工录入，参照图 2.27 的 4。

操作单位：产品出库的基本单位。对于存在多级基本单位的项目，产品出库时，根据实际出库的基本单位，单击▼选择系统中对应的基本单位，参照图 2.27 的 5。

备注：填写出库时的异常情况，如果填写的内容较多，单击详细可以在指定的写字板中录入；参照图 2.27 的 6。

查询：3 的辅助功能，参照图 2.27 的 7。

详细：6 的辅助功能，参照图 2.27 的 8。

新增：增加对应产品明细行，单击新增，每次只能增加一行，参照图 2.27 的 9。

基本操作流程：

(1) 在单据列表中查询目标订单。

(2) 拣货信息与实际出库信息相同，录入 1，然后提交订单。

(3) 拣货信息与实际出库信息不同。

(4) 单击对应产品行后的新增，根据实际出库的拣货要求新增行数。

(5) 分别录入实际拣货信息，然后录入 1。

(6) 订单要求录入的信息录入完成后，单击完成提交订单；不需要提交操作结果，单击返回回到操作订单列表。

需要扫描的订单类型，连接好扫描仪后，单击条码上传，上传扫描数据的同时，系统自动完成扫描仪中所有同类型订单的操作。也就是说，上传数据时只需要找到一张同类型的订单，不是扫描仪中包含的订单也可以，单击条码上传即可。

关联界面：实际运作时间的查询界面、库存属性界面、库位选择的关联界面、备注录入界面、订单提交界面。

(1) 拣货策略。介绍通用的拣货策略，据有客户特性的拣货策略，可以根据实际的业务需求协商确定。

先进先出：按照产品生产日期、产品批号或者产品的入库时间的先后，确定同一种产品出库的先后顺序。业务中描述的“产品生产日期、产品批号或者产品的入库时间”，系统均用“生产批号”来描述。

先销零后取整：同一种产品分布在不同的库位，出库时，拣货遵循“库位数量少→库位数量多”。

按订单、客户、线路集中拣货：同一种产品，支持当天的多张订单，出库时，集中拣货后在分配到多张订单。

以上几种拣货策略可以单独使用，也可以根据业务需要组合使用。

(2) 打印。

单张打印：每次只能打印一张目标订单，打印第二张时，必须重复“选中订单→打印订单→确认打印结果”的步骤。

连续打印：一次可以打印多张目标订单，前提是这些目标订单按照一定的规律事先被选中。

以上两种打印方式，需要配合相应的拣货策略。

5）结果查询

参照第二篇任务一行动一入库作业中的“结果查询”。

四、退货作业操作

1. 商品退货的原因

商品退货是指仓库按订单或合同将货物发出后，由于某种原因，客户将商品退回仓库。通常发生退货或换货的原因主要有以下几种。

1）协议退货

与仓库订有特别协议的季节性商品、试销商品、代销商品等，协议期满后，剩余商品仓库给予退回。

2）有质量问题的退货

对于不符合质量要求的商品，接收单位提出退货，仓库也将给予退换。

3）搬运途中损坏退货

商品在搬运过程中造成产品包装破损或污染，仓库将给予退回。

4）商品过期退回

食品及有保质期的商品在送达接收单位时或销售过程中超过商品的有效保质期，仓库予以退回。

5）商品送错退回

送达客户的商品不是订单所要求的商品，如商品条码、品项、规格、重量、数量等与订单不符，都必须退回。

2. 退货作业的程序

1）接受退货

仓库接受退货要有规范的程序与标准，如什么样的货品可以退，由哪个部门决定，信息如何传递等。

仓库的业务部门接到客户传来的退货信息后，要尽快将退货信息传递给相关部门，运输部门安排取回货品的时间和路线，仓库人员作好接收准备，质量管理部门人员确认退货的原因。一般情况下，退货由送货车带回，直接入库。批量较大的退货，要经过审批程序。

2）重新入库

对于客户退回的商品，仓库的业务部门要进行初步的审核。由于质量原因产生的退货，要放在为堆放不良品而准备的区域，以免和正常商品混淆。退货商品要进行严格的重新入库登记，及时输入企业的信息系统，核销客户应收账款，并通知商品的供应商退货信息。

3）财务结算

发生退货后，给整个供应系统造成的影响是非常大的，如对客户端的影响、仓库在退货过程中发生的各种费用、商品供应商要承担相应货品的成本等。

如果客户已经支付了商品费用，财务要将相应的费用退给客户。同时，由于销货和退货的时间不同，同一货物价格可能出现差异，同质不同价、同款不同价的问题时有发生，所以仓库的财务部门在退货发生时要进行退回商品货款的估价，将退货商品的数量、销货时的商品单价以及退货时的商品单价信息输入企业的信息系统，并依据销货退回单办理扣款业务。

4）跟踪处理

退货发生时，要跟踪处理客户提出的意见，要统计退货发生的各种费用，要通知供应商退货的原因并退回生产地或履行销毁程序。退货发生后，首先要处理客户端提出的意见，由于退货所产生的商品短缺、对质量不满意等客户端的问题是业务部门要重点解决的。退货所产生的物流费用比正常送货高得多，所以要认真统计，及时总结，将此信息反馈给相应的管理部门，以便制定改进措施。退货仓库的商品要及时通知供应商，退货的所有信息要传递给供应商，如退货原因、时间、数量、批号、费用、存放地点等，以便供应商能将退货商品取回，并采取改进措施。

【应用案例】

H公司的退货解决方案

为了帮助消费者处理不同的退货，H公司的合伙企业——一家供应链提供商Y公司与其他的软件提供商设计了新的解决方案。大多数企业都有自己处理退货的方针，要遵循许多的供应商规则，但是这些方案都不简单。据Y公司逆向物流的高级总管介绍，其实每一个企业都会有自己的退货产品的处理政策，但是由于每一个企业的政策不同，加上操作人员对其不熟悉，使得处理退货的政策指南只能束之高阁，无人问津。因此，Y公司的一个目标就是要使退货政策深入人心。

Y公司的“退回供应商”模型能够把所有供应商退货管理的政策纳入计划。例如，一个DVD制造商要求每次退回的DVD数量为20。那意味着企业必须搁置19起退货事件，直到第20件到来才能处理。然而，H公司的“退回供应商”模型可以自动生成一个拣选票据，并且能够把票据传输给仓储管理系统。这样，Y公司就可以避免退货管理中经常出现的问题。

此外，Y公司的退货政策还具有“守门”功能，可以防止不符合条件的产品的退回。例如，一个制造商可能与一家批发商签订协议，不管产品是否有质量问题，都只允许一定比例的退货。在这种情况下，企业就必须实时掌握退货的数量。一些企业只允许批发商每季进行一次退货，另一些企业的退货数量与产品的生命周期有关。不管哪种情况，都涉及“守门”功能。Y公司按照退货处理政策，以关系、产品或环境为基础，动态地解决各种情况，自主决策。

（根据网络资料整理）

【案例思考】

（1）曼哈顿的退货解决方案具有哪些功能?

（2）曼哈顿的退货解决方案起到了什么作用?

【复习题】

(1) 商品出库作业流程包括哪些环节?
(2) 商品出库作业操作有哪些步骤?
(3) 出库作业信息化操作目的是什么?
(4) 出库作业信息化操作的内容有哪些?
(5) 退货作业程序有哪些?

实训项目：仓库出库作业操作

【实训内容】

通过模拟真实的仓库出库作业环境，使学生熟悉仓库出库作业流程，掌握仓库出库作业操作，掌握仓库出库的单证编制、审核。

【实训准备】

(1) 了解仓库出库作业相关知识。

(2) 计算机 10 台、托盘 10 架、包装箱 10 个、胶水、纸，相关的出库单证，如送货单、出库单、货卡等。

(3) 将全班学生分成若干组，每组按照岗位设职 5 员(提货人 1 名、物流企业代表 1 名、理货员 1 名、制单员 1 名、出库专员 1 名)。

(4) 工作时间安排 4 学时。

(5) 模拟工作环境，需要学院的仓库实训室、机房等资源配合。

【实训任务】

国内某知名计算机制造企业在东莞设有加工厂，它的成品仓库外包给深圳一家物流公司。要求深圳这家物流公司为工厂设计合理的出库流程，学生充当物流公司的职员对计算机的出库过程进行模拟操作。在仓库内共有 10 台计算机，型号为 S2000i，规格为 48cm×46cm×52cm，存放在指定的保管区。现接到客户的订单，要出库 5 台，要求出库专员完成以下工作任务。

(1) 针对计算机产品特点，制定合理出库流程。

(2) 出库前准备工作，做好出库指令收集传递，安排好出库货物的堆放场所，妥善安排设备和人力资源。

(3) 备货，理货员按出库单所列的项目内容和凭证批注要求，按先进先出的原则进行备货。

(4) 出库包装，按照储运的要求，在包装两侧置唛，包含客户收发信息。

(5) 出库复核，按照出库凭证上所列的项目，对在备运区待出库的货物品名、规格、数量进行核对。

(6) 出库交接与登记，出库专员制作出库单、货卡及物资库存日报表。

【实训考核】

实训考核有教师评价、小组内部成员评价和第三方评分组成员评价 3 种方式，建议教师评价占60%的权重，小组内部成员评价占20%的权重，第三方评分组成员评价占20%的权重，将三者综合起来的得分为该生在该项目的评价分。实训评价表见表2-26。

表2-26 实训评价表

考核人员名单			
被考核人员			
考核地点		考核时间	
考核项目	考核内容	分值	实际得分
出库前准备工作	合理制定计算机产品出库流程	10	
	模拟好仓库的出库环境	10	
	安排好出库货物的堆放场地	10	
	认真检查出库货物	10	
	妥善安排人力和机械设备	10	
	准备好包装材料	10	
出库作业	准备备货或理货	10	
	包装、置唛准确	10	
	认真核对出库凭证	10	
	认真复核和正确登账	10	
合　计		100	

注：考评满分100分，60分以下为不及格，60～69分为及格，70～79分为中，80～89分为良，90分以上为优。

任务二　配送运作

行动一　配送计划制订作业
行动二　配送路线优化作业
行动三　车辆调度与送货作业

行动一

配送计划制订作业

PEISONG JIHUA ZHIDING ZUOYE

【学习目标】

了解制订科学合理的配送作业计划的重要性，理解配送计划的内容，掌握配送作业的操作流程，能够进行配送计划的制订，并具备相应的信息化操作能力。

【学习任务】

通过本行动模块的学习，学生要了解制订配送计划的作业流程，能够操作制订配送计划作业的各个环节，同时能够进行相应的信息化操作。

【任务实施】

(1) 制定学习目标。

(2) 确定完成任务的方法和步骤。

(3) 搜集准备完成任务所需的工具。

(4) 通过实训演练，巩固和掌握所学的知识。

本部分的工作任务主要是熟悉制订配送计划作业的流程，掌握配送计划作业的内容及操作方法。

【行动案例】

小陈最近应聘于国内某物流公司，师从公司老刘进行货物配送工作。该物流公司拥有众多客户，平均每天要为客户配送上千种货物，数量达到上百吨。由于公司工作任务繁忙紧张，为了使小陈更好地适应工作需要，以严谨认真著称的老刘，为其制订了周密而详细的学习计划。老刘首先安排小陈学习仓库货物配送计划的制订。

（资料来源：王登清．仓储与配送管理实务．北京：北京大学出版社，2009，有改动）

一、制订配送计划作业流程

配送作业对配送中心来说是非常重要的，一方面由于在物流运作中运输配送的费用比例最高，占总物流费用的35%～60%，所以降低运输配送费用对提高配送中心的效益有很大意义；另一方面，输配送服务直接面对客户，服务速度的快慢、服务质量的优劣对配送中心的信誉影响也很大。因此，制订科学合理的配送作业计划是做好配送作业的第一步。

1. 确定配送计划的目的

物流业务的经营运作是以满足客户需求为导向的，并且需要与企业自身拥有的资源、运作能力相匹配。但是，往往由于企业受到自身的能力和资源的限制，对满足客户需求的多变性、复杂性有一定难度。这就要求企业在制订配送计划时必须考虑制订配送计划的目的。例如，配送业务是为了满足短期实效性要求，还是长期稳定性要求；配送业务是服务于临时性特定顾客还是服务于长期固定客户。不同的配送目的，需要有不同的配送计划做支撑。

2. 搜集相关数据资料

不了解客户的需求，就无法满足客户需求，因此，搜集整理服务对象的相关数据资料是提高配送服务水平的关键。配送活动的主要标的物包括原材料、零部件、半成品、产成品等。就长期固定客户而言，对该货物近年来的需求量以及淡季和旺季的需求量变化等的相关统计数据，是制订配送计划必不可少的第一手数据资料。另外，了解当年销售计划、生产计划，流通渠道的规模以及变化情况，配送中心的数量、规模，运输费用，仓储费用，管理费用等数据也是十分必要的。例如，如果不了解客户淡旺季需求差异的变化，对于突然增加的配送任务，是无法积极有效应对的，必然会出现车辆调配紧张、不能及时送达目的地的现象，甚至出现由于不能及时配送而丧失市场机会等一系列严重问题。因此，对相关数据资料的收集和进行相应的分析是制订配送计划的关键，是提高配送服务质量的关键。

3. 整理配送的要素

整理配送的要素包括货物、客户、车辆、人员、路线、地点、时间这7项内容，也叫做配送的功能要素。在制订配送计划时，应对此7项内容进行深入了解并加以分析整理。

（1）货物。指配送标的物的种类、形状、质量、包装、材质、装运要求等。

（2）客户。指委托人、收货人。

（3）车辆。指配送工具。需根据货物的特征、数量、配送地点以及车辆容积、运载质量等决定选用什么样的车辆配送。

（4）人员。指驾驶员或者配送业务员。由于需面对不同的客户以及环境，对人员配置也有一定的要求。例如，某些产品需要配送到达目的地之后安装并调试，就需要驾驶员或者配送人员具有一定的技能。

(5) 路线。指配送路线。可以根据一定的原则指定配送路线，如配送线路最短原则、送货量最大原则、订单时间顺序原则等，并要求驾驶员或者配送人员执行。但是由于配送地点复杂和交通拥堵、交通管制等原因驾驶员也可根据经验适当调整。

(6) 地点。指配送的起点和终点。主要了解这些地点的数目、距离、周边环境、停车卸货空间大小以及相关附属设施，如有无卸货月台、叉车等。

(7) 时间。这不仅指在途时间，而且包括搬运装卸时间。由于并不是所有的业务都在自有配送中心进行，所以需要了解配送起点和终点的装货和收货的时间限制以及要求，提前做好安排，避免不必要的装卸等候，以免由于超过客户要求的时间范围，造成的货物拒收。

4. 制订初步配送计划

在完成上述3个步骤之后，结合自身能力以及客户需求，便可以初步制订配送计划。初步配送计划应该包括配送线路的确定原则、每日最大配送量、配送业务的起止时间(也可以24h不间断作业)、使用车辆的种类等，并且可以有针对性的解决客户现存的问题，如果客户需要，甚至可以精确到到达每一个配送地点的时间、具体路线的选择、货运量发生突然变化时的应急办法等方面。

5. 与客户协调沟通

为客户制订配送计划的主要目的就是要让客户了解在充分利用有限资源的前提下自己所能得到的服务水平。因此，在制订了初步的配送计划之后，一定要与客户进行沟通，请客户充分参与意见，共同完善配送计划，并且应该让客户了解其现有的各项作业环节在未来操作时可能出现的各种变化情况，以免客户的期望与具体操作产生重大落差。在具体业务的操作上，要取得良好的配送服务质量，是需要客户与配送公司密切配合的，并不是单纯某一方的责任。

6. 确定配送计划

经过与客户几次协调沟通之后，初步配送计划经过反复修改最终确定。已经确定的配送计划应该成为配送合同的重要组成部分，并且应该使执行此配送计划的双方或者多方人员全面了解，确保具体配送业务的顺利进行，确保配送服务质量。

二、制订配送计划作业

1. 分配地点、数量与配送任务

在配送作业中，地点、数量与配送服务水平有密切关系。地点是指配送的起点和终点。由于每一个地点的配送量不同，周边环境、自有资源也不同，应有针对性地综合考虑车辆数量、地点的特征、距离、线路，将配送任务合理分配，并且逐步摸索规律，使配送业务达到配送路线最短，所用车辆最少，总成本最低，服务水平最高。

2. 确定车辆数量

车辆数量在很大程度上影响配送时效。拥有较多的配送车辆可以同时进行不同线路的配

送，提高配送时效性；配送车辆数量不足，往往会造成不断往返装运，导致配送延迟。但是，数量庞大的车队，会增加购置费用、养护费用、人工费用、管理费用等各项支出，这与提高客户服务水平之间存在很大的矛盾。如何能在客户指定的时间内送达，与合理经济的车辆数量配置有十分密切的关系。如何能在有限的资源能力范围内最大限度地满足客户需求是在配送计划中应该注意的问题。

3. 确定车队构成以及车辆组合

配送车队一般应根据配送量、货物特征、配送路线、配送成本分析进行自有车辆组合。同时，必要时也可考虑适当地选用外车组建配送车队，恰当的自有车辆与外车的比例，可以适应客户需求变化，有效地调度自有车辆，降低运营成本。

4. 控制车辆最长行驶里程

在制订配送计划的人员配置计划时，应尽量避免司机疲劳驾驶造成交通隐患，保证人员以及货物安全。通常可以通过核定行驶里程和行驶时间评估工作量，有效避免超负荷作业。

5. 车辆容积、载重限制

选择配送车辆，需要根据车辆本身的容积和载重限制，结合货物自身的体积、质量考虑最大装载量，以便车辆的有限空间不被浪费，降低配送成本。

6. 路网结构的选择

通常情况下，配送中心辐射范围为60km，也就是说以配送中心所在地为圆心、60km为半径的区域内的配送地点，均属于配送中心服务范围。这些配送地点之间可以形成很多区域网络，所有的配送方案都应该满足这些区域网络内的各个配送地点的要求。配送路网中设计直线式往返配送路线较为简单，通常只需要考虑线路上的流量。

7. 时间范围的确定

客户通常根据自身需要指定配送时间，这些特定的时间段往往在特定路段与上下班高峰期重合，因此在制订配送计划时应对交通流量等影响因素予以充分考虑，或者与客户协商，尽量选择夜间配送、凌晨配送或假日配送等方式。

8. 与客户作业层面的衔接

配送计划应该对客户作业层面有所考虑，如货物装卸搬运作业是否托盘标准化、一贯化，是否容器化，有无装卸搬运辅助设备，客户方面是否有作业配合，是否提供随到随装条件，是否需要搬运装卸等候，停车地点距货物存放地点远近等。

9. 达到最佳化目标

物流配送的最佳化目标是指按“四最”的标准，在客户指定的时间内，准确无误地按客户需求将货物送达指定地点。“四最”是指配送路线最短、所用车辆最少、作业总成本最低、服务水平最高。

【应用案例】

某超市编制的仓库配送计划表

国内某连锁超市仓库，为自有6家连锁超市配送货物，某日收到3家连锁超市要求配送货物清单，分别见表2-27、表2-28和表2-29。

表2-27 连锁超市1要货计划

单位：件　　2013年10月25日

送货提前期1天	需求时间/天					
	1	2	3	4	5	6
货物A01的需求量	100	120	90	110	100	80
货物A02的需求量	90	80	30	80	70	80
货物A04的需求量	30	50	30	40	40	30

表2-28 连锁超市2要货计划

单位：件　　2013年10月25日

送货提前期1天	需求时间/天					
	1	2	3	4	5	6
货物A01的需求量	70	60	90	100	70	80
货物A02的需求量	120	110	50	80	70	90
货物A03的需求量	35	55	36	45	40	38

表2-29 连锁超市3要货计划

单位：件　　2013年10月25日

送货提前期2天	需求时间/天					
	1	2	3	4	5	6
货物A01的需求量	90	80	80	100	90	80
货物A03的需求量	100	110	60	90	80	80
货物A04的需求量	45	55	56	65	50	58

【案例思考】

试编制该仓库总的配货计划表。

【复习题】

(1) 为什么说制订科学合理的配送作业计划是做好配送作业的第一步？

(2) 制订配送计划作业流程有哪些环节？

(3) 配送作业计划的内容有哪些？

实训项目：配送中心作业计划的制订

【实训目的】

通过实训，使学生掌握配送中心配送作业计划的制订方法。

【实训准备】

(1) 了解配送作业计划制订的意义，熟悉配送作业计划的内容和制订配送计划的作业流程。

(2) 对班级学生进行分组，每组 7 人左右。各小组在教师的指导下进行配送中心作业计划的制订。

(3) 时间安排 4 学时。

【实训实施】

(1) 根据所学知识，自己先提出一种配送作业计划制订的方法。

(2) 到配送中心后，先认真听取配送中心技术人员的讲解，再深入作业现场，了解配送中心的作业计划和作业流程。对比实践，查找自己的差距。

(3) 返回学校后，分小组讨论，并相互交流经验和感受，以小组为单位，每组制订一份配送中心的作业计划，并进行相应的作业流程的操作。

(4) 提出你所看到的不合理配送的表现形成，并提出改进方法和建议。

【实训考核】

实训评价有教师评价、小组内部成员评价和第三方评分组成员评价 3 种方式，建议教师评价占 60%的权重，小组内部成员评价占 20%的权重，第三方评分组成员评价占 20%的权重，将三者综合起来的得分为该生在该项目的评价分。实训工作评价表见表 2-30。

表 2-30 实训工作评价表

考核人		被考核人	
考核地点			
考核项目	配送作业计划的制订方法		
考评标准	考核内容	分值	实际得分
	工作态度	10	
	配送作业计划的内容	30	
	配送计划作业流程	40	
	合理化建议的可行性	20	
合　计		100	

注：考评满分 100 分，60 分以下为不及格，60～69 分为及格，70～79 分为中，80～89 分为良，90 分以上为优。

行动二

配送线路优化作业

PEISONG XIANLU YOUHUA ZUOYE

【学习目标】

了解配送路线优化的目的和原则，能够进行直送式配送线路选择，能够进行分送式配送线路选择，掌握节约法。

【学习任务】

通过本行动模块的学习，学生要了解配送路线优化的原则，理解直送式配送路线选择和分送式配送路线选择的方法及适用情形，掌握最短路径法和节约路径法的应用。

【任务实施】

(1) 制定学习目标。

(2) 确定完成任务的路径和方法。

(3) 搜集和整理学习资料。

(4) 通过案例分析与讨论分析，掌握和巩固所学的知识。

本部分的工作任务主要是掌握配送线路的优化措施，首先要确定完成任务的路径与方法，整理和分析相关学习资料，通过案例分析和小组讨论巩固和掌握所学的知识。

【行动案例】

浙江省烟草公司杭州分公司(简称杭烟)目前在杭州城区共有 6400 多家经烟零售网点，下属物流中心现有 20 多辆送货面包车、100 多条送货线路。2002 年 10 月，杭烟原吴山批发部实现了访(销)送(货)分离，这是杭烟物流真正实现“访送分离、集中配送、信息管理、定时到户”的开端，至此，物流中心在送货管理上有了集中暴露问题、全盘考虑、统筹安排的条件。这就要求解决定时到户中的送货车辆调度问题，如何均衡不同送货线路的工作量，如何降低卷烟配送成本，杭烟物流核心技术立足点何在等问题。

(资料来源：根据 http：//www. exam8. com/zige/wuliu/anli/200711/334100. html. 资料整理)

一、配送路线优化的目的和原则

配送路线是指配送中心的送货车辆向各个用户送货时所经过的路线。配送路线的合理与否对配送速度、配送成本有直接的影响。在配送管理过程中，优化配送路线，既保证将用户所需货物及时准确、按质按量送达，又能提高配送效率，充分利用车辆，降低配送成本，提高企业效益，并且做到缓解交通压力，减少环境污染。

1. 配送路线选择的目标

根据客户的具体要求、配送中心的实力以及所处环境的客观条件，配送中心配送路线规划的目标可以有多种选择。

(1) 效益最高或成本最低。

(2) 路程最短。当配送成本与路程相关性较强，而与其他因素相关性较弱时，可以简化处理，以路程最短为目标。

(3) 以货运周转量(吨公里)最小为目标。

(4) 其他目标，如准确性最好、劳动消费最低、运力用最合理等目标。

2. 配送路线选择的约束条件

在配送运作过程中，存在着各种各样的约束条件。从客户角度考虑，有对货物的品种、规格、数量的要求，对货物送达时间范围的要求等；从配送中心自身考虑，有车辆载重和车辆容积的约束、最大行驶距离和最长行驶时间的约束等；从外部周边环境角度考虑，有道路施工和交通堵塞等影响。对这些约束条件在确定配送路线时都必须要充分考虑。

二、直送式配送线路选择

在配送线路设计中，当由一个配送中心向一个特定的客户进行专门送货时，从物流角度看，客户的需求量接近或大于可用车辆的定额载重量，需专门派一辆或多辆车一次或多次送货，因此，配送线路设计时，追求的是最短配送距离，以节省时间、多装快跑，提高送货的效率。

目前解决最短线路问题的方法有很多，如位势法、寻型法、动态法等。现以位势法为例，介绍如何解决物流网络中的最短线路问题。已知物流网络中各节点分别表示为 A、B、C、D、E、F、G、H、I、J、K，各节点之间的距离如图 2.28 所示，试确定各节点间的最短线路。

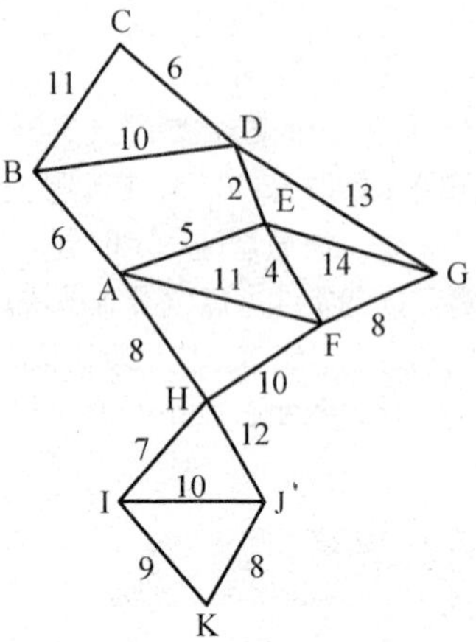

图 2.28　物流网络示意

寻找最短线路的方法步骤如下：

第一步，选择货物供应点为初始节点，并取其位势值为“零”，即 $V_A=0$。

第二步，考虑与 I 点直接相连的所有线路节点。设其初始节点的位势值为 V_I，则其终止节点的位势值可按以下公式确定

$$V_J=V_I+L_{IJ}$$

式中：L_{IJ}——I 点与 J 点之间的距离。

第三步，从所得到的所有位势值中选出最小者，此值即为从初始节点到该点的最短距离，将其标在该节点旁的方框内，并用箭头标出该连线“I、J”，以此表示从 I 点到 J 点的最短线路走法。

第四步，重复以上步骤，直到物流网络中所有的节点的位势值均达到最小为止。

最终，各节点的位势值表示从初始节点到该点的最短距离。带箭头的各条连线则组成了从初始节点到其余节点的最短线路。分别以各点为初始节点，重复上述步骤，即可得各节点之间的最短距离。

【例 1】 在图 2.28 中，试寻找从供应点 A 到客户 K 的最短线路。

解　根据以上方法步骤，计算如下：

(1) 取 $V_A=0$。

(2) 确定与 A 点直接相连的所有节点的位势值。

$$V_B=V_A+L_{AB}=0+6=6$$

$$V_E=V_A+L_{AE}=0+5=5$$

$$V_F=V_A+L_{AF}=0+11=11$$

$$V_H=V_A+L_{AH}=0+8=8$$

(3) 从所得的所有位势值中选择最小值 $V_E=5$，并标注在对应节点 E 旁边的方框内，并用箭头标出连线 AE，即得

$$\min(V_B, V_E, V_F, V_H)=\min(6, 5, 11, 8)=V_E=5$$

(4) 以 E 为初始节点，计算与之直接相连的 D、G、F 点的位势值(如果同一节点有多个位势值，则只保留最小者)。

$$V_D=V_E+L_{ED}=5+2=7$$

$$V_G=V_E+L_{EG}=5+14=19$$

$$V_F=V_E+L_{EF}=5+4=9$$

(5) 从所得的所有剩余位势值中选出最小者 6，并标注在对应的节点 F 旁，同时用箭头标出连线 AB，即得

$$\min(V_B, V_F, V_H, V_D, V_G)=\min(6, 8, 7, 19, 9)=V_B=6$$

(6) 以 B 点为初始节点，与之直接相连的节点有 D、C，它们的位势值分别为 16 和 17。从所得的所有剩余位势值中取最小，即得

$$\min(8, 7, 19, 9, 17)=V_D=7$$

将最小位势值 7 标注在与之相应的 D 旁边的方框内，并用箭头标出其连线 ED，如此继续计算，可得最优路线为 A→H→I→K，由供应点 A 到客户 K 的最短距离为 24。

三、分送式配送线路选择

分送式配送是指由一个供应点对多个客户的共同送货。其基本条件是同一条线路上所有客户的需求量总和不大于一辆车的额定载重量。送货时，由这一辆车装着所有客户的货物，沿着一条精心选择的最佳线路依次将货物送到各个客户手中，这样既保证按时按量将用户需要的货物及时送到，又节约了车辆，节省了费用，缓解了交通紧张的压力，并减少了运输对环境造成的污染。但是，随着配送限制条件的增加，如时间窗口限制、车辆的载重量和容积限制、司机途中总驾驶时间的上限要求、不同线路对于行车速度的限制等使得最优路线的设计越来越复杂。

1. 路径选择的原则

(1) 安排车辆负责相互距离最接近的站点的货物运输。卡车的行车路线围绕相互靠近的站点群进行计划，以使站点之间的行车时间最短。

(2) 从距仓库最远的站点开始设计路线。要设计出有效的路线，首先要划分出距仓库最远的站点周围的站点群，然后逐步找出仓库附近的站点群。一旦确定了最远的站点，就应该选定距该核心站点最近的一些站点形成站点群，分派载货能力可以满足该站点群需要的卡车。然后，从还没有分派车辆的其他站点中找出距仓库最远的站点，分派另一车辆。如此往复，直到所有站点都分派有车辆。

(3) 安排行车路线时各条路线之间应该没有交叉。应该注意的是时间窗口和送货之后才能取货的限制可能会造成线路交叉。

(4) 尽可能使用载重量最大的车辆进行运送，这样设计出的路线是最有效的。理想状况是用一辆足够大的卡车运送所有站点的货物，这样将使总的行车距离或时间最短。因此，在车辆可以实现较高的利用率时，应该首先安排车队中载重量最大的车辆。

(5) 取货送货应该混合安排，不应该在完成全部送货任务之后再取货。应该尽可能在送货过程中安排取货以减少线路交叉的次数(如果在完成所有任务之后再取货，就会出现线路交叉的情况)。线路交叉的程度取决于车辆的结构、取货数量和货物堆放对车辆装卸出口的影响程度。

(6) 对过于遥远而无法归入群落的站点，可以采用其他配送方式。那些孤立于其他站点群的站点，为其提供服务所需的运送时间较长，运送费用较高。考虑到这些站点的偏僻程度和货运量，采用小型车单独为其进行服务可能更经济。此外，利用外包的运输服务也是一种很好的选择。

(7) 避免时间窗口过短。各站点的时间窗口过短会使得行车路线偏离理想模式，所以如果某个站点或某些站点的时间窗口限制导致整个路线偏离期望的模式，就应该重新进行时间窗口的限制，或重新优化配送路线。

这些原则较为简单，而且按照这些原则在物流配送中可以较快地找到比较合理的方案。

2. 制定配送路线

制定配送路线主要采用两种方法，即扫描法和节约法。本书只介绍节约法。

1) 节约法的基本规定

利用节约法确定配送线路的主要出发点是根据配送方的运输能力及其到客户之间的距离和各客户之间的相对距离来确定使配送车辆总的周转量达到或接近最小的配送方案。

为方便介绍，假设：

(1) 配送的是同一种或相类似的货物。

(2) 各用户的位置及需求量已知。

(3) 配送方有足够的运输能力。

(4) 设状态参数为 t_{ij}，t_{ij} 是这样定义的：

$t_{ij}=1$，表示客户 i、j 在同一送货线路上；$t_{ij}=0$，表示客户 i、j 不在同一送货线路上；$t_{ij}=2$，表示由 P 向客户单独派车送货。

且所有状态参数应满足下式

$$\sum_{i=1}^{j-1} t_{ij} + \sum_{i=j+1}^{n} t_{ij} = 2$$

式中：$j=1, 2, \cdots, n$；

n——客户数。

利用节约法制定出的配送方案除了使总的周转量最小外，还应满足以下要求：

(1) 方案能满足所有用户的到货时间要求。

(2) 不使车辆超载。

(3) 每辆车每天的总运行时间及里程满足规定的要求。

2) 节约法的基本思想

节约法的目标是使所有车辆行驶的总里程最短，并进而使为所有站点提供服务的车辆数最少。首先假设每一个站点都有一辆虚拟的卡车提供服务，随后返回仓库，由配送中心 P 向用户 A、B 配货，这时的路线里程是最长的，如图 2.29 所示；然后，将两个站点合并到同一条线路上，减少一辆运输车，相应地缩短路线里程。在图 2.30 中，合并线路之前的总里程为 2PA＋2PB，合并后的路线总里程为 PA＋AB＋PB，缩短的线路里程为 PA＋PB－AB。

继续上述的合并过程。如果是多站点配送(3 个及以上)，除了将两个单独的站点合并在一起外，还可以将某站点并入已经包含多个站点的线路上，同样可以达到节省配送费用、缩短线路里程的目的，缩短的里程同样可以计算出来。应该注意的是，每次合并都要计算所缩短的距离，节约距离最多的站点就应该纳入现有线路；如果由于某些约束条件(如线路过长、无法满足时间窗口的限制或车辆超载等)，节约距离最多的站点不能并入该线路，则应考虑节约距离次多的站点，直至该线路不能加入新的站点为止。然后重复上述整个过程至所有站点的路线设计完成。

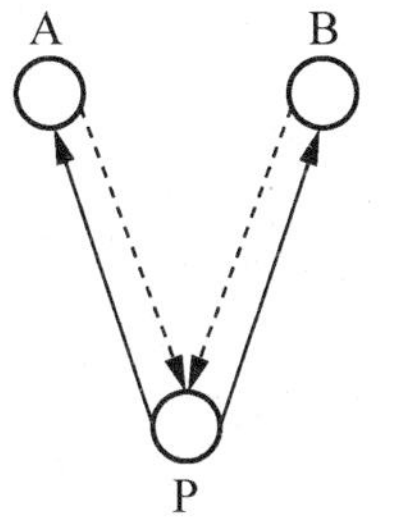

图 2.29 合并前路线

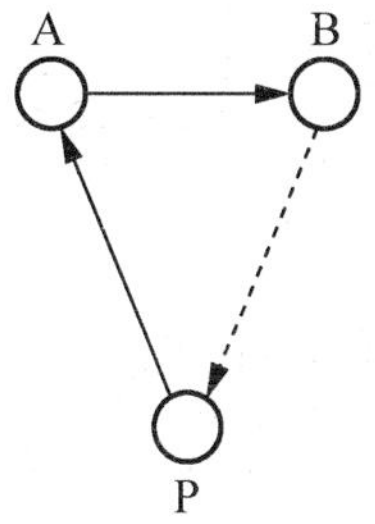

图 2.30 合并后路线

节约法在按照最大节约值原则将站点归入某条路线之前，预先考查加入该站点后路线的情况，而且还要考虑一系列关于路线规划的问题，如行车时间、时间窗口限制、车辆载重等。这种处理方法能够处理有众多约束条件的实际问题，而且可以同时确定路线和经过各站点的顺序，有较为强大的处理能力。但是，随着约束条件的增加，扩展问题难度加大，节约法不能保证得到最优解，但是可以获得合理解。

下面举例说明节约法的求解过程，图 2.31 所示为某配送中心的配送网络。

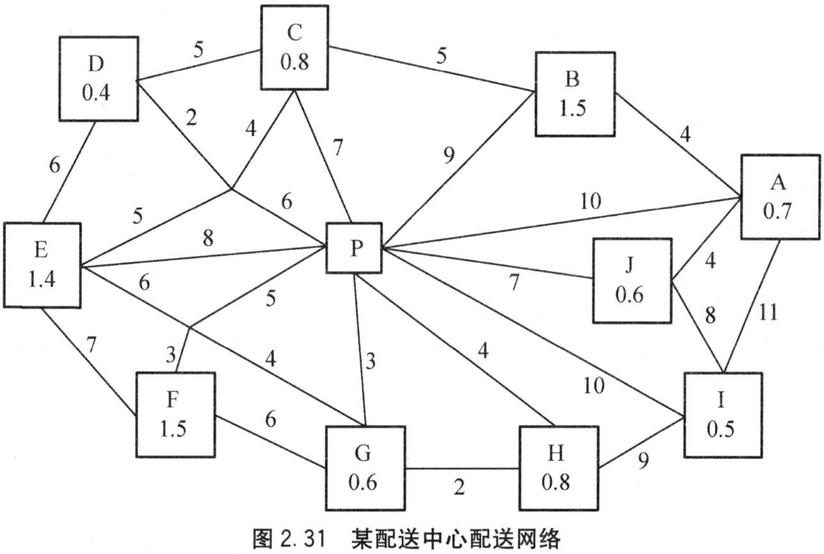

图 2.31 某配送中心配送网络

图中 P 点为配送中心，A～J 为配送客户，共 10 位客户，方框内数字为配送货物吨数，线路上的数字为道路距离，单位为“km”。

【例 2】 现配送中心有额定载重量分别为 2t 和 4t 两种厢式货车可供送货，试利用节约法设计最佳送货路线(本题的距离单位为“km”)。

解 第一步，首先计算网络节点之间的最短距离(可采用最短路求解)。计算结果如图 2.32所示。

	P									
A	10	A								
B	9	4	B							
C	7	9	5	C						
D	8	14	10	5	D					
E	8	18	14	9	6	E				
F	8	18	17	15	13	7	F			
G	3	13	12	10	11	10	6	G		
H	4	14	13	11	12	12	8	2	H	
I	10	11	15	17	18	18	17	11	9	I
J	7	4	8	13	15	15	15	10	11	8

图 2.32　最短配送线路表

第二步，根据最短距离结果，计算出各客户之间的节约行程。计算结果如图 2.33 所示。

	A								
B	15	B							
C	8	11	C						
D	4	7	10	D					
E	0	3	3	10	E				
F	0	0	0	3	9	F			
G	0	0	0	0	1	5	G		
H	0	0	0	0	0	4	5	H	
I	9	4	0	0	0	1	2	5	I
J	13	8	1	0	0	0	0	0	9

图 2.33　配送路线节约行程表

计算 A—B 的节约行程：

P—A 距离　PA=10

P—B 距离　PB=9

A—B 距离　C=4

则节约行程为 10+9−4=15

第三步，对节约行程按数字大小顺序进行排列(表 2-31)。

表 2-31　节约行程排序表

序　　号	连接点	节约里程	序　　号	连接点	节约里程
1	A—B	15	13	F—G	5
2	A—J	13	13	G—H	5
3	B—C	11	13	H—I	5
4	C—D	10	16	A—D	4
4	D—E	10	16	B—I	4

续表

序　　号	连接点	节约里程	序　　号	连接点	节约里程
6	A—I	9	16	F—H	4
6	E—F	9	19	B—E	3
6	I—J	9	19	D—F	3
9	A—C	8	21	G—I	2
9	B—J	8	22	C—J	1
11	B—D	7	22	E—G	1
12	C—E	6	22	F—I	1

第四步，按节约行程排列顺序表。

(1) 初始方案。从配送中心 P 分别向各个客户进行配送，共有 10 条配送路线，总行程为 148km，需 2t 货车 10 辆(每一客户的货量均小于 2t)。

(2) 二次解。按照节约行程的大小顺序连接 AB、AJ、BC，同时取消 PA、PB 路线，形成巡回路线 P—J—A—B—C—P 的配送线路 I，装载货物 3.6t，运行距离为 27km，需 4t 货车 1 辆。这时配送路线总运行距离为 109km，需 2t 货车 6 辆、4t 货车 1 辆。

(3) 三次解。按节约里程大小顺序，应该是 C—D 和 D—E，C—D 和 D—E 都有可能并到线路 I 中，但考虑到单车载重量和线路均衡(如规定每次运行距离为 30km 以内)，配送线路 I 不再增加配送客户，为此连接 DE，形成 P—D—E—P 初始配送线路 II，其装载重量为 1.8t，运行距离 22km，需 2t 货车 1 辆。此时，共有配送线路 6 条，总行程 99km，需 2t 货车 5 辆，4t 货车 1 辆。

(4) 四次解。接下来节约里程顺序是 A—I、E—F，由于客户 A 已组合到配送线路 I 中，且该线路不再扩充客户，故不连接 AI；连接 EF 并入配送线路 II 中，并取消 P—D、P—E 线路，形成 P—D—E—F—P 配送线路 II，装载量为 3.3t，运行距离为 29km，需 4t 货车 1 辆。此时配送线路共有 5 条，总运行距离为 90km，需 2t 货车 3 辆，4t 货车 2 辆。

(5) 五次解。按节约行程顺序接下来应该是 I—J、A—C、B—D、C—E，但这些连接已包含在配送线路 I 或 II 中，故不能再组合成新的线路。接下来是 F—G，可组合在配送线路 II 中，形成 P—D—E—F—G P 满车的配送线路 II，此时线路 II 的装载量为 3.9t，运行距离为 30km，还是 4t 货车 1 辆。这样共有 4 条线路，总行程为 85km，需 2t 货车 2 辆，4t 货车 2 辆。

(6) 最终解。接下来节约里程顺序为 G—H，由于受装载量限制，不再组合到线路 II 中，故连接 HI 组成配送线路 HI，其装载量为 1.3t，运行距离为 23km，此时共有三条配送线路，总行程为 80km，需 2t 货车 1 辆，4t 货车 2 辆。

配送线路如下：

线路一　P—J—A—B—C—P，需 1 辆 4t 货车

线路二　P—D—E—F—G—P，需 1 辆 4t 货车

线路三　P—H—I—P，需 1 辆 2t 货车

3）节约法的注意事项

（1）适用于有稳定客户群的配送中心。

（2）各配送线路的负荷要尽量均衡。

（3）实际选择线路时还要考虑道路状况。

（4）要考虑驾驶员的作息时间及客户要求的交货时间。

（5）可利用计算机软件进行运算，直接生成结果。

【应用案例】

威佳物流的难题

威佳物流是一家食品配送企业，企业自成立以来利润微薄，资金链经常出现问题。经过分析，发现主要原因是企业配送成本过高，配送车辆往往不能满载，经常出现空驶返程现象，而且有时因为车辆不够用而租用车辆。

【案例思考】

如何解决该公司目前的难题？

【复习题】

（1）简述配送线路优化的原则。

（2）简述节约法思想。

（3）简述最短路径法的步骤。

（4）设配送中心 P 向 5 个客户 P_j 配送货物。配送中心有载重量为 4、5、6 的车辆若干。各客户需求量为 Q_j，从配送中心到客户的距离为 d_{0j}，客户之间距离为 d_{ij}，相关参数见表2－32，客户之间的距离如图 2.34 所示。请制定最优配送方案。

表 2－34　相关参数表

P_j	1	2	3	4	5
Q_j	1.2	1.7	1.5	1.4	1.7
d_{0j}	9	14	21	23	22

P_1				
5	P_2			
12	7	P_3		
22	17	10	P_4	
21	16	21	19	P_5

图 2.34　客户之间距离

实训项目：配送线路优化

【实训目的】

(1) 通过实践，能够进行直送式、分送式配送线路选择，同时保证物品配送质量。

(2) 能够利用节约法进行配送线路选择。

【实训准备】

(1) 学会直送式、分送式配送线路选择方法；应用节约法。

(2) 将全班学生分成若干组，每组选定组长1人，准备交通图1张，假设客户点若干个。

(3) 学习时间安排2～4学时。

(4) 模拟工作环境，需要学院的仓库实训室、机房等资源配合。

【实训实施】

(1) 求图2.35中从A到B的最短路线和里程。

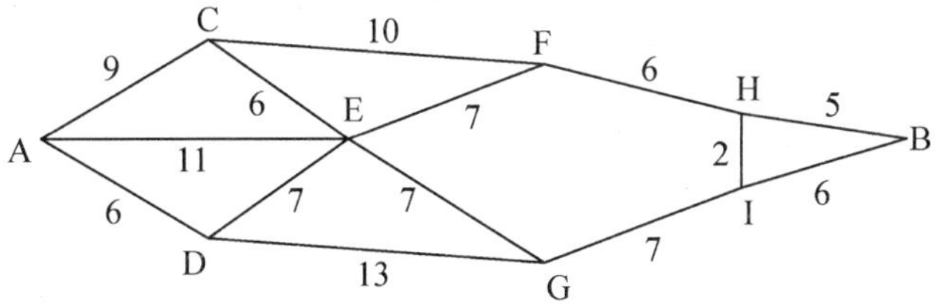

图2.35 配送线路图

(2) 配送中心P向12个客户P_j($j=1, 2, \cdots, 12$)配送货物。各个客户的需求量为Q_j，从配送中心到客户的距离为d_{0j}($j=1, 2, \cdots, 12$)，各个客户之间的距离为d_{ij}，具体数值如表2-33和图2.36所示，配送中心有4t、5t和6t这3种车辆可供调配，试制定最优配送方案。

表2-33 配送中心P与12个客户P_j关系参数表

P_j	1	2	3	4	5	6	7	8	9	10	11	12
Q_j	1.2	1.7	1.5	1.4	1.7	1.4	1.2	1.9	1.8	1.6	1.7	1.1
d_{0j}	9	14	21	23	22	25	32	36	38	42	50	5

P_1											
5	P_2										
12	7	P_3									
22	17	10	P_4								
21	16	21	19	P_5							
24	23	30	28	9	P_6						
31	26	27	25	10	7	P_7					
35	30	37	33	16	11	10	P_8				
37	36	43	41	22	13	16	6	P_9			
41	36	31	29	20	17	10	6	12	P_{10}		
49	44	37	31	28	25	18	14	12	8	P_{11}	
51	46	39	29	30	27	20	16	20	10	10	P_{12}

图2.36 12个客户之间距离

【实训考核】

实训评价有教师评价、小组内部成员评价和第三方评分组成员评价 3 种方式，建议教师评价占 60%的权重，小组内部成员评价占 20%的权重，第三方评分组成员评价占 20%的权重，将三者综合起来的得分为该生在该项目的评价分。实训评价表见表 2-34。

表 2-34　实训工作评价表

考评人		被考评人	
考评地点			
考评内容	实训项目		
考评标准	具体内容	分值	实际得分
	工作态度	20	
	沟通水平	20	
	直送式线路优化	30	
	分送式线路优化	30	
合　计		100	

注：考评满分 100 分，60 分以下为不及格，60～69 分为及格，70～79 分为中，80～89 分为良，90 分以上为优。

行动三

车辆调度与送货作业

CHELIANG DIAODU YU SONGHUO ZUOYE

【学习目标】

了解车辆计划的制订，掌握车辆调度和车辆营运管理的方法，熟悉送货作业规程，了解特殊货物的运输组织。

【学习任务】

通过本行动模块的学习，要求学生能够制订车辆计划，熟悉车辆调度的方法，对仓储与配送企业的车辆能准确地实施调度与车辆营运管理；能够指导送货作业，实施送货作业管理，制定送货作业规程；了解特殊货物的运输组织内容。

【任务实施】

(1) 制定学习目标。

(2) 确定完成任务的路径和方法。

(3) 搜集和整理学习资料。

(4) 通过企业实践、小组讨论分析和对比学习资料，掌握和巩固所学的知识。

本部分的工作任务主要是熟悉车辆计划制订、车辆调度、车辆营运管理、送货作业、特殊物品运输组织等基本概念及相关知识，首先要确定车辆计划，分析和整理运输工作量，调度车辆，实施送货；其次，对车辆营运过程进行管理，对特殊货物的运输能够有效地组织。通过小组实训掌握和巩固所学的知识。

【行动案例】

一辆装满海尔空调的厢式货车驶出海尔集团（简称海尔）亦庄物流中心的大门，开到 8km 以外旧宫的海尔专卖店卸货。这辆 6m 长的大卡车上没有任何海尔标识，司机苗师傅和他雇佣的一个司机负责运输和搬运。他原本是一位个体运输老板，一年前加盟海尔后，只要他每天能完成海尔的任务，每月就能拿到 9300 元的配送费。

在大货车开出海尔亦庄仓库的同时，青岛海尔物流有限公司(简称海尔物流)北京配送中心的经理就能在办公室的计算机屏幕上看到车辆实时的位置。

最繁忙的时候，海尔同时跑在路上的加盟车辆多达 1.6 万台，它们没有一辆真正属于海尔，却都在为海尔提供服务。经过海尔物流信息系统的联结，这支队伍组成了中国家电物流行业最大的一条配送供应链，海尔位于链主的位置，掌控整个运输队，它在全国共拥有 42 个类似的物流基地。

集团每年巨大的销售额形成的 300 多万份物流订单，是海尔物流最大的靠山，庞大的配送规模令海尔物流能最大程度地压缩成本，使分摊到每一件海尔产品的运输成本并不高于同行。

海尔物流的低成本建立在外包运输给苗师傅这样的个体户的基础之上。海尔最吸引他们的是源源不断的配送订单。在整个家电物流行业，整合个体运输司机是最通用的降低物流成本的手段。对海尔物流来说，如果不把订单外包给个体运输老板，物流投入将高到公司无法想象和控制的地步。

为了让这支外包队伍以统一的形象面对客户，海尔建立了一套培训和激励体系来管理这些松散的货车司机，让他们在对客户提供物流服务时达到海尔的要求。每个加盟海尔的司机在与海尔物流签订合同后都会接受一周多的培训，主要是服务标准培训。同时，海尔有一套完善的客户调查体系，保证客户对每位司机服务质量的监督。

在海尔的整个售后服务体系中也有类似的外包做法。从 2009 年起，海尔就在从制造业向服务业转型。从事海尔电器售后服务的大部分都是加盟的电器维修个体户。

另一电器巨头美的集团也拥有一家类似的物流公司——安得物流股份有限公司(简称安得物流)。海尔物流 2009 年销售额将近 20 亿元，比安得物流的 18 亿元略高，这是目前国内最大的两家家电物流企业。不过，不管是海尔物流还是安得物流都不得不面临一个事实，它们如果想作为一个独立的公司存在和发展，就不能长久依赖于背后的集团靠山。安得物流曾在去年尝试上市，但证监会以其“对大股东依附太强”为由未予批准。

海尔物流管理人员表示在保证为集团提供的服务水平不降低的前提下，海尔物流计划在未来扩大第三方物流服务，将该业务在其收入中的占比从 10%扩大至 50%。

但海尔物流想要快速扩大规模仍面临不小的阻力。目前，海尔物流第三方客户主要来自与海尔有合作关系的大型跨国公司，如通用电气公司、索尼集团、夏普集团和 LG 集团。这些外资家电公司在中国的渠道薄弱，而海尔则在三四级渠道市场拥有青岛日日顺乐家贸易有限公司这样的控股代理商。但除了品牌代理这种方式外，其他家电品牌通常不愿意将自己的物流生命线交给竞争对手打理。海尔本身从白色家电到黑色家电的全方位生产线布局，让海尔在家电产品各个品类上都有竞争对手。

反而是海尔的一些上游供应商为海尔物流提供了大笔订单。例如，宝钢海尔物流，海尔要求钢材下线后直接运到海尔工厂附近的仓库存放，这样就不需要宝钢单独再建立仓库，造成仓储资源的浪费。通用电气公司、艾默生集团、巴斯夫集团、陶氏集团等 50 多家世界 500 强企业都是海尔上游供应商的一员，这批跨国公司以其高科技和新技术参与到海尔产品的前端设计，也会向海尔提供很多核心配件，而这些库存管理都交由海尔物流在做。

海尔物流的独立运作增加了集团物流运送的效率。根据该公司提供的数据，海尔物流使集团的物流成本降低约 5%，其产品库存周转天数由过去的 40 多天变为现在的 5 天，还不到行业平均值的 1/10，这意味着更快的资金周转速度和更高的总利润。不过，隔行如隔山，海尔物流若想挤进更多的行业，恐怕还要花更多的心思。

（资料来源：根据 http：//www.chinawuliu.com.cn/cflp/newss/content1/201106/764_35044.html. 资料整理）

一、车辆计划

车辆计划的制订是车辆管理的关键，也是降低运输成本乃至物流成本的主要内容。

1. 车辆计划的概念与编制

1）车辆计划的概念

车辆计划即企业计划期内的运力计划，主要表明企业在计划期内营运车辆类型及各类车辆数量的增减变化情况及其平均运力。它是衡量企业运输生产能力大小的重要指标，可为编制运输生产计划提供企业生产经营实力的依据。在编制运输量计划的同时，应编制车辆计划。车辆计划的主要内容包括车辆类型及区分年初、年末及全年平均车辆数、各季度车辆增减数量、标记吨位等(表2－35)。

表2－35　车辆计划

类别		额定吨位	年初		增(＋)或减(－)			年末		全年平均	
			车数	吨位	季度	车数	吨位	车数	吨位	车数	总吨位
货车	大型货车										
	中型货车										
	零担货车										
	集装货车										
挂车	全挂车										
	半挂车										

2）车辆计划的编制

车辆计划是反映运输企业在计划期内营运车辆数及其参数的变化情况。它是确定企业运输量的主要依据之一。

(1) 确定年初车辆数及吨(座)位数、增加与减少车辆数、标记吨位、年末车辆数及吨(座)位数、车辆数、平均总吨位数。

年初车辆数及吨(座)位数应根据上期末统计实有数据列入。对于这些车辆，首先应对其技术状况进行鉴定，对于性能降低、燃油耗费高、维修频繁的车辆，应考虑是否需要淘汰。再根据编制的运输量计划和预测的运输需求资料，研究原有车辆在类型上的适用程度：哪些类型的车辆多余，哪些类型的车辆不足，最后确定其应该增减的数量。

增加车辆包括由其他单位调入和新增的车辆。对于欲增加的车辆，应考虑是否具有足够的资金、车型是否合适、是否具备相应的技术人员及配套设施等情况；减少车辆包括报废车辆、调给其他单位的车辆、经批准封存的车辆和由营运改为非营运的车辆。对于将要减少的车辆，应确定一种合理可行的处置方法。

车辆的标记吨位应以记载于行车执照上的数据为准，不得随意更换改动。若车辆进行过改装，则应以改装后的数据为准。

年末车辆数及吨(座)位数，按计划期内车辆增、减变化后的实际数据统计。

车辆计划编制过程中经常用到车辆数和平均总吨位数。车辆数为平均车数，指货运企业

在计划时期内所平均拥有的车辆数。平均总吨位数指货运企业在计划时期内平均拥有的吨位总数。相关计算公式为

$$平均车数=\frac{计划营运车日总数}{计划期日历天数}$$

$$平均每日吨(座)位数=\frac{计划营运车吨(座)日总数}{计划期日历天数}$$

$$平均平均吨位=\frac{计划营运车吨(座)日总数}{计划期营运车日总数}$$

$$车吨(座)日=营运车日\times标记吨(座)位$$

式中：一个营运车日指一辆营运车列入计划一天；一个营运车吨(座)日指一个营运车吨(座)位列入计划内一天。

平均车数和平均总吨位数指的是运输企业在计划期内可以投入营运的运力规模的大小，不能等同于企业拥有的车辆数和吨位数，其区别在于是否投入营运。平均车数和平均总吨位数是整个车辆计划的主要数据。

(2) 确定车辆增减时间。增减车辆的时间通常采用“季中值”法确定，即不论车辆是季初或季末投入或退出营运，车日增减计算均以每季中间的那天起算。这是因为在编制计划时很难预计车辆增减的具体月份和日期。

为简化计算工作，可采用表 2-36 所列近似值作为计算各季度车辆增加后或减少前在企业的保有日数。

表 2-36　增加车辆季中计算日数

时　　间	第一季度	第二季度	第三季度	第四季度
增加后计算日数	320	230	140	45
减少前计算日数	45	140	230	320

【例 1】 某企业计划第三季度增加营运车辆 20 辆，则增加的营运车日数为多少？

解　由表 2-36 可知，该企业增加的营运车日数为

$$增加车日=20\times140=2800(车日)$$

【例 2】 某企业年初有额定载重量 3t 的货车 40 辆，4t 的货车 50 辆，第三季度增加 5t 的货车 40 辆，第四季度减少 3t 的货车 10 辆。计算该企业年初车数、年末车数、总车日、平均车数、平均总吨位和平均吨位。

解　年初车数$=40+50=90$(辆)

年末车数$=40+50+40-10=120$(辆)

总车日$=(40-10)\times365+50\times365+40\times140+10\times320=38\ 000$(车日)

平均车数$=30\ 888\div365\approx104$(辆)

全年总车吨日数$=(40-10)\times365\times3+50\times365\times4+40\times140\times5+10\times320\times3$
$=143\ 450$(车吨日)

平均每日吨(座)位数$=143\ 450\div365\approx393$(t)

车辆平均吨位$=143\ 450\div38\ 000=3.775\approx3.8$(t)

2. 车辆运用计划

1）车辆运用计划的概念

运输量计划中所确定的运输任务能否如期完成，不但与车辆计划所确定的车辆有关，还

与车辆运用效率有直接关系。同等数量、同样类型的车辆，由于运用效率有高有低，所以完成的运输工作量不会相等。

车辆运用计划是运输企业在计划期内全部营运车辆生产能力利用程度的计划，是计划期内车辆的各项运用效率指标应达到的具体水平。车辆运用计划是根据运输量计划、车辆计划来确定的，是平衡运力与运量计划的主要依据之一，同时也是企业生产经营计划、技术计划、财务计划和核算的重要组成部分。因此，车辆计划必须与车辆运用计划紧密结合。

车辆运用计划由一套完整的车辆运用效率指标体系所组成，通过这些指标的计算，最后可以求出车辆的计划运输生产效率，车辆运用计划的主要内容见表 2－37。

表 2－37　车辆运用计划

指标		上年度实情	本年度完成情况					本年计划与上年度实绩比较
			全年	第一季度	第二季度	第三季度	第四季度	
汽车	营运总车日							
	平均营运车辆							
	平均每日吨位数							
	车辆平均吨位							
	车辆完好率							
	车辆工作率							
	工作车日数							
	平均车日行程							
	总行程							
汽车	里程利用率							
	载重行程							
	载重行程周转量							
	载重量利用率							
	货物周转量							
挂车	托运率							
	货物周转量							
汽挂车综合	货物周转量							
	平均运距							
	货运量							
	车吨年产量							
	单车期产量							
	车吨位产量							

2）车辆运用计划编制的依据

（1）企业运输组织管理水平和手段。包括企业车辆运用效率指标的历史水平、劳动组织方式、管理手段及调度技术等。

(2) 货源的分布及组织情况。在编制车辆运用计划时，对货源的充沛程度及货流量在时间和空间的分布情况等必须予以注意。若货源不足或货流在时间和空间上不均衡，车辆就不能保持较高的实载率，还会使挂车不能充分利用，影响托运率的提高。

(3) 车辆完好率水平。车辆完好率与车辆工作率之间存在着一定的制约关系，即车辆完好率应该大于等于车辆工作率。在编制车辆运用计划时，必须首先确定车辆完好率的计划值，也就是车辆工作率的计划值，应以车辆完好率的计划为极限。如果货源充足，车辆完好率不高，那么许多车辆经常处于非技术完好状态，提高车辆工作率便失去保障，成为空中楼阁。车辆完好率低而强行提高车辆工作率，只能出现诸如燃料消耗增加、机件故障频出等问题。

3）车辆运用计划的编制

车辆运用计划编制的最关键问题是确定各项车辆运用效率指标的值。各指标的确定应以科学、合理、可行、先进而有弹性为原则，应能使车辆在时间、速度、行程、载重量和动力等方面得到充分合理的利用，还应充分考虑市场供求关系、企业经营方针、经济效益和安全生产等方面的因素。科学合理的指标为组织运输生产经营提供了可靠的保证；反之，不切实际的指标必然直接影响运输计划的贯彻执行。

在编制车辆运用计划时，根据各营运车辆的平均运用效率指标和预计计划期内的平均车数，求出计划中期可以完成的运输工作量。将计算结果与计划期需要完成的运输工作量(即运输量计划中的计划运输量)进行比较，若计划期可能完成的运输工作量不小于计划期需要完成的运输工作量，表示各项车辆运用效率指标值能达到测算时采用的同等水平，便可以顺利完成计划期内的运输任务。若小于，就应适当调整有关车辆运用指标。但调整的幅度应符合本企业的实际情况，不能无根据地任意提高各项指标的计划值，否则，将直接影响运输量计划的贯彻执行。当车辆运用效率指标达到企业实际的最大极限时，就只能考虑削减运输量计划或增加营运车辆的数量。无论是调整哪一项车辆运用效率指标，都必须以相应的技术组织措施为保证。例如，要提高工作率必须有更高的完好率；要保证更高的完好率，就要求车辆维修工作、配件供应、维修工人数量和技术水平、维修场地等方面有相应措施。

编制车辆运用计划的方法有顺序编法和逆序编法两种，如下所述：

(1) 顺序编法。顺序编法是以“可能”为出发点，即先确定各项效率指标值，在此水平上确定计划可完成的运输工作量。其具体计算过程为首先根据计算汽车生产率的顺序，逐项计算各项利用效率指标的计划数值，再计算保持相同水平时，可能完成的运输工作量，最后与运输量计划相对照。如果符合要求，表明可以完成任务，就可根据报告期的统计资料和计划期的货源落实情况，计算计划期的各项利用效率指标的数值，编制车辆运用计划；如果计算的结果与运输量计划有较大差异，特别是低于运输量计划时，则应调整各项车辆运用效率指标，直到两者基本相等时，才能据以编制车辆运用计划。

【例 3】 某汽车货运企业第一季度平均营运货车数为 100 辆，其额定吨位为 5t。经分析测算，全年平均车辆完好率可达 95%，由于各种原因导致停驶的完好车辆占营运车辆总数的 5%，技术速度为每小时 60km，工作车时利用率为 70%，平均每日出车时间为 10h，总行程中的空驶行程占 40%，吨位可得到充分的利用，运输量计划中所示的平均运输距离为 80km，货物周转量为 10 200 000t·km。根据这些资料，确定各项车辆运用效率指标的计划值，并据此编制车辆运用计划底稿。

解

$$车辆工作率=95\%-5\%=90\%$$

$$平均车日行程=60\times10\times70\%=420(km)$$

里程利用率=1−40%=60%

载重量利用率=100%

根据各项车辆运用效率指标计划值的计算，该货运企业可完成的货物周转量为

100×90%×420×90×60%×5×100%=10 206 000(t·km)

与已定运输量计划指标 10 200 000t·km 相对照，略有超额，基本符合要求，可据此编制车辆运用计划(表 2－38)。

表 2－38 车辆运用计划底稿

指　　标	单　　位	计算过程	计划值
营运车日数	车日	100×90	9000
平均营运车辆	辆	9000÷90	100
平均每日吨位	t	100×90×5÷90	500
车辆平均吨位	t	100×90×5÷9000	50
完好率			95%
工作率		95%−5%	90%
工作车日数	车日	100×90×90%	8100
工作车日利用率			70%
技术速度	km/h		60
平均车日行程	km	60×10×70%	420
总行程	km	420×8100	3 402 000
里程利用率		1−40%	60%
载重行程	km	3 402 000×60%	2 041 200
载重行程周转率	t·km	2 041 200×5	10 206 000
载重量利用率			100%
货物周转量	t·km	10 206 000×100%	10 206 000
平均运距	km		80
货运量	t	10 206 000÷80	127 575
单车期产量	(吨·千米)/辆	10 206 000÷100	102 060
车公里产量	t	10 206 000÷3 402 000	3

(2) 逆序编法。逆序编法是以“需要”为出发点，通过既定的运输工作量来确定各项车辆运用效率指标必须要达到的水平。各指标值的确定必须经过反复测算，保证具有完成运输任务的可能。同时也要注意，不应完全受运输量计划的约束，若把各项车辆运用效率指标的计划值降得过低，则会抑制运输生产能力的合理发挥。

【例 4】某汽车货运公司某年第二季度运输量计划中确定的计划货物周转量为7 290 000t·km，货运量为 91 125t，车辆计划中确定的营运车辆数为 100 辆，额定吨位为 5，完好率为 95%，工作率为 85%～90%，平均车日行程为 178～200km，里程利用率 65%～75%，载重量利用率为 90%～100%，托运率为 30%。试用逆序编法编制车辆运用计划。

解 根据逆序编法，先确定各项车辆运用效率指标。

① 主车产量=7 290 000×(1−30%)=5 103 000(t·km)

② 车吨日＝100×90×5＝45 000(吨日)

③ 车吨日产量＝计划期主车换算周转量/同期总车吨日数＝510 300÷45 000＝113.4(t·km)即第一季度每一个车吨日必须完成 113.4 吨千米的周转量才能完成运输计划。

④ 确定工作率、平均车日行程、里程利用率和载重量利用率的值。

车吨日产量＝工作率×平均车日行程×里程利用率×载重量利用率

现在需要确定车辆工作率、平均车日行程、里程利用率和载重量利用率这 4 项指标分别达到多少才能使车吨日产量达到 113.4t·km。

⑤ 确定各种指标：工作率为 90%，平均车日行程 185km，里程利用率为 70%，载重量利用率为 97.4%，在此指标上可完成的运输总周转量为

90×100×5×90%×185×70%×97.4%×1÷(1−30%)＝7 297 695(t·km)

测算出的总周转量大于运输量计划确定的周转量 7 290 000t·km，可以确保完成第一季度的运输任务。据此编制的该季度的车辆运用计划底稿见表 2-39。

表 2-39　第一季度车辆运用底稿

指　　标		单　　位	计算过程	计划值
汽车	营运总车日	车日	100×90	9000
	平均营运车辆	辆		100
	平均每日吨位数	t	100×5	500
	车辆平均吨位	t		5
	车辆完好率			95%
	车辆工作率			90%
	工作车日数	车日	9000×90%	8100
	平均车日行程	km		185
	总行程	km	185×8100	1 498 500
	里程利用率	km		70%
	载重行程	km	1 498 500×70%	1 048 950
	载重行程周转量	t·km	1 048 950×5	5 244 750
	载重量利用率			97.4%
	货物周转量	t·km	5 244 750×97.4%	5 108 386.5
挂车	托运率			30%
	货物周转量	t·km	5 108 386.5×30%÷(1−30%)	2 189 308.5
汽挂车综合	货物周转量	t·km	5 108 386.5+2 189 308.5	7 297 695
	平均运距	km	7 290 000÷91 125	80
	货运量	t	7 297 695÷80	91 221.2
	车吨年产量	(吨·千米)/辆	7 297 695÷100÷5	14 595.4
	单车期产量	(吨·千米)/辆	7 297 695÷100	72 977
	车吨位产量	t	7 297 695÷5÷97.4%	1 498 500

3. 车辆运行作业计划

1）车辆运行作业计划的概念

车辆运行作业计划是为了完成运输生产计划和实现具体的运输过程而编制的运输生产作业性质的计划。它具体规定了每一辆汽车(列车)在一定时间内必须完成的运输任务、允许的作业时间和应达到的运用效率指标。车辆运行作业计划的主要任务表现为两个方面：一方面是把企业基层车队、车站和车间以及有关职能部门有机地组织起来，协调一致地开展工作；另一方面是不断提高运输效率，保证企业按日、按期均衡地完成运输任务，全面地完成各项技术经济指标。

车辆运行作业计划的主要作用是将运输生产计划中所规定的各项任务，按照月、旬、日以至于运次，具体、合理地分配到各基层生产单位，保证企业生产计划能够按质、按量、按期完成。

2）编制车辆运行作业计划的重要性

车辆运行作业计划是运输生产计划的具体执行计划，是运输生产计划的继续。运输生产计划虽然按年、季和月安排了生产任务，但它只是粗略的、纲领性的生产目标，不可能对运输生产的细节做出细微的安排。因此，必须制订车辆运输作业计划，以便实现具体的运输生产过程。

运输生产活动具有社会性，需要有比较严格的分工，为了保证运输生产活动按计划、有序地进行，必须用车辆运行作业对运输生产活动做出具体的安排与部署。由于车辆运行作业计划规定了每一辆车在一定时间内应该完成的运输任务、允许的作业时间、必须达到的效率指标以及有关的注意事项，所以它是有计划地、均衡地组织企业日常运输生产活动，建立正常生产秩序，按期完成生产计划，提高经济效益的重要手段，也是工作人员进行生产活动的准则。

3）车辆运行作业计划的类型

(1) 长期运行作业计划。长期运行作业计划适用于经常性的大批量的货物运输任务，如煤炭运输。通常其运输线路、起讫地点、停靠站点、运输量及货物类型等都比较固定。计划执行期有半月、1 月及数月(季度)，也可以是 1 旬、1 周。

(2) 短期运行作业计划。其适应性较强，适用于装卸点较多、流向复杂、货物品种比较繁多以及当天不能折返的货运任务。可对之编制周期为 3 日、5 日等的作业计划，其计划工作量大，要求有较高的调度水平。

(3) 日运行作业计划。日运行作业计划主要适用于货源多变、货源情况难以早期确定和临时性任务较多的货运任务，并且仅安排次日的运行作业计划。

(4) 运次运行作业计划。运次运行作业计划通常适用于临时性或季节性、起讫地点固定的反复式的运输线路。编制简单，调度方便，一般是根据运距长短、道路情况及装卸条件等，确定每辆车往返运次和应完成的运输工作量。大批量短途货运任务，如粮食入库、工地运输等常常采用这种计划形式。

4）车辆运行作业计划的编制

车辆运行作业计划的编制依据当月的货运任务和已经接受的托运计划和运输合同、计划期的出车能力和装卸货地点的装卸能力、车辆运行作业计划的各项技术参数等，并且其编制必须按照一定的程序进行。

(1) 编制车辆运行作业计划的依据。在市场经济条件下，编制车辆运行作业计划必须以运输市场调查和预测资料为基础，并结合企业内部生产能力以及车辆技术状况。其主要依据有：

① 当月的货运任务和已经接受的托运计划和运输合同。车辆运行作业计划是对如何完成运输任务做出的作业性安排，所以已确定的任务是编制车辆运行作业计划的首要依据。

② 运输市场及货物流量、流向、时间等调查预测资料和长期运输合同。这是编制长期运行作业计划的依据。

③ 计划期的出车能力和装卸货地点的装卸能力。要想有较高的出车能力，就必须提高车辆的维修质量，合理安排车辆的维修工作。车辆维修作业计划安排有车辆进行维护和修理的作业时间，编制车辆运行作业计划应预留其进行维修作业的时间，不要影响维修作业计划的执行。货物装卸地点的装卸能力和现场情况也是影响运输效率的重要条件。如有些货物装卸地点可以同时容纳多辆车进行作业，有的则只能接受一辆车，有些站点配备有适用的装卸机械，有些站点则没有，等等。

④ 车辆运行作业计划的各项技术参数。如站距(一个运次的装卸地点之间的距离或沿线办理货运业务相邻车站之间的距离)、车辆的平均技术速度(即车辆实际行驶时的平均速度)、技术作业时间(指按技术管理规定的要求在运行途中停车进行技术检查的时间和加油、加水的时间)和商务作业时间(指企业规定的旅客上、下车，行包和货物装卸作业等所需的时间)。

⑤ 车辆运行计划中车辆运行效率指标的要求。车辆运行作业计划中的各项指标，如车辆工作率、里程利用率、托运率等必须达到所期望的水平，以保证车辆运用计划的完成，其中车吨日产量和车千米产量又是重中之重。

运输服务区域计划期内的道路交通情况和气象情况，充分考虑企业的现实与发展。车辆运用效率的高低受外界因素如交通、公路基础设施和气候、地理等条件限制较大，所以在编制车辆运行作业计划时，应注意收集这方面的资料。

(2) 编制的程序。编制车辆运行作业计划是一项复杂细致的工作。在货源比较充足时，要编好车辆运行作业计划，保持良好的运输生产秩序，不失时机地完成尽可能多的运输业务。当货源比较紧张时，也要通过编制车辆运行作业计划，尽可能提高车辆运用效率。

车辆运行作业计划的编制程序依次为：

① 根据货运任务资料确定货源汇总和分日运送计划。

② 认真核实全部营运车辆的出车能力及出车顺序，逐车妥善安排车辆、保修计划。

③ 根据有关资料，逐车编制运行作业计划，合理选择车辆行驶路线，妥善地确定运行周期，根据货物类型和性质选配适宜车辆，交付运行调度组织执行。

④ 检查各车运行作业计划执行情况，及时处理执行中出现的问题并予以解决，为编制下期运行作业计划做好准备。

⑤ 根据有关政策及企业运输计划要求进行运行作业计划编制效果的审核。

二、车辆调度

1. 车辆调度工作概述

1）车辆调度工作的概念

运输的主要任务是按照顾客的要求及时将顾客所需要的商品准确地送到客户的手中，要想实现此任务不仅需要车辆计划准确制订，最关键的是将车辆计划准确地落实到具体的实施过程中，即企业调度部门的调度工作。

车辆调度工作是通过车辆运行作业计划和调度命令，将企业内的车站、车队、广场、装卸等各个环节进行合理安排，使各个部门在时间和空间上有效衔接，紧密配合，组成一个为完成统一的目标而协调动作的整体，保证运输生产过程的连续性和均衡性。

2）车辆调度工作的任务

车辆调度的主要工作就是完成企业的车辆计划，将企业的车辆运行作业计划转化为企业的车辆具体运作过程，充分发挥车辆运用的效率来保证客货运输，并使企业取得最佳的经济效益。

运输企业的调度部门在组织运输作业时，要严格遵守国家的运输政策，根据运输任务的分布情况，代表企业的领导发布运输工作的调度命令。运输调度部门主要通过各级调度机构编制的车辆运行作业计划，将运输生产计划具体落实到每一个车站、车队和驾驶员，并对运输过程进行组织与指挥，监督运作的每一个环节，避免出现不良后果，如发现生产过程的不平衡情况时，应及时调整使其平衡，生产连续而有节奏地进行。

车辆调度工作的具体内容如下：

（1）调度部门应认真贯彻党和国家的方针和政策，通过对需求和可能之间的平衡，合理安排运输工作。

（2）根据企业的历史运作资料和同行业的相关资料，编制合理的运行作业计划。通过对运行作业计划的实施与检查，将企业内各个部门与环节有机地结合起来，提高企业的运输作业效率。

（3）根据客货流向、流量等情况，对运输过程中出现的问题及时分析找到解决问题的具体措施，并对问题进行记录，以便以后发生此类问题时能够迅速解决，保证企业有效地完成运输计划。

（4）根据企业现场、线路、客货源等具体情况不同采用不同的调度方法，并不断改进调度工作，加强企业的现场管理和车辆的调度。

（5）为保证车辆的正常运行，加强对汽车的保养和保修。

3）车辆调度工作的原则

车辆调度工作的好坏直接影响企业运输的质量和企业的经济效益，在调度过程中为保证运输的正确进行，应遵循一定的原则。

（1）车辆调度工作的基本原则。

① 坚持统一领导和指挥，分级管理，分工负责的原则。

② 坚持从全局出发，局部服从全局的原则。

③ 坚持以均衡和超额完成生产计划任务为出发点的原则。

④ 最低资源(运力)投入和获得最大效益的原则。

（2）车辆调度工作的具体原则。

① 宁打乱少数计划，不打乱多数计划。

② 宁打乱局部计划，不打乱整体计划。

③ 宁打乱次要环节，不打乱主要环节。

④ 宁打乱当日计划，不打乱以后计划。

⑤ 宁打乱可缓运物资的计划，不打乱急需物资运输计划。

⑥ 宁打乱整批货物运输计划，不打乱配装货物运输计划。

⑦ 宁使企业内部工作受影响，不使客户受影响。

2. 车辆调度方法

车辆调度的方法有多种，可根据客户所需货物、配送中心站点及交通线路的布局不同而选用不同的方法。简单的运输可采用定向专车运行调度法、循环调度法、交叉调度法等。如果运输任务较重，交通网络较复杂时，为合理调度车辆的运行，可运用运筹学中线性规划的方法，如最短路径法、表上作业法、图上作业法等。本书只介绍图上作业法和表上作业法。

1) 空车调运数学模型

假设：

i——空车收点(即装货点)标号，$i=1，2，\cdots，m$；

j——空车发点(即卸货点)标号，$j=1，2，\cdots，n$；

Q_{ij}——由第 j 点发到第 i 点的空车数或吨位数(吨位)；

Q_i——第 i 点所需车数或吨位数；

Q_j——第 j 点空车发出数量或吨位数；

L_{ij}——第 j 点发到第 i 点的距离(km)。

则可得知空车调运最佳行驶线路选择的数学模型。

(1) 约束条件的数学模型。

① 某空车发点向各空车收点调出空车的总数，等于该点空车发量，即

$$\sum_{i=1}^{m} Q_{ij} = Q_j \qquad (i=1，2，\cdots，m)$$

② 某空车收点调入各空车发点空车的总数，等于该点空车收量，即

$$\sum_{i=1}^{n} Q_i = Q_j \qquad (j=1，2，\cdots，n)$$

③ 上述各式中各个变量 Q_{ij} 必须不是负数，即

$$Q_{ij} \geqslant 0$$

④ 发点调出空车的总数，等于各空车收点调入空车总数，即

$$\sum_{i=1}^{n} Q_i = \sum_{i=1}^{n} Q_j$$

(2) 目标函数的数学模型。

确定以全部空车调运里程 $\sum L_{ij}$ 最小为求解目标，即

$$\sum L_{ij} = \sum Q_{ij} \times L_{ij} = \min$$

2) 图上作业法

图上作业法是一种借助于货物流向——流量图而进行车辆合理规划的简便线性规划方法，它能消除环状交通网上物资运输中车辆的对流运输(包括隐蔽对流运输)和迂回运输问题，得出空车调运总吨千米最小的方案。所谓对流，就是在一段路线上有车辆往返空驶；所谓迂回，就是成圈(构成回路)的道路上，从一点到另一点有两条路可以走，一条是小半

圈，另一条是大半圈，如果选择的路线的距离大于全回路总路程的一半，则就是迂回运输。运用线性规划理论可以证明，一个运输方案，如果没有对流和迂回，它就是一个运力最省的最优方案。

（1）图上作业法的基本知识。

① 图上作业法的常用符号。为了表达方便，交通网络使用下列符号：

○表示货物装车点，即空车接受点。

×表示货物卸车点，即空车发出点。

o表示货物装卸点，即空车收发点。

→表示重车流向线，--→表示空车流向线。

（××）表示某段流向线的千米数。

△表示车场位置。

② 线形分类图上作业法根据交通图的点和线的关系，把各种线形归纳为道路不成圈（无圈）和道路成圈两类。

a. 道路不成圈就是没有回路的“树”形路线，包括直线（实际上是曲线）、丁字线、交叉线、分支线等。直线为图上作业法的基本路线，不论何种线形，都要采取一定的方法，把它化为一条直线的运输形式，以便做出流向线。无圈的流向图，只要消灭对流，就是最优流向图。

b. 道路成圈就是形成闭合回路的“环”状路线，包括一个圈（有三角形、四边形、多边形）和多个圈。成圆圈的流向图要达到既没有对流，又没有迂回的要求，才是最优流向图。

（2）交通图不含圈的图上作业法。

任何一张交通网络图，其线路分布形状可分为成圈和不成圈两类，对于不成圈的交通网络图，根据线性规划原理，物资调拨或空车调运线路的确定可依据“就近调空”原则进行。此网络只要使方案中不出现对流情况，即最优方案。如根据图 2.37 所示要求，就可得到如图 2.38 所示的调运方案，其运力消耗最少，即吨位千米数最小。

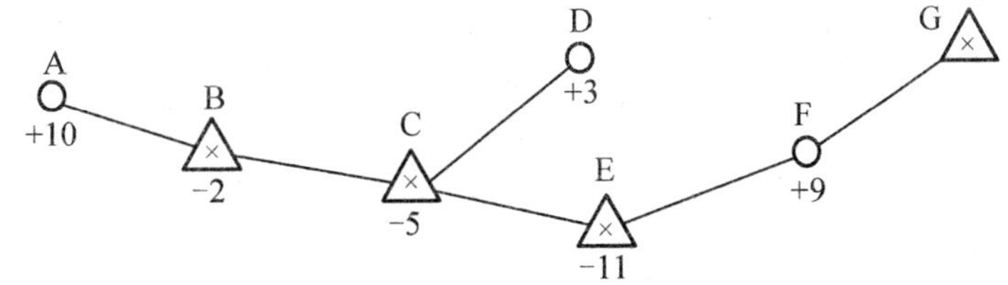

图 2.37　物资调运示意图

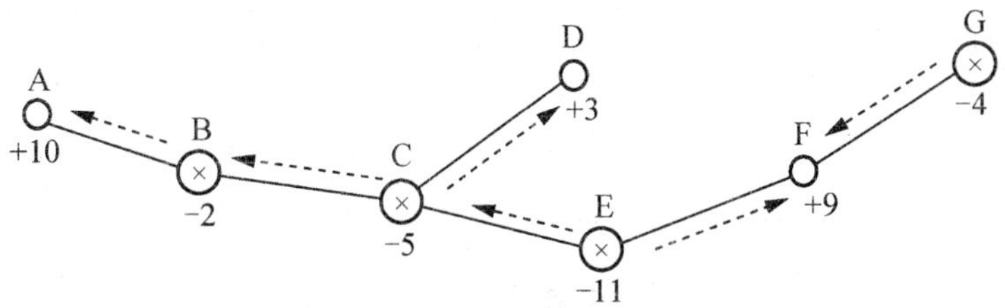

图 2.38　物资调运示意图

(3) 交通图含圆圈的图上作业法。

① 假设某两点间线路“不通”，将成圈问题简化为不成圈问题考虑，得到一个初始的调运方案。

② 检查初始调运方案是否可行。检查里、外圈的流向线之和是否超过其周长的一半，如均小于周长一半，则初始方案为最优方案。如外圈流向线总长超过全圈周长的一半，则缩短外圈流向；反之，就应缩短里圈流向。

③ 调整超长圈，具体方法是选该圈流向线中流量最小的进行调整，在超长圈各段流向线上减去最小的运量，再在相反方向的圈流向线和原来没有流向线的各段，加上同样数目的运量，就可得到一个新的调拨方案。然后再用上述方法处理，直到内、外圈空车流向线之和均小于周长的一半，此时，得到的调运方案为最优方案。对于有几个圈的交通网络，则应逐圈检查并调整，直到每一圈都能符合要求，此时才能得到空车调拨的最优方案。

【例 5】 在图 2.39 给定的物资调运信息基础上，要求完成表 2-40 中所列的货物运输任务，根据上述方法求解空车最优调运方案。

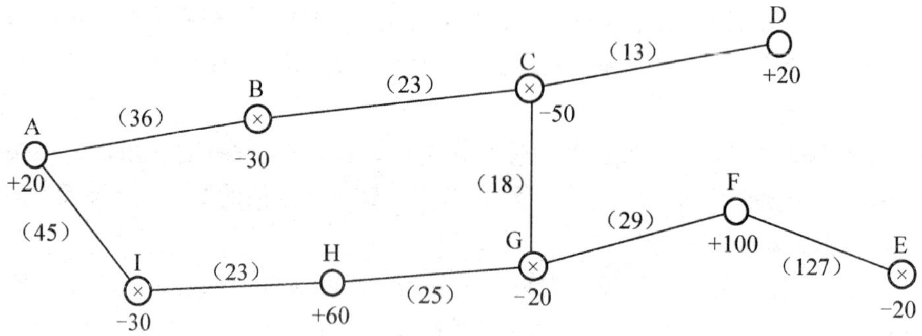

图 2.39 物资调运示意图

表 2-40 物资调运表

装货点	卸货点	运量/t
A	C	20
D	B	20
F	E	20
F	I	30
F	G	50
H	B	10
H	C	30
H	G	20

第一步，做初始方案。先假设 A—B 不通，利用“就近调空”的原则，得到一个初始调运方案，如图 2.40 所示。

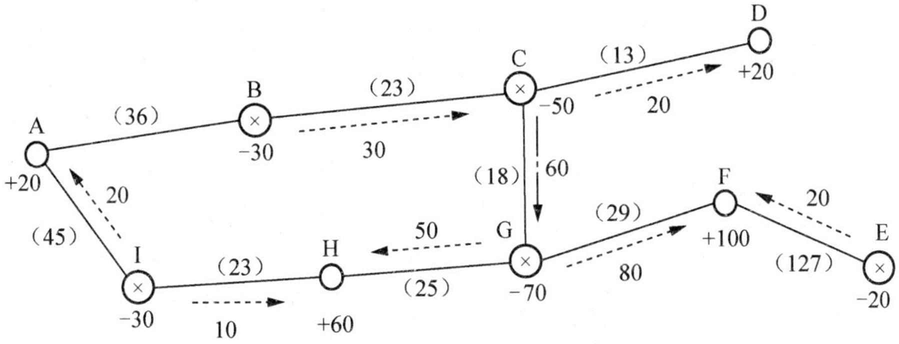

图 2.40 初始方案

第二步，检查初始方案。

全圈周长的一半=(45+23+25+18+23+36)÷2=85(km)

内圈流向线总长=45+23+18+25=111(km)

外圈流向线总长=23(km)

内圈流向线总长超过全圈周长的一半，方案不是最优，要调整。

第三步，调整流向。在超长圈(内圈)各段流向线上减去最小的运量 20，然后再在相反方向的圈流向线和原来没有流向线的各段，加上同样数目的运量 20，可得到一个新的空车调运方案，如图 2.41 所示。

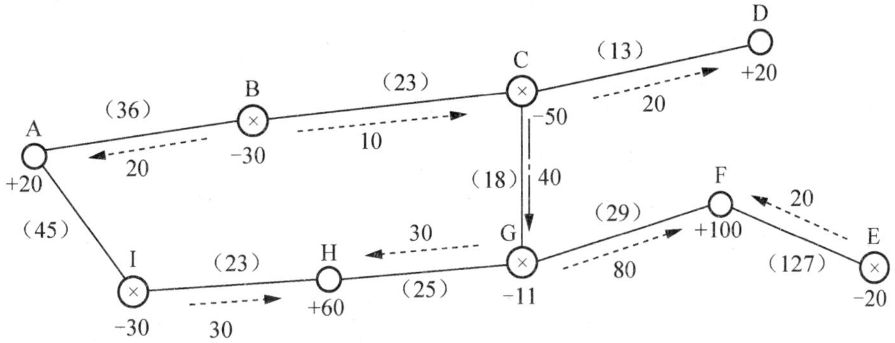

图 2.41 调整后方案

第四步，检验新方案是否最优。

全圈周长的一半=(45+23+25+18+23+36)÷2=85(km)

内圈流向线总长=25+18+23=66(km)

外圈流向线总长=23+36=59(km)

内、外圈流向线总长均小于全圈周长的一半，方案最优。

第五步，写出空车调运方案(表 2-41)。

表 2-41 空车调运方案

空车发出点	空车接收点	数量/t
B	A	20
B	F	10

续表

空车发出点	空车接收点	数量/t
C	D	20
C	H	30
I	H	30
E	F	20
G	F	70

3）表上作业法

表上作业法是用列表的方法求解线性规划问题中运输模型的计算方法。当某些线性规划问题采用图上作业法难以进行直观求解时，就可以将各元素列成相关表，作为初始方案，然后采用检验数来验证这个方案；否则，就要采用闭回路法、位势法或矩形法等方法进行调整，直至得到满意的结果。运输问题是一类常见而且极其典型的线性规划问题。从理论上讲，运输问题可以用单纯型法来求解。但由于运输问题数学模型具有特殊的结构，存在一种比单纯型法更简便的计算方法——表上作业法。用表上作业法求解运输问题比单纯型法更能节约计算时间与计算费用，但表上作业法实质上仍是单纯型法。

表上作业法的基本程序如下：

(1) 列出供需平衡表。

(2) 在表上做出初始方案。

(3) 检查初始方案是否最优。

(4) 调整初始方案求得最优解。

【例 6】 某企业有 3 个生产同类产品的工厂(装货点)，生产的产品由 4 个销售点(卸货点)出售，各工厂的生产量、各销售点的销售量(假定单位均为吨)及各工厂到各销售点的单位运费(元/吨)见表 2-42，左上角标注的是两点间的距离或费用，一般称为元素。试研究如何调运才能使空车总的费用最小?

表 2-42　产销地运费运量表

装货点＼卸货点	B	D	E	收货量
A	70	230	80	40
C	140	100	230	30
F	60	190	80	50
G	160	180	180	80
发货量	80	90	30	200

解　第一步，列出空车供需平衡表，并求得初始方案。

空车调运的初始方案，可用最小元素法求，具体步骤如下：

(1) 先找出表中的最小元素，本例为 60。

(2) 把这个最小元素所在行列的发量和收量尽量分配给它，填入该空格成为有数格。本例中填写 50。

(3) 已得到分配数的有数格，它所在行、列的发量和收量必然有一个被分配完，就把被分配完的这行或列用粗线划去，另一行(列)的发(收)量应减去其分配量，列出剩余量，如行和列的发收量同时被分配完，也只划去其中之一。

(4) 从剩余行列中再找出最小元素，以同样的方法进行分配，直到全部分配完为止。

本例题完成的初始方案见表 2-43。

表 2-43 空车供需平衡表

空车接受点 / 空车发出点	B	D	E	空车发量
A	70 (30)	230	80 (10)	40
C	140	100 (10)	230 (20)	30
F	60 (50)	190	80	50
G	160	90 (80)	180	80
空车收量	80	90	30	200

第二步，检验初始方案。

检验初始方案是否最优，常用的方法有闭回路法和位势法。现介绍位势法，其步骤如下：

(1) 先按供需平衡表画出相同的表，作为检验用表。

(2) 在初始方案的有数格标上"0"。

(3) 在表的右方增加一列"行位势"(u_i)，在表的下方增加一行"列位势"(v_j)，并在行位势、列位势的方格中，填上新的数值，这些数值应该使表中有"0"的方格内的元素(距离或费用)，恰好等于它所在的行、列所填两个数字之和，即

$$u_i+v_j=c_{ij}$$

式中：c_{ij}——方格内的元素。

(4) 将各空格的元素减去该格所对应的在行位势和列位势，便得到该空格的检验数(λ_{ij})。即

$$\lambda_{ij}=c_{ij}-(u_i+v_j)$$

如果检验数全部非负，方案最优；否则，要进行调整。

本例检验数求解过程如下：

设 $u_i=0$，则

$$V_1=c_{11}-u_1=70-0=70$$

$$V_3=c_{13}-u_1=80-0=80$$

$$U_2=c_{31}-v_1=140-80=60$$

$$V_2=c_{22}-u_2=100-50=-50$$
$$u_1=c_{13}-v_1=60-70=-10$$
$$u_4=c_{23}-v_2=90-(-50)=140$$

位势求出后，即可按检验数公式计算出检验数。表 2-44 是检验数求得结果。

表 2-44　检验数表

空车接受点 空车发出点	B	D	E	空车发量	行位势 u_i
A	70 (30) 0	230 280	80 (10) 0	40	0
C	140 −80	100 (10) 0	230 (20) 0	30	60
F	60 (50) 0	190 250	80 10	50	−10
G	160 −50	90 (80) 0	180 −40	80	140
空车收量	80	90	30	200	
列位势 v_j	70	−50	80		

第三步，调整初始的调运方案。

当检验数有负数时，方案不是最优，应调整。调整方法如下：

(1) 选取检验数负数的绝对值最大的空格，用闭合回路法找出该空格的闭合回路。闭合回路表见表 2-45。

表 2-45　闭合回路表

空车接受点 空车发出点	B	D	E	空车发量	行位势 u_i
A	70 (30) 0	230 280	80 (10) 0	40	0
C	140 −80	100 (10) 0	230 (20) 0	30	60
F	60 (50) 0	190 250	80 10	50	−10
G	160 −50	90 (80) 0	180 −40	80	140
空车收量	80	90	30	200	
列位势 v_j	70	−50	80		

闭合回路法：以空格为起点，沿水平或垂直方向移动，遇到有数格才作直角转弯，如在该有数格转弯后，不能形成闭回路，则暂不转弯，可跨越该有数格继续前进，再遇有数格才

转弯……如此行进，最后又回到起点的空格构成一个闭合回路。

(2) 在闭合回路的奇数角中，找出最小流量 X_{min}。本例为 20。

奇、偶数角：从空格起点移动(空格为 0)，顺着一个方向数，凡 1、3、5……为奇数角；凡 2、4、6……为偶数角。

(3) 每一个奇数角所在的格都减去最小流量 X_{min}，每一个偶数角所在的格都加上最小流量 X_{min}，得到新方案。

(4) 对新方案进行检验，看检验数是否全部非负。

第四步，检验新方案。检验过程、方法同上。计算结果见表 2-46。

表 2-46　检验数表

空车接受点 / 空车发出点	B	D	E	空车发量	行位势 u_i
A	70 ⑩ 0	230 200	80 ㉚ 0	40	0
C	140 ⑳ 0	100 ⑩ 0	230 130	30	70
F	60 ㊿ 0	190 170	80 10	50	−10
G	160 30	90 ㊿ 0	180 40	80	60
空车收量	80	90	30	200	
列位势 v_j	70	30	80		

最优空车调运方案：A⟶B10t，C⟶B20t，F⟶B50t，C⟶D10t，G⟶D80t，A⟶E30t。

三、车辆营运

在货物配送管理中，车辆调度、货物配装、运输路线的规划与选择是配送作业的重要内容。由于配送的货物输送主要是短距离的卡车运输，所以运输车辆的行车作业管理，车辆的维护与保养以及卡车运输业务的外包等车辆营运管理也是配送管理的重要的辅助业务管理内容。

1. 行车作业管理

配送作业时，尽管人们可以通过建立数学模型使运输路线优化，利用计算机管理软件对车辆进行合理的调度、对货物实行有效配装，配送计划可以做得非常周详，但影响货物配送效率与配送服务质量的因素很多，其中就不乏许多不可预期的因素。特别在企业外部货物的输送过程中，往往会因临时的交通状况发生变化、天气变化、行车人员在外不按指令行车或外部驾驶过程中突发安全事故等难以直接控制或不可控因素的影响而导致货物配送不能如期到达、货物受损等情况，从而使配送成本上升，最终影响配送服务质量与配送效益，使前期的配货效率及其产生的效益化为乌有。因此，在货物配送管理中必须加强行驶作业记录进行跟踪管理。

1）行驶作业记录管理

行驶作业记录管理主要包括驾驶日报表管理方式、行车作业记录卡管理方式和行车记录器的管理方式。

（1）驾驶日报表管理方式。驾驶日报表管理方式是通过行车驾驶人员填制汽车驾驶日报表的方式记录货物输送作业过程。汽车驾驶日报表，用表单对配送车辆驾驶情况做记录，除了能随时对车辆与驾驶员的品质及任务进行评估调整外，也能反映出事前配送规划的效果，为后续营运配送计划管理提供参考。

（2）行车作业记录卡管理方式。行车作业记录卡管理方式即对行车作业实行定时划卡制度。例如，日本大型连锁集团伊藤洋华堂集团对配送车辆输送行车作业实行了高效率管理方式。具体的手段是设立定时划卡制度，即每一台配送车辆到店时要划卡，离店时也要划卡，到店至离店的时间为卸货和验货的时间。配送中心根据信息中心获取的POS(销售终端)系统的信息来掌握配送车辆到店和离店的划卡时间，分析运送作业、货物抵达后的交、接货的作业效率。如发现配送车辆比按规定的时间早到或晚到店15min(早到无接货人；晚到则会使商店失去最佳销售机会)，总部的职能部门就要按照合同规定，对运输的当事者处以罚款。对配送车辆每到一店都实行同样的划卡制度，这样负责商品配送的配送中心就能掌握车辆在途时间，从而规划比较合理的配送路线，确保物流的通畅，使各连锁分店能够顺利地运营。

目前，我国城市公交系统为保证车辆准时到点，对于营运车辆均采用中途和到站划卡制度，车辆营运实行划卡制度对于城市区域内定点定路线的配送服务方式是很有借鉴意义的。

（3）行车记录器的管理方式。行车记录器的用途很广，只要是牵涉货品配送而且想要好好管理的配送作业的人，都可将它运用在车辆上。目前国内外已开始采用随车温度记录器及行车记录器的方式，对车辆配送情况进行即时详细的掌握。

① 利用温度记录器随时监控车内温度状况。这种情况下，温度记录器多设置在对货品温度进行控制的配送车上。例如，对冷冻、冷藏食品的配送，温度记录器可提供随时监控管理的功能，一旦货柜温度过高或过低，温度记录器会马上发出警讯提醒配送人员注意，以采取必要措施。而且这些资料的记录数据可供管理人员事后检查之用。

② 利用行车记录器掌握车辆配送过程中的行驶数据。行车记录器最主要的功能就是能够掌握车辆配送过程中的行驶数据，包括时间、里程数、行车速度等，其功能主要为记录车辆行驶及交货时间；记录车辆行驶的里程数；记录车辆运行速度；记录耗油量与平均耗油量；记录引擎转速。

通过行车记录器的运作，配送管理者可以分析车辆使用状况，随时进行调整与改善；取代原来人工记录的方式，提高驾驶员工作效率；简化报表作业程序，提升管理效率；掌握输送活动每一时点情况，提高对客户的服务质量；节省油量消耗及车辆保养费用，切实降低配送成本。

2）利用自动跟踪信息技术对输送货物进行跟踪管理

利用自动跟踪信息技术，可以实现对货物的实时跟踪监控，也就是说，从货物出了货主企业的门到进入商家和客户的门，这个过程中也能时刻监控货车的运输线路、所在位置，并且能够便捷、低成本地同货车司机保持联系。

目前，国外许多物流或货运公司已开始利用条形码、在线货运信息系统和卫星定位系统等信息技术进行货物跟踪管理服务。

3）行车作业人员考核与管理

对行车作业人员管理，尽管可以通过调查客户，加强行驶作业记录管理，跟踪了解到货时点情况、装车卸货情况、运输路线是否合理等进行，但这些只是反映行车作业活动的营运情况，还不完全是对行车作业的有效控制与管理。为确保行车作业能按输送计划有效运行，还需对行车作业人员进行培训、考核和评价。

（1）对行车作业人员进行培训。对行车人员进行培训的目的在于让其了解物流的内涵、各项作业流程、车辆相关的操作与维护知识、搬运装卸要领、紧急事件处理的原则和方法，最重要的还是在于强化其遵守交通法规的意识与服务客户的理念。

（2）建立行车作业人员工作考核制度。除前述的对顾客调查，通过日报表、记录器、车辆通信系统等措施有效监控外，对行车任务的考核与评价是管理控制行车作业人员的有效方法之一。在考核评价体系中，最重要的是确定车辆行车作业评价的基本指标，建立考核评价制度。

车辆行车作业评价的基本指标有行车里程（实车行驶里程、空车行驶里程），行车时间（实车行驶时间、空车行驶时间），装载量（重量、体积），车辆配置（总载重量、车辆总数、出勤、停驶车数），值班人数，车次等，耗油量，工作天数（正常工作时间、延长工作时间），肇事、交通事故件数。

对行车作业人员的考核数据，可以通过驾驶成绩报告书、配送人员出勤日报表的方式反映出来。

（3）建立行车人员的工作激励机制。对于行车人员的管理还应有相应的激励机制来调动作业人员的工作积极性和工作主动性。在实务上，对行车人员的有效激励往往比管理控制更重要。因此，对行车人员的管理应坚持以人为本，对作业人员的家庭生活也要多关心，通过形成良好的企业文化，充分发挥作业人员的工作潜能。同时，还可以通过目标导向的薪资制度、工作绩效竞赛制度等措施激励作业人员做好配送作业工作。

2. 车辆选择与日常养护管理

车辆、人、站场三者是配送活动中最主要的构成要素，因此，选择合适型号的运输车辆并使车辆维持良好的使用状态，对整个配送工作的顺利进行起着决定性的作用。

1）车辆种类的选定

货车车辆种类繁多，要根据用途及所载的货物种类进行选择。常见的分类方式有：根据载重分类，如小货车 3.5t 以上；根据车厢的形式分类，如柜式车和箱型车；根据燃油分类，如汽油车、柴油车等。从消费物流的角度看，由于其载运的物品大都是生活用品，所以在选用车辆时，可根据距离、运送物品的多少进行选择。

由于市区内车辆多，同时为了延长道路的使用寿命，所以对于进入市区的车辆都有载重的限制，市区内配送一般以小货车为主。

2）车辆保养与维修

为了减少车辆的损坏，确保行车质量与安全，除教育行车人员根据操作手册驾驶车辆，做好行车前、行车中、行车后的车辆检查外，还应制定车辆保养与维修管理办法，以确保运输车辆处于最佳运行状态。这里主要介绍车辆的维护、检查基本常识与车辆设备维修保养制度。

（1）车辆的维护。车辆的维护又称保养，其内容主要是清洁、润滑、紧固、调整、防腐。

车辆保养一般可分为日常保养、一级保养、二级保养，3 类保养的区别见表 2-47。

表 2-47 车辆 3 类保养的区别

保养级别	保养时间	保养内容	保养人员
日常维护保养	每天的例行保养	班前班后认真检查，擦拭车辆各个部件和注油，发生故障时及时予以排除，并做好交接班记录	司机
一级保养	累计运转 500h 可进行一次，保养停机时间约 8h	对车辆进行局部解体、清洗检查及定期维修	司机为主，维修工人参加
二级保养	车辆累计运转 2500h 可进行一次，停修时间约为 32h	对车辆进行部分解体、检查和局部修理、全面清洗的一种计划检修工作	维修工人为主，司机参加

（2）车辆检查。车辆的检查是对车辆的运行情况、工作精度、磨损或腐蚀程度进行检查和校验。检查是车辆维修管理中的一个重要环节，通过检查及时查明和消除车辆隐患，针对发现的问题，提出改进维护工作的措施，有目的地做好修理前的各项准备工作，以提高修理质量和缩短修理时间。

按时间间隔，车辆检查可划分日常检查和定期检查。日常检查即每日检查和交接班检查，由车辆操作人员执行；定期检查按计划日程表，在操作者参与下，由专职检修人员定期执行。

（3）车辆监测。监测技术是在检查的基础上发展起来的车辆设备维修和管理方面的新兴工程技术。通过科学的方法在车辆上安装仪器仪表，对车辆的运行状态进行监测，能够全面、准确地把握设备的磨损、老化、劣化、腐蚀的部位和程度。在此基础上进行早期预报和追踪，可以把车辆的定期维护修理制度，改变为有针对性的预知维修制度，从而可以减少由于对车辆劳损情况不清而盲目拆卸给车辆带来的损伤和因车辆停运造成的经济损失。

（4）车辆维修制度。因习惯和国情的不同，世界各国乃至各企业的车辆维修制度也各不相同，美国实行的是预防维修制，日本实行的是全员生产维修制。而我国目前实行的车辆设备维修制度主要是计划预防维修制度、计划保养修理制度、预防维修制度 3 种。

① 计划预防维修制度。它是根据车辆设备的磨损规律，按预定修理周期及其结构对设备进行维护、检查和修理，以保证设备经常处于良好技术状况的一种设备维修制度。其主要特点有：按规定要求，对设备进行日常清扫、检查、加油、润滑、紧固和调整等，以减缓设备的磨损、保证设备正常运行；按规定的日程表对设备的运转状态、性能和磨损程度等进行定期检查和校验，以便及时清除隐患、掌握设备技术状况的变化情况，为设备定期检修做好准备；有计划、有准备地对设备进行预防性修理。

② 计划保养修理制度。它是将维护保养和计划检修结合起来的一种修理制度。其主要特点有：根据车辆设备的特点和状况，按照设备运转小时、产量或里程等，制定不同的维护类别和间隔期；并在保养的基础上制定不同修理类别和修理周期；车辆设备运转到规定时点时，严格按要求进行强制性的检查、保养或计划修理。

③ 预防维修制度。预防维修制度是我国 20 世纪 80 年代开始，逐步研究吸取美国预防维修制度形成的一种车辆设备修理制度，它的基础是车辆设备故障理论和磨损规律。

四、送货作业

1. 送货作业的概念

送货作业是利用配送车辆将客户订购的物品从制造厂、生产基地、批发商、经销商或配送中心，送到客户手中的过程。送货是一种短距离、小批量、高频率的运输形式。它以服务为目标，以尽可能满足客户需求为宗旨。从日本配送运输的实践看，配送的有效距离最好在50km半径范围内；国内配送中心、物流中心，其配送经济里程在30km半径范围内。送货主要有两种方式，如图2.42所示。

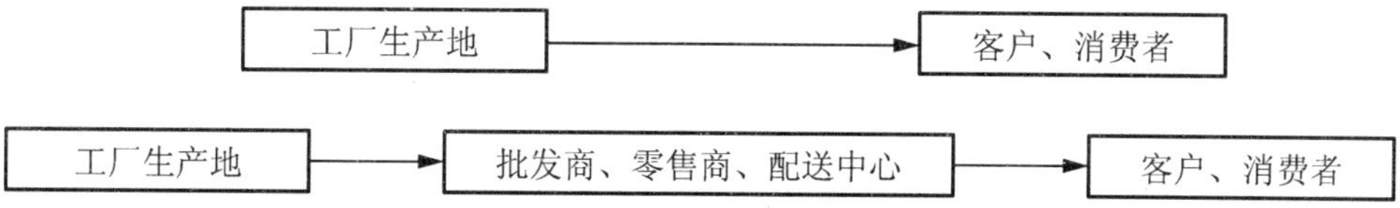

图2.42 送货的两种形式

送货作为配送的最后一道环节，对于物流企业来说是非常关键的，因为它直接跟顾客打交道。因此，如何有效地管理送货作业是物流企业不可忽视的问题。如果在这方面失误，会产生种种问题，如从接受订单到出货非常费时，配送效率低下，驾驶员的工作时间不均，货品在输送过程中的损坏、丢失等。同时，最直接的影响是输送的费用超常。因此，在送货的管理中，不仅要对送货人员的工作时间、发生的重要情况进行管理，而且还要加强对车辆利用(如装载率、空驶率等)的监控。

2. 送货作业的特点

1）时效性

时效性就是指要确保能在指定的时间内交货。如途中因意外不能准时到达，必须立刻与总部联系，由总部采取紧急措施，确保履行合同。影响时效性的因素很多，除配送车辆故障外，所选择的配送路径、路况不佳，中途客户卸货不及时等均会造成时间上的延误。因此，必须在认真分析各种因素的前提下，用系统化的思想和原则，有效协调，综合管理，选择合理的配送线路、配送车辆和送货人员，使每位客户在预定的时间收到所订购的货物。

2）可靠性

将货品完好无缺地送达目的地，这就是送货的目的。影响可靠性的因素有货物的装卸作业、运送过程中的机械振动和冲击及其他意外事故、客户地点及作业环境、送货人员的素质等。

3）沟通性

送货作业是配送的末端服务，它通过送货上门服务直接与客户接触，是与顾客沟通最直接的桥梁，它不仅代表着公司的形象和信誉，而且在沟通中起着非常重要的作用。一些物流企业甚至把卡车司机和送货人员称为“公司的形象大使”。因此，必须充分利用与客户沟通的机会，巩固与发展公司的信誉，为客户提供更优质的服务。

4）便利性

配送以服务为目标，以最大限度地满足客户要求为宗旨。因此，应尽可能地让顾客享受到便捷的服务。通过采用高弹性的送货系统，如采用紧急送货、顺道送货与退货、辅助资源回收等方式，为顾客提供真正意义上的便利服务。

5）经济性

实现一定的经济利益是企业运作的基本目标。对合作双方来说，以较低的费用完成送货作业是企业建立双赢机制、加强合作的基础。因此，不仅要满足客户的要求，提供高质量、及时、方便的配送服务，而且必须提高配送效率，加强成本管理与控制。

3. 送货的基本作业流程

送货的基本作业流程如图 2.43 所示。

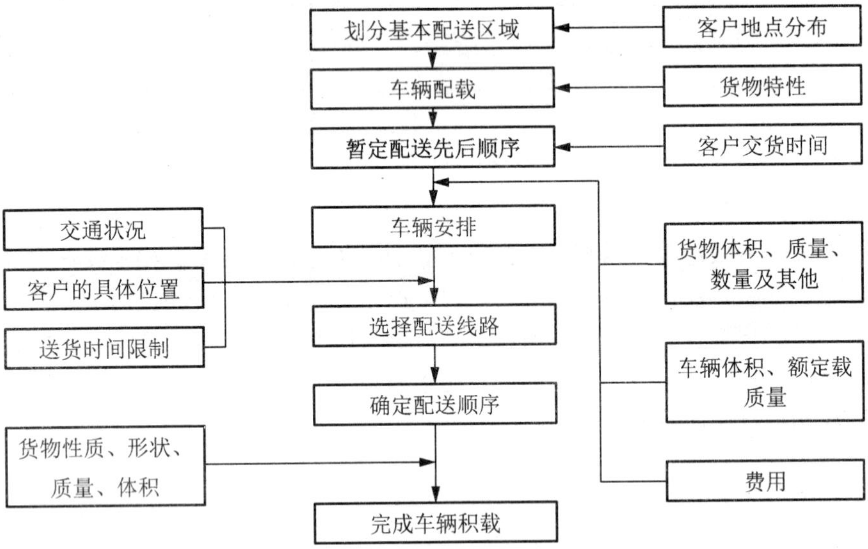

图 2.43　送货的基本作业流程

1）划分基本配送区域

为使整个配送有可循的基本依据，应首先将客户所在地的具体位置进行系统统计，并将其进行区域上的整体划分，将每一客户囊括在不同的基本配送区域之中，作为下一步决策的基本参考。例如，可以按行政区域或依交通条件划分不同的配送区域，在这一划分的基础上再做弹性调整来安排配送。

2）车辆配载

由于配送货物品种、特性各异，为提高配送效率，确保货物质量，必须对特性差异大的货物进行分类。接到订单后，首先将货物按特性进行分类，分别采取不同的配送方式和运输工具，如按冷冻食品、速食品、散装货物、箱装货物等分类配载；其次，配送的货物也有轻重缓急之分，必须初步确定哪些可配于同一辆车，哪些不能配于同一辆车，以做好车辆的初步配装工作。

3）暂定配送先后顺序

在考虑其他影响因素、做出确定的配送方案前，应根据客户订单要求的送货时间将配送的先后作业次序进行初步排定，为车辆积载做好准备。计划工作的目的，是为了保证达到既定的目标。因此，预先确定基本配送顺序既可以有效地保证送货时间，又可以提高运作效率。

4）车辆安排

车辆安排要解决的问题是安排什么类型、吨位的配送车辆进行最后的送货。在安排前首先要掌握哪些车辆可供调派并符合要求，这些车辆的容量和额定载重是否满足要求。其次，还必须分析订单上货物的信息，如体积、质量、数量、对装卸的特别要求等，综合考虑各方面因素的影响，做出最合适的车辆安排。

5）选择配送线路

确定了每辆车所负责配送的具体客户后，如何以最快的速度完成对这些货物的配送，即如何选择配送距离短、配送时间短、配送成本低的线路，这需根据客户的具体位置、沿途的交通情况等做出选择和判断。此外，还必须考虑一些客户或其所在地环境对送货时间、车型等方面的特殊要求，如有些客户不在中午或晚上收货，有些道路在高峰期实行特别的交通管制等。

6）确定配送顺序

做好车辆及选择好最佳的配送线路后，依据各车负责配送的具体客户的先后顺序，即可将客户的最终配送顺序加以明确的确定。

7）完成车辆积载

明确了客户的配送顺序后，接下来就是如何将货物装车、以什么次序装车的问题，即车辆的积载问题。原则上，明确了客户的配送顺序先后，只要将货物依“后送先装”的顺序装车即可。但有时为了有效利用空间，可能还要考虑货物的性质，如怕震、怕压、怕撞、怕湿、形状、体积及质量等做出调整。此外，对于货物的装卸方法也必须依照货物的性质、形状、质量、体积等具体情况来决定。

五、特殊货物运输组织

特殊货物又称特种货物，一般是指具有长大、笨重、危险、易腐等特性，对运输、保管、装卸等作业有特殊要求的物品。特殊货物运输除必须符合货物运输一般规定外，还必须遵守国家有关特种货物运输的专门要求。

1. 超限货物运输

1）超限货物的概念

超限货物运输是指使用非常规的超重型汽车、列车，载运外形、尺寸和重量超过常规车辆装卸规定的大型物件(简称为大件)的公路运输。大型物件一般是指具有以下条件之一的货物：

(1) 长度在 14m 以上，或宽度在 3.5m 以上，或高度在 5m 以上的货物。

(2) 重量在 20t 以上的单位或不可解体的成组(捆)货物。

根据我国公路运输主管部门现行规定，公路超限货物按其外形尺寸和重量(含包装和支撑架)分成 4 级(表 2－48)。

表 2-48　公路超限货物外形尺寸和重量

大件级别	重量/t	长度/m	宽度/m	高度/m
一级	20～(100)	14～(20)	3.5～(4.5)	3.0～(3.8)
二级	100～(200)	20～(30)	4.5～(5.5)	3.8～(4.4)
三级	200～(300)	30～(40)	5.5～(6.0)	4.4～(5.0)
四级	300 以上	40 以上	6.0 以上	5.0 以上

表 2-48 中的括号内的数字表示该项参数不包括括号内的数值。表中货物的重量是指货物的毛重，指货物的净重加上包装和支撑材料后的重量。货物的重量和外形尺寸中，有一项达到表 2-48 所列参数，即为该级别的超限货物，货物同时在外形尺寸和重量达到两种以上等级时，按高限级别确定超限等级。

2）超限货物运输的组织

与普通货物运输相比较，超限货物运输具有其特殊性。超限货物运输常采用超重型汽车、列车(车组)运输，利用超重型挂车作为载体，用超重型牵引车牵引，运载超限货物的超重型列车对通行的道路要求有足够的宽度和净空、良好的道路线形，桥涵要有足够的承载能力，运输准备工作复杂，有时还要分段封闭交通，让超重型车组单独通过。超限货物运输采用计时运价，通常以“(元/吨)·小时”为运输费用的计算单位。

超限货物运输要求严、责任重、难度大、价值高，所以其运输组织工作应引起足够的重视。

(1) 超限货物运输的准备工作。超限货物运输的准备工作主要包括办理托运、理货工作、查验道路、制订方案、签订合同。

① 办理托运。由大型物件的托运人向已取得相应级别超限货物运输经营资格的运输企业或其代理人办理托运，托运人必须在托运单上如实填写大型物件的名称、规格、件数、件重、起运日期、收发货人详细地址及运输过程中的注意事项。凡未按上述要求办理托运或托运单填写不明确，由此发生运输事故的，由托运人承担全部责任。

② 理货工作。超限货物运输企业对大型物件的几何形状、重量、重心等事先进行了解，查明货物承载位置及装卸方式，查阅大型物件的技术经济资料，完成理货报告。有条件时，可进行实地考查，通过理货可为确定超限货物级别及运输形式、制定运输方案提供依据。

③ 查验道路。选择运输路线时应充分考虑超限运输的可行性。检查运输沿线道路的路面宽度和重量、路基、坡度、弯度，查验沿线桥梁的荷载、穿越的涵洞、途经的收费站、高空障碍物、转卸货和转运现场。根据查验结果预测作业时间、编制运行路线图。

④ 制订方案。在理货和验道的基础上，制定详细、安全、可靠的运输方案。方案的主要内容包括：途经线路、牵引车与挂车组和附件的配备、动力机组与压载块的配置、车辆运行速度、货物装卸与捆扎加固方式、运输技术方案验算及辅助车辆的配备等。

⑤ 签订合同。完成上述工作环节后，托运人与承运人双方签订书面形式的运输合同。合同的主要内容有明确托运与承运双方当事人、大型物件的数据与运输车辆的数据、运输起讫地点、运输距离与运输时间、合同生效的条件、双方当事人应负的责任、有关法律手续的办理方式和运费结算方式、付款方式等。

(2) 超限货物运输的沿线组织。依据超限货物运输的特殊性，其沿线组织工作主要包括成立领导小组、编队运行、沟通与协调、统计与结算几个环节。

① 成立领导小组。由于超限货物运输的特殊性，为确保安全、万无一失，应成立临时性的大型物件运输领导小组，负责实施运输方案，执行合同和对外联系。根据线路运输需要，领导小组可下设行车、机务、安全、重量、生活后勤、材料供应等岗位，并明确岗位责任制，组织牵引车驾驶员、挂车操作员、修理工、装卸工、工具材料员、技术员、安全员、质检员等学习运输方案，进行技术交流，加强沟通和协调，保证运输任务圆满完成。

② 编队运行。由于超限货物运输过程中工作环节较多，尤其在长途运输时，各种不同功能的车辆需要按一定顺序编队行驶。一般情况下，参加大型物件运输的各类车辆排列的运行顺序依次为：交通先导车、标杆车、起重吊机、排阵指挥车、大件运输车队、故障拯救车、备用拖车、材料供应车、其他护送车辆等。

③ 沟通与协调。超限货物运输途中不可预见的问题相对较多，带队领导一定要冷静沉着，车队内部要加强衔接和协调，与沿线公路管理部门和交通管理部门要加强沟通。特别是在跨省、市运输时，沿途各地区间更须做好分工与协作，办好交接手续。

④ 统计与结算。运输统计指完成公路超限货物运输工作各项技术经济指标的统计，运输结算指完成运输工作后按运输合同的有关规定结算运费和相关费用。

2. 危险货物运输

1) 危险货物的概念

危险货物是一个范围很广的称谓，具体来说，危险货物是指在运输、装卸、储存和保管过程中，容易造成人身伤亡和财产损毁的、需要特别防护的，具有爆炸、易燃、毒害、腐蚀、放射性等性质的货物。

根据汽车运输的特点，行业标准中将道路运输危险货物分为 9 类：爆炸品、压缩气体和液化气体、易燃液体、易燃固体、自燃物品和遇湿易燃物品、氧化剂和有机过氧化物、毒害品和感染性物品、放射性物品、腐蚀品和其他危险物品。

这些危险货物由于性质活泼或不稳定，容易受外界条件的影响，如果在运输、装卸、储存作业中，受到光、热、撞击、摩擦等，就极易发生爆炸、燃烧、中毒、腐蚀、放射线辐射等严重事故，造成人员伤亡、财产损失和环境破坏。

2) 危险货物运输组织

危险货物运输要经过受理托运，仓储保管，货物装卸、运送、交付等环节，这些环节分别由不同岗位人员操作完成。其中，受理托运、货物运送及交接保管工作环节尤其应加强管理，其规范要点如下：

(1) 受理托运。受理托运前必须对货物名称、性能、防范方法、形态、包装、单件重量等情况进行详细了解并注明。检验货物的包装、规格和标志是否符合国家规定要求。对新产品应检查随附的《技术鉴定书》是否有效，按规定需要的“准运证件”是否齐全。做好装卸现场、环境要符合安全运输条件的运输前准备工作。对到达车站、码头的爆炸品、剧毒品、一级氧化剂、放射性物品(天然铀、钍类除外)，在受理前应赴现场检查包装等情况，对不符合安全运输要求的，应请托运人改善后再受理。

(2) 交接保管。承运单位及驾驶、装卸人员自货物交付承运到送达为止应负保管责任。在交接过程中，装货时，发现包装不良或不符合安全要求应拒绝装运，或改善后再运；卸货时，发生货损货差，收货人不得拒收，并应及时采取安全措施，以避免扩大损失，同时在运输单证上批注清楚。驾驶员、装卸工返回后，应及时汇报，及时处理。因故不能及时卸货，在等待卸车期间行车人员应负责对所运危险货物的看护，同时应及时与托运人取得联系，恰当处理。由于危险货物具有损害性，必须保证点收点交签证手续完善。

(3) 货物运送。在货物运送过程中，要仔细审核托运单内容，发现问题要及时弄清情况后再安排运行作业。在安排车班、车次时必须按照货物性质和托运人的要求进行，如无法按要求安排作业，应及时与托运人联系，进行协商处理。同时要关注天气预报，注意天气和气温的变化。遇有大批量烈性易燃、易爆、剧毒和放射性物资时，须做重点安排，必要时召开专门会议，制定运输方案。尤其在跨省运输中，更应该安排专人带队，指导装卸和运行，确保安全生产。

3. 鲜活易腐货物运输

鲜活易腐货物是指在运输过程中，需要采取一定保鲜活措施，以防止死亡和腐烂变质，并须在规定期限内抵达目的地的货物。鲜活易腐货物的运输通常具有季节性强、运量变化大、运送时间要求紧迫、运送途中需要特殊照料等特点。

根据我国《铁路鲜活货物运输规则》，鲜活易腐货物主要分为两大类：易腐货物——肉、蛋、乳制品、速冻食品、冻水产品、鲜蔬菜、鲜水果等，按其热状态又分为冻结货物、冷却货物和未冷却货物；活动物——禽、畜、兽、蜜蜂、活水产品等。对于易腐货物，通常可采用冷藏方法来保持其原有的色、味、香和营养成分等品质，并且保存的时间长，保存的数量多。

1) 货物的冷藏办法

冷藏货物大致可分为冷冻货物和低温货物两种。冷冻货物是指必须在冻结状态下进行运输的货物；低温货物是指须在还未冻结或表面有一层薄薄的冻结层的状态下进行运输的货物。为了防止货物变质，冷藏货物在运输过程中需要保持恒定的温度，该温度称为运输温度。运输温度的高低需依据具体的货物种类而定。即便是同一货物，由于运输时间、冻结状态和货物成熟程度的不同，对运输温度的要求也不尽相同。

2) 鲜活易腐货物的运输组织

良好的运输组织工作，对保证鲜活易腐货物的运送质量十分重要。对于鲜活易腐货物的运输应坚持“四优先”的原则，即优先安排运输计划、优先进货装车、优先取送、优先挂运。

运输企业应按鲜活易腐货物的运送规律，事先做好货源摸底和核实工作，妥善安排好运力，提前做好各方面的准备，保证及时运输。

承运鲜活易腐货物时，在始发站应有车站货运员对托运货物的质量和状态进行认真的检查。要求质量新鲜、包装符合要求、热状态符合规定。对已出现腐烂变质的货物，托运前应加以适当处理。对不符合规定质量的鲜活易腐货物不予以承运。

托运需冷藏保温的货物，托运人应提出货物的冷藏温度和在一定时间内的保持温度要求。不同热状态的易腐货物不得按一批托运。一批托运的整车易腐货物，一般限运同一品名。但不同品名的易腐货物，如在冷藏车内保持或要求的温度上限(或下限)差别不超过 3℃时，允许拼装在同一冷藏车内按一批托运。此时发货人应在货物运单“发货人已载事项”栏内写明：“车内保持温度按品名的规定办理。”

发货人托运鲜活货物，应提供最长运输期限及途中管理、照料事宜的说明书。货物允许的最低运输期限应大于汽车运输能够达到的期限，否则不予承运。承运人应根据发货人的要求和承运方的实际情况，及时地安排适宜车辆进行装运。

发货人托运需检疫的禽、兽产品和鲜活植物时，应按规定提出检疫证明书，并在货物运单内注明其号码。检疫证明书退回发货人或随同运单代递到终点站，交收货人。

【应用案例】

我国冷藏保温车产业发展良好

1. 冷藏保温车的发展环境

1）冷链物流物流行业发展的推动

随着社会经济的飞速发展和人民生活水平的不断提高，人们对食品的保鲜要求也会越来越高，对冷藏食品的需求不断增多，冷链物流应运而生。冷藏保温车主要用于生鲜农副产品和食品饮料的储运。由于其具有冷藏、保温的特殊功能，能满足生鲜食品冷藏运输中的保鲜和冷冻要求，使其在冷链物流中起着重要的作用，成为冷链物流的中非常重要的一个环节。

目前，我国冷冻食品冷链物流发展仍处于起步阶段，规模化、系统化的冷链物流体系尚未形成，而冷藏保温车占货运汽车的比例仅为 0.3%。

我国是农牧业生产大国，肉类、水产品和鸡蛋等产品的产销量均居世界首位。我国肉类、速冻食品、冷饮业和乳品业发展越来越好，此类行业的发展必然带动冷链物流的发展。据统计我国的肉类食品厂3000多家，年产肉类 7000 万吨，产量以每年 6%左右的速度递增；速冻食品厂 2100 多家，年产量超过1200万吨，以每年 15%的幅度递增；冷饮业 6000 多家，年产量 200 多万吨，产量以每年 9%左右的速度递增；乳品业 1500 多家，产量 800 万吨，每年以 25%的速度递增；水产品产量 5000 万吨，每年以 7%的速度递增。这些总量超过 1500 亿吨的冷藏食品需要运输，而由于运量不够造成冷链浪费带来的损失等同于 GDP 两个百分点的增长额。因此，冷藏物流行业的需求量，必定会随着国民生活水平的提高而增加，对冷藏、保温车的需求也会越来越大。

进入 20 世纪 80 年代以后，我国实行改革开放和市场经济，冷藏运输业进入了新的发展时期，冷藏保温车的使用领域不断拓展，用户结构有了很大变化，经济的发展使冷藏运输产品的需求明显激增，发展冷藏、保温车市场潜力巨大。

2）冷藏保温运输业的发展

20 世纪 80 年代以后，我国实行改革开放和市场经济，冷藏运输业进入了新的发展时期，冷藏保温车的使用领域不断拓展，用户结构有了很大变化，一是冷藏保温车管理系统部门逐步转变为企业；二是冷藏运输的易腐货物由过去基本以冷冻食品（冷冻肉类、水产品）为主发展到新鲜肉类、水果、蔬菜占较大比例，还有乳制品、冷饮、糕点、巧克力、保健食品等；三是随着我国城市商业的发展，除了肉类加工厂、冷库外，大型连锁超市、大型副食商场、牛奶公司外，食品加工企业也成了冷藏保温车的主要用户。

随着我国经济的持续发展，发展冷藏保温车市场潜力巨大。

2. 冷藏保温运输相关法规

在 2008 年金融危机的影响下，我国出台了《物流调整振兴规划及细则》和《汽车产业调整振兴规划及细则》。

冷链物流和冷藏车作为各自行业振兴规划所涉及的具体行业，也在危机中迎来了行业发展难得一遇的机会。而且，我国发布《关于加快我国流通领域现代物流发展》的指导意见后，也为城际物流领域中冷藏物流业的发展带来了新机遇。

我国颁布的《2001—2010 年道路运输业发展规划纲要》中提出，冷藏保温运输应该实现专业化、规模化、现代化；在不同的城市，制定不同的地方政策，在经济发达的地区是强制性政策，如在北京和上海，强制运输生鲜食品必须使用冷藏保温车，而在一些经济欠发达地区则实行引导性政策。《专用汽车五年和十年的发展纲要》中也提出，需要建立全国性的冷藏链和冷藏链企业。相应政策的颁布是对于冷藏物流行业的一种宏观引导，如此大力度的政策扶持，一定会为冷藏物流业带来一个全新的、有无限潜力的市场发展空间，也为冷藏保温车开辟了巨大的市场。

3. 2010—2011 年第一季度冷藏、保温车销量情况

自 20 世纪 90 年代以来，冷藏保温车在我国开始逐步发展起来，近几年发展加快。目前，全国冷藏保温车厂家已增加到近 80 家，全国冷藏保温车的保有量超过了 3 万辆。但是，我国的冷藏保温车生产企业技术水平参差不齐，真正保持平衡的厂家较少。

（资料来源：根据 http：//www. foodjx. com/news/Detail/70882. html. 资料整理）

【案例思考】

冷链物流中的车辆计划的制订和车辆管理应怎样进行?

【复习题】

(1) 简述车辆计划的步骤与方法。

(2) 简述两种车辆计划编制方法的异同。

(3) 举例说明车辆调度方法的应用。

(4) 车辆运营管理的注意事项有哪些？应当如何处理车辆运营过程中的紧急事故？

(5) 特殊货物的运输要求分别是什么？

实训项目：车辆调度

【实训目的】

通过运输车辆调度实训，进一步理解运输调度的含义，掌握车辆调度的方法。

【实训准备】

(1) 调度方法的选择要科学合理，可以请物流企业运输调度人员协助，共同完成调度任务。

(2) 对班级学生进行分组，每组 8 人左右。各小组在教师的指导下组织车辆调度方案的实施。

(3) 实训指导教师和企业指导老师随时解决在实训过程中遇到的各种问题，并组织学生进行经验交流。

(4) 在实训过程中，教师应对整个过程进行监督并控制。

【实训实施】

(1) 指导教师联系一家或两家以运输为主的物流企业，确定某一天运输的作业流程。

(2) 根据实际情况，由教师申请实训经费。

(3) 在教师指导下，自愿组合，分组完成任务。

(4) 根据本章学习的关于运输车辆调度的主要内容，结合物流企业的实际情况，选择工作当天的一次运输过程，在教师的指导下，确定运输调度的方法。

(5) 教师点评调查方法，确定其可行性。

(6) 组织学生再次收集信息，对原方案进行调整，确定所选用的方法。

(7) 按计划进行运作，记录结果。

(8) 整理资料，小组讨论总结，以小组为单位写出实训报告，对经验教训进行总结。

【实训考核】

实训评价有教师评价、小组内部成员评价和第三方评分组成员评价 3 种方式，建议教师评价占 60%的权重，小组内部成员评价占 20%的权重，第三方评分组成员评价占 20%的权重，将 3 者综合起来的得分为该生在该项目的评价分。实训评价表见表 2-49。

表 2-49　实训评价表

考评人		被考评人	
考评地点			
考评内容			
考评标准	具体内容	分值	实际得分
	工作态度	15	
	沟通水平	15	
	车辆调度的合理性	15	
	车辆调度熟练程度	40	
	车辆计划	15	
合　计		100	

注：考评满分 100 分，60 分以下为不及格，60～69 分为及格，70～79 分为中，80～89 分为良，90 分以上为优。

第三篇　仓储与配送运营管理

本篇主要阐述了仓储与配送企业在运营过程中，所应用的管理与控制方法，以及提高市场竞争力的管理与控制手段，这部分是本书的精髓。

本篇共分为 5 个管理模块，仓储与配送的服务管理、客户开发与商务管理、库存控制与成本管理、安全管理、绩效管理。

仓储与配送的服务管理模块主要阐述服务质量和服务水平提升的方法与手段；客户开发与商务管理模块主要阐述客户开发与合同管理的方法；库存控制与成本管理模块主要阐述库存控制的方法和成本管理的方法，仓储与配送企业在提高服务水平的同时要不断降低运作成本；安全管理模块主要阐述防火、防盗、抗台风、防雨汛的内容；绩效管理模块主要阐述仓储与配送绩效管理的目的和意义、绩效考核指标体系的建设和提升绩效的方法。

管理一

仓储与配送的服务管理

CANGCHU YU PEISONG DE FUWU GUANLI

【学习目标】

掌握配送服务的构成，理解配送服务与成本的关系，熟悉配送服务质量的要素与表现度量，并能够熟练应用以客户为中心的配送服务战略。

【学习任务】

通过本管理知识的学习，要求学生掌握配送服务的构成，正确处理配送服务与成本的关系，并能进行配送服务质量管理，为以后的仓储与配送管理能力的培养打好基础。

【任务实施】

(1) 制定学习目标。

(2) 确定完成任务的路径和方法。

(3) 搜集和整理学习资料。

(4) 通过企业实践、小组讨论分析和对比学习资料，巩固和掌握所学的知识。

本部分的工作任务主要是仓储与配送服务水平与成本之间的关系及相关知识，首先要确定完成任务的路径与方法，分析和整理相关学习资料，分析和对比资料，模拟演练、案例分析和小组讨论巩固和掌握所学的知识。

【管理案例】

美国机械公司是一家以机械制造为主的企业，该企业长期以来一直以满足顾客需求为宗旨。为了保证供货，该公司在美国本土建立了500多个仓库，但是仓库管理成本一直居高不下，每年大约花费2 000万美元。因此，该公司聘请了一家调查公司做了一项细致调查。调查结果显示，以目前情况，如果减少202个仓库，则会使总仓库管理成本下降200万~300万美元，但是可能会造成供货跟不上，致使销售收入会下降18%。该公司感到左右为难，不知该不该依据调查公司的结果减少仓库。

（资料来源：根据 http：//wenku. baidu. com/view/727e6c314332396801 1c928c. html. 资料整理）

一、服务构成

仓库配送服务就是对客户商品物流的保证，它包含以下3个要素：

(1) 拥有客户所期望的商品(备货保证)。

(2) 符合客户所期望的质量(品质保证)。

(3) 在客户希望的时间内配送商品(输送保证)。

配送服务主要就是围绕上述3个要素展开的，如图3.1所示。

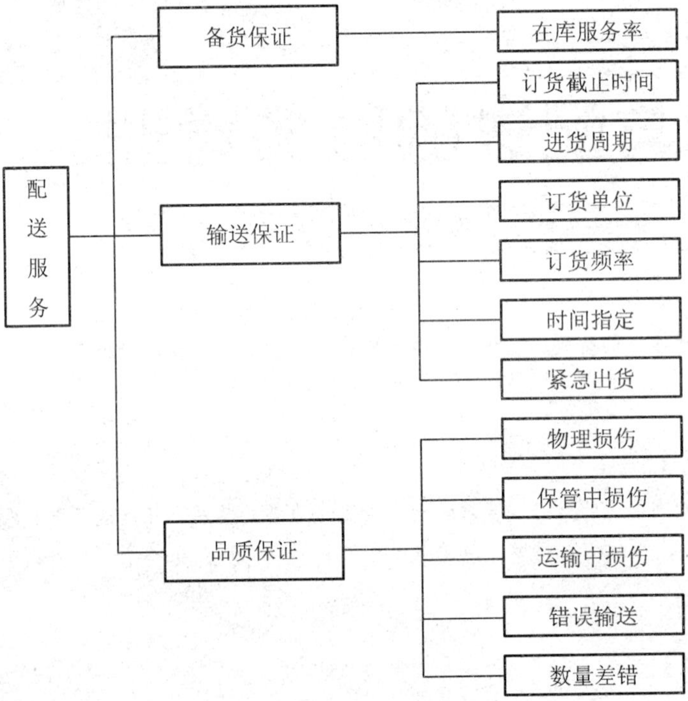

图3.1　物流服务构成要素

二、配送服务水平与配送成本

1. 配送成本的特征

从物流角度来说，配送几乎包括了物流的所有功能要素，是物流的一个缩影或者在较大范围中全部物流活动的体现。因此，配送成本就是指配送活动中所消耗的物化劳动和活劳动的货币表现。具体来说，有 6 类配送成本：客户服务成本、库存管理成本、运输成本、作业成本、订货成本和信息成本。

配送成本的一般特征如下：

(1) 配送成本与服务水平密切相关。提高配送服务水平会使配送成本大幅度增加。

(2) 配送成本中有很多因素是配送部门不能控制的，易受市场和交通运输条件的直接影响。

(3) 配送成本中不同的功能成本之间存在二律背反现象，即一种功能成本的消减会使另一种功能成本增加，因此，配送管理的目标是追求总成本的最小化，而不是个别成本的优化。

(4) 配送成本消减的乘法效应。如果配送成本占销售额的 1%，那么当配送成本降低 1 元，相当于使销售额增加 100 元。可见，配送成本的下降对企业经营影响巨大。

(5) 一些专业的配送需要特殊的专业设备，投入巨大，且没有通用性。

(6) 配送往往单向进行。

2. 配送服务水平与配送服务成本的关系

配送服务的目标是以尽可能低的配送成本实现较高水平的配送服务。

一般来说，配送服务水平与配送服务成本的关系有以下 4 种形式：

(1) 在配送服务水平不变的前提下，考虑降低配送成本，如图 3.2 所示。它是通过改变配送系统的方法，在保持既定的服务水平前提下，寻求降低配送成本的途径，即追求效益的提高。

(2) 在配送成本不变的前提下提高配送服务水平，如图 3.3 所示，这是在现有的配送成本下，通过有效地利用所投入的成本来改善配送各项功能、提高配送服务水平的一种追求成本绩效的做法。

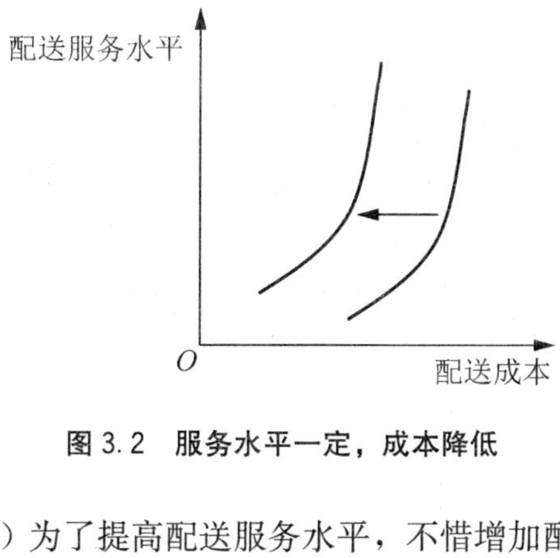

图 3.2 服务水平一定，成本降低

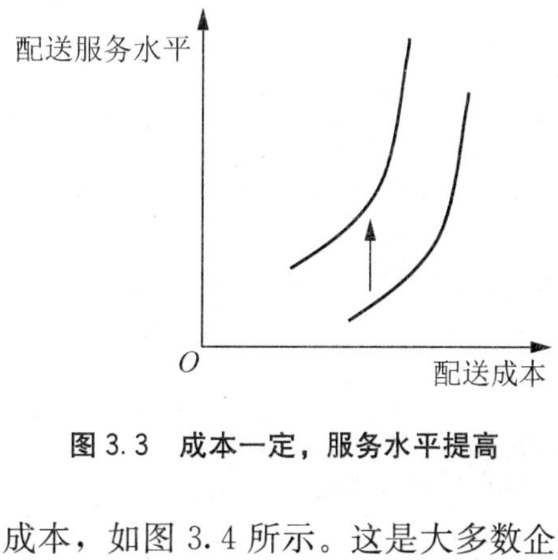

图 3.3 成本一定，服务水平提高

(3) 为了提高配送服务水平，不惜增加配送成本，如图 3.4 所示。这是大多数企业在提高配送服务水平时的状态，也是企业在特定顾客或特定商品面临竞争时所采取的战略措施，它主要是通过增值物流服务来实现。

(4) 用较低的配送成本实现较高的配送服务水平。这是一种双赢的措施。通过对企业物流系统的流程再造，实现一种新的企业物流模式，达到降低配送成本、提高配送服务水平的目的，如图 3.5 所示。

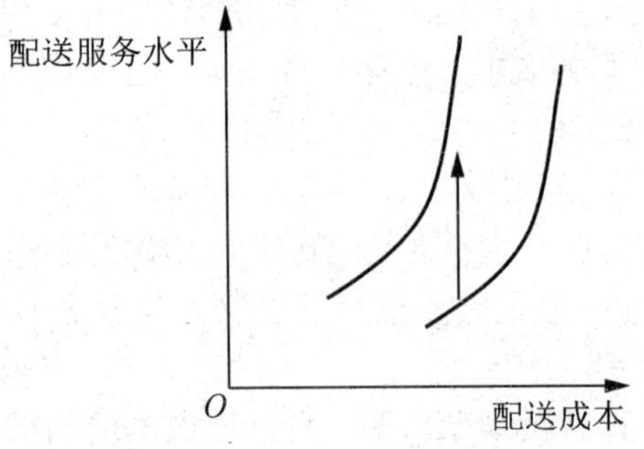

图 3.4　成本增加，服务水平提高

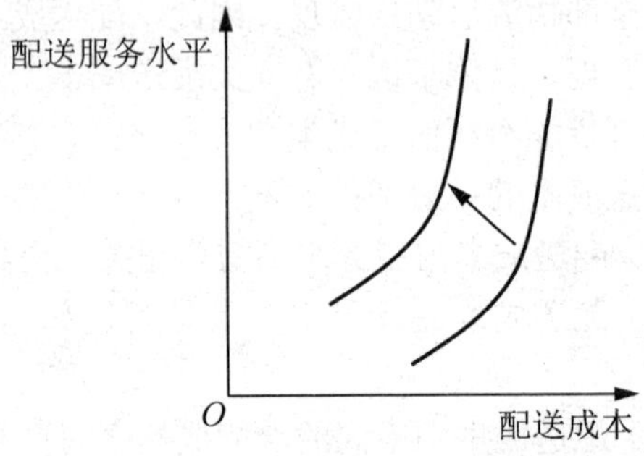

图 3.5　成本降低，服务水平提高

3. 配送服务水平与配送成本的二律背反问题

所谓二律背反，是指同一资源的两方面处于相互矛盾的关系之中，要达到一个目的，必然要损害另一目的。例如，库存控制中，库存量(缺货率)与库存保管费之间的二律背反如图 3.6所示。

一般来讲，配送服务水平与成本之间存在二律背反。二者之间是此消彼长的关系，同时存在收益递减，如图 3.7 所示。在较低的服务水平下，如果增加 x 单位的配送成本，服务水平将提高 y，而在一个较高服务水平下，同样增加 x 单位的配送成本，服务水平的提高只有 y'($y'<y$)，因此，服务水平的提高不能无限度放大；否则，成本的加速上升会使整个系统的效率下降。

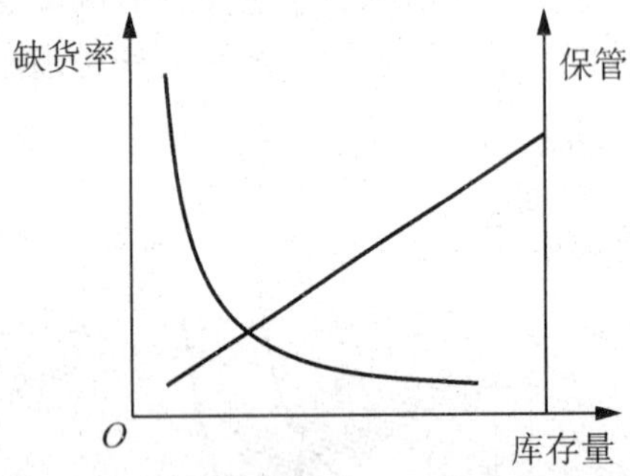

图 3.6　库存量与保管费用的二律背反

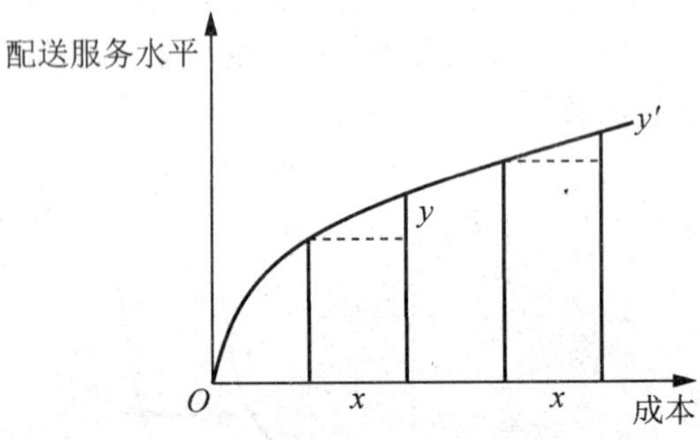

图 3.7　配送服务水平与成本的二律背反

三、服务质量管理

1. 配送服务质量的要素与表现度量

在配送服务质量管理中，4 个传统的客户服务因素——时间、可靠性、方便性和信息的沟通是配送服务质量管理中需要考虑的基本因素，这些因素也是制定配送服务质量标准的基础。表 3 - 1 是客户服务的 4 个要素及对应的表现衡量内容。通常这些度量以卖方角度表示，如订单的准时、完整发送和订单的准备时间等。

表 3-1 客户服务的要素与表现度量

因　素	含　义	典型的度量单位
产品的可得性	它是客户服务最常用的度量，一般为以百分比表示的存货	百分比可得性
备货时间	从下达订单到收到货物的时间长度。一般可得性与备货时间常结合成一个标准，如95%的订单在10天送达	速度与一致性
配送系统的灵活性	系统对特殊及未预料的客户需求的反应能力，包括加速和替代的能力	对特殊要求的反应时间
配送系统信息	配送信息系统对客户的信息需求反应的及时性与准确性	对客户的反应速度、准确性
配送系统纠错能力	配送系统出错恢复的程序以及效率与时间	应答与需要的恢复时间
配送服务后的支持	交货后对配送服务支持的效率，包括客户配送方案和配送服务信息的修订与改进	应答时间与应答质量

在供应链环境下，配送服务的质量需要更严密的度量标准。现在，人们越来越认识到应从客户角度进行度量，如订单的及时性、完整性，订单完整无缺的货物比率，订单完成的准确性，账单的准确性等。如果卖方以传统的度量方法衡量和考虑客户服务，则客户可能并不满意，而且如果问题发生在交货过程中，客户可能并不知道。另外，客户以传统的方法也不能了解问题的范围和大小。目前较注重交货时间的度量，因为它不仅提供了评价的数据来源，而且对将来发生的问题能提出早期的警告。例如，标准的交货准时率是98%，而某月的交货准时率却下降到95%，调查表明，运送人可能并没有按指令办理货物运输，或接货方在接货时未作好接货准备。随着企业零库存(准时化)采购的实施，今后对配送服务的准时率要求可能越来越高。

2. 以客户为中心的配送服务战略的开发

以客户为中心的物流配送服务是取得竞争性优势的源泉，有效的以客户为中心的物流配送服务的战略开发，需要经过以下几个阶段。

1) 理解客户需求

当制订一项以客户为导向的物流配送战略时，配送业务人员必须确切了解客户对于配送服务的需求和期望，如图3.8所示。例如，客户对配送的各个环节的要求可能包括适时和可靠的送货、良好的沟通、送货的准时性和高频率、订单状态信息的可得性、高效的信息反馈过程、紧急情况的及时处理、货物的完好性、礼貌地索赔、精确和适时地结算以及对咨询的及时而准确的答复等。

确定客户的需求是一个较为复杂的过程，可以从以下几点来考虑：

(1) 充分了解客户的业务及其供应链的下一结点或直接的用户。

(2) 鉴明客户的需求和期望，可以从站在供应商的角度为客户列一张需求清单作为工作的开始，在充分倾听客户陈述和对同行业的对比之后再做出判断。

(3) 与客户深入探讨需求和所期望的变更，测定客户对价格配送服务的愿望。

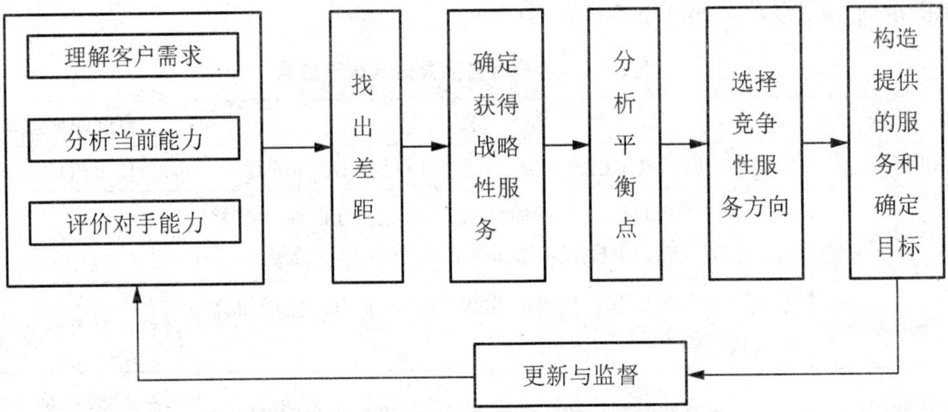

图 3.8　以客户为导向的配送服务战略开发

2）评价当前的服务和能力

一旦了解了客户的想法后，配送服务供应商就必须找出他们当前的服务能力和实际要求的差距，包括采取哪些方法来满足专门的服务目标和鉴别当前由竞争对手提供的服务。

3）解释当前做法与客户要求的差距

一旦服务商清楚客户的需求正好与自己提供的服务相反，两者之间的差距便可以分析出来。很多时候，人们常常认为客户的需求与他们提供的服务之间的差距很小，调查之后发现，他们经常会曲解客户的需求。当被问及需求和期望时，一家公司的客户表示，及时送货和无损送货是评价配送服务的两个最重要的标准。

当改善配送服务的选择确定后，配送服务供应商必须分析与消除差距有关的均衡点、利益、成本及风险，这些利益包括服务水平的提高、收入的增加、顾客的忠诚、竞争的优势。另外，改善配送服务还可以避免因服务水平低而失去业务量。在此基础上，确定能够使利益超过成本的服务方式和措施。

4）满足客户特定需求的针对性服务

为了能够让尽可能多的客户满意，应该按客户需求的相似性对客户进行细分，形成不同类别的客户群。例如，可根据客户对配送服务的时间要求进行分类，如可分为两天一次送货客户群和一日一送客户群等。

5）在客户要求的基础上创造服务

为了满足客户的需求，并超出他们的期望值，配送服务不但必须要满足客户的需要，而且还要提供持久增值服务。当竞争对手开始把客户满意作为竞争优势时，应着眼于客户对价值的认识，把满足客户的最低需求作为客户满意的开始，如果无法满足，则会得到客户的否定评价；如果满足了，也不会得到客户的称赞，因为这是客户所希望的。只有当供应商提供的服务超出客户要求时才会让客户满足，达到增加价值的目的。这表明满足客户的最低要求只能保证企业处于竞争之中，但无法帮助企业在竞争中取胜。

6）评估并跟踪执行与改进的情况

客户满意指数即客户满意率，是定量评估满意水平的一种方式，用来评价配送服务供应商在有关客户满意度方面的表现，也可以评估一段时间内的执行和改进情况。

7）不断改进

客户满意是一个不断变化的动态的过程，因为客户的要求是随着服务的内容、水平和技术的变化而变化的。配送服务供应商必须跟上这些变化。因此，客户满意的标准和评价内容要不断地改进。

总之，配送服务企业要周而复始地了解物流配送服务现状，对配送服务进行评估，确定配送服务形式，重新构筑配送服务系统，定期征求客户意见。配送服务质量管理周期如图 3.9所示。

图 3.9 配送服务质量管理周期

【应用案例】

西南仓储公司的服务管理

西南仓储公司是一家地处四川省成都市的国有商业储运公司，随着市场经济的深入发展，原有的业务资源逐渐减少，在企业的生存和发展过程中，经历了由专业储运公司到非专业储运公司再到专业储运公司的发展历程，并在提高企业仓储服务水平的基础上，降低企业物流成本，使企业成功转型。

1. 专业化

当仓储资源又重新得到充分利用的时候，这家企业并没有得到更多利益，经过市场调查和分析研究，这家企业最后确定了立足自己的老本行，发展以家用电器为主的仓储业务。

一方面，在家用电器仓储上，加大投入和加强管理，加强与国内外知名家用电器厂商的联系，向这些客户和潜在客户介绍企业确定的面向家用电器企业的专业化发展方向，吸引家电企业进入。另一方面，与原有的非家用电器企业用户协商，建议其转库，同时将自己的非家用电器用户主动地介绍给其他同行。

2. 延伸服务

在家用电器的运输和使用过程中，不断出现损坏的家用电器，以往，每家生产商都是自己进行维修，办公场所和人力方面的成本很高，经过与用户协商，在得到大多数生产商认可的情况下，这家企业在库内开始了家用电器的维修业务，既解决了生产商的售后服务的实际问题，也节省了维修品往返运输的成本和时间，并分流了企业内部的富余人员，一举两得。

3. 多样化

除了为用户提供仓储服务之外，这家企业还为最大的客户提供办公服务，向客户的市场销售部门提供办公场所，为客户提供了前店后厂的工作环境，大大的提高了客户的满意度。

4. 区域性物流配送

通过几年的发展，企业经营管理水平不断提高，企业内部的资源得到了充分的挖掘，同样，企业的仓储资源和其他资源也已经处于饱和状态，资源饱和了，收入的增加从何而来？在国内发展现代物流的形势下，这家企业认识到只有走出库区，走向社会，发展物流，才能提高企业的经济效益，提高企业的实力。发展物流从何处做起？经过调查和分析，决定从学习入手，向比自己先进的企业学习，逐步进入现代物流领域。经过多方努力，找到一家第三方物流企业，在这个第三方物流企业的指导下，通过与几家当地的运输企业合作(外包运输)，开始了区域内的家用电器物流配送，为一家跨国公司提供物流服务，现在企业的家用电器的物流配送已经覆盖了四川(成都市)、贵州和云南。

(资料来源：根据 http://wenku.baidu.com/view/dd58ce5377232f60ddcca131.html 资料整理)

【案例思考】

你认为仓储企业可以从几个方面控制企业成本、拓展利润增长空间？

【复习题】

(1) 简述仓库配送服务的要素。

(2) 分析配送服务水平与配送成本之间的关系。

(3) 什么是二律背反?

实训项目：配送服务水平调查

【实训目的】

通过配送服务水平调查，使学生能够正确处理配送服务与成本的关系，并能够进行配送服务质量管理。

【实训准备】

(1) 理解配送服务与成本的关系，明确配送服务质量管理内容。

(2) 配送企业服务水平调查表、配送成本调查表、库存量调查表、订货次数表、配送损失记录表等。

(3) 将全班学生分成若干组，每组选定组长1人。

(4) 在实训过程中，教师应对整个过程进行监督并控制。

【实训实施】

(1) 指导教师联系一家或两家以配送为主的物流企业，并根据实际情况，由教师申请实训经费。

(2) 在教师指导下，自愿组合，分组完成任务。

(3) 根据本模块配送服务与成本关系的主要内容，结合物流企业的实际情况，选择工作当天的一次配送过程，在教师的指导下，完成配送企业服务水平调查表、配送成本调查表、库存量调查表、订货次数表和配送损失记录表等表格的填写。

(4) 分析该企业配送服务水平与成本的关系。

(5) 教师点评调查方法，确定其可行性。

(6) 组织学生再次收集信息，对原方案进行调整，确定所选用的方法。

(7) 按计划进行运作，记录结果。

(8) 整理资料，小组讨论总结，以小组为单位写出实训报告，对经验教训进行总结。

【实训考核】

实训评价有教师评价、小组内部成员评价和第三方评分组成员评价3种方式，建议教师评价占60%的权重，小组内部成员评价占20%的权重，第三方评分组成员评价占20%的权重，将三者综合起来的得分为该生在该项目的评价分。实训工作评价表见表3-2。

表 3-2 实训工作评价表

考评人		被考评人	
考评地点			
考评内容	实训项目		
考核标准	具体内容	分值	实际得分
	工作态度	10	
	调查方案可行性	30	
	调查表制作	40	
	实训报告	20	
合　计		100	

注：考评满分 100 分，60 分以下为不及格，60～69 分为及格，70～79 分为中，80～89 分为良，90 分以上为优。

管理二

客户开发与商务管理

KEHU KAIFA YU SHANGWU GUANLI

【学习目标】

熟悉客户开发流程及关键控制要点，能对客户进行调查，收集客户相关资料；熟悉仓储合同中的仓储合同当事人、仓储合同的标的和标的物，掌握仓储及配送合同的内容及双方当事人的权利和义务。

【学习任务】

通过本管理知识的学习，学生要熟悉客户开发流程及关键控制要点，能对客户进行调查，收集客户相关资料，能够订立仓储合同及配送合同并熟知仓储合同及配送合同的条款，能够模拟仓储及配送合同订立，为操作技能的培养打好基础。

【任务实施】

(1) 制定学习目标。

(2) 确定完成任务的路径和方法。

(3) 搜集和整理学习资料。

(4) 模拟演练。

(5) 通过案例分析与讨论分析，巩固和掌握所学的知识。

本部分的工作任务主要是掌握客户开发的流程与仓储及配送合同，首先要确定完成任务的路径与方法，分析和整理相关学习资料，并进行模拟演练、案例分析和小组讨论，巩固和掌握所学的知识。

【管理案例】

某汽车装配厂从国外进口一批汽车零件，准备在国内组装、销售。2010 年 3 月 5 日，该装配厂与某仓储公司签订了一份仓储合同。合同约定，仓储公司提供仓库保管汽车配件，期限为 10 个月，从 2010 年 4 月 15 日起到 2011 年 2 月 15 日止，保管仓储费为 10 万元；还约定任何一方有违约行为，要承担违约责任，违约金总金额为总金额的 20%；另外，汽车装配厂预交仓储公司订金 2000 元。

合同签订后，仓储公司开始为履行合同做准备，清理了合同约定的仓库，并且从此拒绝了其他人的仓储要求。2010 年 3 月 27 日，仓储公司通知装配厂已经清理好仓库，可以开始送货入库。但装配厂表示已找到更便宜的仓库，如果仓储公司能降低仓储费的话，就送货仓储。仓储公司不同意，装配厂明确表示不需要对方的仓库。4 月 2 日仓储公司再次要求装配厂履行合同，装配厂再次拒绝。

4 月 5 日，仓储公司向法院起诉，要求汽车装配厂承担违约责任，支付违约金、退还订金并支付仓储费。汽车装配厂答辩称合同未履行，因而不存在违约问题。

实际上，仓储合同已经成立且生效，汽车装配厂的行为属于违约行为，故仓储公司有权要求对方支付合同约定的违约金。

（资料来源：根据 http：//www. 110. com/zhuanti/czht/anli/. 资料整理）

一、客户开发与管理

1. 客户开发流程

1）客户开发

在进行客户开发前，首先要掌握客户信息收集和客户开发的相关知识，熟悉客户的需求。客户开发的工作流程如图 3. 10 所示。

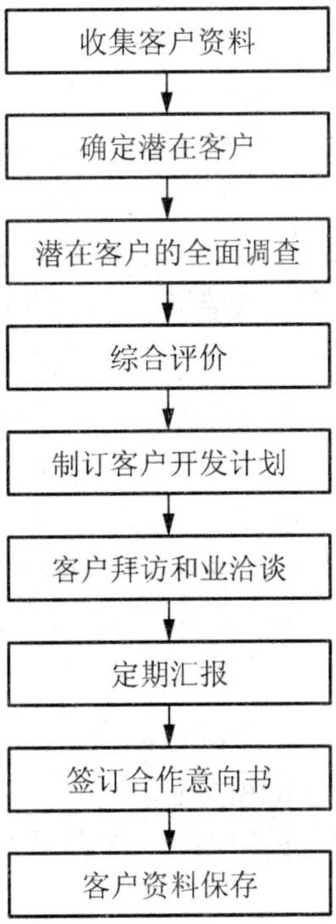

图 3. 10 客户开发流程

(1) 收集客户资料。根据仓储配送公司市场定位和业务方向，广泛收集客户资料。收集客户信息的渠道主要有3个：一是面谈，与客户进行交谈，进一步了解其生产经营和物流业务需求情况，听取其对本企业的基本看法；二是文献搜索，通过报纸、网络及其他媒体了解客户的各类情况，并对这些情况进行汇总；三是实地调研，走访客户的主要合作伙伴或竞争对手，听取其对客户的意见和看法。

收集客户信息主要有两个原则：一是信息全面原则，信息的种类包括客户基本情况、信用情况、经营者情况以及客户所在行业情况等；二是信息准确原则，客户的信息必须准确，防止信息失真对企业决策造成误导。

(2) 确定潜在客户。根据收集的客户信息确定潜在客户。根据收集到的客户资料进行分析，筛选出潜在客户。选择潜在客户一般有以下标准：

① 具有较强的经济实力。

② 具有同本公司一致的物流业务需求。

③ 没有重大业务违约和信用事件。

(3) 潜在客户全面调查。对潜在客户进行全面调研，重点了解客户近3年的经营数据、业务合作伙伴、总经理和业务负责人的情况、企业文化的特点以及员工管理水平、素质、工作能力等，以确定开发成功的难易程度和客户开发的成本策略。

(4) 综合评价。根据调研数据对客户进行综合评价，对其信用等级、经营能力进行划分，排列出客户开发的先后顺序和难易程度。

(5) 制订客户开发计划。根据信用等级的划分、经营能力的强弱、管理人员的特点和企业文化模式分别制订客户开发计划。客户开发计划的主要内容包括客户开发的渠道和方法、客户开发人员的分配情况、客户开发进度安排、客户开发经费预算和分配。

(6) 客户拜访和业务洽谈：根据客户开发计划，选择恰当的时机对客户进行拜访和业务洽谈。首先，在进行客户拜访前要明确客户拜访的目的，如引导客户作出决策；对客户的信用状况做出判断；向客户传达资料、服务等信息；对客户的经营风格和个人品质进行考察；创造一个与客户交流的机会，听取客户意见等。其次，要确定客户访问要点，确定对不同客户的访问计划，内容包括访问的重点、具体业务、访问的时间和频率，同时还要编制预定访问表以合理安排访问时间和确定洽谈的重点内容与对策。再次，拜访客户的时候要注意业务洽谈的技巧，考虑客户的利益和注意倾听，争取给客户留下良好的印象。最后，要做出拜访总结，即对拜访过程进行记录和整理，总结形成客户资料。

根据业务洽谈的结果，采取不同的业务跟踪方式，如果是近期紧迫需求，可以做物流方案的预案，与客户进行互动，让客户尽可能地参与方案的制订过程；如果没有得到相应的信息，需要进行进一步跟踪，深入了解客户的想法，找出项目决策人，重点跟踪。如果说之前做的准备工作是针对企业，现在则是在和客户建立私人朋友关系，因此需要有更深层次的沟通，要收集客户的个人资料，投其所好，建立信任度。

(7) 定期汇报。将客户开发的进展情况及时向上级主管汇报，并听取上级主管对开发进程的意见和建议。

(8) 签订合作意向书。同新开发客户签订合作意向书，就双方的合作范围、合作时间、合作方式、合作报价以及付款方式等做出规定。

(9) 客户资料保存。对客户资料进行建档、保存并及时进行更新。

2) 客户信用调研

客户的信用等级对企业而言是非常重要的，为了掌握客户的信用状况、及时了解客户信用情况的变化、降低企业业务往来风险，我们必须对客户进行信用调研。

（1）调研机构的选择。对客户进行信用调研的时候首先要选择调研机构，调研机构可分为外部调研机构和内部调研机构。

① 外部调研。外部调研是聘请外部的专业机构进行客户信用的调研，具体的操作方法有聘请金融机构、专业资信调研机构等，不同外部调研机构的优、缺点见表 3-3。

表 3-3　外部调研机构及其优、缺点一览表

外部调研机构	优　　点	缺　　点
金融机构	可信度比较高； 所需费用少； 通过委托调研，有利于提高本公司信用	难以把握具体细节； 因客户对应的业务员所在银行不同，需要花费较长时间才能得出调研结果
专业资信调研机构	按本方提出的调研意图调研； 能够在短时间内完成调研	调研人员的素质和能力对调研结果影响较大； 经费支出较大
同行业组织	熟悉本行业情况，可深入具体地调研	真实情况与虚假信息混杂，难辨真伪； 因竞争关系，诸多信息会秘而不宣，难以把握； 受地域限制

② 内部调研。内部调研是指企业自行借助客户、员工进行调研，或利用新闻报道等材料进行分析。一般而言，较少采用内部调研结构进行信用等级的调研。

（2）调研内容。调研客户的信用等级一般从经营者企业内部状况、企业资金筹措能力和企业支付情况这几个方面进行。

① 经营者调研，从经营者及其团队的品德以及经营能力方面进行调研，该项调研根据企业的董事长、总经理、部门负责人的文化水平、道德品质、信用观念、同行口碑等进行综合评价。经营者调研的主要内容见表 3-4。

表 3-4　经营者调研内容

调 研 类 别	详 细 内 容
家庭生活	其家庭生活氛围
工作态度	是否对工作有热情； 是否对工作放任自流、不闻不问； 是否热衷于社会兼职和名誉职务； 其行为是否与企业经营的理念、方针相悖； 其经营人员是否努力工作、锐意进取； 经营者是否高高在上、只管发号施令
经营能力	是否确定了合适的继任者、无权利争夺之虞； 是否制订出明确的经营方针； 总经理是否为筹措资金而伤神； 经营者讲话是否朝令夕改； 经营者是否难觅其踪； 经营者是否整日疲惫不堪
团队建设	经营者之间是否存在着财产争夺的隐患； 经营者之间是否存在面和心不和、相互掣肘的情况； 员工见到经营者打电话时是否经常窃窃私语

② 企业内部状况调研，从企业内部的管理和员工的各个方面进行调研，该项调研根据企业的内部管理和各层次员工的素质、工作态度和能力进行综合评价。企业内部状况调研的主要内容见表3-5。

表3-5　企业内部状况调研内容

调研类别	详细内容
员工工作态度	员工劳动纪律是否松懈； 是否有员工从事第二职业； 员工是否崇尚团队精神，团结一致； 员工是否服从上级主管，做到令行禁止
员工沟通协作	员工是否将牢骚、不满向企业外部人员倾诉
员工任务分配	员工是否每日无所事事
内部管理秩序	生产、办公场所是否经常有身份不明的外来者
员工管理水平	辞职率是否居高不下； 对不良行为是否放任自流； 员工是否违反规定损公肥私

③ 资金筹措能力调研，从企业自身的资金充裕情况以及企业同金融机构的关系方面进行调研，确保企业资金周转能力。对客户的资金筹措调研的主要内容见表3-6。

表3-6　客户筹措资金能力调研内容

调研类别	详细内容
资金充裕情况	是否要求票据转期； 是否延期支付债务； 是否提前收回赊销款； 是否出现往来融通票据； 是否为筹措资金低价抛售； 是否取消公积金和交易保证金； 是否将票据贴现或将证券折成现款
金融机构关系	银行账户是否被冻结； 是否频繁更换业务银行； 其票据是否被银行拒收； 是否与其他债权人关系紧张； 是否与业务银行关系紧张

④ 支付情况调研，从企业的支付态度和支付行为方面进行调研，根据信用履约情况、偿债能力、赢利情况等方面进行综合评价。对客户支付情况的调研是客户信用调研的一项重要内容，客户支付情况调研内容见表3-7。

表 3-7 客户支付能力调研内容

调研类别	详细内容
支付态度	是否不能如约付款； 是否推迟现金支付日或无故推迟签发票据； 是否受到银行的强制性处分； 是否对一部分供货商消极应付； 是否对催付货款搪塞应付、缺乏诚意； 是否要求延长全部票据的支付期限； 是否经常托词本企业的付款通知未到； 是否再三督促支付货款，却杳无音讯，连表示其信用和诚意的小额货款都拒不支付
支付行为	是否要求票据延期； 是否开始进行小额融资； 是否每天进行票据结算； 是否由支票变为票据支付； 是否变更支票和票据的签发银行； 是否收到新业务银行签发的票据

(3) 客户信用调研结果运用。客户调研人员应及时将信用调研过程中形成的客户信用调查结果，编制成信用调研报告。如果发现客户的信用等级发生变化，应及时向上级主管报告，并采取一定的办法进行处理。

2. 投标管理

招投标是在市场经济条件下进行大宗货物买卖以及服务项目采购与提供所采用的一种交易方式。招投标要注意一些原则：保密原则；诚实信用原则；公开、公平、公正的原则。

1) 投标工作的管理流程

投标管理流程如图 3.11 所示。

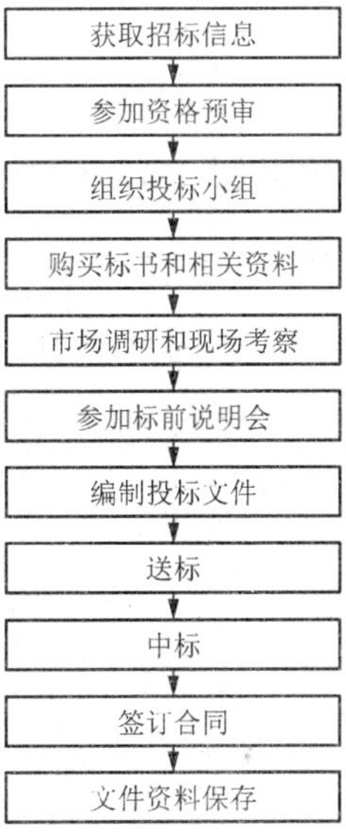

图 3.11 投标管理流程

（1）获取招标信息。通过各种渠道获取招标信息，即《招标公告》。

（2）参加资格预审。企业向招标委员会提交资格预审申请书和相关文件，填写投标申请书。

（3）组织投标小组。成立投标小组，负责投标事宜。

（4）购买标书和相关资料。投标小组根据招标公告的要求在规定的时间内购买标书和相关资料，并根据需要交纳保证金。

（5）市场调研和现场考察。投标小组针对投标要求进行市场调研，通过调研评价项目的成本、技术要求等条件；投标小组参加由招标方组织的现场考核，深入了解招标标的。

（6）参加标前说明会。投标小组参加由招标方组织的标前说明会，重点就标的的各种问题回答投标方的问题。

（7）编制投标文件。投标小组编制投标文件，投标文件包括投标函，投标人资格、资信证明文件，投标项目方案及说明，投标价格，投标保证金或者其他形式的担保，招标文件要求具备的其他内容。

（8）送标。投标小组根据招标方要求的清单和份数，将投标方的资格文件和报价文件进行包装，并在招标公告规定的截止日期前密封送达投标地点。招标人或者招投标中介机构对在提交投标文件截止日期后收到的投标文件，应不予开启并退还。招标人或招投标中介机构应对收到的投标文件签收备案，投标人有权要求招标人或者招投标中介机构提供签收证明。投标人可以撤回、补充或者修改已提交的投标文件，但是应当在提交投标文件截止日期之前，应书面通知招标人或招投标中介机构。

（9）中标。通过招标人或招投标中介机构开标和评标，招标委员会或招投标中介机构从评标委员会确定的中标候选人中确定最终中标者，招标委员会或招投标中介机构编制并向中标者送达《中标通知书》。

（10）签订合同。招标方同中标方签订项目合同，对双方的责任、权利、价格及违约、争议等进行约定。

（11）文档资料保存。投标小组对投标过程中形成的各类资料进行汇总保存，并及时交档案管理部门进行备案。

2）招投标过程中的主要文件

（1）招标文件封面。招标文件封面如图 3.12 所示。

（正本）

招　标　文　件

招标项目名称：××电子有限公司区域仓储配送

招标人：××电子有限公司

地址：××省××市××工业区

投标人：××物流有限公司

地址：××省××市××工业城

联系人：

电话：　　　　　　　　　　　　传真：

图 3.12　招标文件封面

（2）投标报名表示例。投标报名表格式见表 3－8。

表 3－8　××项目投标报名表

××电子有限公司：

我单位报名参加贵公司家电产品区域配送投标，愿保证信誉，并提供良好的合作。现附上基本情况表一份。

<table>
<tr><td>企业名称</td><td colspan="2"></td><td colspan="2">企业性质</td><td></td></tr>
<tr><td>详细地址</td><td colspan="5"></td></tr>
<tr><td>主管部门</td><td></td><td>法人代表</td><td></td><td>职务</td><td></td></tr>
<tr><td>联系人姓名</td><td colspan="2"></td><td rowspan="4">联系方式</td><td>电话</td><td></td></tr>
<tr><td>注册资本</td><td colspan="2"></td><td>传真</td><td></td></tr>
<tr><td>自有车辆数量</td><td colspan="2"></td><td>手机</td><td></td></tr>
<tr><td>营运时间</td><td colspan="2"></td><td>电子信箱</td><td></td></tr>
<tr><td>企业简介</td><td colspan="5"></td></tr>
<tr><td>企业物流运输
的优势和特长</td><td colspan="5"></td></tr>
<tr><td>重要客户概况</td><td colspan="5"></td></tr>
<tr><td rowspan="6">企业基本情况</td><td>职工总数</td><td colspan="4"></td></tr>
<tr><td rowspan="2">流动资金</td><td rowspan="2"></td><td rowspan="2">资金来源</td><td>自有资金</td><td></td></tr>
<tr><td>银行贷款</td><td></td></tr>
<tr><td rowspan="2">固定资产</td><td colspan="4">原值　　万元</td></tr>
<tr><td colspan="4">净值　　万元</td></tr>
<tr><td>近 3 年销售额</td><td></td><td colspan="2">近 3 年赢利情况</td><td></td></tr>
<tr><td rowspan="3">设备配置情况</td><td>设备名称</td><td>购入时间</td><td colspan="2">数量</td><td>设备状态</td></tr>
<tr><td></td><td></td><td colspan="2"></td><td></td></tr>
<tr><td></td><td></td><td colspan="2"></td><td></td></tr>
<tr><td>备　　注</td><td></td><td></td><td colspan="2"></td><td></td></tr>
</table>

主管领导签字：　　　　　　　　　　　　　　　　　日期：

（3）投标书。制作投标书前应该首先认真研究招标文件，分析招标内容，提出招标文件中的质疑问题，并做好询标工作；其次要分解招标内容，组成解决各个有关内容的工作小组；最后编制投标文件，确定项目实施的资源、人力以及费用等，进行投资效益分析、可行性研究等。投标书的格式如下：

投　标　书

投标单位名称：××物流有限公司

投标项目：××电器销售有限公司家电产品区域配送

我公司按照贵公司物流部《××公司家电产品区域仓储配送招标书》的要求进行投标，我公司能够严格做到和遵守《××公司家电产品区域仓储配送招标书》和《20××年××产品区域仓储配送基本要求》的要求，为更好地为贵公司服务，特制定此运输方案和投标报价，详见附件。请予收标。

单位地址：　　　　　　　　　　　　　联系方式：

项目负责人：　　　　　　　　　　　　电话：

传真：　　　　　　　　　　　　　　　电子信箱：

附件：

一、公司基本情况介绍（企业性质、注册资本、员工数目、员工素质）

二、运输能力（车辆来源、计划响应速度、车辆检查、装车业务、在途跟踪、运费结算、事故处理）

三、仓储能力（仓库情况、仓库设施、仓库管理、安全措施）

四、配送能力（配送车辆、配送半径、服务内容、集货分货能力）

五、管理状况（物流理念、公司的流程制度、公司是否有质量保证体系）

六、财务状况

七、信息化水平（信息系统的应用、信息传递手段）

八、主要客户群（主要客户、业务量）

九、公司信誉

十、公司优势

十一、可提供的增值服务

十二、相关运作流程方案

二、合同管理

1. 仓储合同

1）仓储合同概述

（1）仓储合同的定义。仓储合同又称仓储保管合同。《中华人民共和国合同法》（后文简称《合同法》）第 381 条规定："仓储合同是保管人储存存货人交付的仓储物，存货人支付仓储费的合同。"仓储业是专为他人储藏、保管货物的商业营业活动，是现代化大生产和国际、国内商品货物的流转中一个不可或缺的环节。

仓储合同具有以下法律特征：

① 仓储合同为诺成合同。为约束仓储合同双方的行为，更好地维护双方利益，法律规定仓储合同自双方达成合意时起就成立，而无须以存储货物的实际交付为标志。因此，《合同法》第 382 条规定："仓储合同自成立时起生效。"

② 保管人必须是拥有仓储设备并从事仓储保管业务的人。根据《仓储保管合同实施细则》第 3 条的规定，保管人必须是经工商行政管理机关核准，依法从事仓储保管业务的法人。

③ 仓储合同为双务有偿合同。由于仓储业是一种商业营业活动，因此，仓储合同的双方当事人互负给付义务，保管人提供仓储服务，存货人给付报酬和其他费用。这与一般的保管合同不同，因为保管合同既可有偿、也可无偿。

（2）仓储合同的种类。

① 一般保管仓储合同。一般保管仓储合同是仓库经营人提供完善的仓储条件，接受存货

人的仓储物进行保管，在保管期届满，将原先收保的仓储物原样交还给存货人而订立的仓储保管合同。该仓储合同的仓储物为确定物，保管人需要原样返还。一般保管合同特别重视对仓储物的特定化，且保管人严格承担归还原物的责任，包括仓储物在仓储期间自然增加的利息。

② 混藏式仓储合同。混藏式仓储是指存货人将一定品质数量的种类物交付给保管人，保管人将不同存货人的同样仓储物混合保存，存期届满时，保管人只需以相同种类、品质、数量的商品返还给存货人，并不需要原物归还的仓储方式。

这种仓储方式常见于粮食、油品、矿石或保鲜期较短的商品的储藏。混藏式仓储合同的标的物为确定种类物，保管人严格按照约定的数量、质量承担责任，且没有合理损耗的权利。混藏式仓储合同具有保管仓储物价值的功能。

③ 消费式仓储合同。存货人在存放商品的同时将商品的所有权转移给保管人，保管期满时，保管人只需将相同种类、品质、数量的替代物归还给存货人。存放期间的商品所有权由保管人掌握，保管人可以对商品行使所有权。消费保管的经营人一般具有商品消费的能力，如面粉加工厂的小麦仓储、加油站的油库仓储、经营期货交易的保管人等。消费式仓储合同的不同之处是涉及仓储物所有权转移到保管人，自然地保管人需要承担所有人的权利和义务。

④ 仓库租赁合同。仓库租赁合同是所有人将所拥有的仓库以出租的方式开展经营仓储，由存货人自行保管商品的仓储经营方式。仓储人只提供基本的仓储条件，进行一般的管理，如环境管理、安全管理等，并不直接对所存放的商品进行管理。仓库租赁合同严格意义上说不是仓储合同，只是财产租赁合同，但是由于出租方具有部分仓储保管的责任，具有仓储合同的一些特征。

⑤ 多种经营。仓储多种经营是指仓储企业为了实现经营目标，采用多种经营方式的经营方式，如在开展仓储业务的同时，还开展运输中介、产品交易、配载与配送、仓储增值服务等。

2）仓储合同的订立

仓储合同是双方对委托仓储经协商达成一致意见的结果，经过要约和承诺的过程，当承诺生效，合同成立。要约是指向特定人发出的订立合同的意思表示，发出要约的当事人成为要约人，而要约所指向的当事人则成为受要约人。在仓储合同中，一般来说，要约的内容至少要包括标的物数量、质量、仓储费用，即使没有具体的数量、质量和仓储费用表述，也可以通过具体的方式来确定这些内容。承诺，是指受要约人做出的同意要约内容的意思表示，承诺必须在要约的有效期限或合理期限内做出，并与要约的内容一致。

根据《合同法》的规定，合同可以采取书面形式、口头形式或其他形式，因而仓储合同也可以采用书面形式、口头形式或者其他形式，订立仓储合同的要约、承诺也可以是书面、口头或其他形式。

3）仓储合同的主要内容

仓储合同的内容又称仓储合同的主要条款，是经存货人和保管人双方协商一致订立的，规定双方的主要权利和义务的条款，同时也是检验合同的合法性、有效性的重要依据。

（1）货物的品名或种类。一般来说，仓储合同的标的物是存货人交付的、由保管人保管的货物，而且是特定物或是特定化了的种类物。保管人不但应妥善保管，以免发生损毁，而且在保管期满后应当按约定将原物及利息交还给存货人。因此，双方当事人必须在合同中对货物的品名和种类做出明确详细的规定。如果存放的是易燃、易爆、易渗雨、有毒等危险货物或易腐、超限等特殊货物，还必须在合同中加以特别注明。

(2) 货物的数量、质量、包装。在此条款中，货物的数量应使用标准的计量单位，计量单位应准确到最小的计量单位；货物的质量应使用国家或有关部门规定的质量标准，也可以使用经批准的企业或行业标准。在没有上述质量标准时，可以由存货人与保管人在仓储合同中自行约定质量标准。至于货物的包装，一般由存货方负责，有国家或专业标准的，按照同家或专业标准执行；没有国家或专业标准，应根据货物的性能和便于保管、运输的原则由保管人与存货人双方约定。

(3) 货物验收的内容、标准、方法、时间。验收存货人的货物是保管人的义务和责任，合同中应明确约定验收的内容、标准。货物验收是入库的重要工作，通常验收的内容、标准包括 3 个方面：一是无须开箱拆捆，即直观可见的质量情况，验收项目主要有货物的品名、规格、数量、外包装状况等；二是包装内的货物品名、规格、数量，以外包装或者货物上的标记为准；无标记的，以供货方提供的验收资料为准；三是散装货物按国家有关规定或合同的约定验收。

验收的方法有全验和按比例抽验两种，具体采用哪种方法，双方当事人应在合同中明确写明。验收的期限是自货物和验收资料全部送达保管人之日起，至验收报告送出之日止，日期以运输或邮电部门的戳记或直接送达的日期为准。超过验收期限所造成的实际损失由保管人负责。如果保管人未能按照合同约定或法律法规规定的内容、方法、期限验收仓储物或验收不准确，就应当负责因此所造成的损失。如果存货人未能提供验收资料或提供资料不齐全、不及时，应对此所造成的损失负责。

(4) 货物保管条件和保管要求。仓储合同的标的物即存货人委托储存保管的货物，种类繁多，性质各异，因而对保管和保管要求也各不相同，许多货物需要特殊的保管条件和保管方法，在合同中应做出相应的约定。必要的时候，存货人还应向保管方提供储存、保管、运输等方面的技术资料，以便保管方根据货物的性能，按国家或合同规定的要求操作、储存危险品和易腐货物。

(5) 货物入出库手续、时间、地点、运输方式。双方应当详细约定货物入出库的具体交接事项，以便分清责任。合同对货物入库，应明确规定是由存货人或运输部门、供货单位送货到库，还是由保管人到供货单位、车站、码头等处提取货物；入库时，保管人要根据合同规定的数量、质量、品种、规格等对入库货物进行清点、验收和接收。验收无误后，向存货人开出仓单，并报仓库会计统计入账、登记。同样，货物出库一定要当面交接清楚，并做好记录，对货物出库，也应明确规定是由存货人、用户自提或是由保管人代送、代办发运手续。

(6) 货物损耗标准和损耗的处理。货物损耗标准是指货物在储存运输过程中，由于自然因素(如干燥、风化、散失、挥发、黏结等)和货物本身的性质或度量衡的误差原因，产生的一定数量破损或计量误差。因此，双方当事人应当在合同条款中约定货物在储存保管和运输过程中的损耗标准和磅差标准。此类标准有国家或行业标准的，采用国家或行业标准；无国家或行业标准的，双方协商确定标准。货物储存期间，损耗量在法律规定或约定标准范围内，保管人不承担责任；超过标准范围的，保管人应当承担责任。

(7) 计费项目、标准和结算方式、银行、账号、时间。计算项目和计算标准是最终计算保管人收取的仓储费用的根据，只有明确了计费项目和计费标准，才能准确地确定存货人的支付义务。计算项目包括保管费、转仓费、出入库装卸搬运费、车皮、站台、包装整理、商品养护等费用。此条款除了明确上述费用由哪一方承担外，还应对下列项目作出明确规定：计算标准、支付方式、支付时间、地点、开户银行、账号等。

(8) 责任划分和违约处理。仓储合同可以从货物的入库、验收、保管、包装和出库 5 个方面明确双方当事人的责任。同时双方应约定，什么性质的违约行为承担什么性质的违约责任，并且明确约定承担违约责任的方式，即支付违约金、赔偿金及赔偿实际损失等，约定赔偿金的数额和计算方法。

(9) 合同的有效期限。合同一般应规定仓储物的保管期限，即合同的有效期限，保管期限届满，保管人应当将仓储物返还给存货人，存货人应及时取仓储物。有的合同也可以不规定有效期限，只要存货方按日或按月支付保管费用，即可继续有效。

(10) 变更和解除合同的期限。存货人和保管人变更、解除合同的，应当事先通知对方当事人，双方达成一致即可变更或解除合同，但一方要变更或解除合同的，须在法律规定或约定的期限内提出。

上述 10 项是仓储合同通常所应具备的主要条款。另外，合同当事人根据双方的利益考虑，可以对其他更多、更广泛的事项做出约定，如争议的解决方式、合同的履行地点等，只要不违反法律、法规的强行性规定，即为有效。

4) 仓储合同当事人的权利和义务

仓储合同一经成立，即发生法律效力。存货人和保管人都应严格按照合同的约定履行自己的法律义务。

(1) 保管人的义务。

① 给付仓单的义务。《中华人民共和国合同法》(以下简称《合同法》)第 385 条规定："存货人交付仓储物的，保管人应当给付仓单。"仓单既是存货人已经交付仓储物的凭证，又是存货人或仓单持有人提取仓储物的凭证。因此，保管人在存货人交付仓储物时给付仓单就成为一项重要的义务。

② 仓储物入库时的验收义务与通知义务。《合同法》第 384 条规定："保管人应当按照约定对入库仓储物进行验收，保管人验收时发现入库仓储物与约定不符合的，应当及时通知存货人；保管人验收后，发生仓储物的品种、数量、质量不符合约定的，保管人应当承担损害赔偿责任。"保管人在接受存货人交存的货物入库时，应当按照合同的约定对货物进行验收，一般而言，保管人的正常验收项目包括货物的品名、规格、数量、外包装状态。在验收中发现仓储物与合同约定不相符合的，保管人有及时通知存货人的义务，如果保管人怠于通知，视为仓储物符合合同的约定。保管人验收后，发生仓储物的品格、数量、质量、不符合约定的，保管人应承担损害赔偿责任。

③ 妥善保管储存货物的义务。保管方应当按照合同约定的保管条件和保管要求，妥善保管仓储物。保管人储存易燃、易爆、有毒、有腐蚀性、有放射性等危险物品的，应当具备相应的保管条件。《合同法》第 383 条规定："保管人储存易燃、易爆、有毒、有腐蚀性、有放射性等危险物品的，应当具备相应的保管条件。"

总之，在保管期间，保管方应按合同议定的储存条件和保管要求保管货物，并定期进行检查，使保管的货物不短缺、不损坏、不污染、不灭失，处于完好状态，发现货物出现异状，应及时通知存货方处理。未经存货方允许，无权委托第三方代管。

④ 危险通知义务。《合同法》第 389 条规定："保管人对入库仓储物发现有变质或者其他损坏的，应当及时通知存货人或者仓单持有人。"一般而言，仓储物出现危险包括以下几种情况：

a. 如果第三方对其保管的货物主张权利而起诉或扣押时，保管人有义务通知存货人。

b. 储存的货物发现有变质或其他损坏的，保管人应及时通知存货人。

c. 储存的货物发现有变质或其他损坏，危及其他仓储物的安全和正常保管的，应通知并催告存货人处理。如果保管人违反通知义务，给他人的储存物造成腐蚀、污染等损害的，存货人不承担责任。

⑤ 返还仓储物的义务。《合同法》第392条规定："储存期间届满，存货人或者仓单持有人应当凭仓单提取仓储物。存货人或者仓单持有人逾期提取的，应当加收仓储费；提前提取的，不减收仓储费。"由此可见，保管期限届满，或因其他事由终止合同时，保管人应将储存的原物返还给存货人或仓单持有人，保管人不得无故扣押仓储物。

⑥ 送货与发货的义务。如果合同约定在仓储期限届满后，由保管人送货上门的，保管方应按照合同规定的时间、数量，将货物送至存货方；如果合同约定由保管人代办运输的，保管人应负责向运输部门申报运输计划，办理托运手续。

（2）存货方的主要义务。根据《合同法》规定，存货人的主要义务包括以下几个方面：

① 按照合同的约定交存货物入库。存货人应当按照合同约定的品种、数量、质量、包装等将货物交付给保管人入库，并在验收期间向保管人提供验收资料，存货人不能全部或部分按照约定入库储存货物的，应当承担违约责任。存货人应按照合同的约定负责货物的包装，因包装不符合要求而造成货物损坏的，由存货人负责。

② 如实告知货物情况。《合同法》第383条规定："储存易燃、易爆、有毒、有腐蚀性、有放射性等危险物品或者易变质物品，存货人应当说明物品的性质，提供有关资料。存货人违反前款规定的，保管人可以拒收仓储物，也可以采取相应措施以避免损失的发生，因此产生的费用由存货人承担。"由此可见，储存易燃、易爆、有毒、有放射性等危险物品或者易腐等特殊货物的，存货人应当向保管人说明预防货物发生危险、腐烂的方法，提供有关的保管运输等技术资料，并采取相应的防范措施。保管人由于存货人未将危险物品情况告知，而接受该货物造成损害的，存货人应承担损害赔偿责任。

③ 支付仓储费。仓储费是保管人因其保管行为所取得的报酬，一般而言，仓储费应在存货人交付仓储物时提前支付，而非提取货物时支付。所以，存货人应依仓储合同或仓单规定的仓储费，按时交纳给保管人。另外，根据《合同法》第392条的规定，如果存货人提前领取仓储物，保管人不减收仓储费用；如果存货人逾期提取的，应当加收仓储费。

④ 偿付其他必要费用。所谓其他必要费用，主要指为了保护存货人的利益或避免损失发生而支出的费用。这些必要费用包括运费、修缮费、保险费、转仓费等，请求存货人支付上述费用时保管人应出示有关清单和登记簿。如果仓储合同中规定的仓储费包括必要费用时，存货人不必再另行支付。

⑤ 按照合同的约定及时提取货物。仓储合同期限届满，存货人应及时提取储存货物，存货人应当凭借仓单提取仓储物，提取仓储物后应缴回仓单。

（3）仓储合同中的几种特殊权利

① 存货人对仓储物的检查权。在仓储期间，保管人负责保管存货人交付的仓储物，对仓储物享有占有权，但仓储物的所有权仍然归属于存货人，存货人为了防止货物在储存期间变质或有其他损坏，有权利随时检查仓储物或提取样品，但在行使检查仓储物或提取样品的权利时，不得妨碍保管人的正常工作。

② 保管人对仓储物的提存权。提存是指由于债权人的原因而无法向其交付合同标的物时，债务人将该标的物交给提存机关而消灭债务的一种制度。根据《合同法》的相关规定，保管人提存保管物的条件为：仓单持有人无正当理由在仓储物储存期间届满时，不取仓储物；保管人催告仓单持有人在合理期限内提取而不提取；提存须依法定程序，如果保管人违反法定条件提存仓储物，属不法的提存，应负赔偿责任。

5）仓单

（1）仓单的基础知识。仓单是指由保管人在收到仓储物时向存货人签发的表示已经收到一定数量的仓储物的法律文书。仓单实际上是仓储物所有权的一种凭证，是仓单持有人依仓单享有对有关仓储物品的所有权的法律凭证。仓单是仓储合同存在的证明，也是仓储合同的组成部分。

（2）仓单的法律性质。

① 仓单是要式证券。仓单上必须记载保管人的签字以及必要条款，以此来确定保管人和存货人各自的权利和义务。

② 仓单是物权证券。仓单持有人依仓单享有对有关仓储物品的所有权，行使仓单上载明的权利或对权利进行处分。实际占有仓单者可依仓单所有权请求保管人交付仓单上所载的储存物品。

③ 仓单是文义证券。仓单上的权利义务的范围，以仓单的文字记载为准，即使仓单上记载的内容与实际不符，保管人仍应按仓单上所载文义履行责任。

（3）仓单的内容

① 保管人的签字或者盖章。

② 存货人的名称及住所。

③ 仓储的品种、数量、质量、包装、件数和标记等物品状况，以便作为物权凭证，代物流通。

④ 仓储物的损耗标准。

⑤ 储存场所和储存期间。

⑥ 仓储费及仓储费的支付与结算事项。

⑦ 若仓储物已经办理保险的，仓单中应写明保险金额、保险期间及保险公司的名称。

⑧ 仓单的填发人、填发地和填发的时间。

仓单的格式如图 3.13 和图 3.14 所示。

仓 单（正面）

公司名称：

公司地址：

电话：	传真：
账号：	批号：
储货人：	发单日期：
银主名称：	起租日期：

兹收到下列货物依本公司条款（见后页）储仓

唛头及号码	数量	所报货物	每件收费	每月仓租	进仓费

总件数

总件数：（大写）

备注

核对人

图 3.13 仓单的正面

<table>
<tr><th colspan="6">仓 单（后面）</th></tr>
<tr><td>日期</td><td>提单号码</td><td>提货单位</td><td>数量</td><td>结余</td><td>备注</td></tr>
<tr><td></td><td></td><td></td><td></td><td></td><td></td></tr>
<tr><td></td><td></td><td></td><td></td><td></td><td></td></tr>
<tr><td colspan="6">储货条款：
一、本仓库所载之货物种类、唛头、箱号等，均系按照储货人所称填写，本公司对货物内容、规格等概不负责。
二、货物在入仓交接过程中，若发现与储货方填列内容不符，我公司有权拒收。
三、本仓库不储存危险物品，客户保证入库货物绝非危险品，如果因储货人的物品危及我公司其他货物造成损失时，储货方必须承担因此而产生的一切经济赔偿责任。
四、本仓单有效期为一年，过期自动失效。已提货之分仓单和提单档案保留期也为一年。期满尚未提清者，储货人须向本公司换领新仓单。本仓单须经我公司加印硬印方为有效。
五、客户（储货人）凭背书之仓单或提单出货。本公司收回仓单和提单，证明本公司已将该项货物交付无误，本公司不再承担责任。</td></tr>
</table>

图 3.14　仓单的反面

2. 配送合同

1）配送合同概述

(1) 配送合同的概念。配送合同是配送经营人与配送委托人确定配送服务的权利和义务的协议；或者说，是配送经营人收取费用，将委托人委托的配送物品，在约定的时间和地点交付给收货人而订立的合同。委托人可以是收货人、发货人、贸易经营人、商品出售人、商品购买人、物流经营人、生产企业等配送物的所有人或占有人，可以是企业、组织或者个人。

(2) 配送合同的性质。

① 无名合同。配送合同不是《合同法》分则的有名合同，不能直接引用《合同法》分则有名合同的规范。因而配送合同需要依据《合同法》总则的规范，并参照运输合同、仓储合同、保管合同的有关规范，通过当事人签署的完整的合同调整双方的权利和关系。

② 有偿合同。配送是一种服务，配送经营人需要投入相应的物化成本和劳动力才能实现产品的生产。独立的配送经营是为了赢利，需要在配送经营中获得利益回报。配送经营的赢利性决定了配送合同为有偿合同。委托人需要对接收的配送产品支付报酬。配送经营人收取报酬是其合同的权利。

③ 诺成合同。诺成合同表示合同成立即可生效。当事人对配送关系达成一致意见时配送合同就成立，合同也就生效。配送合同成立后，配送方需要为履行合同组织力量，安排人力、物力，甚至要投入较多的资源，购置设备、聘请人员，如果合同还不能生效，显然对配送经营人极度不公平。因而配送合同必须是诺成合同。当事人在合同订立后没有依据合同履行义务，就构成违约。当然，当事人可以在合同中确定合同开始履行的时间或条件，时间未到或条件未成熟时虽然合同未开始履行，但并不等同于合同未生效。

④ 长期合同。配送活动具有相对时间长的特性，配送过程都需要持续一段时期，以便开展有计划、小批量、不间断的配送，以实现配送的经济目的。如果只是一次性的送货，则是运输关系而非配送关系。因而配送合同一般是期限合同，确定一段时期的配送关系，或者是一定数量的产品的配送，需要持续较长的时间。

(3) 配送合同的种类。

① 独立配送合同。独立配送合同是由独立经营配送业务的配送企业或个人或兼营配送业务的组织与配送委托人订立的仅涉及配送服务的独立合同。该合同仅仅用于调整双方在配送过程中的权利和义务关系，以配送行为为合同标的。

② 附属配送合同。附属配送合同是指在加工、贸易、运输、仓储或者其他物质经营活动的合同中，附带地订立配送活动的权利和义务关系，配送活动没有单独订立合同。附属配送合同主要包括仓储经营人与保管人在仓储合同中附属配送协议、运输合同中附带配送协议、销售合同中附带配送协议、物流合同中附带配送协议、生产加工合同中附属配送协议等。

③ 配送合同的其他分类。根据合同履行的期限，配送合同可以分为定期配送合同和定量配送合同。定期配送合同是指双方约定在某一期间，由配送人完成委托人的某些配送业务而订立的合同。定量配送合同则是配送人按照委托人的要求，对一定量的物品进行配送，直到该数量的物品配送完毕，合同终止。

配送合同按照配送委托人身份的不同还可以分为批发配送、零售配送、工厂配送等合同；依据配送物的不同分为普通商品配送、食品配送、水果蔬菜配送、汽车配送、电器配送、原料配送、零部件配送等配送合同；按照配送地理范围的不同分为市内配送、地区配送、全国配送、跨国配送、全球配送等配送合同。

2）配送合同的订立

配送合同是双方对委托配送经协商达成一致意见的结果，经过要约和承诺的过程，当承诺生效，合同成立。在现阶段，我国的配送合同订立时往往需要配送经营人首先要约，向客户提出配送的整体方案，指明配送业务对客户产生的利益和配送实施的方法，以便客户选择接受配送服务并订立合同。

配送合同的要约和承诺可以用口头形式、书面形式或其他形式。同样地，配送合同也可以采用口头形式、书面形式或其他形式，为不要式合同。但由于配送时间延续较长，配送所涉及的计划管理性强，及时性配送所产生的后果可大可小，甚至会发生如生产线停工、客户流失等重大损失，配送过程受环境因素的影响较大，如交通事故等，所以为了便于双方履行合同、利用合同解决争议，签订完整的书面合同最为合适。

3）配送合同的主要内容

无论是独立的配送合同还是附属配送合同，都需要对配送活动的当事人的权利和义务进行协商达到意见一致，并通过合同条款准确地表达。两者的内容大体相似。

① 合同当事人。合同当事人是合同的责任主体，是所有合同都必须明确表达的项目。

② 配送合同的标的。配送合同的标的就是将配送物品有计划地在确定的时间和地点交付收货人。配送合同的标的是一种行为，因而配送合同是行为合同。

③ 配送方法。配送方法也称为配送要求，是双方协商同意配送所要达到的标准，是合同标的的完整细致的表达，根据委托方的需要和配送方的能力协商确定。有定量配送、定时配送、定时定量配送、及时配送、多点配送等多种方法。需要在合同中明确时间及其间隔、发货地点或送达地点、数量等配送资料。配送方法还包括配送人对配送物处理的行为约定，如

虚拟配装、分类、装箱。配送方法变更的方法有订单调整等。

④ 标的物。即被配送的对象，可以为生产资料或生活资料，但必须是动产，有形的财产。配送物的种类(品名)、包装、单重、尺寸体积、性质等决定了配送的操作方法和难易程度，必须在合同中明确。

⑤ 当事人权利与义务。在合同中明确双方当事人需要履行的行为或者不为的约定。

⑥ 违约责任。违约责任是指双方约定任何一方违反合同约定时需向对方承担的责任。违约责任包括约定违约行为需支付的违约金及数量、违约造成对方损失的赔偿责任及赔偿方法、违约方继续履行合同的条件等。

⑦ 补救措施。补救措施本身是违约责任的一种，但由于未履行配送合同可能产生极其严重的后果，为了避免损失的扩大，合同约定发生一些可能产生严重后果的违约补救方法，如采取紧急送货、就地采购等措施。

⑧ 配送费和价格调整。配送费是配送经营人订立配送合同的目的。配送人的配送费应该能弥补其开展配送业务的成本支出并获取可能得到的收益。合同中需要明确配送费的计费标准和计费方法，或者总费用，以及费用支付的方法。

由于配送合同持续时间长，在合同期间如果构成价格的成本要素价格发生变化，如劳动力价格、保险价格、燃料电力价格、路桥费等变化，为了使配送方不至于亏损，或者委托方也能分享成本降低的利益，允许对配送价格进行适当调整，要在合同中订立价格调整条件和调整幅度。

⑨ 合同期限和合同延续条款。对于按时间履行的配送合同，必须在合同中明确合同的起止时间，起止时间用明确的日期方式表达。由于大多数情况下配送关系建立后，都会保持很长的时间，会出现合同不断延续的情况。为了使延续合同不至于发生较大的变化，简化延续合同的订立程序，往往在合同中确定延续合同的订立方法和基本条件要求，如提出续约的时间、没有异议时自然续约等。

⑩ 合同解除的条件。配送合同都需要持续较长时间，为了使履约过程中一方不因另一方能力的不足或没有履约诚意而招致损害，或者在合同没有履行必要和履行可能时也不至于违约，在合同中约定解除合同条款，包括解除合同的条件、解除合同的程序。

⑪ 不可抗力和免责。不可抗力是指由于自然灾害、当事人不可抗拒的外来力量所造成的危害，如风暴、雨雪、地震、雾、山崩、洪水等自然灾害，还包括政府限制、战争、罢工等社会现象。不可抗力是《合同法》规定的免责条件，但《合同法》没有限定不可抗力的具体现象。虽然法律实践对于一般认可的不可抗力已形成共识，但对配送仓储行为影响的特殊不可抗力的具体情况，如道路塞车等，以及需要在合同中陈述的当事人认为必要的免责事项，需要在合同中详细明确。不可抗力条款还包括发生不可抗力时的通知、协调方法等约定。

⑫ 其他约定事项。配送物种类繁多，配送方法多样，当事人在订立合同时充分考虑到可能发生的事件和合同履行的需要，并达成一致意见，是避免发生合同争议的最彻底的方法。特别是涉及成本、行为的事项，更需要事先明确下列事项：

a. 配送容器的使用。合同中约定在配送过程中需要使用的容器或送料箱等的尺寸、材料质地；配送容器是免费使用还是有偿使用，如何使用，在使用中发生损害的维修责任以及赔偿约定；空容器的运输；合同期满时容器的处理方法等。

b. 损耗。约定在配送中发生损失时，允许耗损的程度、耗损的赔偿责任及配送物超过耗损率时对收货人的补救措施。

c. 退货。发生收货人退货时的处理方法。一般约定由配送人现行接收和安置，然后向委托人汇报并要求委托人进行处理，并承担费用。与退货相类似的还可能约定配送废弃物、回收旧货等的处理方法，配送溢货的处理方法。

d. 信息传递方法。约定双方使用的信息传递系统、传递方法、报表格式等，如可约定采用生产企业的信息网络、每天传送存货报表等。

⑬ 争议处理。合同约定发生争议处理方法，主要是约定仲裁、仲裁机构，或者约定管辖的法院。

⑭ 合同签署。合同由双方的法定代表人签署，并加盖企业合同专用章。私人订立合同的由其本人签署。合同签署的时间为合同订立时间，若两方签署的时间不同，后签时间为订立时间。

4）配送合同当事人的权利和义务

配送合同双方应该严格履行合同，任意一方不得擅自改变合同的约定，这是双方的基本义务。此外依据合同的目的确定合同中没有约定的双方当事人分别还需要承担的一些责任。

（1）配送委托人保证配送物适宜配送。配送委托人需要保证由其本人或者其他人提交的配送物适宜配送和配送作业。对配送物进行必要的保证或定型；标明明显的标识并保证能与其他商品相区别；保证配送物可以按配送要求进行分拆、组合，配送物能用约定的或者常规的作业方法进行装卸、搬运作业；配送物不是法规禁止运输和仓储的禁品；对于限制运输的物品，需要童工准予运输的证明文件等。

（2）配送经营人选择合适的方法。配送经营人所使用的配送中心具有合适的库场，适合于配送物的仓储、保管、分拣等作业；采用合适的运输工具、搬运工具、作业工具，如干杂货使用箱车运输，使用避免损害货物的装卸方法、大件重货使用吊机或拖车作业；对运输工具进行妥善积载，使用必要的装载衬垫、绑扎、遮盖；选择合理的配送运输线路；使用公认的或者习惯的理货计量方法，保证理货计量准确。

（3）配送人提供配送单证。配送经营人在送货时必须向收货人提供配送单证、配送清单。配送清单为一式两联，详细列明配送物的品名、等级、数量等信息，经收货人签署后收货人和配送人各持一联，以备核查和汇总。配送人需在一定期间间隔向收货人提供配送汇总表。

（4）收货人收货。委托人保证收货人正常地接收货物，不会无故拒收；收货人提供合适的收货场所和作业条件。收货人对接收的配送物有义务进行理货查验，并签收配送单和注明收货时间。

（5）配送人向委托人提供存货信息和配送报表。配送人需在约定的期间如每天向委托人提供存货信息，并随时接受委托人的存货查询，定期向委托人提交配送报表，包括分收货人报表、残损报表等汇总材料。

（6）配送人接收配送物并承担仓储和保管义务。配送经营人需按合同的约定接收委托人送达的货物，承担查验、清点、交接、入库登记、编制报表的义务；安排合适的地点存放货物，妥善堆积或上架；对库存货物进行妥善的保管、照料，防止存货受损。

（7）配送人返还配送剩余物，委托人处理残料。配送期满或者配送合同履行完毕，配送经营人需要将剩余的物品返还给委托人，或者按委托人的要求交付给其指定的其他人。配送人不得无偿占有配送剩余物。同样委托人有义务处理配送残余物或残损废品、回收物品、加工废料等。

【应用案例】

某仓储租赁及货物保管协议

合同编号：20081101001

存货方(甲方)：甲家用电器集团

保管方(乙方)：乙仓储公司

根据《合同法》和《仓储保管合同实施细则》的有关规定，存货方和保管方就双方责、权、利等有关事项，经双方友好协商，达成如下协议。

第一条：甲方委托乙方储存、保管货物。

1. 甲方委托乙方储存、保管甲方指定地区的货物保管工作，具体交接计划及实施方案见《附件》。(附件略)

2. 乙方提供完好仓库租给甲方存货。

第二条：储存货物的品名、品种、规格、数量、质量、包装。

1. 货物品名：甲彩电等系列产品。

2. 品种规格：乙彩电等系列产品的各种规格。

3. 数量：按照甲方的计划数量。

4. 质量：按照国家标准。

5. 货物包装：按照国家标准。

第三条：货物验收的内容、标准、方法、时间、资料。

1. 货物验收时，乙方必须核对货物与送货单据上列明的型号、数量是否相符，产品包装是否完好。

2. 如有包装破损，货物短少、损坏，乙方仓库必须填写货物验收一览表，详细、准确列明货物验收情况。

3. 送货车辆抵达目的仓库 2h 内，乙方必须安排卸车收货。

4. 乙方按照货物台数清点、核收。

5. 乙方收货后，必须填制甲方要求的产品入库单。

第四条：货物保管条件和保管要求。

1. 乙方做到库房设施完善，具备防雨、防潮等条件，消防器材和照明设备保持良好状态。

2. 乙方必须严格按照包装箱标示要求的高度、层数、方向堆码，不得倒置，产品摆放整齐有序，便于清点、盘存和检查。

3. 货物堆垛科学，有效利用仓库库容，库容状态接受甲方的监督。

第五条：货物入库、出库手续、时间、地点、运输方式。

1. 产品入库开具甲方要求的入库单，保管员签名确认。

2. 甲方的客户到仓提货，必须持有甲方开具的有效的提货单，提单必须具有甲方指定的提货专用章、财务签名。

3. 乙方必须保证收到提单后 60min 内准时发货。

4. 产品出库严格按照甲方开具的提单所列的品种、规格、数量安排发货，“白条”或口头通知等一律不准发货，否则，因此而发生的一切损失由乙方承担。

5. 产品退换必须有甲方指定负责人签名的书面通知，否则，一律不准退换。

6. 退货产品乙方必须严格验收，列明包装破损、残次品，编制备查流水账。在货物退货单上退货单位必须签字确认，必要时由甲方代表现场确认。

第六条：货物的损耗标准和损耗处理。

1. 除原有包装、经甲方批准退货或运输等损坏外，所有因保管责任引起的损坏、产品短缺均由乙方负责。

2. 在包装箱完好无损、无开启痕迹的情况下，客户开箱后发现产品型号不符，部件短缺、有质量问题等情况，乙方不承担任何责任，但有义务配合存货方查明原因。

3. 由保管方承担的货物损失，按照甲方销售价格，加物料成本，加运输费用，加维修处理费计算。

第七条：计费项目、标准和结算方式。

1. 甲方租用乙方仓库的仓库租金是全国统一价每月 12 元/平方米。

2. 按照双方确认的平均库存台数(每天的实物库存台数累加除以当月天数)计算仓租面积，每平方米可存放 3.6 台彩电(折合数)，即当月仓租 = 平均库存台数/3.6 × 12。

3. 仓租按月结算。

4. 甲方向乙方支付装卸费，装卸费按件计算(21 寸 0.65 元/台，25 寸 0.8 元/台，29 寸 1 元/台，34 寸 1.45 元/台)，分月结算。

5. 结算方式：月结，上述费用，甲方收到乙方发票和结算明细账(对账单)之日(以邮戳为准)起，15 天内应予承付(以货款划出日为准)。如遇特殊情况应由甲乙双方友好协商解决。

第八条：合同效力与期限。

本合同自甲乙双方签订之日起生效。

合同有效期为一年，即 2008 年 7 月 10 日—2009 年 7 月 10 日，如需续约，双方另行商议。

第九条：其他约定事项。

运输破损由乙方出具验收报告，送交甲方确认，并保留由承运方代表签字认可的原始记录，方便日后备查。

任何一方违约，均需支付违约金 20 000 元。

第十条：合同纠纷解决方式

本合同发生争议，由当事人双方协商解决。协商不成，任何一方可向 × × 市人民法院提起诉讼。

第十一条：本合同一式四份，双方各执两份。

甲方(章)：		乙方(章)：	
法定代表人：		法定代表人：	
委托代理人：		委托代理人：	
电话：	传真：	电话：	传真：
开户行：		开户行：	
账号：		账号：	
日期：		日期：	

【案例思考】

本案例中的仓储租赁条款是否有需要修改的地方？如果有，应该如何修改？

【复习题】

(1) 晨达配送中心(简称晨达)与流花食品厂签订配送合同，该厂将货物存储在配送中心。3 月 20 日，20 箱薯片由晨达配送到新世纪超市。到货后，超市收货人在未做验货情况下签收配送单。3 月 21 日，超市人员发现该批薯片大部分由于长期保存不当受潮，且在送货途中颠簸碎裂。超市向流花食品厂进行索赔，但该厂要求晨达进行赔偿，并扣压支付给晨达的各项费用。晨达不服，将配送剩余物强行占有，以超市已签单为由，拒不归还。请分析在此事件中，配送人、委托人、收货人三方具有的权利与义务分别是什么？

(2) 甲乙双方于2010年4月20日签订了仓储租赁合同，甲方将自己的仓库租给乙方使用，租赁期限为3年，从2010年5月10日至2013年5月10日，如一方违约须向另一方支付违约金30万元并赔偿损失，乙方向甲方支付订金2万元。乙方租赁期间，经营效益很好，平均每月有5万元利润收入。甲方于2012年3月10日突然提出将原租赁给乙方的仓库收回。问乙方此时应提出什么索赔要求？

(3) 某玩具生产厂于2013年9月5日向一仓库公司发出要约，希望和对方签订仓储合同。该仓储公司于2013年9月10日向玩具生产厂发出承诺。承诺中又提出要与玩具生产厂于2013年9月20日签订正式仓储合同。而该玩具生产厂于2013年9月16日与另一仓储公司签订仓储合同，原因是其仓储费更便宜。请分析该玩具厂是否违约？为什么？

实训项目：仓储合同的制作

【实训目的】

(1) 熟悉仓储合同书格式。

(2) 掌握仓储合同内容。

(3) 能够独立签订仓储合同。

【实训准备】

(1) 掌握仓储合同相关知识和制作方法，熟悉合同的仓单的条款和法律意义。

(2) 将全班学生分组，每组5～10人，分别扮演存货方和保管方。

(3) 时间安排4学时。

【实训实施】

(1) 在教师指导下，自愿组合，分组完成角色扮演。

(2) 存货人与保管人进行要约与承诺。学生扮演的存货方和保管方模拟洽约过程，由存货方向保管方提出订立仓储保管合同的建议和要求，保管方对此做出承诺。

(3) 双方制定物流仓储合同条款并签订合同。

模拟存货人和保管人双方，确定标的物，对合同条款进行谈判，并签订仓储合同。

(4) 仓储公司对仓储物保管。仓储公司保管人对仓储物进行妥善保管。

(5) 制作仓单。

(6) 教师点评，帮助学生找到模拟过程中存在的问题。

(7) 整理资料，小组讨论总结，以小组为单位写出实训报告，对经验教训进行总结。

【实训考核】

实训评价有教师评价、小组内部成员评价和第三方评分组成员评价3种方式，建议教师评价占60%的权重，小组内部成员评价占20%的权重，第三方评分组成员评价占20%的权重，将三者综合起来的得分为该生在该项目的评价分。实训工作评价表见表3-9。

表 3-9　实训工作评价表

考评人		被考评人	
考评地点			
考评内容	实训项目		
考核标准	具体内容	分值	实际得分
	工作态度	10	
	仓储合同的内容	30	
	合同签订的过程	20	
	仓单的制作	20	
	实训报告	20	
合　计		100	

注：考评满分 100 分，60 分以下为不及格，60～69 分为及格，70～79 分为中，80～89 分为良，90 分以上为优。

管理三

库存控制与成本管理

KUCUN KONGZHI YU CHENGBEN GUANLI

【学习目标】

掌握ABC分类法的具体实施过程，掌握安全库存的计算，熟悉定期和定量库存管理方法的应用范围，掌握定期订货法控制参数的确定，理解仓储成本及配送成本的构成，掌握仓储成本及配送成本的控制方法。

【学习任务】

通过本管理知识的学习，学者要认识ABC分类法的基本内涵，掌握ABC分类法的具体实施过程，学会分析安全库存，掌握安全库存的计算，识别定期和定量库存管理方法的应用范围，掌握定期订货法控制参数的确定，能够进行仓储成本和配送成本的分析，为操作技能的培养打好基础。

【任务实施】

(1) 制定学习目标。

(2) 确定完成任务的路径和方法。

(3) 搜集和整理学习资料。

(4) 模拟演练分析。

(5) 通过案例分析与讨论分析，巩固和掌握所学的知识。

本部分的工作任务主要是掌握库存控制的方法及成本管理的方法，首先要确定完成任务的路径与方法，分析和整理相关学习资料，通过实际的计算分析、案例分析和小组讨论巩固和掌握所学的知识。

【管理案例】

降低物流成本是提高效益的重要措施。据测算，美国每年的经济规模为 10 万亿美元，如果降低 1%的成本，就相当多出 1000 亿美元的效益。

我国现在是 1 万亿美元的经济规模，如果降低 1%的物流成本就等于增长了 100 亿美元的效益。美国的物流成本管理经验对我国物流业有重要启示。

美国物流成本占 GDP 的比重在 20 世纪 90 年代保持在 11.4%～11.7%范围内，而进入 20 世纪最后 10 年，这一比重有了显著下降，由 11%以上降到 10%左右，甚至达到 9.9%，但物流成本的绝对数量还在一直上升。

分析发现美国的物流成本主要由 3 个部分组成：一是库存费用；二是运输费用；三是管理费用。比较近 20 多年来的变化可以看出，运输成本在 GDP 中比例大体保持不变，而库存费用比重降低是导致美国物流总成本比例下降的最主要的原因。这一比例由过去接近 5%下降到不足 4%。

由此可见，降低库存成本、加快周转速度是美国现代物流发展的突出成绩。也就是说，利润的源泉更集中在降低库存、加速资金周转方面。

（资料来源：根据 http：//www.chinatat.com/new/201009/zh48773148201429010279 13.shtml. 资料整理）

一、ABC 分类库存管理方法

1. ABC分类法的内涵

1）ABC分类法的概念

ABC 分类法又叫帕累托分析法，是成本控制中广泛采用的一种方法。其基本原理是按成本比重高低将各成本项目分为 A、B、C 三类，对不同类别的成本采取不同的控制方法。这一方法符合“抓住关键少数”、“突出重点”的原则，是一种比较经济合理的管理方法。一般来说，库存与资金占用之间存在这种现象：少数库存物品价值昂贵，占用大部分的资金；相反，大多数库存物品价格便宜，仅占用很小部分的库存资金。因此，可根据库存种类数量与所占用库存资金比重之间的关系，将库存分为 A、B、C 三类，并根据其特点分别采用不同的管理方法。

2）ABC分类法的标准和原则

A、B、C 类别的划分，并没有一个固定的标准，每个企业可以根据各自的具体情况来确定。三类划分的界限也由不同的具体情况而定。分类的操作方法十分简单，只需掌握全部库存的品种标志、年平均用量、单位成本，再经过算术运算即可完成。一般来讲，列入 A 类的物项，其使用量不超过总用量的 20%，而使用金额占总金额的 70%左右；B 类物项，其使用量不超过总用量的 30%，而使用金额占 20%左右；C 类物项，使用量在 50%以上，但使用金额仅占 10%左右。各类物资分类的标准见表 3－10。对 A 类物资，应列为物资管理的重点对象，实行定期订购的控制方式，对库存盘点、来料期限、领发料等要严格要求。对 C 类物资，则定为物资管理的一般对象，采用比较粗放的管理方法，即定量订购的控制方式，可以适当加大保险储备量。对 B 类物资，企业可根据自己物资管理的能力和水平，选择综合或连续、定期的控制方法。

表 3-10 各类物资分类的标准

级　别	年消耗金额	品种数
A	60%～80%	10%～20%
B	15%～40%	20%～30%
C	5%～15%	50%～70%

2. ABC分类法的基本程序

1）开展分析

这是“区别主次”的过程，它包括以下步骤：

(1) 收集数据。即确定构成某一管理问题的因素，收集相应的特征数据。以库存控制涉及的各种物资为例，如拟对库存物品的销售额进行分析，则应收集年销售量、物品单价等数据。

(2) 计算整理。即对收集的数据进行加工，并按要求进行计算，包括计算特征数值、特征数值占总计特征数值的百分数、累计百分数，因素数目及其占总因素数目的百分数、累计百分数。

(3) 根据一定的分类标准，进行 ABC 分类，列出 ABC 分析表(表 3-11)。各类因素的划分标准，并无严格规定。习惯上常把主要特征值的累计百分数达 70%～80%的若干因素称为 A 类，累计百分数在 10%～20%区间的若干因素称为 B 类，累计百分数在 10%左右的若干因素称 C 类。

(4) 绘制 ABC 分析图。以累计因素百分数为横坐标，累计主要特征值百分数为纵坐标，按 ABC 分析表所列示的对应关系，在坐标图上取点，并联结各点成曲线，即绘制成 ABC 分析图。除利用直角坐标绘制曲线图外，也可绘制成直方图。

表 3-11 ABC 分析表

物品名称	品目数累计	品目数累计百分数	物品单价	平均库存	物品单价乘以平均库存	平均资金占用额累计	平均资金占用额累计百分数	分类结果

2）实施对策

这是“分类管理”的过程。根据 ABC 分类结果，权衡管理力量和经济效果，制定 ABC 分类管理标准表，对三类对象进行有区别的管理。

3. ABC分类法的库存策略

将物品进行 ABC 分类，其目的在于根据分类结果对每类物品采取适宜的库存控制措施。A 类物品应尽可能从严控制，保持完整和精确的库存记录，给予最高的处理优先权等，而对于 C 类物品，则可以尽可能简单控制。例如，从订货周期考虑，A 类物品可以控制得紧些，每周订购一次；B类物品可以两周订购一次；C类物品则可以每月或每两个月订购一次。值得注意的是，ABC分类与物品单价不一定有关。A类物品的耗用金额很高，但这可能是单价不高但耗用量极大的组合，也可能是单价很高但用量不大的组合。与此相类似，C类物品可能价格很低，但用量并不少，也可能是价格并不低，但用量很少。不同类别存货的库存控制策略见表3-12。

表3-12 不同类别存货的库存控制策略

分类 项目	A	B	C
管理重点	将库存量压缩到最低	按销量时松时紧控制存量	以比较高的库存来节省订货费用
订货方式	定期订货	定量订货	双堆法
定额水平	按品种规格控制	按大类品种控制	按总金额控制
检查方式	经常检查	一般检查	按年/季度检查
统计方法	按品种规格详细统计	按大类品种一般统计	按总金额统计
备注：在计划平衡、资金分配、采购订货、组织供货等方面做到重点突出、兼顾一般、统筹安排、控制有方，确保各类物资供应，缓解资金压力。			

二、安全库存管理与控制

1. 安全库存的概念

安全库存是指那些除了预期的客户需求外，为满足在紧急、未预料需求或未预期的运输延迟等情况发生时所准备的最少量的额外库存。

可见，保持安全库存是为了防止在生产或销售过程中可能产生的原材料未能及时到位或销售超过预期量而出现的停工待料或缺货脱销等意外情况的出现。

许多不确定因素给库存分析带来影响，其中常见的是需求量和订货提前期的变化。当单位时间内的需求量和订货提前期都是常数时，固定订货量系统的订货点就等于订货提前期内的需求，它是一个不变的量。这时，当库存余额达到订货点时发出订单，在库存为零时正好到货，不会发生缺货现象。但若出现如下情况，就会发生缺货现象。

(1) 单位时间内的需求量不变，但实际订货提前期大于期望订货提前期。例如，实际订货提前期为10天，而期望订货提前期为8天，在订货8天后库存余额为零，这时应该马上到货，但实际上是订货10天后到货，这时就发生2天时间的缺货。

(2) 实际订货提前期等于期望值，但订货提前期内的需求量超过其期望值。例如，实际订货提前期为10天，而期望订货提前期也为10天，但在订货提前期内的需求发生了变化，比预计的需求增加了10个单位，即预计在订货提前期内需求为100单位，但实际需求变为110单位，因此，在订货到达前，就发生10个单位的缺货。

上述两种缺货同时出现，情况将会更加复杂。在理想的库存模型中，由于需求率和前置时间固定，在一批订货到达后，库存量均匀下降，在各个周期内库存量变化曲线相同。这种情况下安全库存永远不会被动用。在实际的库存模型中，由于前置时间内的需求率往往是可变的，库存量变化曲线呈现为台阶型的折线，且各个订货间隔期内的曲线形状各不相同。在实际的库存模型中，对于某一订货周期而言，可能出现如下 3 种情况：

① 前置时间内的需求量很大，不但用完了安全库存，而且发生了缺货现象。

② 前置时间内的需求量小于其期望值，没有动用安全库存。

③ 前置时间内的需求量大于其期望值，动用了部分安全库存。

安全库存用来补偿在补充供应的前置时间内实际需求量超过期望需求量或实际订货提前期超过期望订货提前期所产生的需求。中转仓库和零售业备有安全库存是为了在用户的需求率不规律或不可预测的情况下，有能力满足他们的需求。工厂成品库持有安全库存是为了零售和中转仓库的需求量超过期望值时，有能力补充他们的库存。

如果没有安全库存，当前置时间内的需求量超过其期望值，便会产生缺货现象。这时每追加一单位安全库存，都会对缺货具有预防作用。超过期望需求量的第一个单位的安全库存，对缺货的预防作用最大；第二个单位的安全库存对缺货的预防作用比第一个单位稍小，以此类推。当安全库存量增加到一定程度，继续增加一单位的安全库存所提供的对缺货的预防作用将很不明显。这种现象又称为报偿递减原理。安全库存量增加使前置时间内缺货的概率减少，从而降低缺货费用，但会引起储存费用的上升。在某一安全库存水平下，缺货费用与储存费用之和达到最小值，这个水平便是最优水平。高于或低于这个水平，都会使安全库存费用升高。

用户对缺货的反应可以分为延期付货或失销两种类型。发生延期付货型的缺货现象时，企业一般会采取措施以加速订购物品的到货或进行临时订货；和正常进货相比，会产生一些额外的费用，如加速费用、手续费用、附加运输费用和包装费用等。在失销的情况下，会失去用户，物品的供应由竞争对手取而代之，销售利润损失和难以定量估计的商誉损失构成了失销费用。若是流水生产线所需的物品缺货，就会导致停工待料，造成非常大的经济损失。通常制造企业的缺货费用很大，以至于往往不允许缺货。显然，无论是哪种形式的缺货费用，对于不同的物品和在不同的情况下，可能有很大的差别，应根据用户或内部使用的具体情况而定。

在下列情况下要保持较高的安全库存量，以尽力避免缺货：

(1) 缺货成本高或服务水平要求较高。

(2) 储存成本较低。

(3) 需求量的波动较大。

(4) 前置时间的波动较大。

安全库存的存在使公司的缺货费用降低，同时又使储存费用增加。因此，需要确定合理的安全库存量。

2. 确定需要安全库存的物料

确定哪些物料需要保持安全库存，要运用 ABC 分类法进行分析。

确定了物料的 A、B、C 等级后，根据 A、B、C 等级确定安全库存。

(1) A 类料。一般成本较高，占整个物料成本的 65%左右，可采用定期定购法，尽量没有库存或只做少量的安全库存。但需在数量上做严格的控制。

(2) B 类料。成本中等，占整个物料成本的 25%左右，可采用经济定量采购的方法，可以做一定的安全库存。

(3) C类料。其成本最少，占整个物料成本的10%左右，可采用经济定量采购的方式，不用做安全库存，根据采购费用和库存维持费用之和的最低点，确定一次的采购量。

3. 影响安全库存的因素

(1) 存货需求量的变化、订货间隔期的变化以及交货延误期的长短。预期存货需求量变化越大，企业应保持的安全库存量也越大；同样，在其他因素相同的条件下，订货间隔期、订货提前期的不确定性越大，或预计订货间隔期越长，则存货的中断风险也就越高，安全库存量也应越高。

(2) 存货的短缺成本和储存成本。一般地，存货短缺成本的发生概率或可能的发生额越高，企业需要保持的安全库存量就越大。增加安全库存量，尽管能减少存货短缺成本，但会给企业带来储存成本的额外负担。在理想条件下，最优的订货和储存模式可以求得，但在实际操作过程中，订货成本与储存成本反向变化，不确定性带来的风险使得这个自出现商品流通以来就出现的问题一直没有得到有效的解决。

一般地，厂商要处理两种流，即物流和信息流。公司内部的隔阂影响了信息的有效流通，信息的成批处理使得公司内"加速原理"生效，需求信息经常被扭曲或延迟，从而引起采购人员和生产计划制订者的典型反应——"前置时间或安全库存综合征"。该效应继续加强，直到增加过量，相应的成本同时随之上升。

过剩的生产能力不断蔓延至整条供应链，扭曲的需求数据开始引起第二种效应——"存货削减综合征"，厂商不得不选择永久降低产品的销售价格，侵蚀企业的赢利。前一种效应引起过量的存货，公司为了求出路又导致后一种结果，不进行流程改变，这两种效应将持续存在并互相推动。

在市场成长期，两种效应的结合所带来的后果常被增长的需求所掩盖，厂商可以生存甚至兴旺而不顾及震荡周期的存在——一段时间内，全力处理存货；另一段时间内却又不顾成本地加速生产。当市场进入平稳发展或下降期后，厂商开始一步步走向衰亡。因此，在目前企业与企业存在隔阂甚至企业内部门之间也存在隔阂的情况下，信息传递滞后、反应缓慢、成批处理和不确定性是造成上述两种效应的深层原因，应对的根本也在于减少组织隔阂、加强信息疏导并能做到迅速反应。

4. 安全库存量的确定

安全库存量的大小，主要由顾客服务水平(或订货满足)来决定。顾客服务水平是指对顾客需求情况的满足程度，其计算公式为

$$\text{顾客服务水平}=\frac{\text{年缺货次数}}{\text{年订货次数}}\times 100\%$$

顾客服务水平(或订货满足率)越高，说明缺货发生的情况越少，从而缺货成本就较小，但因增加了安全库存量，导致库存的持有成本上升；而顾客服务水平较低，说明缺货发生的情况较多，缺货成本较高，安全库存量水平较低，库存持有成本较小。因而必须综合考虑顾客服务水平、缺货成本和库存持有成本三者之间的关系，最后确定一个合理的安全库存量。

对于安全库存量的计算，将借助数量统计方面的知识，对顾客需求量的变化和提前期的变化作出一些基本的假设，从而在顾客需求发生变化、提前期发生变化以及两者同时发生变化的情况下，分别求出各自的安全库存量。

1）需求发生变化，提前期为固定常数的情形

先假设需求的变化情况符合正态分布，由于提前期是固定的数值，所以可以直接求出在提前期的需求分布的均值和标准差。或者可以通过直接的期望预测，以过去提前期内的需求情况为依据，确定需求的期望均值和标准差。这种方法的优点是容易理解。

提前期内的需求状况的均值和标准差一旦被确定，利用下面的公式可获得安全库存量 SS。

$$SS=Z\times \mathrm{SQRT}(L)\times STD$$

式中：STD——在提前期内，需求的标准方差；

L——提前期的长短；

Z——一定顾客服务水平需求化的安全系数。

【例 1】 某饭店的啤酒平均日需求量为 10 加仑，并且啤酒需求情况服从标准方差是 2 加仑/天的正态分布，如果提前期是固定的常数 6 天，试问满足 95％的顾客满意的安全库存量为多少？

解 由题意知 $STD=2$ 加仑/天，$L=6$ 天，$F(Z)=95\%$，则 $Z=1.65$

从而 $SS=Z\times \mathrm{SQRT}(L)\times STD=1.65\times 2\times \mathrm{SQRT}(6)=8.08$(加仑)

即在满足 95％的顾客满意度的情况下，安全库存量是 8.08 加仑。

2）提前期发生变化，需求为固定常数的情形

如果提前期内的顾客需求情况是确定的常数，而提前期的长短是随机变化的，在这种情况下，其计算公式为

$$SS=Z\times STD2\times d$$

式中：$STD2$——提前期的标准差；

Z——一定顾客服务水平需求化的安全系数；

d——提前期内的日需求量。

【例 2】 如果在【例 1】中，啤酒的日需求量为固定的常数 10 加仑，提前期是随机变化的，而且服务均值为 6 天、标准方差为 1.5 的正态分布，试确定 95％的顾客满意度下的安全库存量。

解 由题意知 $STD2=1.5$ 天，$d=10$ 加仑/天，$F(Z)=95\%$，则 $Z=1.65$

从而 $SS=Z\times STD2\times d=1.65\times 10\times 1.5=24.75$(加仑)

即在满足 95％的顾客满意度的情况下，安全库存量是 24.75 加仑。

3）需求情况和提前期都是随机变化的情形

在多数情况下，提前期和需求都是随机变化的，此时，可以假设顾客的需求和提前期是相互独立的，则安全库存量的计算公式为

$$SS=Z\times \mathrm{SQRT}(STD\times STD\times L+STD2\times STD2\times D\times D)$$

式中：Z——一定顾客服务水平下的安全系数；

$STD2$——提前期的标准差；

STD——在提前期内，需求的标准方差；

D——提前期内的平均日需求量；

L——平均提前期水平。

【例 3】如果在【例 2】中，日需求量和提前期是相互独立的，而且它们的变化均严格满足正态分布，日需求量满足均值为 10 加仑、标准方差为 2 加仑的正态分布，提前期满足均值为 6 天、标准方差为 1.5 天的正态分布，试确定 95%的顾客满意度下的安全库存量。

解 由题意知 STD=2 加仑/天，$STD2=1.5$ 天，$D=10$ 加仑/天，$L=6$ 天，$F(Z)=95\%$，则 $Z=1.65$

从而 $SS=1.65\times \mathrm{SQRT}(2\times2\times6+1.5\times1.5\times10\times10)=26.04$(加仑)

即在满足 95%的顾客满意度的情况下，安全库存量是 26.04 加仑。

三、定期与定量库存管理方法

1. 定量库存管理法

1）定量订货法的基本原理

定量订货法是流行最广泛的传统的库存管理方法。所谓定量订货法，是指预先确定一个订货点和订货批量，随时监控货物库存，库存量下降到一定水平(订货点)，就发出一个订货批量进行订货的一种方法。该方法的关键在于计算出订货点的储备量，对于某种物品来说，当订货点和订货量确定后，就可以实现库存的自动管理。

定量订货发的基本原理是预先确定一个订货点，在销售过程中如果库存下降到 Q 时，就发出一个订货批量 Q^*，一般取经济批量(Economic Order Quantity，EOQ)。

2）定量订货法控制参数确定

实施定量订货法有两个参数需要确定：一个是订货点，即订货点库存量；另一个是订货数量，即经济批量 EOQ。

(1) 订货点的确定：订货点=平均日需求量×平均订货周期+安全库存。

(2) 经济批量的确定，其计算公式为

$$EOQ=\sqrt{\frac{2R\times S}{C\times K}}$$

式中：K——保管费用率；

R——年物资需要量；

S——一次订购费用；

C——物资单价。

【例 4】某仓库某种商品年需求量为 16 000 箱，商品单价为 100 元，保管费率为 2%，每次订货成本为 40 元，求经济订货批量 Q^*。

解 $Q^*=EOQ=\sqrt{\frac{2\times16\ 000\times40}{100\times2\%}}=800$(箱)

即经济订货批量为 800 箱。

3）定量订货法的适用范围

(1) 单价比较便宜，而且不便于少量订货的物品。

(2) 比较紧缺、订货较难、管理复杂的物资。

(3) 特别适合于均匀稳定的需求物资的订货。

(4) 需求预测比较困难的物品。

4) 定量订货法的优、缺点

(1) 定量订货法的优点。

① 订货点、订货批量一经确定，则定量订货法的操作就很简单。

② 订货量一定，便于安排仓库内的作业活动，节约理货费用。

③ 充分发挥了经济订货批量的作用，可以使平均库存量和库存费用最低。

(2) 定量订货法的缺点。

① 不便于对库存进行严格的管理，花费较大的人力和物力。

② 订货之前的各项计划比较复杂。

2. 定期订货技术

1) 定期订货法的基本原理

定量订货法是从数量上控制库存量，虽然操作简单，但需要每天检查库存量，费时费力。特别是在仓库大、品种多而人员少的情况下，无论是检查实物还是账本，工作量都很大，都是比较困难的。定期订货法解决了这个问题。

定期订货法是基于时间的订货控制方法，它设定订货周期和最高库存量，从而达到库存控制的目的。只要订货周期和最高库存量控制得当，既可以不造成缺货，又可以达到节省库存费用的目的。

定期订货法的原理：预先确定一个订货周期 T 和最高库存量 Q_{max}，周期性地检查库存，根据最高库存量、实际库存、在途订货量和待出库商品数量，计算出每次订货批量，发出订货指令，组织订货。订货批量的大小应使得订货后的“名义”库存量达到额定的最高库存 Q_{max}。

2) 定期订货法的核心问题

(1) 确定订货周期 T^*。订货周期实际上是定期订货的订货点，其间隔时间总是一致的。订货间隔期的长短直接决定最高库存量多少，即库存水平的高低，库存成本的多少进而也被决定。因此，订货周期不能太长，否则会增加库存成本；也不能太短，太短会使订货次数增加，使得订货费用增加，进而增加库存总成本。从费用方面看，如果要使总费用达到最小，订货周期可以采购经济订货周期的方法确定，其计算公式为

$$T^*=\sqrt{\frac{2S}{Ci\times R}}$$

式中：T^*——经济订货周期；

S——一次订购费用；

Ci——单位商品年储存成本；

R——单位时间内库存商品需求量(销售量)。

(2) 确定最高库存量 Q_{max}。定期订货法的最高库存量的作用是满足($T+Tk$)期内的库存需求，所以可以用($T+Tk$)期间的库存需求量为基础。考虑到随机发生的不确定性需求，一定的安全库存也需要被设置，这样最高库存量就可以简单的求出了，其计算公式为

$$Q_{max}=R(T+Tk)+Qs$$

式中：Q_{max}——最高库存量；

R——$(T+Tk)$期间的库存需求量平均值；

T——订货周期；

Tk——平均订货提前期；

Qs——安全库存。

(3) 订货量的确定。使用定期订货法每次的订货数量不是固定的，有不少订货批量都是由当时的实际库存量的大小决定的，考虑到订货点的在途到货量的数量和已发出出货指令尚未出货的待出货数量，可用下面的公式来计算每次订货的订货量

$$Q_i = Q_{max} - Q_{ni} - Q_{ki} + Q_{mi}$$

式中：Q_i——第 i 次订货的订货量；

Q_{max}——最高库存量；

Q_{ni}——第 i 次订货点的在途到货量；

Q_{ki}——第 i 次订货点的实际库存量；

Q_{mi}——第 i 次订货点的待出库货物数。

3) 定期订货法的适用范围

(1) 消费金额高，需要实施严格控制管理的物品。

(2) 需要经常调整生产或采购数量的物品。

(3) 需求量变动幅度大，而其变动具有周期性，可以正确判断的物品。

(4) 需要定期制造的物品等。

4) 定期订货法的优、缺点

(1) 定期订货法的优点。

① 以固定的时间间隔进行补充订货。这给管理带来了很大方便，尤其是在库存控制是某一员工若干职责之一的情况下，有一些员工更愿意以一种有一定规律的时间间隔来集中精力于该项工作上。固定时间间隔对于运输管理也很有好处，运输管理部门可以以日、周或月等有规律的时间间隔来安排取货或送货，从而使不同运输地点之间的运输路径标准化。

② 可以将多个订单组合起来。类似产品如果都来自同一个供应商，又在同一时间订货，就可以将其组成一个订单。订单的组合可以节省采购人员的工作量，从而降低订货成本，这种方法还使得后续的开放订货变得容易。当采购人员要求供应商确认某一产品的订单处理情况时，也可同时要求确认同一组合订单中其他产品的情况。从供应商的角度说，供应商也可能更喜欢组合单一，例如，组合们单一中的所有产品有可能同时发运，从而减少运输成本，增加车辆的利用率。

③ 只在观测时刻知道库存水平即可。在定量控制系统中，需要连续检查库存水平，以便判断是否达到了再订货点，为此需要频繁地更新库存记录。而定期控制系统则没有这种必要，这对于中小企业以及手工控制库存的企业来说非常合适。但是，当一个库存系统被计算机化，每一项进货出货的记录都十分迅速和方便时，定期控制系统的这一优势就不再存在。

(2) 定期订货法的缺点。

① 安全库存量大。

② 没有利用经济订货批量进行订货，不能发挥经济订购的优势。

四、仓储成本控制

1. 仓储成本的构成

仓储成本是发生在货物储存期间的各种费用支出。其中，一部分是用于仓储的设施、设备投资和维护货物本身的自然损耗，另一部分则是用于仓储作业所消耗的物化劳动和活劳动，还有一部分是货物存量增加所消耗的资金成本和风险成本。这些在货物存储过程中的劳动消耗是商品生产在流通领域中的继续，是实现商品价值的重要组成部分。

由于不同仓储商品的服务范围和运作模式不同，其内容和组成部分也各不相同。控制仓储成本的方法也多种多样。本书将成本分为两大部分：一是仓储运作成本；二是仓储存货成本。

仓储成本分为以上两类的原因是，在组织管理中，仓储与存货控制是两个不同的商品仓储运作成本发生在仓储部门，并且由仓储部门来控制，而货品存货成本发生在存货部门，其成本由存货控制部门来控制。仓储管理与存货控制是紧密相关的，要联系起来分析和控制。

1）仓储运作成本

（1）仓储运作成本的构成。仓储运作成本是发生在仓储过程中，为保证商品合理储存，正常出入库而发生的与储存商品运作有关的费用。仓储运作成本包括房屋、设备折旧，库房租金，水、电、气费用，设备修理费用，人工费用等一切发生在库房中的费用。仓储运作成本可以分为固定成本和变动成本两部分，见表 3－13。

表 3－13　仓储成本的构成

构　成	含　义	包括的范围
固定成本	一定的仓储存量范围内，不随出入库量变化的成本	库房折旧、设备折旧、库房租金、库房固定人工工资等
变动成本	仓库运作过程中与进出入库货物量有关的成本	水、电、气费用，设备维修费，工人加班费用，货品损坏成本

（2）仓储运作成本的计算。

① 固定成本的计算。仓库固定成本在每月的成本计算时相对固定，与日常发生的运作、消耗没有直接的关系，在一定范围内与库存数量也没有直接关系。固定成本中的库房折旧、设备折旧、外租库房租金和固定人员工资从财务部可以直接得到。库房中的固定费用可以根据不同的作业模式而有不同的内容，包括固定取暖费、固定设备维修费、固定照明费用等。

② 变动成本的计算。库房运作变动成本的统计和计算是根据实际发生的运作费用进行的。包括按月统计的实际运作中发生的水、电、气消耗，设备维修费用，由于货量增加而发生的工人加班费和货品损坏成本等。

2）仓储存货成本

仓储存货成本是由于存货而发生的除运作成本以外的各种成本，包括订货成本、资金占用成本、存货风险成本、缺货成本、在途存货成本、在途存货成本等。

（1）订货成本。订货成本是指企业为了实现一次订货成本而进行的各种活动费用，包括处理订货的差旅费、办公费等支出。订货成本与订货规模的关系如图 3.15 所示。订货成本中有一部分与订货次数无关，如常设机构的基本支出等，称为订货的固定成本；另一部分与订货次数有关，如差旅费、通信费等，称为订货的变动成本。具体来讲，订货成本包括与下列活动相关的费用：

① 检查存货费用。

② 编制并提出订货申请费用。

③ 对多个供应商进行调查比较，选择合适的供应商的费用。

④ 填写并发出订单的费用。

⑤ 填写并核对收货单的费用。

⑥ 验收货物费用。

⑦ 筹集资金和付款过程中产生的各种费用。

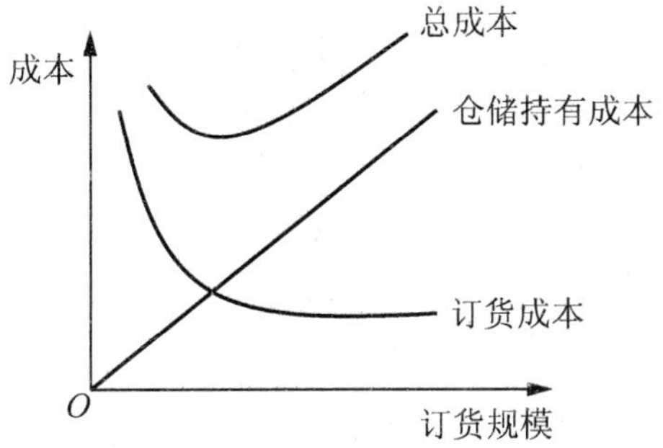

图 3.15 订货规模与成本的关系

(2) 资金占用成本。资金占用成本是购买货品和保证存货而使用的资金的成本。资金成本可以用公司投资的机会成本或投资期望来衡量，也可以用资金实际来源的发生成本来计算。为了简化和方便，一般资金成本用银行贷款利息计算。

(3) 存货风险成本。存货风险成本是发生在货品持有期间，由于市场变化、价格变化、货品质量变化所造成的企业无法控制的商品贬值、损坏、丢失、变质等成本。

(4) 缺货成本。缺货成本不是仓库存货发生的成本支出项目，而是作为一项平衡库存大小，从而进行库存决策的一种成本比较方法。缺货成本是指由于库存供应中断而造成的损失，包括原料供应中断造成的停工损失、产成品库存缺货造成的延迟发货损失和丧失销售机会的损失(还应包括商誉损失)。如果生产企业以紧急采购代用材料来解决库存材料的中断之急，那么缺货成本表现为紧急额外购入成本(紧急采购成本与正常采购成本之差)。当一种产品缺货时，客户就会购买该企业的竞争对手的产品，这就会对该企业产生直接利润损失，如果失去客户，还可能为企业造成间接或长期成本。另外，原材料、半成品或零配件的缺货，意味着机器空闲，甚至停产。

(5) 在途存货成本。除了仓库中货品的运作和存货成本之外，另一项成本也必须加以考虑，这就是在途存货成本。它与选择的运输方式有关。如果企业以目的地交货价销售商品，这意味着企业要负责将商品运达客户，当客户收到订货商品时，商品的所有权才转移。从财务的角度看，商品仍是销售方的库存。因为这种在途商品在交给客户之前仍然属于企业所有，运货方式及所需的时间是储存成本的一部分，企业应该对运输成本与在途存货持有成本进行分析。

在途库存的资金占用成本一般等于仓库中库存资金的占用成本。仓储运作成本一般与在途库存不相关，但要考虑在途货物的保险费用。选择快速运输方式时，一般货物过时或变质的风险要小一些，因此，仓储风险成本较小。

一般来说，在途存货成本要比仓库中存货成本小，在实际中，需要对每一项成本进行分析，才能准确计算出实际成本。

2. 仓储成本的计算

仓储成本是伴随着物流仓储活动而发生的各种费用。仓储成本是企业物流成本中的重要组成部分，其高低直接影响着企业的利润水平。因此，合理控制仓储成本，加强仓储成本管理是企业物流管理的一项重要内容。

1）仓储成本的计算范围

在计算仓储成本之前，需要明确仓储成本的计算范围。计算范围取决于成本计算的目的，如果要对所有的仓储物流活动进行管理，就需要计算出所有的仓储成本。同样是仓储成本，区别在于所包括的范围不同，计算结果也不一样。如果只考虑库房本身的费用，不考虑仓储物流等其他领域的费用，也不能全面反映仓储成本的全貌。每个企业在统计仓储费用时的口径不一样，往往缺乏可比性。因此，在讨论仓储成本的时候，首先应该明确成本计算所包括的范围。

在计算仓储成本时，原始数据主要来自财务部门提供的数据，所以应该把握按支付形态分类的成本。在这种情况下，对外支付的保管费可以直接作为仓储物流成本全额统计，但对于企业内发生的仓储费用与其他部门发生的费用混合在一起的，需要从中剥离出，如材料费、人工费、物业管理费、管理费、营业外费用等。

（1）材料费。与仓储有关的包装材料、消耗工具、器具、燃料等费用，可以根据材料的出入库记录，将此期间与仓储有关的消耗量计算出来，再分别乘以单价，便可得出仓储材料费。

（2）人工费。人工费可以从物流人员的工资、奖金、补贴等报酬的实际支付金额得到，以及由企业统一负担部分按人数分配后得到的金额计算出来。

（3）物业管理费。物业管理费包括水、电、气等费用，可以根据设施上所记录的用量来获取相关数据，也可以根据建筑设施的比例和物流人员的比例简单推算。

（4）管理费。管理费无法从财务会计方面直接得到相关数据，可以按人头比例简单计算。

（5）营业外费用。营业外费用包括折旧、利息等。折旧根据设施设备的折旧年限、折旧率计算；利息根据物料相关资产的贷款率计算。

2）仓储存货成本的核算

（1）购进存货成本的计算方法。存货的形式主要有外购和自制两个途径。从理论上讲，企业无论是从何种途径取存货，凡与存货形成有关的支出，均应计入存货的成本。流通企业由于其行业的特殊性，在购进商品时，按照进价和按规定应计入商品成本的税金作为实际成本，采购过程中发生的运输费、装卸费、保险费、包装费、仓储费等费用，运输途中发生的合理损耗、入库前的挑选整理费等，直接计入当期损益。

流通企业加工的商品，以商品的进货原价、加工费用和按规定应计入成本的税金作为实际成本。

（2）仓储成本的不同计算方法。为了合理计算仓储成本，有效监控仓储过程中发生的费用来源，可以按仓库支付形式、按仓储活动项目或按适用对象等不同方法计算仓储成本。

① 按支付形式计算仓储成本。把仓储成本分别按仓储搬运费、仓储保管费、材料消耗费、人工费、仓储管理费、仓储占用资金利息等支付形态分类，就可以计算出仓储成本的总额。这样可以了解花费最多的项目，从而确定仓储成本管理的重点。

这种计算方法是从月度损益表所显示的管理费用、财务费用、营业费用等各个项目中，取得一定数值乘以一定的比率(物流部门比率，分别按人数平均、台数平均、面积平均、时间平均等计算出来)算出仓储部门的费用。再将仓储成本总额与上一年度的数值做比较，弄清楚增减的原因并制定整改方案。

② 按仓储活动项目计算仓储成本。按仓储活动项目计算仓储成本是将仓库中的各个运作环节发生的成本分别统计，如入库费用、出库费用、分拣费用、检查费用、盘点费用等。在仓库众多的情况下，采用按活动项目计算仓储成本的方法可以较容易地进行相互之间的比较，从而达到有效管理的目的。

③ 按适用对象计算仓储成本。仓储成本的计算也可以按照仓库商品所适用的对象，按产品、地区的不同分别计算仓储成本，这就是一般所说的按适用对象计算仓储成本。按照不同地点的仓储发生成本，计算出各单位仓储成本与销售金额或毛收入所占比例，及时发现仓储过程存在的问题，并加以解决。

(3) 销售存货的成本计算。仓储管理中的销售存货的成本计算是比较复杂的。对于种类众多、销售时间敏感的商品，必须选用正确的存货计算方法。商品销售是指企业以现金或转账结算的方式，向其他企业销售商品，同时商品的所有权转移的一种交易活动。

物流企业在将商品销售出去以后，既要及时反馈商品的销售收入，也要计算已售存货的成本，以便据以计算商品的销售成果。正确计算存货发出的成本，不仅影响当期的经营损益，而且也影响期末存货价值的真实值。

实行数量进行金额核算的物流企业，商品发出的计价方法主要有以下几种：

① 个别认定法。个别认定法也称个别计价法、分批认定法、具体辨认法等，是指某批材料购入时的实际单位成本作为该批材料发出时的实际成本的存货的计价方法，适用于大件物品、贵重物品。这种方法使存货的成本流动与实物流动完全一致，因而能准确地反映销货成本和期末存货成本。

② 加权平均法。加权平均法是指期末用期初结存和本期入库存货的实际成本之和，据以计算加权平均成本作为期末存货成本和销货成本的存货计价方法。

③ 移动加权平均法。移动加权平均法是指平时入库存货就根据当时库存存货总成本与总数量计算平均单位成本，作为下一次收入存货以前发出存货时的单位成本的存货计价方法。

采用移动加权平均法，存货的计价和明细账的登记在日常进行，可以随时了解存货占用资金的动态，但日常核算工作量较为烦琐。

④ 先进先出法。先进先出法是指假定先购进的存货先耗用或先销售，期末存货就是最近入库的存货，因此，先耗用或先销售的存货按先入库存货的单位成本计价，后耗用或后销售的存货按后入库存货的单位成本计价的存货计价方法。

⑤ 后进先出法。后进先出法是指假定后入库的存货先耗用或先销售，因此，耗用或销售的存货按最近入库存货的单位成本计价，期末存货按最早入库存货的单位成本计价的存货计价方法。

后进先出法在实地盘存制和永续盘存制度下均可使用。但是采用不同的方法在不同的盘存制度下，计算的期末存货成本的销货成本是不同的。

3. 仓储成本的控制

1）影响仓储成本的因素

构成仓储成本的重要部分是仓储存货成本，仓储存货增加，既增大了仓库的占用面积和运作量，又占用了大量的资金。存货的存量多少是仓储费用的决定因素，那么决定货物的存量就成了控制成本的重要一环。对于不稳定的商品，易燃、易爆、易变质和时尚性强的商品，库存量要小一些，以避免在仓储过程中发生质量变化和商品贬值。对时尚性不强的商品，耐存储的商品的库存量可以提高一些。从货物管理方面看，运输条件的便利与否也是影响因素之一。从交通方面看，运输周期长的商品，可以保持较小的库存量。从货物的使用和销售方面看，一般销售量增加，相应的库存量也要增加；反之，销售量减少，库存量也要减少。一般考虑以下因素来决定采购批量和存货数量。

（1）取得成本。它主要包括在采购过程中所发生的各种费用的总和。这些费用大体可以归结为两大类：一是随采购数量的变化而变化的变动费用；二是与采购数量多少关系不大的固定费用。

（2）存储成本。生产销售使用的各种货物，在一般情况下，都应该有一定的储备。只要储备就会有成本费用发生，这种费用也可以分为两大类：一是与储备资金多少有关的成本，如储备资金的利息、相关的税金、仓储货物合理损耗成本等；二是与仓储货物数量有关的成本，如仓库设施维护修理费，货物装卸搬运费，仓库设施折旧费，仓库管理人员工资、福利费、办公费等。

（3）缺货成本。由于计划不周或环境条件发生变化，导致企业在仓促中发生了缺货现象，从而影响了生产的顺利进行，造成的生产或销售上的损失和其他额外支出称为缺货损失，所以为了防止缺货损失，在确定采购批量时，必须综合考虑采购费用、存储费用等相关因素，以确定最佳的经济储量。

（4）运输时间。在商品采购过程中，要做到随要随到是有条件的。在一般情况下，从商品采购到企业仓库总是要一定的时间。因此，在商品采购时，需要将运输时间考虑在相关因素中。

只有对上述影响商品采购批量的因素进行分析之后，才能确定商品的最佳经济采购量，从而确定合适的货品仓储数量。

2）仓储成本的控制

（1）仓储成本控制的方法。仓库或物流中心的配送活动是按用户的订单要求，在物流中心进行分拣、配货工作，并将配好的货品送达客户的过程。它是流通、加工、整理、拣选、分配、配货、装配、运送等一系列活动的集合。只有通过配送，才能最终使物流活动得以实现，而且配送活动是供应链整体优化的过程，它给整个供应系统带来了效益，提高了客户服务水平。但就具体仓库而言，配送活动可能增加到达客户的物流成本。那么，如何在提高客户满意和减少配送成本之间寻求平衡？在一定的配送成本下尽量提高客户服务水平，或在一定的客户服务水平下使配送成本最小。现代物流活动不能将各物流功能割裂开来，仓储活动与运输、配送、客户的满意度要求都有直接的关系。这里介绍在一定的客户服务水平下使用配送成本最小的思考方法。仓库的规划思路和定位原则将影响到物流链中的配送综合成本。

① 差异化。差异化的指导思想是产品特征不同，客户群体服务需求也不同。当企业拥有多种产品线或仓库拥有不同客户组合时，不能对所有商品和所有客户都按同一标准的客户水

平服务水平来运送，而应按产品的特点、销售水平设置不同的库存、不同的运送方式及不同的储存地点，按客户需求特点设置不同的订货周期、不同的到店方式，忽视产品的差异会增加不必要的配送成本。例如，一家生产化学品添加剂的公司，为降低成本，按各种产品的销售量比重进行分类：A类产品的销售量占总销售量的70%以上，B类产品占20%左右，C类产品则为10%左右。对A类产品，公司在各个销售网点都备有库存，对B类产品，公司在各个销售网点不备有库存，对C类产品连地区分销中心都不设库存，仅在工厂的仓库才有存货。

② 混合法。混合法是指配送业务一部分由企业自身完成。这种策略的基本思想：尽管采用单一配送法(即配送活动要么全部由物流中心自身完成，要么完全外包给其他运输公司)易形成一定的规模经济，并使管理简化，但由于产品品种多变、规格不一、销量不等等情况，采用单一配送方式超出一定程度不仅不能取得规模效益，反而还会造成规模不经济。而采用混合法，合理安排物流中心自己完成的配送和外包给运输公司完成的配送，能使配送成本最低。

③ 合并法。合并法包含两个层次：一是配送方法上的合并；二是共同配送。

a. 配送方法上的合并。物流中心安排车辆完成配送任务时，充分利用车辆的容积和载重量，做到满载满装，这是降低成本的重要途径。由于产品品种繁多，不仅包装形态、储运性能不一，在载容量方面也往往相差甚远。一辆车上如果只装容量大的货物，往往是达到了载重量，但容积空余很多；只装容量小的货物则刚好相反，看起来车装得满，实际上并未达到车辆载重量。这两种情况实际上都造成了浪费。实行合理的轻重配装，容积大小不同的货物搭配装车，就可以不但在载重方面达到满载，而且也充分利用了车的有效容积，取得最优效果。最好是借助电子计算机计算货物配车的优化解。

b. 共同配送。共同配送是一种产权层次上的共享，也称集中协作配送。它是几个企业联合，集小量为大量共同利用同一配送设施的配送方式，其标准运作形式是在中心机构的统一指挥和调度下，各配送主体开展经营活动联合行动，在较大的地域内协调运作，共同对某一个或几个客户提供系列化的配送服务。

④ 延迟法。在传统的配送计划安排中，大多数库存是按照对未来市场需求的预测量设置的，这就存在着预测风险，当预测量与实际需求量不符时，就出现库存过多或过少的情况，从而增加配送成本，延迟法的基本思想就是对产品外观、形状及生产、组装配送要求应尽可能推迟到客户签订订单后再做确定。一旦接到订单就快速反应，因此，采用延迟法的一个基本前提是信息传递要非常快。一般来说，实施延迟法的企业应具备以下几个基本条件：

a. 产品特征。生产技术非常成熟，模块化程度高，产品密集程度高，有特定的外形，产品特征易于表述，定制后可改变产品的容积或重量。

b. 生产技术特征。产品设计模块化、设备智能化程度高，定制工艺与基本工艺差别不大。

c. 市场特征。产品生命周期短，销售波动性大，价格竞争激烈，市场变化大，产品提前期短。

实施延迟法常采用两种方式：生产延迟(或称形成延迟)和物流延迟(或称时间延迟)。而配送中往往存在着加工活动。例如，某墙漆生产企业将配漆过程放到仓库中进行，这大大减少了不同产品的存货数量，又延长了产品的保质期限。实施配送延迟法既可采用生产延迟方式，也可采用物流延迟方式。

⑤ 标准化。标准化就是尽量减少因品种多变而导致的附加配送成本，尽可能多地采用标准零部件、模块化产品。例如，服装制造商按同一规格生产服装，直到客户购买时才按客户身材调整尺寸大小。采用标准化要求厂家从产品设计开始就要站在消费者的立场考虑怎样节省配送成本，而不要等到产品定型生产出来后才考虑采用何种技巧降低配送成本。

(2) 降低仓储成本的对策。降低仓储费用首先要对仓储费用的组成要素进行分析，有针对性地找出对影响费用较大的因素加以控制，以达到对症下药的目的。例如，在国外发达国家的仓储费用中，人工费用占到50%以上，而我国目前仓储费用中的资产费用占据了相当大的一部分。控制仓储费用首先采取的措施是从快速见效的部分入手。可以从降低存货发生成本、降低产品包装成本和降低产品装卸成本等几方面考虑降低仓储成本。

① 降低存货发生成本。

a. 排除无用的库存。定期核查仓库中的货品，将长期不用、过期、过时的货品及时进行清理。无用的库存既占用空间，又浪费库房运作费用，要建立制度对无用库存货品进行及时处理。

b. 减少库存量。仓储费用的发生与库存数量成正比例的关系，在满足存货包装功能前提下，将存货数量减到最低，无疑是减少仓储成本的最直接办法。库存数量的减少既要求存货控制部门合理的计划、与客户和供应商的良好沟通，都能为减低库存提供良好的帮助。

c. 重新配置库存时，有效、灵活地运用库存量。

② 降低产品包装成本。

a. 使用价格低的包装材料。

b. 使包装作业机械化。

c. 使包装简单化。

d. 采用大尺寸的包装。

③ 降低产品装卸成本。

a. 使用集装箱和托盘，通过机械化实现省力化。

b. 减少装卸次数。

这些合理的对策，可以单独实施，也可以同时实施。实施时，要充分掌握费用的权衡关系，必须在降低总的物流费用中研究其合理化的效果。

五、配送成本控制

1. 配送成本的构成

配送成本是指在配送活动的备货、储存、分拣及配装、送货、送达服务及配送加工等环节所发生的各项费用的总和，是配送过程中所消耗的各种活劳动和物化劳动的货币表现。

将配送费用诸如人工费用、作业消耗、物品消耗、利息支出、管理费用等按一定对象进行汇集就构成了配送成本。配送成本的高低直接关系配送中心的利润，进而影响连锁企业利润的高低。因此，如何以最少的配送成本“在适当的时间将适当的产品送到适当的地方”，是摆在企业面前的一个重要问题，对配送成本进行控制变的十分重要。

根据配送流程及配送环节，配送成本实际上包含配送运输费用、分拣费用、配装及流通加工费用等全过程产生的费用。

1）配送运输费用

运输费用在配送成本中占据主要地位，是影响物流费用的主要因素，主要包括以下几个方面：

（1）车辆费用。车辆费用指从事配送运输生产而发生的各项费用。包括职工工资及福利费、燃料、轮胎、修理费、大修费、车船使用税、行车事故损失等项目。

（2）间接费用。这是指配送运输过程中为管理和组织配送运输生产所发生的各项管理费用和业务费用。包括配送运输管理部门管理人员的工资及福利费；配送运输部门为组织运输生产活动所发生的管理费用及业务费用，如水电费、办公费、差旅费、保险费等。

2）分拣费用

分拣费用是指分拣机械及人工完成货物分拣过程中发生的各种费用，主要包括以下几个方面：

（1）分拣直接费用。这是指从事分拣工作的作业人员及有关人员工资、奖金、补贴等费用的总和。

（2）分拣间接费用。这是指分拣机械设备的折旧费用及修理费用，以及分拣管理部门为管理和组织分拣生产需要由分拣成本负担的各项管理费用和业务费用。

3）配装费用

配装费用是指完成配装货物过程中发生的各种费用，主要包括以下几个方面：

（1）配装材料费用。这是指配装过程中消耗的各种材料，常见的配装材料有木材、纸、塑料等。这些包装材料功能不同，成本相差很大。

（2）配装辅助费用。除上述费用外，还有一些配装过程中使用的一些辅助材料的支出，如包装标记、标志的印刷费用，拴挂物费用等的支出。

4）配装人工费用

从事包装工作的工人及有关人员的工资、奖金、补贴等费用总和，即配装人工费用。

5）流通加工费用

（1）流通加工设备费用。流通加工设备因流通加工形式不同而不同，购置这些设备所支出的费用，以流通加工费用的形式转移到被加工产品中去。

（2）流通加工材料费用。这是指在流通加工过程中，投入到加工过程中的一些材料消耗所需要的费用，即流通加工材料费用。

（3）流通加工费用。在流通加工过程中从事加工活动的管理人员、工人及有关人员工资、奖金等费用的总和。

实际应用中，应该根据配送的具体流程归集成本，不同的配送模式，其成本构成差异较大。相同的配送模式下，由于配送物品的性质不同，所以其成本构成差异也很大。

2. 配送成本的核算

假定销售额为100元，物流成本为10元，如果物流成本降低1元，就可能得到10元的收益。这个道理是不言自明的。如果物流成本占销售额的1%，那么物流成本下降1元，销售金额将增加100元。可见，物流成本的下降会产生极大的收益。

一般来说，配送成本的计算可以采用以下3种方法。

1）按支付形态计算配送成本

把配送成本分别按运费、保管费、包装材料费、企业内部配送费、人工费、配送管理费、利息等支付形态记账，就可以计算出配送费的总额。这样就可以了解花费最多的项目，从而确定配送成本管理中的重点。

2）按功能计算配送成本

按前面所讲的支付形态进行配送成本分析，虽然可以得出总额，但是还不能充分说明配送的重要性。若想降低配送费用，就应把这个总额按包装费、装卸费、输送费等项目详细区分出来，以便掌握配送的实际状态，了解在哪些功能环节上有浪费，达到控制成本的目的。这种分别按包装、配送、保管、搬运、信息流通、物流管理等功能计算配送费用的方法，即按功能计算配送成本的方法。

3）按适用对象计算配送成本

按不同功能的配送成本来计算，不仅降低了成本，而且还能分别掌握由于产品地区、顾客的不同而产生的配送成本。这就是一般所说的按适用对象计算配送成本，由此可以分析出产生配送成本的不同对象。

（1）按支店或营业所计算配送成本，就是要算出各营业单位配送成本与销售金额或毛收入的对比，用来了解各营业单位配送成本中存在的问题，以便加强管理。

（2）按顾客计算配送成本的方法，又可以分为按标准单价计算和按实际单价计算两种计算方式。按顾客计算配送成本，可用来作为选定顾客、确定配送服务水平等制定顾客战略的参考。

（3）按商品计算配送成本是指把按功能计算出来的配送费，以各自不同的基准，分配给各类商品，以此计算出配送成本。这种方法可以用来分析各类商品的盈亏。在实际应用中，要考虑进货和出货差额的毛收入与商品周转率之间的交叉比率。

3. 配送成本的控制

1）配送的计划性

在配送活动中，临时配送、紧急配送或无计划的随时配送都会大幅度增加配送成本，因为这些配送会使车辆不满载，浪费里程。为了加强配送的计划性，需要建立与各配送对象之间的配送申报制度。在实际工作中，应针对商品的特性，制定不同的配送申请和配送制度。

（1）对鲜活商品，应定时定量申请，定时定量配送。一般一天申请一次，商品的采购量应以控制在当天全部售完为宜。

（2）对普通商品，应定期向配送中心订货，订货量为两次订货的预计需求量。实行定期审批，分阶段预测订货周期内的需求量，可以减低经营风险。

2）确定合理的配送路线

配送运输由于配送方法的不同，其运输过程也不尽相同，所以采用科学的方法，确定合理的配送路线，是配送活动中的一项重要工作。确定配送路线的方法很多，一般可以采用方案评价法，拟订多种方案，以使用的车辆数、司机数、油量、行车的难易度、装卸车的难易度及送货的准时性等作为评价指标，对各个方案都进行比较，从中选出最佳方案。选择最佳方案时必须考虑以下条件：

（1）满足所有客户对商品品种、规格和数量的要求。

（2）满足所有客户对货物送到时间范围的要求。

（3）在交通管理部门允许通行的时间内送货。

（4）各配送路线的商品量不能超过最大容积及载重量。

(5) 在配送中心现有运力及可支配运力的范围内配送。

3) 进行合理的车辆配载

由于配送货物的品质、特性各异，为提高配送效率，确保货物质量，所以在接到订单后，首先必须将货物依特性进行分类，分别选取不同的配送方式和运输工具，如按冷冻食品、散装货物、箱装货物等分类配装；其次，配送货物也有轻重缓急之分，必须按照先急后缓的原则，合理组织配送运输。

4) 运用管理信息系统

在物流作业中，分拣、配货、增减库存占全部劳动的60%，而且容易出差错。因此，配送企业可以通过加强自动识别技术的开发和应用提高入货和发货时商品检验的效率。一方面，在拣货配货过程中可以应用条形码，这样可使得拣货准确、快速，配货简单、高效，从而提高生产效率，节省劳动力，降低物流成本；另一方面，推广电子标签的使用，电子标签采用射频技术，可以不需要卸货、开箱就能在几秒钟之内完成整车货物的验收。

【应用案例】

关于××商店的库存控制案例分析

1. 概况

××商店是一家批发和零售各种型号摩托车、自行车及其零配件的商店，每年销售各种类型摩托车约7000辆，自行车30 000辆，年销售额近5000万元。过去几年产品畅销，商店效益好，但是管理比较粗放，主要靠经验管理。由于商店所在地离生产厂家距离较远，前几年铁路运输比较紧张，为避免缺货，××商店经常保持较高的库存量。近两年来，经营同类业务的商店增加，市场竞争十分激烈。

××商店摩托车经销部新聘任徐先生担任主管，徐先生具有本科管理专业学历，又有几年在百货商店实际工作的经验。他上任以后，就着手了解情况，寻求提高经济效益的途径。摩托车采购的具体方式是，参加生产厂家每年一次的订货会议，签订下年度的订货合同，然后按期到生产厂家办理提货手续，组织进货。徐先生认为摩托车经营部应当按照库存控制理论，在保证市场供应的前提下，尽量降低库存，这是提高经济效益的主要途径。

2. 经济订购批量的计算

××商店销售不同型号的摩托车，徐先生首先选择XH公司生产的产品为例，计算其经济订购批量。

1) 已知条件

徐先生为计算XH公司供应的摩托车的经济批量，收集了如下数据：

(1) 每年对XH公司生产的摩托车需用量为3000辆，平均每辆价格为4000元。

(2) 采购成本。主要包括采购人员处理一笔采购业务的差旅费、住勤费、通信费等。以往采购人员到XH公司出差，乘飞机、住宾馆、坐出租车，一次采购平均用16～24天，采购员各项支出每人平均为6700元，每次订货去2名采购员，则采购成本为6700×2＝13 400(元/次)。

(3) 每辆摩托车的年库存维持费用。

① 所占用资金的机会成本。每辆摩托车平均价格为4000元，银行贷款利率年息为6%，则所占用资金的机会成本＝4000×6%＝240[元/(辆·年)]。

② 房屋成本(仓库房租及折旧、库房维修、库房房屋保险费用等平均每辆摩托车分担的成本)。商店租用一家仓库，年租金52 000元。仓库最高库存量为700辆，最低时不足100辆，平均约400辆。因此，每辆车年房屋成本可取为130元/(辆·年)。

③ 仓库设施折旧费和操作费。吊车、卡车折旧和操作费平均10元/(辆·年)。

④ 存货的损坏、丢失、保险费用平均20元/(辆·年)。

以上各项合计年保存维持费用为 240 + 130 + 10 + 20 = 400[元/(辆·年)]。

2) 经济订购批量的计算

徐先生将以上数据代入经济订购批量计算公式，计算出经济订购批量以及订购间隔期、订购点、年库存维持成本等。

(1) 经济订购批量 = 448(台)

(2) 每年订购次数 = 3000 ÷ 448 = 7(次)。

(3) 订购间隔期。××商店每周营业 7 天，除春节放假 5 天外，其他节假日都不停业。年营业日为 360 日，订购间隔 = 360 ÷ 7 = 52(天)。

若采用定期订购方式，订购间隔为 52 天，即每隔 52 天订购一次。

(4) 订购点。若采用定量订购方式，则要计算出订购点。徐先生为计算订购点量，需要订货提前期的有关数据。他了解到订货提前期由表 3 - 14 所示的几个部分组成。

表 3 - 14　订购提前期的组成

采购准备时间	与供应商谈判时间	供应商提前期	到货验收
4 天	4 天	15 天	2 天

其中，采购准备工作时间，包括了解采购需求、采购员旅途时间。供应商提前期指与供应商谈判结束至摩托车到商店仓库所需的时间。由表 3 - 15 可算出，订购提前期为 25 天。

若安全库存为 40 辆，可计算出订购点，订购点 = (25 × 3000 ÷ 360) + 40 = 250(辆)。

(5) 年库存维持费用。年库存维持费用等于年订购成本与年保存费用之和，即年库存维持费用 = 7 × 13 400 + (448 ÷ 2 + 40) × 400 = 93 800 + 105 600 = 199 400(元/年)。

经过以上的数据收集、分析与计算过程，徐先生对库存各种费用的大体情况以及采取哪些措施来降低费用有了一个初步的认识。

【案例思考】

徐先生的计算有什么不符合实际的地方？他建议的改进措施是否可行？为什么？

【复习题】

(1) 已知某产品的年需求量为 10 000 箱，单次订货成本为 2 元/次，单位产品的库存成本为 1 元/箱/年。求经济订货批量和最小总成本。

(2) 某产品年需求量 1000 件，订货成本 5 元/次，单价为 12.5 元，储存费率为 10%，提前期为 5 天。求订购批量、总订购成本和订货点(一年按 365 天计算)。

(3) 某配送中心，某商品年需求量为 360 000 箱，单位商品年平均储存费用为 4 元，订货费用每次为 50 元，订货提前期为 5 天。求经济订货批量、总成本和订货点。

实训项目：仓储成本的计算

【实训目的】

通过模拟真实的仓储成本分析，使学生认识仓储成本的构成，懂得仓储成本的计算，通过分析和计算仓储成本能知道采取相应措施进行成本的控制。

【实训准备】

(1) 了解仓储成本的内容。

(2) 准备相关的表格。

(3) 将全班学生分成若干组。

(4) 工作时间安排 2 学时。

【实训实施】

(1) 在教师指导下，自愿组合，分组完成任务。

(2) 教师提供实训资料。

国内某制造企业规模日益扩大，对仓储需求越来越迫切，打算建立一个专业仓库以满足自身的仓储需求，要求小组成员能对仓储成本进行预算，以供管理者决策。仓储费用预算表见 3-15。

表 3-15 仓储费用预算表

编制部门			编制日期			
第 张	共 张		预算期间			
序号	费用项目	预算依据	上旬	中旬	下旬	全月合计
1	燃料动力					
2	劳动保护费					
3	非计件人员工资					
4	非计件人员福利费					
5	折旧费					
6	修理费					
7	办公费					
	其中包括：电话费					
	低值易耗品					
	邮递费					
	交际应酬费					
	文具纸张等杂费					
8	机物料消耗					
9	装卸搬运费					
10	其他					
	其中包括：租赁费					
	差旅交通费					
	教育培训费					
	员工保险支出					
费用合计						
减：非付现费用						
现金支出的费用						
审批：					制表：	

（3）根据本模块学习的关于仓储成本核算的主要内容，结合企业的实际情况，在教师的指导下，编制合适的预算表。

（4）教师点评方法，确定其可行性。

（5）组织学生收集信息，对原预算进行调整，确定所选用的方法。

（6）整理资料，小组讨论总结，以小组为单位写出实训报告，对经验教训进行总结。

【实训考核】

实训评价有教师评价、小组内部成员评价和第三方评分组成员评价 3 种方式，建议教师评价占 60%的权重，小组内部成员评价占 20%的权重，第三方评分组成员评价占 20%的权重，将三者综合起来的得分为该生在该项目的评价分。实训工作评价表见表 3-16。

表 3-16　实训工作评价表

考评人		被考评人	
考评地点			
考评内容	实训项目		
考核标准	具体内容	分值	实际得分
	工作态度	10	
	仓储成本分析	30	
	仓储成本预算表填写	15	
	库存控制分析	25	
	实训报告	20	
合　计		100	

注：考评满分 100 分，60 分以下为不及格，60～69 分为及格，70～79 分为中，80～89 分为良，90 分以上为优。

管理四 安全管理

ANQUAN GUANLI

【学习目标】

了解仓库安全工作的重要性，掌握仓库防火、防盗、抗台风、防雨汛的管理方法。

【学习任务】

通过本管理知识的学习，学生要了解仓库安全管理工作的重要性；熟知仓库火灾的种类和灭火方式；能做好仓库消防管理；具有良好的仓库安全管理能力和对火灾、盗窃、台风、雨汛等突发事件及时处理的应变能力，同时具有组织、协调和社会活动能力。

【任务实施】

(1) 制定学习目标。

(2) 确定完成任务的路径和方法。

(3) 搜集和整理学习资料。

(4) 模拟演练。

(5) 通过案例分析与讨论分析，掌握和巩固所学的知识。

本部分的工作任务主要是掌握仓库安全管理的基本概念及相关知识，首先要确定完成任务的路径与方法，整理和分析相关学习资料，并进行模拟演练、案例分析和小组讨论，巩固和掌握所学的知识。

【管理案例】

提起马德里的火灾多发区，大多数华人第一个想到的肯定是 Fuenlabrada 仓库区。由于仓库中都有易燃物品，再加上防火措施不健全、忽视安全条例、设备老化等原因，导致马德里仓库区成了火灾的重灾区。

在过去几年中，仓库区几乎每年都会发生严重的火灾。2008 年的一场大火同时烧毁了几家商店，而就在 2009 年的几乎同一时间，Fuenlabrada 仓库区 Los Barrios 大街的一家华人仓库发生大火，导致 450m² 的仓库以及仓库中 50 万欧元的货物付之一炬。

惨痛的损失让生活在这里的华商谈火色变。但是尽管火灾敲响了仓库区防火的警钟，但是总会有人疏于防范，从而导致严重的后果。

马德里仓库的安全事故告诉人们，仓库是商品高度集中的重要基地，也是仓储职工进行各种仓储作业的场所。做好商品的养护工作，确保商品安全，是仓储职工的基本职责，也是使仓储的商品进行正常流通的基本保证。如果因仓储的安全管理工作不善致使仓库发生火灾、被盗、商品霉烂变质等情况，不仅给有关客户及本单位造成重大的经济损失，而且也会影响正常的社会秩序、生产秩序和人民生活秩序。

（资料来源：根据 http：//www.chinanews.com/hr-ozhrxw/news/2010/05-24/2299994.shtml. 资料整理）

一、防火

1. 仓库火灾基本知识

1）燃烧的基本原理

燃烧是指可燃物分解或挥发出的可燃气体，与空气中的氧剧烈化合，同时发光、发热的反应过程。燃烧必须同时具备 3 个要素，即可燃物、助燃物和着火源，并且它们相互作用时，燃烧才能发生。

（1）可燃物是指在常温条件下能燃烧的物质，包括一般植物性物料、油脂、煤炭、蜡、硫黄、大多数的有机合成物等。

（2）助燃物是指支持燃烧的物质，包括空气中的氧气、释放氧离子的氧化剂。

（3）着火源则是物质燃烧的热能源，实质上就是引起易燃物燃烧的热能。

根据引发燃烧的能量种类可将着火源分为机械火源、热火源、电火源和化学火源 4 类。机械火源包括摩擦、撞击火花等；热火源包括高温表面或炽热物体等；电火源包括电火花、静电火花和雷电火花等；化学火源主要是明火、自燃发热、化学反应热等，如电、气焊割火花，炉火，煤的堆积。

2）仓库火灾的种类

（1）普通火。普通可燃固体所发生的火灾，如木料、棉花、化纤、煤炭等。

（2）油类火。各种油类、油脂发生燃烧所引起的火灾。

（3）电器火。电器、供电系统漏电所引起的火灾，以及具有供电系统的仓库发生火灾。

（4）爆炸性火灾。具有爆炸性的货物发生火灾，或者火场内有爆炸性物品，如易发生化学爆炸的危险品、会发生物理爆炸的密闭容器等。

3）仓库火灾的特点

（1）易发生，损失大。仓库物资储存集中，大部分是易燃易爆物品，一旦遇到着火源，极易发生火灾。仓库发生火灾不仅造成库存物资付之一炬，而且还会对仓库建筑、设备、设施等造成破坏，引起人身伤亡。据统计，我国有许多火灾发生在仓库，而且引起的损失较大。

(2) 易蔓延扩大。储存可燃物的仓库，由于储存物资多，火势发展较快，着火后火势迅速蔓延扩大，产生很高的温度。一般物资仓库燃烧中心温度往往在1000℃以上，而化学危险物品(如汽油等)着火的温度更高。高温不仅使火势蔓延速度加快，还会造成库房、油罐的倒塌，在库外风力影响下，形成一片火海。爆炸品仓库、化学危险品物品仓库等还易引起爆炸。

(3) 扑救困难。由于库内物资堆放数量大，发生火灾后，物资燃烧时间长，加之许多仓库远离城区，供水和道路条件较差，仓库消防设备设施不足，消防力量有限，这就增加了扑救的难度。库房平时门窗关闭，空气流通较差，发生不完全燃烧，产生大量烟雾，影响消防人员的视线和正常呼吸，发生火灾后，库房内堆垛物资倒塌，通道受阻，也给扑救造成困难。

2. 防火与灭火

1) 防火措施

防火工作是企业安全生产的一项重要内容，一旦发生火灾事故，往往造成巨大的财产损失和人员伤亡。企业防火措施主要如下：

(1) 易燃易爆场所如油库、气瓶站、煤气站和锅炉房等工厂要害部位严禁烟火，人员不得随便进入。

(2) 火灾爆炸危险较大的厂房内，应尽量避免明火及焊割作业，最好将检修的设备或管段转移到安全地点检修。当条件不允许必须在原地检修时，一定要按照动火的有关规定进行，必要时还需请消防队进行现场监护。

(3) 在积存有可燃气体或蒸汽的管沟、下水道、深坑、死角等处附近动火时，必须经过处理和检验，确认无火灾危险时，方可按规定动火。

(4) 道生炉、熬炼设备的操作，要坚守岗位，防止烟道窜火和熬锅破漏。同时熬炼设备必须设置在安全地点作业并有专人值守。

(5) 火灾爆炸危险场所应禁止使用明火烘烤结冰管道设备，宜采用蒸汽、热水等化冰解堵。

(6) 对于混合接触能发生反应而导致自燃的物质，严禁混存混运。对于吸水易引起自燃或自然发热的物质应保持使用和贮存环境干燥。对于容易在空气中剧烈氧化放热自燃的物质，应密闭储存或浸在相适应的中性液体(如水、煤油等)中储放，避免与空气接触。

(7) 易燃易爆场所必须使用防爆型电气设备，还应做好电气设备的维护保养工作。

(8) 易燃易爆场所的操作人员必须穿戴防静电服装鞋帽，严禁穿钉子鞋、化纤衣物进入，操作中严防铁器撞击地面。

(9) 对于有静电火花产生的火灾爆炸危险场所，提高环境温度，可以有效减少静电的危害。

(10) 可燃物的存放必须与高温器具、设备的表面保持足够的防火间距，高温表面附近不宜堆放可燃物。

(11) 熔渣、炉渣等高热物要安全处置，防止落入可燃物中。

(12) 应掌握各种灭火器材的使用方法。

(13) 不能用水扑灭碱金属、金属碳化物、氢化物火灾，因为这些物质遇水后会发生剧烈化学反应，并产生大量可燃气体，释放大量的热，使火灾进一步扩大。

(14) 不能用水扑灭电气火灾，因为水可以导电，容易发生触电事故，也不能用水扑灭比水轻的油类火灾，因为油浮在水面上，反而容易使火势蔓延。熔渣、炉渣等高热物要安全处置，防止落入可燃物中。

2) 灭火方法

根据物质燃烧原理，燃烧必须同时具备可燃物、助燃物和着火源3个条件，缺一不可。而一切灭火措施都是为了破坏已经产生的燃烧条件，或使燃烧反应中的游离基消失而终止燃烧。灭火的基本方法有4种：减少空气中的含氧量——窒息灭火法；降低燃烧物的温度——冷却灭火法；隔离与火源相近的可燃物——隔离灭火法；消除燃烧中的游离基——抑制灭火法。

(1) 冷却灭火法。冷却灭火法就是将灭火剂直接喷洒在燃烧着的物体上，将可燃物的温度降低到燃点以下，从而使燃烧终止。这是扑救火灾最常用的方法。冷却的方法主要是采取喷水或喷射二氧化碳等其他灭火剂，将燃烧物的温度降到燃点以下。灭火剂在灭火过程中不参与燃烧过程中的化学反应，属于物理灭火法。

在火场上，除用冷却法直接扑灭火灾外，在必要的情况下，可用水冷却尚未燃烧的物质，防止达到燃点而起火。还可用水冷却建筑构件、生产装置或容器设备等，以防止它们受热结构变形，扩大灾害损失。

(2) 隔离灭火法。隔离灭火法就是将燃烧物体与附近的可燃物质隔离或疏散开，使燃烧停止。这种方法适用扑救各种固体、液体和气体火灾。

采取隔离灭火法的具体措施有：将火源附近的可燃、易燃、易爆和助燃物质，从燃烧区内转移到安全地点；关闭阀门，阻止气体、液体流入燃烧区；排除生产装置、设备容器内的可燃气体或液体；设法阻拦流散的易燃、可燃液体或扩散的可燃气体；拆除与火源相毗连的易燃建筑结构，造成防止火势蔓延的空间地带；以及用水流封闭或用爆炸等方法扑救油气井喷火灾；采用泥土、黄沙筑堤等方法，阻止流淌的可燃液体流向燃烧点。

(3) 窒息灭火法。窒息灭火法就是阻止空气流入燃烧区，或用不燃物质冲淡空气，使燃烧物质断绝氧气的助燃而熄灭。这种灭火方法适于扑救一些封闭式的空间和生产设备装置的火灾。

在火场上运用窒息的方法扑灭火灾时，可采用石棉布、浸湿的棉被、湿帆布等不燃或难燃材料，覆盖燃烧物或封闭孔洞；用水蒸气、惰性气体(如二氧化碳、氮气等)充入燃烧区域内；利用建筑物上原有的门、窗以及生产设备上的部件，封闭燃烧区，阻止新鲜空气进入。此外在无法采取其他扑救方法而条件又允许的情况下，可采用用水或泡沫淹没(灌注)的方法进行扑救。

(4) 抑制灭火法。抑制灭火法是将化学灭火剂喷入燃烧区使之参与燃烧的化学反应，从而使燃烧反应停止。采用这种方法可使用的灭火剂有干粉和卤代烷灭火剂及替代产品。灭火时，一定要将足够数量的灭火剂准确地喷在燃烧区内，使灭火剂参与和阻断燃烧反应；否则将起不到抑制燃烧反应的作用，达不到灭火的目的。同时还要采取必要的冷却降温措施，以防止复燃。

采用哪种灭火方法实施灭火，应根据燃烧物质的性质、燃烧特点和火场的具体情况，以及消防技术装备的性能进行选择。有些火灾，往往需要同时使用几种灭火方法。这就要注意掌握灭火时机，搞好协同配合，充分发挥各种灭火剂的效能，迅速有效地扑灭火灾。

3) 消防设施和灭火器

(1) 仓库建筑的防火设计。新建、改建和扩建的仓库建筑设计，应符合国家标准《建筑设计防火规范》(GB 50016—2006，后文简称《防火规范》)的规定，并经公安消防监督机关审核和验收。仓库、货场必须与生活区、维修工房分开布置。

易燃和可燃物品的露天堆垛与烟囱、明火作业场所，架空电力线等的安全距离应当符合《防火规范》的规定。储存易燃物品库房地面，应当采用不易打出火花的材料。库区的加工间和保管员办公室应当单独修建或用防火墙与库房隔开。仓库区域内应当按《建筑设计防火规范》有关规定，设置消防车通道。储存易燃和可燃物品的库房、货场应当根据防雷的需要，装置避雷设备。

(2) 消防设施的设置和管理。各类物资仓库应按照《防火规范》的有关规定设置、安装室内外消防给水设备。无市政供水的地区，可利用天然河流，或设置消防蓄水池，保证消防供水。

各类仓库的库区和库房，应根据储存物资的性质，成组配备相应灭火器，一组灭火器不应少于 4 只。一般物资仓库可按仓间面积每 $100m^2$ 配备一只灭火器的标准设置。单层库房的灭火器宜布置在库房出入口的外墙上，多层库房的灭火器宜布置在每层楼梯的平台处。

大型易燃物资仓库应设置烟雾、感温等火警自动报警设备。储存贵重物品、易燃物资的仓库和高层可燃物品仓库及高架仓库，除应设置火警自动报警设备外，还应设置自动灭火装置。

各类大型专业仓库，应与就近辖区公安消防队设置直线电话。仓库的各类消防器材设备和防火设施，应有专人负责管理，任何人不准擅自拆除、移位和挪作他用。消防车辆报废，须经上级主管部门批准和消防监督机关同意。库区内的消火栓、消防水池、消防管道、自动报警和自动灭火系统、安全疏散楼梯、通道等应保持畅通和正常使用。

(3) 灭火器。灭火器是一种轻便的容器，里面装有灭火剂。发生火灾时，可以使用灭火器内的灭火剂扑灭火灾。灭火器应布置在仓库的各个出入口附近的指定位置，是应急灭火的最重要的器材。

灭火器以内装灭火剂的名称不同，分为清水灭火器、酸碱灭火器、化学泡沫灭火器、空气泡沫灭火器、二氧化碳灭火器、干粉灭火器、卤代烷灭火器等，必须有针对性地使用灭火器，才能起到有效灭火的目的。

① 清水灭火器。这类灭火器内充入的灭火剂主要是清洁水。有的加入适量的防冻剂，以降低水的冰点；也有的加入适量润湿剂、阻燃剂、增稠剂等，以增强灭火性能。

② 酸碱灭火器。这类灭火器内充入的灭火剂是工业硫酸和碳酸氢钠水溶液。

③ 化学泡沫灭火器。这类灭火器内充装的灭火剂是硫酸铝水溶液和碳酸氢钠水溶液，再加入适量的蛋白泡沫液。如果再加入少量氟表面活性剂，可增强泡沫的流动性，提高了灭火能力，故称高效化学泡沫灭火器。

④ 空气泡沫灭火器。这类灭火器内充装的灭火剂是空气泡沫液与水的混合物。空气泡沫的发泡是由空气泡沫混合液与空气借助机械搅拌混合生成，在此又称空气机械泡沫。空气泡沫灭火剂有许多种，如蛋白泡沫、氟蛋白泡沫、轻水泡沫、抗溶泡沫、聚合物泡沫等。由于空气泡沫灭火剂的品种较多，所以空气泡沫灭火器又按充入的空气泡沫灭火剂的名称加以区分，称为蛋白泡沫灭火器、轻水泡沫灭火器、抗溶泡沫灭火器等。

⑤ 二氧化碳灭火器。这类灭火器内充入的灭火剂是液化二氧化碳气体。

⑥ 干粉灭火器。这类灭火器内充入的灭火剂是干粉。干粉灭火剂的品种较多，因此灭火器根据内部充入的不同干粉灭火剂的名称，分为碳酸氢钠干粉灭火器、磷酸铵盐干粉灭火器、氨基干粉灭火器。由于碳酸氢钠干粉只适用于灭 B、C 类火灾，所以又称 BC 干粉灭火器。磷酸铵盐干粉能适用于 A、B、C 类火灾，因此又称 ABC 干粉灭火器。

⑦ 卤代烷灭火器。这类灭火器内充装的灭火剂是卤代烷灭火剂。灭火时对着着火物释放，通过降温、隔绝空气、形成不燃覆盖层灭火。其灭火效率极高，适合于油类火灾、电气火灾的扑灭。我国发展了两种卤代烷灭火器，一种是二氟一氯一溴甲烷灭火器，简称“1211 灭火器”；另一种是“1301 灭火器”。由于“1211 灭火器”在高温中会产生有毒气体，已被逐渐限制使用，由“1301 灭火器”替代。

3. 仓库消防管理

仓库消防管理的方针是“预防为主、防治结合”。仓库的消防管理工作包括仓库建设时的消防规划、消防管理组织、岗位消防责任、消防工作计划、消防设备配置和管理、消防检查和监督、消防日常管理、消防应急、消防演习等。目前相关法律法规有《中华人民共和国消防法》《建筑工程消防监督审核管理规定》《商业仓库消防安全管理办法》《集贸市场消防安全管理规定》《化学危险品安全管理条例》《仓库防火安全管理规定》等。

二、防盗

为了确保物资安全，对仓库来说，除了防火以外，防盗和防破坏也很重要。尽管仓储部门都十分重视，花费了大量人力和精力，但是由于盗贼很狡猾，单靠保卫人员，其生理功能毕竟有限，尤其是在夜间，更是受到限制，所以盗窃和破坏案件还是难以避免。因此，有必要借助现代科学技术手段，对贵重物资进行防盗监视，这就需要防盗报警技术。

1. 防盗系统的组成

防盗报警系统主要是由防盗报警传感器和防盗报警控制器构成。前者设在保护现场，用来对被监视目标进行探测。后者放在值班室，除了接收传感器送来的盗情信息，进行声、光报警外，还有其他功能，如报警部位指示、报警时间记忆，以及对报警设备自身故障进行监控等。如果系统较大，监控对象多，也可以进行分级控制。一般分为两级，即一台报警控制总机控制多台报警分机，每一台分机又连接许多传感器。总机放在值班室，具有前述控制器的各种相应功能。分机设在现场的传感器附近，除了接收传感器的盗情信号外，还及时把这些信号传送给总机。这种两级控制方式，在有线系统中，经常被采用。因为，一方面可以节省导线，另一方面在信号传递过程中，增加了分机“接力”使得传输距离可以更远。

2. 防盗系统的组成方法

1）单机报警系统

单机报警系统是指将传感器和控制器装在一起的报警机。它结构简单、价廉，设置方便，将其置于需要监护场所的隐蔽处，一旦有人入侵，立即发出报警声响，以吓跑盗贼，同时也向附近值勤人员发出信息。这类报警器只要使用得当，也能起到一定效果。单机报警系统还可以进行适当改动，如增加同总机的信号联系；作为分机，用于分级控制的报警系统中。

2）有线式防盗报警系统

有线式防盗报警系统是指用导线传感器和控制器，将分机和总机联结起来，所形成的报警系统。它适用于保护区域和控制器安装地点固定不变的情况。这种方式虽然需要铺设导线，增加投资，但一般来说，比较稳定可靠，抗干扰性能好，所以仍有不少用户喜欢采用。因为电话线也可以传输报警信号，所以就出现了电话——防盗报警系统。它是利用内部电话线路，下班后或在夜间改为传输报警信号，一举两得。

3）无线式防盗报警系统

无线式防盗报警系统是指用无线电通信方式将传感器和控制器联系起来构成的报警系统。它的特点是报警传感器的安装使用灵活方便，避免了有线式安装完毕后不易改动的缺点，适用于防范区域经常发生变动的场合，甚至可以把传感器放到火车、汽车等可移动物体上。当然，其位置应处于无线电信号可以到达的范围之内。在无线式报警系统中，为了区分报警部位，一般采用频分制、时分制或编码方式。

4）混合式防盗报警系统

混合式防盗报警系统常见的形式：传感器同分机之间距离较近，采用有线方式；分机同总机之间距离较远，采用无线方式。在同一系统中，既有有线方式又有无线方式，所以称为混合方式。

3. 常用防盗报警传感器

防盗报警传感器是防盗报警系统的关键，其性能好坏，以及选用是否恰当，在很大程度上决定了系统在投入使用后能否达到预定目的。因此，应用防盗报警技术，要重点了解传感器的原理、性能和用途。

1）断线式传感器

断线式传感器把细导线布置在盗贼必经之路的隐蔽处，一旦被绊断，即报警。它因容易暴露，所以现在已不多用。

2）人体感应传感器

人体感应传感器一般布置在门窗附近，当有人靠近时即报警。它容易受环境、气候影响，调整较麻烦，误报也较多。

3）光电式传感器

光电式传感器分为光束发射和接收两部分。当有物体通过其间，光束被遮挡，即报警。为便于隐蔽，光束多采用激光或红外线，并采用脉冲发射，瞬时功率大，作用距离远，同时也便于排除其他连续光源的干扰。在防范区域四周或主要道口常用它构成封锁线。为区分是飞虫、飞鸟还是人体遮挡了光束，以排除误报，通常可采用对遮挡时间进行鉴别的区分方法。

4）微波传感器

微波传感器利用多普勒效应原理，对移动目标进行探测。它类似于一个小型简易多普勒雷达，所防范的区域是一个立体空间。常用在走廊或库房内部。

5）开关传感器

开关传感器最常用的又可分为有触点和无触点两类。前者如微动开关和磁控开关，多安装在门窗上，当门、窗被打开时，开关动作而报警；后者如接近开关和触摸开关。接近开关主要用来对金属物体进行探测，可以用做触锁报警。触摸开关是利用人手触及其敏感部位时，由人体感应电流，使晶体管由截止变为导通而报警。也可以用做触锁或触门报警。

6）闭路电视和电锁

闭路电视和电锁经常用于防盗系统中，而且有着特殊效果。闭路电视，再配备微光摄像机，可以在夜间对出事地点进行连续观察和录像。电锁一般由值班室控制，既可以防外盗，又可限制内部人员下班后随意开门进库。

三、抗台风、防雨汛

1. 抗台风

1）台风的产生与危害

台风是热带风暴的最高级形式，是产生在离赤道 5 个纬度以北（南半方在赤道 5 个纬度以南)的热带洋面上的热带气旋，是在热带洋面上强烈发展起来的气旋性涡旋。强风是台风的特征，越接近台风中心，风力越强。

2）抗台风的管理与组织

(1) 积极防范。台风并不是每年都在同一个地区登陆，防台工作是一项防患未然、有备无患的工作。企业要对员工，特别是领导干部进行防台宣传和教育，要求其保持警惕、不能麻痹。

(2) 全员参与。台风对仓库的损害不仅是仓储物资的损害，还包括仓库建筑、设备、设施、场地、树木，以及物料备料、办公设施等一切财产和生命安全，还会造成环境污染危害。防台抗台工作是所有员工的工作，需要全员参与。

(3) 不断改善仓库条件。为了使防台抗台取得胜利，需要有较好的硬件设施和条件，提高仓库设施设备的抗风、防雨、排水防水浸的能力；减少使用简易建筑，及时拆除危房危建和及时维修加固老旧建筑、围墙；提高仓库、货场的排水能力，注意协调仓库外围，避免对排水的阻碍；购置和妥善维修水泵等排水设备，备置堵水物料；牢固设置仓库、场地的绑扎固定绳桩。

3）防台风具体措施示例

(1) 在暴雨、台风和高温等灾害性天气期间，企业管理层对抗灾防损工作应加强重视和防范力度，并配备相应的人力和物力，在预防措施上下工夫。厂内应组建抗灾防损应急预案和执行小组；具体抗灾防损工作要落实到专人负责。相应的抗灾防损演练工作应安排到议事日程上。该预案应至少包括以下内容：

① 专人负责监听灾害性天气预报，了解天气变化信息，及时采取预防及抗灾防损措施。

② 在灾害性天气来临前，执行小组成员要实地检查并列出场所内所有可能受灾害影响的位置及易受损的库存、设备；采取相应预防措施。

③ 认真执行相应的防灾预防计划，尽可能避免灾害侵袭；在灾害性天气期间，执行小组应派专人在各处巡逻并了解预防及抗灾防损措施工作状态以备不测。

④ 加强对消防灭火设施的检查工作，包括水源、外消火栓系统、喷淋系统、灭火器和其他特殊灭火系统(火灾报警系统、红外线防盗报警系统和有线电视监控录像系统)，还要检查屋顶是否漏水，防火门、防火卷帘是否按设计要求关闭等。

⑤ 减小灾害影响的应变计划。万一发生水浸时，应有相应的应变计划将贵重的库存和机械设备转移到安全地点。

⑥ 紧急联络电话。所有防灾人员及相应承包商的电话必须及时更新，所有防灾人员和后备人员应随时待命。

(2) 建筑物墙壁与屋顶连接处等应予以牢固连接和完整防水覆盖。整个屋顶防水层应当固定、压实并确保完好。对于坐落于底层的车间、厂房和仓库等应配备有足够的防洪沙袋和防洪挡板(尤其是历史上有水淹经历的场地，做到有备无患)。有水损风险的设备和库存应垫高，离地面高度至少为10cm。厂内应开拓必要的排水沟渠，并配备抽水机或排水泵。在大风大雨即将到来之前后，要有专人检查、值班；发现危险、隐患及时整改。

(3) 屋顶上的杂物应及时清理，落水管应保持畅通以免屋顶积水。对于有渗漏的屋顶和侧壁等应予以及时维修，如无足够的时间修整，可采用临时补救措施以减少财物的水损。例如，设置屋顶防雨布和室内防水罩，移开漏水处下的设备和库存。

(4) 对于建筑物已有的各类防雷设施(如避雷针等)，应当尽快要求专业人员对其避雷性能进行一次全面测试。如建筑物的防雷设施存在缺陷，应当立即修复。建筑物的脚手架、临时易燃易爆物品仓库和塔吊、打桩机等机械设备，应设临时避雷装置。

(5) 对于高耸的搭建物(如广告牌、雨棚、脚手架、机电设备和临时线路等)，尤其是临时设施应有良好的固定防风设施。应对防风缆绳及其地锚和机械设备的连接处予以检查，从而杜绝上述物品的倒坍、压人及触电事故的发生。应尽可能拆除那些临时搭建物，以降低风险发生的可能。

(6) 重点地区应在防汛墙保护范围内做一次普查，杜绝违法装卸作业、堆放货物、带缆泊船和安装吊机等行为。各单位应成立防洪抗汛领导小组和制订应急计划，并应加强值班巡逻工作，保安人员应受过安全防汛应急培训。万一发生灾害，要在第一时间通知国家防汛救灾部门或其他救援单位。保安人员要定期巡逻并做记录，巡逻人员至少应有两人。巡逻范围应包括厂区内所有重要区域和设备。

(7) 台风季节天气潮湿，对各种电器设备及电线应采取防潮措施，以免电器短路，伤及人员并引起火灾。应进行安全检查以保证线路绝缘良好和电器的正确接地。每天下班前必须将不使用的电器开关关闭，并切断电源。

2. 防雨汛

洪水和雨水虽然是一种自然现象，但时常会对货物的安全仓储带来不利影响，所以应认真做好仓库防汛工作。

1) 建立组织

汛期到来之前，要成立临时性的短期工作机构，在仓库领导者的领导下，具体组织防汛工作。

2) 积极防范

平时要加强宣传教育，提高职工对自然灾害的认识；在汛期职工轮流守库，职能机构定员驻库值班，领导现场坐镇，以便在必要时，统一指挥，积极组织抢救。

3) 加强联系

仓库防汛组织要主动争取上级主管部门的领导，并与气象电台联系了解汛情动态，预见汛情发展，克服盲目性，增强主动性。

除此之外，还要注意对陈旧的仓库改造排水设施，提高货位，新建仓库应考虑历年汛情的影响，使库场设施能抵御雨汛的影响。

【应用案例】

杜邦安全生产管理是一门新生意

对于一家依靠制造火药起家，属于高危行业的公司来说，杜邦公司(简称杜邦)的安全生产管理被称做全球工业典范。

杜邦召开新闻发布会，主持人首先会提醒与会者留意安全通道出口的方位；有参观者来访，一定有人全程陪同；在巴士上，提醒乘客抓好扶手、系好安全带的人，也许就是杜邦的员工。对于杜邦来说，安全已经成为一种文化，延伸到生活的每一个细节当中。现在，杜邦正在致力于把这种理念以及经验传播到自己以外的其他企业当中，这也使得安全生产管理正在成为杜邦的一门生意。

作为全球精简业务结构的一部分，2004 年杜邦宣布将业务调整为电子和通信技术、高性能材料、涂料和颜料技术、农业与营养、安全防护五大业务平台。安全防护是杜邦新增的业务平台，这个部门在 2004 年的收入达到 47 亿美元，作为对外提供安全生产管理咨询服务的业务，占其中 5%的份额。

1. 黑火药的教训

杜邦曾经发生了严重的安全事故，死伤 40 多人。杜邦意识到，如果不抓安全，公司就不可能存在，仅仅是设备和厂房上的注意是不够的，必须要加强制度管理和意识上的强化。在接受了美国政府贷款支持的情况下，杜邦做出了 3 个决策：

(1) 建立管理层对安全负责的制度，即安全生产必须由生产管理人直接负责，从总经理到厂长、部门经理到组长都对安全负责，而不是由安全部门负责。

(2) 建立公积金制度，从员工工资中拿出一部分，企业拿出一部分，建立公积金，万一发生事故在经济上可以缓冲。

(3) 实现对员工的关心。公司决定，凡是在事故中受到伤害的员工的家属，公司会抚养起来，将小孩抚养到工作为止，如果他们愿意到杜邦工作，杜邦将优先考虑。

2. “安全宪法”

杜邦建立了安全数据统计制度，安全管理从定性管理发展到定量管理。20 世纪 40 年代，杜邦提出了“所有事故都是可以防止的”理念，因为在这之前的 100 年发展中，很多人认为事故总是要发生的，所有一切的努力只是推迟它的发生，避免它的发生。杜邦认为这样的思想并不可取，一定要树立所有的事故都是可以防止的理念，因为事故是在生产中发生的，而随着技术的进步、管理水平的提高、人的重视，这些事故一定是有办法防止的。

20 世纪 50 年代，杜邦将这种安全理念延伸到工作外的日常生活里，工作外的安全事故也计算在安全数据统计制度中。随着安全管理的不断深入，公司认识到员工在 8h 外受伤对安全的影响，与在 8h 内受伤对安全的影响实质上没有区别，假如公司一个老总、业务人员、销售人员拿到一个大的订单，无论是 8h 以内，还是 8h 以外，他发生安全事故，对公司造成的损失都是一样的。杜邦从这个角度，提出了 8h 以外预案，对员工的教育就变成了 1 天 24h 的要求。

在 200 年的发展中，杜邦安全管理坚持十大基本原则。杜邦把安全作为引导企业成功的核心价值之一，其安全理念是坚信所有工伤和职业病以及安全和环境事故都是可以防止的。安全生产成为考核的一个重要内容之一。如果出现安全事故，其业绩会受到严重影响，甚至影响到他在杜邦的“仕途”。在杜邦，最为严格的是事故报告制度，在任何一个国家、一个地区、一家工厂，对于损工时事件(受伤后不能在第二天准时回原岗位正常上班)24h 之内必须通过事业部领导报告给杜邦全球 CEO。

3. 杜邦的新生意

杜邦成立了安全生产管理咨询公司，这个公司的业务从零开始，发展非常迅猛，每年以 25%的业务量增长，并被整合到五大业务平台的安全防护平台当中，成为该平台的业务部门之一。这个业务部门的职责在于帮助其他企业建立安全生产体系，提高员工的安全生产意识，并将安全上升为客户的公司文化之一，因为无论安全体系有多完善，安全设备有多先进，要是员工没有意识到安全的重要性，任何体系和设备都不可能发挥作用。

杜邦的发展方向是从一家资本市场定位覆盖太广的“综合化学公司”变身为一家“综合科学公司”。

（资料来源：根据 http：//finance. sina. com. cn/manage/zljy/20050606/08491658598. shtml. 资料整理）

【案例思考】

杜邦公司是如何在实践中体现“所有事故都是可以防止的”理念的?

【复习题】

(1) 仓库火灾的种类有哪些?

(2) 仓库防火的措施有哪些? 灭火的方法有哪些?

（3）仓库必须遵循怎样的消防管理方针？仓库的消防管理工作包括哪些？

（4）常用防盗报警传感器有哪些？

（5）如何做好仓库防汛工作？

实训项目：二氧化碳灭火器的灭火方法

【实训目的】

正确使用二氧化碳灭火器灭火；进行安全文明操作。

【实训准备】

（1）要求学生掌握二氧化碳灭火器的灭火方法。

（2）时间安排4学时。

【实训实施】

做好灭火准备；实训学生集中在待考区域，依次根据指导教师的指令进入灭火现场，现场必须配备必要的消防设施，严防火灾或伤人事故的发生。

【实训考核】

实训评价有教师评价、小组内部成员评价和第三方评分组成员评价3种方式，建议教师评价占60%的权重，小组内部成员评价占20%的权重，第三方评分组成员评价占20%的权重，将三者综合起来的得分为该生在该项目的评价分。实训工作评价表见表3－17。

表3－17　实训工作评价表

考核人		被考核人	
考核地点			
考核项目	二氧化碳灭火器的灭火方法		
考评标准	考核内容	分值	实际得分
	做好灭火准备	20	
	操作二氧化碳灭火器	60	
	清理现场	20	
合　计		100	

注：考评满分100分，60分以下为不及格，60～69分为及格，70～79分为中，80～89分为良，90分以上为优。

管理五

绩效管理

JIXIAO GUANLI

【学习目标】

掌握仓储与配送绩效管理的意义；掌握仓储与配送绩效管理的目标和原则；掌握仓储与配送绩效考核指标体系的构成。

【学习任务】

通过本管理知识的学习，要求学生具备仓储与配送管理绩效指标制定和管理能力；具备仓储与配送管理绩效指标信息收集和计算能力，为学生仓储与配送绩效管理技能的培养打好基础。

【任务实施】

面对不断变化的客户需求和不断增长的市场竞争以及不断增加的成本压力，仓储经营者必须不断努力以提高工作绩效。由于仓库只是物流系统中的一个子系统，其生产过程是受到上、下游客户约束的，而仓储的绩效成果反过来又会作用于上下游客户的物流系统，所以研究如何提升仓储部门的工作绩效，进而提高物流仓储的工作质量、更好地服务于客户就是一个非常重要的问题。完成工作任务的步骤：

(1) 制定学习目标。

(2) 确定完成任务的路径和方法。

(3) 搜集和整理学习资料。

(4) 通过案例分析与讨论分析，掌握和巩固所学的知识。

本部分的工作任务主要是了解仓储与配送绩效管理的相关知识，首先要确定完成任务的路径与方法，分析和整理相关学习资料，分析和对比资料，通过案例分析和小组讨论巩固和掌握所学的知识，并应用到企业管理中。

【管理案例】

2005年，英迈(中国)投资有限公司(简称英迈中国)全部库房只丢失一根电缆；半年一次的盘库，由公证处做第三方机构检验，统计结果只差了几分钱；陈仓损坏率为3/10 000；运作成本不到营业额的1%……

1. 几组数据

(1) 0.123元。英迈中国库房中所有的货品在摆放时，货品标签一律向外，没有一个倒置。这是在进货时就按操作规范统一摆放的，目的就为了出货和清点库房时查询方便。运作部曾经统计过，如果货品的标签都向内，即使一个熟练的库房管理人员要将其全部恢复标签向外，也需要8min，这8min的人工成本就是0.123元人民币。

(2) 3kg。英迈中国的每个库房中都有一本重达3kg的行为规范指导，内容非常细致，任何受过基础教育的员工都可以从中查询和了解到每一个环节的操作规范说明，并遵照执行。

(3) 5min。统计和打印出英迈中国上海仓库或全国各个仓库的劳动力生产指标(包括人均收货多少钱、人均收货多少单)只需要5min。在Impulse系统中，劳动力生产指标适时在线，可随时调出，如果没有这一系统的支持，类似的指标统计要至少1个月的时间才能得到。

(4) 10cm。英迈中国的仓库空间是经过精确设计和科学规划的，甚至货架之间的过道也是经过精确计算的。为了尽量增大库存可使用面积，连运货叉车也仅获得了10cm的空间，因此叉车司机的驾驶必须稳而又稳。

(5) 20min。仓库员工从接到订单到完成取货，规定的时间是20min。仓库对每一个货位都标注了货号标志，并输入Impulse系统，系统会将发货产品自动生成产品货号，货号与仓库中的货位一一对应，所以仓库员工在发货时就像邮递员寻找邮递对象的门牌号码一样便捷。

(6) 1个月。英迈中国的库房是根据中国市场的现状和公司业务需求而建设的。每个地区的仓库经理都能在1个月内完成一个新增仓库的考察、配置与实施，保证了物流支持系统能够被快速启动。他们的经营理念是：如果人没有准备，有钱也没有用。

2. 几件小事

(1) 英迈中国库房中的很多记事本都是收集已经打印一次的纸张装订而成的，即使是各层经理使用也不例外。

(2) 所有物品进出库房都必须严格按照流程进行，违反操作流程，即使有总经理的签字也不行。

(3) 货架上的货品号码标志用的都是可以重复使用的磁条，这样是为了节约成本。

(4) 要求合作伙伴必须在所有运输车辆的厢壁上安装薄木板，以避免货品包装在途受到损伤。

英迈中国的运作优势，是不断改进每一个操作细节，日积月累而形成的，然而，英迈中国的系统能力和后勤服务能力在英迈国际的评估体系中仅得到了62分，刚刚及格；在美国的专业物流市场中，英迈国际也只能拿到70～80分。

(资料来源：根据http：//wenku.baidu.com/view/fq66cflc650e52ea5518982c.html.资料整理)

一、仓储与配送绩效管理的目标与意义

1. 绩效管理的目标

仓储与配送绩效管理的工作目标是按计划完成仓储与配送的经营目标，保持并逐步提高

对客户和其他部门适度的服务水平，控制仓储与配送部门的成本和企业的物流运作总成本，为了达到目标，就要建立起系统的仓储与配送绩效考核体系。

以顾客为中心的公司在注重公司利润的同时，关注更好地为顾客服务。他们知道只有听取顾客的意见，满足顾客的需求，才能获得更多的利润，占据更大的市场份额。这些公司的主要做法如下：

(1) 全体员工对客户礼貌、热情。

(2) 雇佣和培训员工，是成功营造服务导向的公司文化的第一步。

(3) 公司赏识那些既能保证工作效率又能使客户满意的员工。

(4) 公司经理们的注意力放在支持员工做好工作上，这样就可以使员工集中精力满足顾客的需求。

(5) 好的服务和资历是职位提升的根据。

(6) 对员工进行技术和人际交往方法的培训。

(7) 所有员工都知道他们的顾客是谁(内部的和外部的)，而且明白怎样使他们成为顾客链中的一员。

(8) 人人参与公司的管理。

(9) 管理者在做任何决定前，都要听取顾客的反馈意见。

(10) 考虑公司的长远利益。

2. 绩效管理的意义

仓储与配送运营绩效考核指标是仓储与配送运营管理成果的集中体现，是衡量仓储与配送运作和管理水平高低的尺度，利用指标考核仓储部门经营的意义在于对内加强管理、降低仓储成本，对外接受货主定期评价。

1) 对内加强管理，降低仓储成本

仓储部门和物流企业可以利用仓储与配送运营绩效考核指标对内考核企业物流服务各个环节的计划执行情况，纠正运行过程中出现的偏差。

(1) 有利于提高仓储与配送运作的管理水平。仓储与配送管理绩效考核指标体系中的每一项指标都反映某部分工作或全部工作的一个侧面。通过对指标的分析，能发现工作中存在的问题，特别是通过对几个指标的综合分析，能找到彼此间的联系和关键问题所在，从而为计划的制订、修改以及仓储与配送运作过程的控制提供依据。

(2) 有利于落实岗位责任制。仓储与配送的各项指标是实行经济核算的根据，因此，仓储与配送的绩效考核有利于落实岗位经济责任制，实行按劳取酬和各种奖励的评定。

(3) 有利于仓储与配送设施设备现代化改造。一定数量、水平的设施和设备是保证仓储与配送经营活动高效进行的必要条件，通过对比作业量系数、设备利用等指标，可以及时发现仓储与配送作业流程的薄弱环节，以便仓储与配送企业有计划、有步骤地进行技术改造和设备更新。

(4) 有利于提高仓储与配送经济效益。经济效益是衡量仓储与配送工作的重要标志，通过指标考核与分析，可以对仓储与配送的各项活动进行全面的检查、比较、分析，确定合理的仓储与配送作业定额指标，制定优化的仓储与配送作业方案，从而提高仓储与配送设施设备的利用率，提高客户的服务水平，降低成本，以合理劳动消耗获得理想的经济效益。

2）进行市场开发，接受客户评估

仓储与配送企业还可以充分利用仓储与配送运营绩效考核指标对外进行市场开发和客户关系维护，为货主企业提供相对应的质量评估指标和参考数据。

（1）有利于说服客户，扩大市场占有率。货主企业在仓储与配送市场中寻找供应商的时候，在同等价格的基础上，服务水平通常是最重要的因素，如果仓储与配送部门能够提供令客户信服的服务指标体系和数据，就会在竞争中获得有利地位。

（2）有利于稳定客户关系。在我国目前的物流市场中，以供应链方式确定下来的供需关系并不太多，供需双方的合作通常以 1 年为期，到期客户将对物流供应商进行评估，决定今后是否继续合作。这时如果客户评估指标反映良好，则将使仓储与配送企业继续拥有这一合作伙伴。

二、绩效考核标准与指标

为了保证仓储与配送运营绩效考核真正地发挥作用，指标体系的科学制定、严格实施及管理非常重要。

1. 仓储生产绩效考核指标制定应遵循的原则

1）科学性

科学性原则要求所设计的指标体系能够客观如实地反映仓储生产的所有环节和活动要素。

2）可行性

可行性原则要求所设计的指标便于工作人员掌握和运用，数据容易获得，便于统计计算，便于分析比较。

3）协调性

协调性原则要求各项指标之间相互联系，相互制约，但是不能相互矛盾和重复。

4）可比性

分析指标很重要的是对指标进行比较，如实际完成和计划相比、现在与过去相比、与同行相比等。所以可比性原则要求指标在期间、内容等方面要一致，使指标具有可比性。

5）稳定性

稳定性原则要求指标一旦确定之后，应在一定期限内保持相对稳定，不宜频繁变动、频繁修改，在执行一段时间，经过总结后再进行改进和完善。

2. 仓储与配送作业绩效考核指标的管理

在制定仓储与配送作业绩效考核指标之后，为了充分发挥指标在管理中的作用，仓储与配送作业的各级管理人员和作业人员应进行指标的归口、分级和考核。

1）实行指标的归口和管理

指标的制定的目标能否完成，与仓储与配送岗位上每位员工的工作有着直接的联系，其中管理者对指标的重视程度和管理方法更为关键。将各项指标按仓储与配送职能机构进行归口管理、分工负责，使每项指标从上到下有人负责，可以充分发挥各职能机构的积极作用，形成一个完整的指标管理系统。归口管理、分工负责方法如图 3.16 所示。

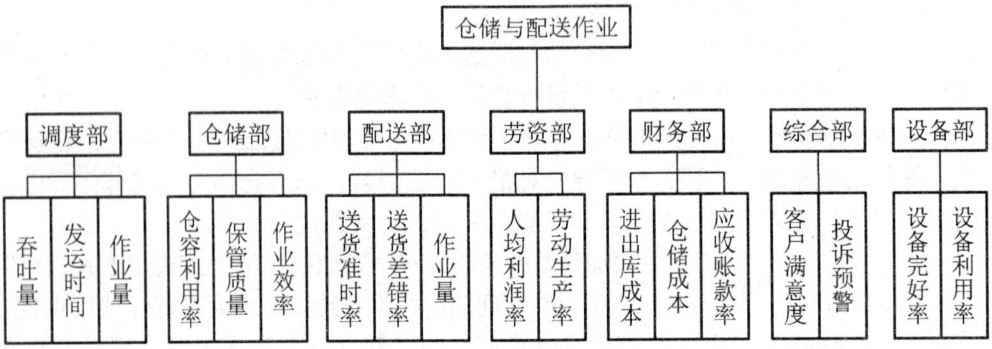

图 3.16　指标归口管理

2）分解指标，落实到人

这一系列的生产绩效指标需要分解、分级落实到仓库的各个部门、各个班组，直至每位员工，使每级部门、各个班组、每位员工明确自己的责任和目标。

3）开展指标分析，实施奖惩

定期开展指标执行情况的分析，是改善仓库工作、提高仓库经济效益的重要手段，只有通过指标的分析，才能对仓储与配送经营活动做出全面的评价，才能促进仓储与配送绩效的不断提高。

3. 仓储与配送运营绩效考核指标体系

仓储与配送运营绩效考核指标体系是反映仓库生产成果及仓库经营状况各项指标的总和，指标的种类由于仓储部在供应链中所处的位置或仓储企业经营性质的不同而有繁有简，有的企业或部门把指标分为 6 类，即反映仓储生产成果数量的指标、反映仓储生产作业质量的指标、反映仓储生产物化劳动和活化劳动消耗的指标、反映仓储生产作业物化劳动占用的指标、反映仓储生产作业劳动效率的指标和反映仓储生产经营效益的指标。

1）反映仓储生产成果数量的指标

（1）吞吐量。吞吐量是指计划期内仓库中转供应货物的总量，计量单位通常为“t”，计算公式为

$$\text{吞吐量}=\text{入库量}+\text{出库量}+\text{直拨量}$$

式中：入库量——经仓库验收入库的数量，不包括到货未验收、不具备验收条件、验收发现问题的数量；

出库量——按出库手续已经交给用户或承运单位的数量，不包括备货待发运的数量；

直拨量——企业在车站、码头、机场、供货单位等提货点办理完提货手续后，直接将货物从提货点分拨转运给用户的数量。

（2）库存量。库存量通常指计划期内的日平均库存量。该指标同时也反映仓库平均库存水平和库容利用状况，其计量单位为“t”，计算公式为

$$\text{月平均库存量}=\frac{\text{月初库存量}+\text{月末库存量}}{2}$$

$$\text{存货周转率}=\frac{\text{各月平均库存量之和}}{2}\times 100\%$$

式中：库存量——仓库内所有纳入仓库经济技术管理范围的全部本单位和代存单位的货物数量，不包括待处理、待验收的货物数量；

月初库存量——等于上月末库存量，月末库存量等于月初库存量加上本月入库量再减去本月初存量。

（3）存货周转率的计算公式为

$$存货平均余额=\frac{年初+年末数余额}{2}$$

$$月存货周转率=\frac{月销货收入}{月平均存货余额}\times 100\%$$

2）反映仓储生产作业质量的指标

仓储质量是指物资经过仓库储存阶段，其使用价值满足社会生产的程度和仓储服务工作满足货主和用户的程度。由于库存货物的性质差别较大，货主所要求的物流服务内容也不尽相同。

（1）收发差错率(收发正确率)。收发差错率是以收发货所发生差错的累积数所占收发货总数的百分比来计算，此项指标反映仓储部门收发货的准确程度，计算公式为

$$收发差错率=\frac{收发差错累计笔数}{收发货总笔数}\times 100\%$$

$$收发正确率=1-收发差错率$$

收发差错包括因验收不严、责任心不强而造成的错收、错发，不包括丢失、被盗等因素造成的差错。它是仓储管理的重要质量指标，通常情况下，仓储部的收发差错率应控制在0.005%的范围之内；而对一些单位价值高的商品或具有特别意义的物品，客户会要求仓储部的收发正确率保证是100%，否则将根据合同予以索赔。

（2）业务赔偿费率。业务赔偿费率是以仓储部门在计划期内发生的业务赔罚款占同期业务总收入的百分比来计算，此项指标反映仓储部门履行仓储合同的质量，计算公式为

$$业务赔偿费率=\frac{业务赔罚总额}{业务总收入}\times 100\%$$

业务赔偿款是指在入库、保管或出库阶段，由于管理不善、措施不当而造成库存物损坏或丢失所支付的赔款和罚款，以及为延误时间等所支付的罚款，而意外灾害造成的损失不计。业务总收入指计划期内仓储部门在入库、储存、出库阶段提供服务等收取的费用之和。

（3）货物损耗率。货物的损耗率是指在保管期中，某种货物自然减量的数量占该种货物入库数量的百分比，此项指标反映仓储部门货物保管和维护的质量和水平，计算公式为

$$货物损坏率=\frac{货物损坏量}{期内货物保管总量}\times 100\%$$

或

$$货物损坏率=\frac{货物损坏金额}{期内货物保管总金额}\times 100\%$$

货物损耗率指标主要用于易挥发、易流失、易破碎的货物，仓储部门与货主根据货物的性质在仓储合同中规定相应的损耗上限。当实际损耗率高于合同中规定的损耗率时，说明仓储部门管理不善，对于超限损失部分仓储部门要给予赔偿；反之，说明仓储部门管理更有成效。

（4）账实相符率。账实相符率是指在进行货物盘点时，仓储保管的货物账面上的结存数与库存实有数量的相互符合程度，在对库存货物进行盘点时，要求根据账目逐笔与实物进行核对，计算公式为

$$账实相符率=\frac{账实相符笔数}{储存货物总笔数}\times 100\%$$

或

$$账实相符率=\frac{账实相符件数}{储存货物总件数}\times 100\%$$

通过对这一项指标的考核，可以衡量仓库账面货物的真实程度，反映保管工作的完成情况和管理水平，是避免货物损失的重要手段。

(5) 缺货率。缺货率反映仓库保证供应、满足客户需求的程度，计算公式为

$$缺货率=\frac{缺货次数}{用户需求次数}\times 100\%$$

通过对这项指标的考核，可以衡量仓储部门进行库存分析的能力和组织及时补货的能力。

(6) 配送准时率。配送准时率是反映配送服务的重要指标，也是仓储与配送企业保有和发展业务与客户的重要参考指标，计算公式为

$$配送准时率=\frac{配送准时次数}{配送总次数}\times 100\%$$

3) 反映仓储生产物化劳动和活化劳动消耗的指标

反映仓储生产物化劳动和活化劳动消耗的指标包括材料、燃料和动力等库用物资消耗的指标；平均验收时间；整车(零担)发运天数、作业量系数等工作时间的劳动消耗指标；进出库成本、仓储成本等综合反映人力、物力、财力消耗水平的成本指标。

(1) 库用物资消耗指标。储存作业的物资消耗指标即库用材料(如防锈油)、燃料、动力(如耗电量)的消耗定额。

(2) 平均验收时间。平均验收时间即每批货物的平均验收时间，其计算公式为

$$平均验收时间=\frac{各批验收时间之和}{验收总批数}$$

每批货物验收天数是指从货物具备验收条件的第二天起，至验收完毕单据返回财务部门的累计天数，当日验收完毕并退单的按半天计算，入库验收批数以一份入库单为一批计算。

(3) 发运天数的计算公式为

$$整车平均发运天数=\frac{各车发运天数之和}{发运车总数}$$

整车发运天数是从调单到库第二日起，到向承运单位点交完毕止的累计天数；对在库内专用线发运的物资来源，是从调单到库第二日起至车皮挂走止的累计天数。

$$零担平均发运天数=\frac{各批零担发运天数之和}{零单发运总批数}$$

发运天数指标不仅可以反映出仓库在组织出库作业时的管理水平，而且可以反映出当期的交通运输状况。

(4) 作业量系数的计算公式为

$$作业量系数=\frac{装卸作业总量}{进出库货物数量}$$

作业量系数为1表示是最理想水平，表明仓库装卸作业组织合理。

(5) 单位进出库成本和单位仓储成本的计算公式为

$$单位进出库成本=\frac{进出库费用}{进出货物总量}$$

$$单位仓储成本=\frac{储存费用}{各月平均库存量之和}$$

4）反映仓储生产作业物化劳动占用的指标

反映仓储生产作业物化劳动占用的指标主要有仓库面积利用率、仓容利用率、设备利用率等。

（1）仓库面积利用率的计算公式为

$$仓库面积利用率=\frac{库房占地总面积}{仓库占地总面积}\times 100\%$$

（2）仓容利用率的计算公式为

$$仓容利用率=\frac{仓库平均存量}{最大仓容量}\times 100\%$$

（3）设备利用率的计算公式为

$$设备利用率=\frac{设备作业总台时}{设备额定作业总台时}\times 100\%$$

设备作业总台时指各台设备每次作业时数的总和。设备应作业总台时指各台设备应作业时数的总和，计算设备利用率的设备必须是在用的完好设备。

5）反映仓储生产作业劳动效率的指标

反映仓储生产作业劳动效率的指标主要是全员劳动生产率，全员劳动生产率可以用平均每人每天产成的出入库货物量来表示，其计算公式为

$$全员劳动生产率(吨/工日)=\frac{全年货物出入库总量}{全员年工日总数}$$

6）反映仓储生产经济效益的指标

反映仓储生产经济效益的指标主要有人均利税率等。仓储生产绩效考核指标的运用由于各个仓储企业或仓储部门服务对象的不同而使管理的重点产生较大的差异。

三、绩效管理

1. 绩效评估的程序和内容

1）绩效评价的过程

仓储与配送的绩效评价体系是指与物流绩效评价相关的评价制度、评价方法、评价标准、评价机构或人员及评价指标等方面形成的有机的整体。它主要由物流绩效评价指标体系、物流绩效评价制度体系、物流绩效评价组织体系 3 个部分组成。

在确定物流绩效评价指标时，应遵循以下原则：

（1）评价指标必须是定量的。这就意味着企业物流的绩效评价指标体系必须具有客观性、稳定性和可操作性，不会因为个人的主观意愿而有所改变。

（2）评价指标必须明白易懂。企业物流的绩效评价指标涉及企业各个部门以及各个阶层的人员。因此，一个有效的绩效评价系统应该能够清晰地传达它所要评价的内容和具体的评价方法。

（3）评价指标必须是众人的共识。由于绩效评价体系所涉及的评价指标和专业术语较多，而不同的企业对于同一指标和术语的理解又有所不同，以“准时送达”为例，有的零售商认

为是在15min内送达，而有的认为是在具体的某一天的某一刻送达，所以使企业所有的人员，包括内部人员和外部人员对每个具体的指标和其所涉及的术语达成一致意见是非常必要的，这是使企业直接提高物流活动效益的不容忽视的环节。

(4) 评价必须特别抓住关键环节。过多的评价指标会带来混乱，导致整个绩效评价体系的失效。因此，各企业应该根据其经营的重点和目标，对对企业物流、供应链和经营战略起决定作用的环节做出重点评价，而其他环节只需略加点评。

(5) 绩效评价必须能够增加经济效益。实施企业物流的绩效评价体系所带来的效益必须超过数据收集和分析的成本，因此，不提倡过于复杂、涉及面广或过于简单的评价体系，这样的体系会偏离评价指标的初衷。

2) 收集、整理和分析数据

采取问卷调查、实地调研、抽样调查等多种形式获取绩效评价所需要的基本数据，之后，对数据进行整理、归纳和分析。

3) 得出评价结果、分析结果

将得出的评价结果和评价标准进行对比，找出问题或不足所在。物流绩效评价标准主要有以下几个方面：

(1) 计划标准。计划标准是评价物流绩效的基本标准。以计划标准为尺度，可以将物流绩效实际达到的水平同计划指标进行对比，反映了物流绩效计划的完成情况，并在一定程度上表明了现代企业的经营管理水平。

(2) 历史标准。以历史标准为尺度，可以将物流绩效指标实际达到的水平同历史同期水平或历史最高水平进行对比，观察这种指标是否达到了最佳状态，这种纵向的对比能够反映出物流绩效指标的发展动态及方向，为进一步提升物流绩效提供决策依据。

(3) 行业标准。用国际或国家同行业达到的先进水平作为评价物流绩效的尺度，这种横向对比，便于观察和表明企业本身所处的位置，便于发现差距，作为企业制定物流发展战略的基础。

(4) 顾客标准。用顾客对企业物流运作服务的评价和满意度来衡量现代企业的物流绩效。顾客的满意度是评价现代企业物流运作服务水平的关键要素，是现代企业改进和提高物流服务水平的依据。

4) 进行物流绩效评估的内容

(1) 成本与收益方面。物流总成本、物流单位成本、物流成本销售额百分比、入库成本、出库成本、管理成本、仓库订单处理成本、直接劳动成本、实际成本与预算成本偏差、成本趋势分析、直接产品收益、服务收益、库存持有成本、退货成本、产品损坏成本、服务失败成本、过时交付成本。

(2) 客户服务方面。订单履行率、缺货、发货错误、准时交付、过时交付、周转时间、交货连贯性、客户服务响应时间、响应精确度、完成订单数、客户投诉、销售部门意见、全面可靠性、总体满意度。

(3) 内部作业方面。单位员工发货数量、单位劳动力处理产品数、每个销售代表订单数、历史标准偏差、目标计划、生产力指数、设备停工期、订单录入效率、仓储劳动生产力、产品损坏率、订单录入精确度、分拣/发货精确度、文件/发票精确度、信息有效性、信息精确度、补偿数量、客户退货数量、库存周转次数、库存水平和供应天数、库存废旧率、净资产回报、投资回报。

2. 绩效管理的突破点

从物流服务质量、生产效率和程序效率等方面的测定考核入手，可以有效地促进仓库绩效的提高。

1）服务质量

服务质量的测定考核可以通过识别、追踪、消除仓库作业影响中不稳定、不合理的问题和环节，整合流程以降低不确定因素的干扰和影响来实现。

要测定考核仓库服务质量，提高服务水平，可以采用这些方式来实现：首先，通过结果观察仓库现有服务质量，回答“目前做的怎样”等问题；其次，通过诊断进一步观察服务低于或高于目标的原因；最后，通过产生的影响追溯服务质量的直接成本和间接成本。

【例】测定某仓库订单处理的准确性与完整性。

※结果：已完成订单的比例

· 准确的库存

· 容许限度内的正确数值

※诊断：计算订单装运前没有完成的比例，给出原因

· 订单输入错误

· 产品尚未生产，库存数量不足

· 在仓库总找不到物品

· 承运机械空间不足

· 标签或记录错误

· 发运错误

※影响

· 被拒绝或取消订单的价值

· 处理退货的成本

· 多余的分销成本

· 多余库存资金占用

2）仓库生产率

仓库生产率是仓库实际产出与实际投入的比率，一次可以测定仓库生产过程满足需求的效率，仓库运作中可以运用的生产率计算方法主要为

$$\text{仓库生产率}=\frac{\text{同时期装运的订单数}}{\text{某时期接收的订单数}}\times 100\%=\frac{\text{同时期装运的订单数}}{\text{某时期装运的平均的订单数}}\times 100\%$$

$$=\frac{\text{同时期装运的订单数}}{\text{某时期的直接工时数}}\times 100\%$$

3）程序效率

程序效率也是一种测定考核内部顾客服务的方法，在仓库绩效管理中运用广泛，只要有产品或信息从一个人或部门传递到另一个人或部门，接受者就是内部顾客。这种供应商与内部顾客之间的关系是很重要的，它直接影响到公司对最终顾客的服务，内部服务失败发生的越多，外部或最终顾客看到这种绩效为劣质服务的可能性就越多。因此，运用程序分析工具既能巩固物流程序满足顾客需求的效力(物流的服务质量方面)，又能提高程序的效率(物流的生产效率方面)，最终结果是顾客将得到更多超值的服务。

3. 提高仓储与配送服务绩效的策略

(1) 企业通常可以通过以下 4 个方面的活动来提高服务绩效：

① 彻底研究顾客的需要。

② 在认真权衡成本与收益的基础上确定最优的服务水平。

③ 在订货处理系统中采用最先进的技术手段。

④ 考核和评价仓储与配送管理各个环节的手段。

有效的仓储与配送服务战略立足于深刻理解顾客对服务的需求的基础上。仓储与配送服务审计和调查研究必不可少，一旦明白了顾客对服务的需求，管理层必须制定合适的仓储与配送服务战略，以实现企业长期盈利和收回投资的目标。最优的仓储与配送服务水平能以最低的服务成本为企业留住最有价值的顾客群。

（2）制定有效的仓储与配送服务方案所需的标准应满足以下要求：

① 反映顾客的观点。

② 能为服务业绩提供可操作和有针对性的评估方法。

③ 为管理层提供调整业务活动的线索。

【应用案例】

沟通是绩效评估的核心

A公司是广东一家仓储物流企业。该公司在某顾问公司和人力资源部经理的共同努力下，设计和引进了一套科学高效的绩效评估系统，该系统包括职务说明书、绩效管理目标卡、绩效考核体系、薪酬和发展系统4个部分。然而在该系统实施过程中，人力资源部总监却遇到了以下几个问题：

（1）虽然整个系统非常科学和实用，但管理者仍然反映不知道如何对属下进行迅速、合理和真实的评估。

（2）每当考核完毕后，被考核人常以结果不合理为由，直接向人力资源部申诉，要求公正和公平，搞得人力资源部总监疲于应付而影响了其他工作。

（3）一部分员工对绩效评估提出了质疑："绩效评估是不是就是烦琐的填表和交表？是不是为了找员工的不足和缺陷？"

（4）管理者对评估结果的描述简单而缺少变化，让部属感到无所适从或不被重视。

（5）管理者认为评估过程太烦琐，耽误了很多时间。

绩效评估体系在企业人力资源管理实践中能否成功，有两个关键环节：一是开发和设计，这决定了系统本身的科学性和实用性。二是实施过程，这决定了科学实用的评估系统能否真正发挥作用。该公司出现上述问题说明评估系统本身并不存在问题，而是在该系统的实施过程中，相关人员对系统本身的认识和方法不当。

诊断：

绩效评估是一种防止绩效不佳和提高绩效的工具，这是由企业领导和员工以共同合作的方式来完成的。这就需要领导和员工之间进行持续不断的双向沟通和交流。通过沟通，使员工对既定的工作职责、员工和上级之间如何共同努力达成共识。整个绩效评估的核心工作就是不断的沟通。企业一旦引进绩效评估系统，就意味着对管理进行了一场革命，即由管理者对部属单向的领导和控制转向双方的真正合作，这是有效绩效评估的前提。

A公司应该从以下几个方面着手解决绩效评估系统实施过程中的问题：

（1）改变管理者和员工的观念。

① 绩效评估系统的运作效果如何，除了跟系统本身有关外，更重要的在于实施过程和执行的力度。

② 许多管理者和员工认为评估就是在月末、季末或年末针对过去的表现和业绩进行考核的管理行为，而实际上通过评估，对被评估者的能力提升和职业生涯规划会起到有效的推动作用，并进一步促进管理规范和提高组织绩效。这是实施绩效评估系统的真正目的和意义所在，所以管理者和员工不应该将实施绩效评估系统当做一种负担，而应该将其看做一种先进的管理方式。

(2) 设计三级评估体系。三级评估体系即被考核人进行自我考核和由直接领导进行评估的同时，又受到绩效评估委员会的审核和监督，并且整个执行过程是一个被考核人始终与上级领导相互沟通，上下级之间相互交换意见的过程，这保证了评估过程和结果的公平性和公正性。

(3) 建立绩效评估投诉制度。一般来说，由总经理、人力资源部经理和外聘的人力资源顾问(直线经理顾问)共同成立绩效评估委员会，由公司总经理直接领导，主要职责是领导和指导绩效评估工作，听取各部门管理者的初步评估意见和汇报，纠正评估中的偏差，有效控制评估尺度等。这为绩效评估的客观公正提供了进一步的保障。绩效评估结果对员工的薪酬和发展问题将会产生重大影响。如果部门经理或直接主管在评估过程中对部属的打分程度有偏差，可退回中心评估。当员工对评估结果有争议时，可提出申诉由委员会调解仲裁，达到客观公正。有了严格的投诉制度和委员会，人力资源部总监也可以避免疲于应付的局面。

(4) 实施大规模的绩效培训。这通常由人力资源部负责，管理者和员工共同参加来完成，一般从 3 个方面实施培训。

① 管理者和员工认识绩效评估系统的本身。对管理者而言，通过评估，可以不必介入到所有的具体事务中，通过赋予员工必要的知识来帮助他们进行合理的自我鞭策，从而节省管理者的时间；减少员工之间因职责不明而产生的误解。对员工而言，通过评估，可以得到有关他们工作业绩情况和工作现状的反馈，获知他们应该做什么和为什么要这样做；使员工具有进行日常决策的能力。

② 培养责任感。绩效评估是一项从公司总体战略着眼，以提高公司整体业绩为目的，从员工个人业绩出发，对员工和整体进行考核的业绩管理制度。培养管理者和员工的责任感是有效实施的必要条件。

③ 掌握绩效评估的技巧和方法。一个完整地绩效评估系统，会涉及许多种评价方法，以及相应的评估技巧。通过培训，使管理者能制定出部属的工作要项和工作目标。了解绩效评估的方法、程序和评估标准，学会如何做绩效评估面谈和相应的技巧，如何制订绩效改进计划，懂得如何实施对部属的辅导。

(5) 做好管理者和员工的工作，使其认识到绩效评估是规范管理和提高绩效的最佳方法。绩效评估是一件复杂和细化的工作，所以许多管理者和员工认为评估过于烦琐，耽误工作时间。而事实上，如果绩效评估系统运行了两三周以后，评估双方会发现通过上下级之间的业绩目标合作，可以实现更有效的工作授权；通过考核中的监督和指导，可以实现管理者对部属的工作的指导；通过沟通，可以找出工作中的优缺点、差距，有效确定改进方向和措施。绩效评估使管理者工作变得简单和高效。这需要通过外聘人力资源顾问和内部人员的大量沟通来实现。绩效评估实践对管理者和员工也会产生重大影响。

A 公司在上述思路和方法的指导下，顺利实施该绩效评估系统实现了预期的效果。相信对大多数企业具有借鉴意义。

(资料来源：根据 http：//wenku. baidu. com/view/5cfd2285ec3a87c24028c4f4. html. 资料整理)

【案例思考】

(1) 从该公司实施绩效评估系统看，在仓储作业管理中实施绩效评估应注意哪些问题?

(2) 如果你是该公司人力资源部总监，你觉得仓储物流企业怎样进行绩效考核才是合理和有效的?

【复习题】

(1) 仓储与配送绩效管理的意义是什么?

(2) 仓储与配送绩效考核指标制定的原则是什么？如何进行指标管理?

(3) 进行仓储与配送绩效评估指标分析的方法有哪些?

(4) 可以从哪几个方面寻找仓储与配送绩效管理的突破口?

(5) 仓储与配送绩效评估的程序是怎样的?

(6) 调查一家仓库，对其绩效管理状况进行简单分析和评价。

(7) 试分析自有型和营业型仓储的绩效管理上应有何差异。

实训项目：企业绩效管理案例模拟

【实训目的】

通过案例模拟，使学生认识仓储与配送绩效管理的内容和设计，懂得绩效相关内容的管理与考核，以巩固所学的知识。

【实训准备】

（1）了解仓储与配送绩效管理的内容。

（2）准备设计相关表格。

（3）将全班学生分成 8 人一组，任命小组长负责本小组的管理工作。

（4）安排工作计划。

【实训实施】

某公司有一个 20 人的仓储团队，包括组长 1 人、副组长 1 人、单证员 3 人，其余的不分岗位。日常工作内容为收货、清点、上架、取货、核对、盘点、贴标签、装车等。如果每个月有 100 000 元钱要分给 20 人，那么通过什么方法可以考核他们的工作，比较公平公正地分给他们？每年末，通过什么考核制度，决定他们是否升职加薪？

（1）以小组为单位讨论，并写出结果。

（2）以小组为单位展示成果。

【实训考核】

工作评价有教师评价、小组内部成员评价和第三方评分组成员评价 3 种方式，建议教师评价占 60％的权重，小组内部成员评价占 20％的权重，第三方评分组成员评价占 20％的权重，总评成绩＝教师评价分×60％＋小组内部成员评价×20％＋第三方评分组成员评价分×20％。工作评价单见表 3－18。

表 3－18　实训工作评价表

考评人		被考评人	
考评地点			
考评内容	仓库布局规划调研		
考评标准	具体内容	分值	实际得分
	工作态度	20	
	沟通水平	20	
	汇报文字	30	
	汇报陈述	30	
合　计		100	

注：考评满分 100 分，60 分以下为不及格，60～69 分为及格，70～79 分为中，80～89 分为良，90 分以上为优。

参 考 文 献

[1] 钮立新，党康林. 运输管理项目式教程[M]. 北京：北京大学出版社，2011.
[2] 刘艳良，肖邵萍. 仓储管理实务[M]. 北京：中国人民大学出版社，2008.
[3] 王登清. 仓储与配送管理实务[M]. 北京：北京大学出版社，2010.
[4] 郑克俊. 仓储与配送管理实务[M]. 北京：科学出版社，2010.
[5] 宋玉. 仓储实务[M]. 北京：对外经济贸易大学出版社，2011.
[6] 李永生，郑文岭. 仓储与配送管理[M]. 北京：机械工业出版社，2008.
[7] 真虹，张婕姝. 物流企业仓储管理与实务[M]. 北京：中国物资出版社，2008.
[8] 张晓川. 现代仓储物流技术与装备[M]. 北京：化学工业出版社，2007.
[9] 武德春. 现代物流仓储与配送[M]. 苏州：苏州大学出版社，2008.
[10] 周全申. 现代物流技术与装备实务[M]. 北京：中国物资出版社，2007.
[11] 王国华. 现代物流技术与装备[M]. 北京：中国铁道出版社，2009.
[12] 翟光明. 仓储实务[M]. 北京：中国财政经济出版社，2008.
[13] 聂军. 物流技术与设备[M]. 北京：对外经济贸易大学出版社，2008.
[14] 刘莉. 仓储管理实务[M]. 北京：中国物资出版社，2006.
[15] 周云霞. 仓储管理实务[M]. 北京：电子工业出版社，2007.
[16] 王煜州. 现代仓储与配送运作管理[M]. 成都：西南财经大学出版社，2006.
[17] 邬星根，李莅. 仓储与配送管理[M]. 上海：复旦大学出版社，2006.
[18] 王学锋. 仓储管理实务[M]. 上海：同济大学出版社，2007.
[19] 高钧. 仓储管理[M]. 南京：东南大学出版社，2006.
[20] 方光罗. 仓储与配送管理[M]. 大连：东北财经大学出版社，2007.
[21] 牛鱼龙. 世界物流经典案例[M]. 深圳：海天出版社，2006.

北京大学出版社第六事业部高职高专经管教材书目

本系列教材的特色：

1．能力本位。以学生为主体，让学生看了就能会，学了就能用；以教师为主导，授人以渔；以项目为载体，将技能与知识充分结合。

2．内容创新。内容选取机动、灵活，适当融入新技术、新规范、新理念；既体现自我教改成果，又吸收他人先进经验；保持一定前瞻性，又避免盲目超前。

3．精编案例。案例短小精悍，能佐证知识内容；案例内容新颖，表达当前信息；案例以国内中小企业典型事实为主，适合高职学生阅读。

4．巧设实训。实训环节真实可行，实训任务明确，实训目标清晰，实训内容详细，实训考核全面，切实提高能力。

5．注重立体化。既强调教材内在的立体化，从方便学生学习的角度考虑，搭建易学易教的优质的纸质平台，又强调教材外在的立体化，以立体化精品教材为构建目标，网上提供完备的教学资源。

物流管理系列

序号	书　名	标准书号	编著者	定价	出版时间
1	现代物流概论	978-7-81117-803-6	傅莉萍	40	201010 第 2 次印刷
2	现代物流管理	978-7-301-17374-9	申纲领	30	201205 第 2 次印刷
3	现代物流管理	978-7-5038-4854-4	沈　默	37	201107 第 4 第印刷
4	现代物流概论	978-7-301-20922-6	钮立新	38	201207
5	企业物流管理	978-7-81117-804-3	傅莉萍	32	201308 第 4 次印刷
6	物流专业英语	978-7-5655-0210-1	仲　颖	24	201205 第 2 次印刷
7	现代生产运作管理实务	978-7-301-17980-2	李陶然	39	201211 第 2 次印刷
8	物流市场调研	978-7-81117-805-0	覃　逢	22	201309 第 3 次印刷
9	物流营销管理	978-7-81117-949-1	李小叶	36	201205 第 2 次印刷
10	采购管理实务	978-7-301-17917-8	李方峻	28	201402 第 3 次印刷
11	采购实务	978-7-301-19314-3	罗振华	33	201306 第 2 次印刷
12	供应链管理	978-7-301-20639-3	杨　华	33	201205
13	采购与供应管理实务	978-7-301-19968-8	熊　伟	36	201308 第 2 次印刷
14	采购作业与管理实务	978-7-301-22035-1	李陶然	30	201301
15	仓储管理技术	978-7-301-17522-4	王　冬	26	201306 第 2 次印刷
16	仓储管理实务	978-7-301-18612-1	李怀湘	30	201209 第 2 次印刷
17	仓储与配送管理（第 2 版）	978-7-301-24598-9	吉　亮	36	201409
18	仓储与配送管理实训教程	978-7-81117-886-9	杨叶勇	24	201209 第 2 次印刷
19	仓储与配送管理实务	978-7-5038-4857-5	郭曙光	44	201009 第 2 次印刷
20	仓储与配送管理实务（第 2 版）	978-7-301-24597-2	李陶然	37	201408
21	仓储与配送管理项目式教程	978-7-301-20656-0	王　瑜	38	201205
22	仓储配送技术与实务	978-7-301-22673-5	张建奇	38	201307
23	物流运输管理	978-7-301-17506-4	申纲领	29	201109 第 3 次印刷
24	物流运输实务	978-7-301-20286-9	黄　河	40	201203
25	运输管理项目式教程	978-7-301-19323-5	钮立新	30	201108
26	物流信息系统	978-7-81117-827-2	傅莉萍	40	201205 第 2 次印刷
27	物流信息系统案例与实训	978-7-81117-830-2	傅莉萍	26	200908
28	物流成本管理	978-7-301-20891-5	傅莉萍	28	201207
29	第三方物流综合运营	978-7-301-21213-4	施学良	32	201209
30	物流市场营销	978-7-301-21249-3	张　勤	36	201209
31	国际货运代理实务	978-7-301-21968-3	张建奇	38	201301
32	物流经济地理	978-7-301-21963-8	葛颖波等	29	201301
33	运输组织与管理项目式教程	978-7-301-21946-1	苏玲利	26	201301